ZU DIESEM BUCH

Dieser Band sammelt neben brillanten biographischen Essays wie den über Paul Nizan, der die inzwischen verwirklichte Wiederentdeckung dieses früh gefallenen Schriftstellers zugleich voraussagt und einleitet, oder jenen über Merleau-Ponty, einer weit ausgreifenden Huldigung für den toten Freund wichtige Texte, in denen sich Sartre mit Leben oder Werk seiner Zeitgenossen auseinandersetzt:

Philosophen wie René Leibowitz und André Gorz, Literaten wie Albert Camus, André Gide und Nathalie Sarraute, Malern wie Giacometti, Lapoujade, André Masson und Wols.

Zu den zentralen Texten des Bandes gehören die berühmte «Antwort an Albert Camus» auf dessen Beschwerde über eine vernichtende Kritik des Buches «Der Mensch in der Revolte» in Sartres Zeitschrift «Les Temps modernes», die eine jahrelange Freundschaft beendete, und das umfangreiche Fragment eines geplanten Buches über Tintoretto, an der Sartre seit Jahren arbeitet, das man ein historisches Drama in Essayform, einen Triumph von Sartres dramatischem Genius genannt hat. Den Band beschließen zwei Ansichten: die des winterlichen Venedig und der Gruft in der Kapuzinerkirche Santa Maria della Concezione in Rom.

In fast allen diesen Arbeiten nimmt Sartre direkt oder indirekt zu fundamentalen künstlerischen und gesellschaftlichen Problemen der Gegenwart Stellung.

Jean-Paul Sartre, der bedeutendste Vertreter des modernen geistigen Frankreich, wurde am 21. Juni 1905 in Paris geboren. Seine ersten Veröffentlichungen waren psychologische Studien über die Einbildungskraft und kritische Essays, die später in verschiedenen Bänden («Die Transzendenz des Ego» und «Situationen», Rowohlt Paperback Bd. 40 und 46) gesammelt wurden. Schon in dem Roman «Der Ekel» (1938; rororo Nr. 581) und dem Erzählungsband «Die Mauer» (1939) beschäftigte er sich mit Fragen, die er 1943 in seinem Hauptwerk «Das Sein und das Nichts» formulierte. Nach dem Kriege begann er die große Roman-Triologie «Die Wege der Freiheit», von der die drei Bände «Zeit der Reife» (rororo Nr. 454/455), «Der Aufschub» (rororo Nr. 503/504) und «Der Pfahl im Fleische» (rororo Nr. 526/527) vorliegen. Außerdem entstanden ein Drehbuch «Das Spiel ist aus» (1947; rororo Nr. 59) und eine Reihe von Theaterstücken: «Die Fliegen» (1943), «Die schmutzigen Hände» (1948; vereinigt in rororo Nr. 418), «Bei geschlossenen Türen» (1945), «Tote ohne Begräbnis» (1946), «Die ehrbare Dirne» (1946; zusammengefaßt in rororo Nr. 788), «Der Teufel und der liebe Gott» (1951), «Kean» (1954), «Nekrassow» (1956) sowie «Die Eingeschlossenen» (1960; rororo Nr. 551). Der Essay «Was ist Literatur?» erschien in der Taschenbuch-Reihe «rowohlts deutsche enzyklopädie» (Bd. 65), ebenso die als Einführung zu seinem großen Werk «Kritik der dialektischen Vernunft» (Rowohlt 1967) geschriebene Untersuchung «Marxismus und Existentialismus» (Bd. 196). Ferner liegen vor: «Die Wörter» (rororo Nr. 1000), «Kolonialismus und Neokolonialismus» (Rowohlt Paperback Bd. 68), «Das Vietnam-Tribunal oder Amerika vor Gericht» (rororo Nr. 1091) und «Das Vietnam-Tribunal oder Die Verurteilung Amerikas» (rororo Nr. 1213/1214; beide zusammen mit Bertrand Russell) sowie «Gesammelte Erzählungen» und «Gesammelte Dramen». 1964 lehnte Sartre die Annahme des Nobelpreises für Literatur ab.

In der Reihe «rowohlts monographien» erschien als Band 87 eine Darstellung des Dichters in Selbstzeugnissen und 70 Bilddokumenten von Walter Biemel, die eine ausführliche Bibliographie enthält.

Gesamtauflage der Werke von Jean-Paul Sartre in den rororo-Taschenbüchern: Über 1,8 Millionen Exemplare.

Jean-Paul Sartre

Porträts
und
Perspektiven

Rowohlt

Übertragen nach der unter dem Titel «Situations, IV»
bei Éditions Gallimard, Paris, erschienenen Originalausgabe
Hinweise auf die Originaltitel der Essays und die Übersetzer
siehe Seite 366
Umschlagentwurf Werner Rebhuhn

Ungekürzte Ausgabe
Veröffentlicht im Rowohlt Taschenbuch Verlag GmbH,
Reinbek bei Hamburg, Oktober 1971
© Rowohlt Verlag GmbH, Reinbek bei Hamburg, 1968
«Situations, IV» © Éditions Gallimard, Paris, 1964
Gesamtherstellung Clausen & Bosse, Leck/Schleswig
Printed in Germany
ISBN 3 499 11443 7

I

Bildnis eines Unbekannten

Eines der sonderbarsten Phänomene unserer literarischen Epoche ist das sporadische Erscheinen von lebenskräftigen und ganz negativen Werken, die man Antiromane nennen könnte. Dieser Kategorie würde ich die Werke Nabokovs, Evelyn Waughs und in einem gewissen Sinne *Die Falschmünzer* zuordnen. Es handelt sich nicht um Abhandlungen gegen die Gattung des Romans in der Art von Roger Caillois' Essays über die *Puissances du roman,* die ich, im rechten Verhältnis betrachtet, mit der *Lettre sur les spectacles* von Rousseau vergleichen würde. Die Antiromane wahren den Anschein und die Konturen des Romans; sie sind Werke der Imagination, die uns erdichtete Personen vorstellen und uns ihre Geschichte erzählen. Jedoch nur um einer größeren Enttäuschung willen: es geht darum, den Roman durch den Roman in Frage zu stellen, ihn in der Zeit seines Entstehens vor unseren Augen zu zerstören, den Roman eines Romans zu schreiben, der nicht gelingt und der nicht gelingen kann, etwas zu erdichten, das zu den großen Meisterwerken Dostojewskis und Merediths in dem gleichen Verhältnis steht wie Mirós Bild *Ermordung der Malerei* zu den Gemälden Rembrandts und Rubens'. Diese merkwürdigen, schwer zu klassifizierenden Werke zeugen nicht von der Schwäche der Gattung des Romans, sie zeigen nur, daß wir in einer Zeit des Nachdenkens leben und daß der Roman im Begriff ist, über sich selber nachzudenken. Solcher Art ist das Buch von Nathalie Sarraute: ein Antiroman, der sich wie ein Kriminalroman liest. Er ist übrigens eine Parodie des «Enthüllungsromans». Die Autorin hat darin eine Art Amateurdetektiv eingeführt, der sich leidenschaftlich für ein ganz gewöhnliches Paar – einen alten Vater und eine nicht mehr ganz junge Tochter – interessiert, sie bespitzelt, ihnen auf Schritt und Tritt folgt und sie manchmal aus der Ferne sozusagen telepathisch durchschaut, ohne dabei je ganz genau zu wissen, was er sucht und was sie sind. Er findet übrigens nichts, oder *fast* nichts. Er gibt seine Nachforschungen wegen einer Metamorphose auf: als ob sich Agatha Christies Kriminalkommissar unmittelbar vor der Entdeckung des Schuldigen plötzlich in einen Verbrecher verwandelte.

Nathalie Sarraute graut vor der Unehrlichkeit, vor der *notwendigen* Unehrlichkeit des Romanschriftstellers. Befindet er sich «bei» seinen Personen, «hinter» ihnen oder draußen? Und wenn er sich hinter ihnen befindet, will er uns dann nicht glauben machen, er bleibe drinnen oder draußen? Durch die Erfindung dieses Seelendetektivs, der sich am «Draußen», am Rückenschild der «riesigen Mistkäfer» stößt und der dunkel das «Drinnen» ahnt, ohne jemals daran zu rühren, versucht Nathalie Sarraute, ihre Erzählerehrlichkeit zu bewahren. Sie will sich ihrer Person weder von drinnen noch von draußen bemächtigen, da wir, für uns selbst und für die anderen, ein Ganzes sind, das aus Draußen und Drinnen zugleich besteht. Das Draußen ist neutrales Gelände, es ist unser *Drinnen,* das wir für die anderen sein möchten und das die anderen uns ermuntern, für uns selber zu sein. Es ist das Reich des *Gemeinplatzes.* Denn dieses Wort hat mehrere Bedeutungen: es bezeichnet natürlich die abgedroschensten Gedanken, aber diese Gedanken sind eben zu Plätzen geworden, auf denen die Gemeinschaft sich trifft. Jeder findet sich dort und findet dort die anderen. Der Gemeinplatz gehört allen, und er gehört mir; er gehört in mir allen anderen, er ist die Anwesenheit aller in mir. Sein Wesen ist die *Allgemeinheit,* um ihn mir anzueignen, bedarf es einer Tat: einer Tat, durch die ich auf meine Eigenart verzichte, um mich dem Allgemeinen anzuschließen, um die Allgemeinheit zu werden: nicht allen anderen *ähnlich*, sondern, genauer, die *Inkarnation* von allen anderen. Durch diesen höchst sozialen Anschluß identifiziere ich mich mit *allen* anderen in der Nichtunterscheidbarkeit der Universalität. Nathalie Sarraute scheint drei konzentrische Sphären der Allgemeinheit zu unterscheiden: die Sphäre des Charakters, die des moralischen Gemeinplatzes, die der Kunst, insbesondere die des Romans. Wenn ich den wohltätigen Griesgram spiele, wie der alte Vater im *Bildnis eines Unbekannten,* verschanze ich mich in der ersten; wenn ich zu der Weigerung eines Vaters, seiner Tochter Geld zu geben, erkläre: «Ist das kein Jammer, so was zu sehen; und wenn ich bedenke, daß er nur sie auf der Welt hat … na, er wird es jedenfalls nicht mitnehmen können», falle ich in die zweite, und in die dritte, wenn ich von einer jungen Frau sage, sie sei eine Tanagrafigur, oder von einer Landschaft, sie sei ein Corot, oder von einer Familiengeschichte, daß Balzac sie geschrieben haben könnte. Im gleichen Moment stimmen die anderen, denen diese Bereiche zugänglich und vertraut sind, mir zu und verstehen mich; indem sie meinen Standpunkt, mein Urteil, meinen Vergleich widerspiegeln, verleihen sie ihm einen geheiligten Charakter. Beruhigend für andere und beruhigend für mich selbst, da ich meine Zuflucht zu dieser neutralen und gemeinsamen Zone nahm, die weder ganz das Objektive ist, da ich mich schließlich auf Grund eines Beschlusses dort aufhalte, noch ganz subjektiv, weil alle mich dort erreichen und sich dort wiederfinden können, sondern die man zugleich die Subjektivität des Objektiven und die Objektivität des Subjektiven nennen könnte. Da ich nicht danach trachte, etwas anderes zu sein, da ich behaupte, keine geheimen Schubladen zu haben, ist es mir auf dieser Ebene gestattet zu schwätzen, mich aufzuregen, entrüstet zu sein, «einen Charakter» zu zeigen und sogar ein «Original» zu sein, das heißt, die Gemeinplätze in einer noch nie dagewesenen Weise zusammenzustellen: es gibt nämlich sogar «Gemeinparadoxe». Man läßt mir sozusagen die Freiheit, in den Grenzen der Objektivität subjektiv zu sein. Und je subjektiver ich innerhalb dieser engen Grenzen sein werde, um so mehr wird man es mir danken: denn ich werde hierdurch beweisen, daß das Subjektive nichts ist und daß man keine Angst davor zu haben braucht.

In ihrem ersten Werk, *Tropismes*, zeigte Nathalie Sarraute schon, wie die Frauen ihr Leben damit verbringen, im Gemeinplatz miteinander zu *kommunizieren*. «Sie redeten: ‹Es gibt zwischen ihnen jämmerliche Szenen, Auseinandersetzungen wegen nichts. Ich muß schon sagen, daß ich ihn dabei doch ein wenig bedaure. Wieviel? Doch wenigstens zwei Millionen. Und das ist nur die Erbschaft der Tante Josephine … Nein … Wie stellen Sie sich das vor? Er heiratet sie nie. Er braucht eine gute Hausfrau, das ist ihm selber nicht klar. Ach was, ich sage Ihnen, daß er eine Hausfrau braucht … Eine Hausfrau … Eine Hausfrau …› Man hatte es ihnen immer schon gesagt. Das hatten sie immer schon sagen hören, sie wußten es: die Gefühle, die Liebe, das Leben, das war ihr Reich. Es gehörte ihnen.»

Das ist das «Gerede» Heideggers, das «man» und, um es deutlich auszusprechen, das Reich der Nichtauthentizität. Es haben wahrscheinlich manche Autoren im Vorübergehen die Mauer der Nichtauthentizität gestreift, angekratzt, ich kenne jedoch keinen, der sie mit Absicht zum Thema eines Buchs gemacht hätte: weil eben die Nichtauthentizität dem Roman wesensfremd ist. Die Romanschriftsteller bemühen sich vielmehr, uns einzureden, daß die Welt aus unersetzlichen Individuen bestehe, die alle, sogar die Bösen, auserlesen seien und die alle leidenschaftlich, alle verschieden seien. Nathalie Sarraute zeigt uns die Mauer der Nichtauthentizität; sie zeigt sie uns überall. Und hinter dieser Mauer? Was ist da? Eben *nichts*. Nichts oder fast nichts. Vage Bemühungen, um etwas, das man im Dunkeln ahnt, zu fliehen. Die *Authentizität*, das echte Verhältnis zu den anderen, zu sich selbst, zum Tod, wird überall suggeriert, bleibt aber unsichtbar. Man ahnt sie, weil man sie flieht. Werfen wir, der Aufforderung der Autorin folgend, einen Blick ins Innere der Leute, so glauben wir ein Gewimmel von weichen, vielarmigen Ausflüchten vor uns zu sehen. Da ist die Flucht in die Dinge, die friedlich die Universalität und die Permanenz widerspiegeln, die Flucht in die alltäglichen Beschäftigungen, die Flucht in die Kleinlichkeit. Ich kenne wenige Seiten, die mich mehr beeindruckt haben, als jene, die uns zeigen, wie «der Alte» mit knapper Not der Todesangst entgeht, indem er barfuß und im Hemd in die Küche eilt, um zu kontrollieren, ob seine Tochter ihm Seife stiehlt. Nathalie Sarraute hat eine protoplasmatische Vorstellung von unserem inneren Universum: man nehme den Stein des Gemeinplatzes weg, und man findet Eiter, Geifer, Schleim, zaudernde, amöboide Zuckungen. Sie hat einen unvergleichlich großen Wortschatz, mit dem sie das langsame Kriechen dieser sich ausbreitenden klebrigen, lebendigen Elixiere suggeriert. «Wie eine Art zähflüssigen Geifers drangen ihre Gedanken in sein Inneres, das sie klebrig überzogen.» (*Tropismes*, Seite 11.) Und hier die mädchenreine Frau «still unter der Lampe, einer hinfälligen, weichen, ganz mit beweglichen Saugnäpfen bedeckten Meerespflanze ähnlich ...». (*Tropismes*, Seite 50.) Diese tastenden, verschämten Ausflüchte, die man nicht beim Namen zu nennen wagt, sind nämlich auch Beziehungen zu anderen. Die geheiligte Konversation, der rituelle Austausch von Gemeinplätzen, verbirgt so eine «stille Konversation», bei der die Tentakel einander streifen, lecken und ansaugen. Da ist zunächst das *Un-*

behagen: wenn ich vermute, daß Sie *nicht* schlechthin der Gemeinplatz sind, den Sie *sagen,* erwachen alle meine weichen Ungeheuer; ich fürchte mich: «Sie hockte auf einer Sesselecke, sie wand sich mit gestrecktem Hals und vorquellenden Augen: ‹Ja, ja, ja›, sagte sie, und sie stimmte jedem Glied des Satzes mit wackelndem Kopf zu. Sie sah erschreckend aus, weich und flach, ganz glatt, und nur ihre Augen quollen vor. Sie hatte etwas Beängstigendes, Beunruhigendes an sich, und ihre Weichheit war bedrohlich. Er fühlte, daß man sie um jeden Preis wieder aufrichten, besänftigen mußte, aber daß nur jemand mit übermenschlichen Kräften es könnte ... Er hatte Angst, er war drauf und dran, sich aufzuregen, er durfte keine Minute mit sinnlosen Überlegungen verlieren ... Er begann zu reden, pausenlos über irgend jemand, über irgend etwas zu reden, sich zu ereifern (wie die Schlange vor der Musik? wie die Vögel vor der Boa? er wußte es nicht mehr), schnell, schnell, ohne aufzuhören, ohne eine Minute zu verlieren, schnell, schnell, solange noch Zeit ist, sie in Schach zu halten, ihr zu schmeicheln.» (*Tropismes,* Seite 35.) Nathalie Sarrautes Bücher sind voll von diesen Schrecken: man spricht, irgend etwas wird platzen, wird plötzlich den graugrünen Grund einer Seele beleuchten, und jeder wird die brodelnden Sümpfe seiner eigenen Seele fühlen. Aber nein: die Drohung läßt nach, die Gefahr ist vorbei, man beginnt wieder, in aller Ruhe Gemeinplätze zu wechseln. Diese brechen jedoch manchmal zusammen, und die gräßliche protoplasmatische Blöße wird sichtbar: «Sie haben das Gefühl, daß ihre Konturen sich auflösen, sich nach allen Richtungen ausdehnen, die Panzer, die Rüstungen krachen an allen Ecken und Kanten, sie sind nackt, schutzlos, sie gleiten, aneinandergeklammert, sie scheinen in die Tiefe eines Brunnens hinabzusinken ... hier, wo sie nun sinken wie in einer Unterwasserlandschaft, scheinen alle Dinge zu wanken, sie schwanken, unwirklich und präzis wie Albtraumbilder, sie blähen sich auf, sie nehmen seltsame Formen an ... eine dichte weiche Masse lastet auf ihr, zerquetscht sie ... sie versucht unbeholfen, sich ein wenig zu befreien, sie hört ihre eigene Stimme, eine sonderbare, allzu neutrale Stimme ...» Es geschieht übrigens nichts: es geschieht nie etwas. Einmütig breiten die Gesprächspartner über das vorübergehende Versagen den Mantel der Allgemeinheit. Man sollte also in Nathalie Sarrautes Buch nicht suchen, was sie uns nicht geben will; ein Mensch ist für sie nicht ein Charakter, nicht vor allem eine Geschichte oder

13

gar ein Geflecht von Gewohnheiten: er ist das unablässige, weiche Hin und Her zwischen dem Besonderen und dem Allgemeinen. Manchmal ist die Muschel leer, ein «Monsieur Dumontet» kommt plötzlich herein, der sich wissentlich des Besonderen entledigt hat, der nur noch ein charmantes, lebhaftes Sammelsurium von Allgemeinheiten ist. Dann atmen alle auf und schöpfen Hoffnung: es ist also möglich! es ist also noch immer möglich. Eine Totenstille kommt mit ihm ins Zimmer.

Diese wenigen Bemerkungen wollen nichts anderes, als den Leser in dieses schwierige und ausgezeichnete Buch einführen; sie versuchen nicht, seinen Inhalt erschöpfend zu behandeln. Das beste an Nathalie Sarraute ist ihr strauchelnder, tastender, so ehrlicher, so besorgter Stil, der sich dem Objekt mit ehrfürchtiger Behutsamkeit nähert, sich plötzlich aus einer Art Scham oder Schüchternheit vor der Kompliziertheit der Dinge von ihm entfernt und uns schließlich plötzlich das geifernde Monstrum ausliefert, aber fast ohne es zu berühren, nur kraft der Magie eines Bildes. Ist es Psychologie? Vielleicht möchte Nathalie Sarraute, die große Bewunderin Dostojewskis, es uns glauben machen. Was mich betrifft, so glaube ich, daß sie, indem sie eine unfaßbare Authentizität ahnen läßt, indem sie das unablässige Hin und Her zwischen dem Besonderen und dem Allgemeinen zeigt, indem sie sich bemüht, die beruhigende und öde Welt der Nichtauthentizität zu beschreiben, eine Technik entwickelt hat, die gestattet, über das Psychologische hinaus die menschliche Wirklichkeit in ihrer *Existenz* selber zu erreichen.

Vorwort zu *Bildnis eines Unbekannten*
von Nathalie Sarraute

Der Künstler und sein Gewissen

Sie haben mich gebeten, mein lieber Leibowitz, Ihrem Buch ein paar Worte mitzugeben, weil ich vor einiger Zeit gelegentlich etwas über das literarische Engagement geschrieben habe, und möchten durch diese Nebeneinanderstellung unserer Namen bekunden, daß innerhalb einer Epoche die Sorgen der Künstler mit denen der Schriftsteller solidarisch sind. Hätte nicht allein unsere Freundschaft genügt, so hätte mich auf jeden Fall der Wunsch, diese Solidarität zu bekunden, dazu bewogen. Nun jedoch, da ich schreiben soll, muß ich gestehen, daß ich in großer Verlegenheit bin. Ich fühle mich recht wenig kompetent auf dem Gebiet der Musik und möchte nicht der Lächerlichkeit anheimfallen, mit dürftigen, unpassenden Worten zu wiederholen, was Sie in angemessener Sprache schon so überzeugend dargelegt haben; auch läge es mir fern, Sie etwa Lesern vorzustellen, denen Sie schon längst bekannt sind und die an Ihrer dreifachen Tätigkeit als Komponist, Dirigent und Musikkritiker leidenschaftlichen Anteil nehmen. Am liebsten würde ich ganz einfach sagen, wie gut ich Ihr Buch finde: es ist so schlicht und klar, hat mich auf so vieles hingewiesen, entwirrt die verwickeltsten und kompliziertesten Fragen und lehrt uns, sie mit neuen Augen zu sehen — aber freilich, dazu hat mich der Leser nicht nötig: er braucht nur das Buch aufzuschlagen, um seine Vorzüge zu erkennen. Das Beste, was mir wohl übrigbleibt, ist, mir vorzustellen, wir säßen wieder einmal, wie schon so oft, plaudernd beieinander, und ich könnte Ihnen all die Besorgnisse und Fragen vorlegen, die Ihr Werk in mir wachgerufen hat. Sie haben mich überzeugt, und doch habe ich noch Vorbehalte und Hemmungen, die ich Ihnen mitteilen muß. Freilich wird unser Gespräch das eines Laien mit einem Eingeweihten sein, das eines Schülers, der sich nach der Unterrichtsstunde mit seinem Lehrer unterhält. Aber schließlich sind viele Ihrer Leser Laien, und ich kann mir vorstellen, daß mein Gefühl ein Spiegelbild des ihren ist. Kurz, dieses Vorwort hat keinen anderen Zweck, als Sie in ihrem und meinem Namen zu bitten, ein neues Buch oder auch nur einen Artikel zu schreiben, um unsere letzten Zweifel zu zerstreuen.

Ich finde sie keineswegs lächerlich, diese Würganfälle der kommunistischen Boa, die ebenso unfähig ist, den Giganten Picasso bei sich zu behalten, wie ihn auszuspucken: diese Verdauungsbeschwerden der KP sind für mich die Symptome einer Infektion, an der unsere ganze Epoche krankt.

Wenn die privilegierten Klassen fest im Sattel ihrer Prinzipien sitzen, wenn sie ein gutes Gewissen haben, wenn die Unterdrückten, gehörig überzeugt, zweitrangige Geschöpfe zu sein, auf ihre untergeordnete Stellung sogar noch stolz sind, dann hat es der Künstler gut. Seit der Renaissance hat sich der Musiker, wie Sie sagen, beständig an ein Publikum von Spezialisten gewandt. Aber was war dieses Publikum anderes als die herrschende Aristokratie, die, nicht zufrieden mit ihrer auf allen Gebieten ausgeübten militärischen, richterlichen, politischen und verwaltungsmäßigen Macht, sich regelmäßig auch noch zum Richter über den Geschmack aufwarf? Weil diese Elite von Gottes Gnaden das Antlitz des Menschen bestimmte, konnte der Kantor oder Kapellmeister seine Symphonien oder Kantaten dem ganzen Menschen zu Gehör bringen. Die Kunst durfte sich humanistisch nennen, weil die Gesellschaft inhuman war.

Verhält sich das heute noch so? Das ist die Frage, die mich bewegt und die ich Ihnen meinerseits stelle. Denn schließlich fällt es den herrschenden Klassen unserer westlichen Gesellschaften nicht mehr ein, zu behaupten, allein das Maß des Menschen zu setzen. Die unterdrückten Klassen sind sich ihrer Kraft bewußt, befinden sich im Vollbesitz ihrer Riten, ihrer Techniken, ihrer Ideologie. Treffend sagt Harold Rosenberg vom Proletariat: «Auf der einen Seite ist die gegenwärtige Gesellschaftsordnung beständig durch die außerordentliche virtuelle Macht der Arbeiter bedroht; auf der andern Seite legt die Tatsache, daß diese Macht in Händen einer anonymen Kategorie, einer historischen ‹Null› ruht, allen modernen Mythenerfindern die Versuchung nahe, die Arbeiterklasse als Grundstoff neuer Kollektivitäten zu nehmen, um sich mit ihrer Hilfe die Gesellschaft zu unterwerfen. Kann dieses geschichtslose Proletariat nicht ebenso leicht in *etwas Beliebiges* wie in es selbst verwandelt werden? Indem es das Drama zwischen der Revolution der Arbeiterklasse in eigener Sache und der Revolution als Instrument für andere unentschieden läßt, beherrscht das Pathos des Proletariats die moderne Geschichte.»[1] Nun hat aber eben die Musik – um nur von ihr zu sprechen – einen Gestaltwandel durchgemacht: diese Kunst empfing ihre Gesetze und ihre Grenzen von dem, was sie für ihr Wesen ansah; nach einer strengen und dennoch freien Entwicklung hat sie sich – wie Sie überzeugend nachweisen – der Entfremdung entrissen und ist dazu übergegangen, sich ihr Wesen selbst zu schaffen, indem sie sich frei ihre Gesetze gab. Könnte sie demnach nicht wenigstens in bescheidenem Maße den Ablauf der Geschichte beeinflussen, indem sie dazu beitragen würde, den Arbeiterklassen das Bild eines «totalen Menschen» zu vermitteln, der sich der Entfremdung, dem Mythos der menschlichen «Natur» entrissen hat und in täglichem Kampf sein Wesen und die Werte schmiedet, unter deren Gesetz er zu stehen wünscht? Wenn die Musik jedoch *apriorische* Grenzen anerkennt, stärkt sie ungewollt die Entfremdung, macht sich zum Sprecher des *Gegebenen*, und indem sie auf ihre Art die Freiheit manifestiert, bekundet sie zugleich, daß diese Freiheit von der Natur her ihre Grenzen empfängt; nicht selten benützen die «Mythenerfinder» sie dazu, ihr Publikum zu verführen, indem sie es – zum Beispiel durch Militärmusik oder Chöre – in einen Zustand heiliger Erregung versetzt. Aber muß man nicht, wenn ich Sie recht verstehe, in den neuesten Formen dieser Kunst etwas wie die Gestaltwerdung der Schöpferkraft an sich sehen? Und ich glaube zu verstehen, was den Gegensatz zwischen Ihnen und jenen kommunistischen Musikern ausmacht, die das Manifest von Prag unterzeichnet haben: sie möchten, daß der Künstler sich einer Objekt-Gesellschaft unterwirft und Ruhmeslieder auf die sowjetische Welt singt, wie Haydn die göttliche Schöpfung besang. Sie erwarten von ihm ein Abbild dessen, was *ist,* sie wollen, daß er nachahmt, ohne die Wirklichkeit zu überschreiten, und daß er seinem Publikum ein Beispiel der Unterwerfung unter eine etablierte Ordnung gibt; würde die Musik, wenn sie sich als permanente Revolution verstünde, nicht Gefahr

1 *Les Temps Modernes*, Nr. 56, p. 2151.

laufen, bei den Hörern den Wunsch zu erwecken, diese Revolution auch auf andere Gebiete zu übertragen? Sie möchten im Gegensatz dazu dem Menschen zeigen, daß er nicht fertig ist, daß er es nie sein wird und daß er immer und überall die Freiheit bewahrt, zu schaffen und sich zu schaffen, über alles hinaus, was schon geschaffen ist.

Aber eins stört mich: haben Sie nicht dargelegt, daß eine innere Dialektik die Musik von der Monodie zur Polyphonie und von den einfachsten polyphonen Formen zu den kompliziertesten geführt hat? Das bedeutet, daß sie sich zwar vorwärts, aber nicht rückwärts entwickeln kann: der Wunsch, sie wieder auf ihre frühere Gestalt zu reduzieren, käme an Naivität dem Versuch gleich, unsere Industriegesellschaft wieder zur Einfachheit des Hirtenlebens zurückzuführen. Einverstanden: aber damit ist sie wegen ihrer wachsenden Kompliziertheit – wie Sie selbst zugeben – nur noch einer Handvoll Spezialisten zugänglich, die notwendigerweise aus der privilegierten Klasse hervorgehen. Schönbergs Abstand zu den Arbeitern ist größer, als es der zwischen Mozart und den Bauern war. Sie werden mir antworten, die Mehrzahl der Bourgeois verstehe nichts von Musik; und das stimmt. Genauso richtig jedoch ist, daß die, die zu ihrem Genuß fähig sind, der Bourgeoisie angehören, daß ihnen die bürgerliche Kultur und die freie Zeit der Bourgeoisie zugute kommt und daß sie normalerweise freiberuflich tätig sind. Ich weiß: Musikliebhaber sind nicht reich; sie sind vor allem in den mittleren Schichten anzutreffen, ein Großindustrieller schwärmt selten für Musik. Dennoch hat es das schon gegeben: dagegen erinnere ich mich nicht, je einen Arbeiter in Ihren Konzerten gesehen zu haben. Demnach steht fest, daß die moderne Musik die Rahmen sprengt, sich von den Konventionen löst, aus eigener Kraft ihren Weg vorzeichnet. Zu wem jedoch spricht sie von Befreiung, Freiheit, Willen, von der Erschaffung des Menschen durch den Menschen? Zu einem verbrauchten, vornehmen Auditorium, dessen Ohren voll sind vom Schmutz einer idealistischen Ästhetik. Sie sagt: «Permanente Revolution», und das Bürgertum versteht: «Evolution, Fortschritt». Und selbst wenn ein paar der jungen Intellektuellen sie verstehen – wird ihnen in ihrer augenblicklichen Ohnmacht diese Befreiung nicht eher als ein schöner Mythos denn als *ihre* Wirklichkeit erscheinen? Verstehen Sie mich recht: schuld daran ist weder der Künstler noch die Kunst. Die Kunst hat sich *innerlich* nicht gewandelt: ihre Bewegung, ihre Negativität, ihre schöpferische Kraft sind dieselben wie von jeher. Heute wie gestern gilt, was Malraux schrieb: «Jede Schöpfung ist ursprünglich ein Kampf zwischen einer potentiellen und einer nachgeahmten Form.» Das ist notwendigerweise so. Aber das Auftauchen jener riesigen Planeten, der Massen, am Himmel unserer modernen Gesellschaften bringt alles in Unordnung, verwandelt aus der Ferne, ohne sie auch nur zu berühren, die künstlerische Aktivität, beraubt sie ihrer Bedeutung und verdirbt das gute Gewissen des Künstlers: ganz einfach deshalb, weil die Massen *ebenfalls* für den Menschen kämpfen, es jedoch blindlings tun und dabei beständig Gefahr laufen, sich zu verirren, zu vergessen, was sie sind, sich von der Stimme eines Mythenerfinders verführen zu lassen, und weil der Künstler nicht über die Sprache verfügt, die ihm bei ihnen Gehör verschaffen würde. Zwar spricht er von *ihrer* Freiheit – denn es gibt nur eine einzige –, aber er spricht davon in einer fremden Sprache. Daß es sich um einen historischen, unserer Zeit innewohnenden Widerspruch handelt und nicht um einen bürgerlichen Skandal, der auf den Subjektivismus der Künstler zurückgeht, beweisen zur Genüge die Schwierigkeiten der Kulturpolitik in der UdSSR. Freilich, wenn man annimmt, die UdSSR sei der Teufel, kann man sich auch vorstellen, daß ihre Führer eine grimmige Freude an Säuberungsaktionen empfinden, die die Künstler vor den Kopf stoßen und ihre Kräfte erschöpfen. Und wenn man glaubt, Gott sei ein Sowjetrusse, gibt es ebensowenig Schwierigkeiten: Gott tut einfach, was recht ist, und damit Schluß. Wenn wir jedoch einen Augenblick lang die paradoxe und neuartige These zu vertreten wagen, daß die sowjetischen Führer Menschen, Menschen in schwierigen, fast unhaltbaren Positionen sind, die zu verwirklichen versuchen, was ihnen richtig erscheint, die oft von den Ereignissen überrannt und manchmal weiter fortgerissen werden, als sie selbst es wollen, kurz, daß sie Menschen sind wie wir, dann sieht auf einmal alles anders aus; und wir können uns vorstellen, daß ihnen durchaus nicht ganz wohl dabei ist, wenn sie plötzlich das Steuerruder herumreißen, so daß der ganze Apparat Gefahr läuft, zerstört zu werden. Die russische Revolution hat die Klassen aufgehoben mit dem Ziel, die Eliten, das heißt, jene exquisiten, parasitären Organe zu zerschlagen, die in allen oppressiven Gesellschaften anzutreffen sind und Werte und Werke wie Blasen hervorbringen; überall, wo eine Elite tätig ist und die Aristokratie der Aristokratie für die Aristokraten die

Gestalt des totalen Menschen formt, steigern die neuen Werte und Kunstwerke die Verarmung des Unterdrückten ins Absolute, anstatt zu seiner Bereicherung beizutragen: für die Mehrzahl der Menschen sind die Schöpfungen der Elite Verweigerungen, Entziehungen, Grenzen; der Geschmack unserer Kunstliebhaber setzt notwendigerweise den schlechten Geschmack oder die völlige Geschmacklosigkeit der Arbeiterklasse voraus, und wenn die Schöngeister ein neues Werk einweihen, ist die Welt um einen «Schatz» reicher, den der Arbeiter nie besitzen wird, um eine Schönheit, die er weder zu würdigen noch auch nur zu begreifen weiß. Nur dann sind diese Werte eine positive Bestimmung jedes einzelnen, wenn sie das gemeinsame Produkt aller sind. Eine Neuerwerbung der Gesellschaft – sei es eine neue technisch-industrielle Errungenschaft oder eine neue Ausdrucksart – muß, weil sie für alle getätigt wurde, für jeden eine Bereicherung der Welt und ein sich öffnender Weg, kurz, seine intimste Möglichkeit sein: während sich der totale Mensch der Aristokratie durch die Gesamtheit der Chancen definiert, die er allen wegnimmt, nämlich als einer, der weiß, was die andern nicht wissen, der genießt, was sie nicht genießen können, der tut, was sie nicht tun, kurz als das unersetzlichste aller Wesen, müßte sich der totale Mensch der sozialistischen Gesellschaft bei seiner Geburt durch die Gesamtheit der Chancen, die alle jedem einzelnen bieten, und bei seinem Tod durch die neuen – wenn auch noch so geringen – Chancen definieren, die er allen geboten hat. So sind *alle* für jeden der Weg zu sich selbst und jeder der Weg aller zu allen. Aber während die UdSSR sich bemühte, eine sozialistische Ästhetik zu verwirklichen, war sie gleichzeitig aus Gründen der Verwaltung, der Industrialisierung und der Kriegführung gezwungen, zunächst eine Kaderpolitik zu verfolgen: man brauchte Ingenieure, Funktionäre, militärische Führer. Daher die Gefahr, daß diese De-facto-Elite, deren Kultur, Beruf und Lebensstandard eindeutig denen der Masse überlegen sind, ihrerseits Mythen und Werte schafft und daß aus ihr «Kunstliebhaber» hervorgehen, die eine spezielle *Nachfrage* nach Künstlern schaffen. Der – von Paulhan durchgesehene und verbesserte – chinesische Text, den Sie zitieren, formuliert treffend die Gefahr, der eine im Aufbau befindliche Gesellschaft ausgesetzt ist: wenn es zur Hervorbringung schöner Rennpferde genügt, daß Pferdeliebhaber vorhanden sind, dann würde die Existenz einer zum spezialisierten Publikum gewordenen Elite genügen, eine Kunst für diese Elite ins Leben zu rufen. Eine neue Kluft droht sich aufzutun: es entstünde eine Kaderkultur mit ihrem ganzen Gefolge von abstrakten Werten und esoterischen Werken, während die Masse der Arbeiter in eine neue Barbarei zurückfiele, deren Ausmaß sich eben an ihrer Verständnislosigkeit gegenüber den für diese neue Elite bestimmten Schöpfungen ermessen ließe. Darin liegt meiner Ansicht nach eine der Erklärungen für die berüchtigten Säuberungsaktionen, die uns so abstoßen: in dem Maße, wie die Kader stärker werden, in dem Maße, wie die Bürokratie Gefahr läuft, sich wenn nicht in eine Klasse, so doch in eine offensive Elite zu verwandeln, entwickelt sich beim Künstler eine Tendenz zum Ästhetizismus. Und die Führer müssen mit Hilfe ebendieser Elite versuchen, wenigstens als Ideal das Prinzip einer Gemeinschaft aufrechtzuerhalten, die als Gesamtheit ihre Werte schafft. Sie sind, das steht fest, zu widerspruchsvollen Maßnahmen gezwungen, da sie eine allgemeine Politik der Kader und eine Kulturpolitik der Masse verfolgen: mit der einen Hand wird eine Elite geschaffen, mit der andern bemüht man sich, diese Elite ihrer Ideologie zu berauben, die ständig wieder neu entsteht und immer wieder neu entstehen wird. Auf der andern Seite jedoch besteht auch bei den Feinden der UdSSR nicht geringe Verwirrung, wenn sie den Führern der UdSSR vorwerfen, eine Klasse von Unterdrückern zu schaffen, und gleichzeitig, daß sie die Klassenästhetik vernichten wollen. Sicher ist eins, nämlich daß die sowjetischen Führer und der Künstler der bürgerlichen Gesellschaft sich der gleichen Schwierigkeit gegenübergestellt sehen: die Musik hat sich nach den Gesetzen ihrer Dialektik entwickelt, ist zu einer Kunst geworden, die auf einer komplexen Technik beruht: und es ist bedauerlich, aber es ist eine *Tatsache*, daß sie ein spezialisiertes Publikum voraussetzt. Kurz, die moderne Musik verlangt eine Elite, und die arbeitenden Massen verlangen nach Musik. Wie läßt sich dieser Konflikt lösen? Etwa, indem man «der Volksseele Gestalt verleiht»? Aber *welche* Gestalt? Vincent d'Indy hat eine ausgeklügelte Musik «über ein Volkslied aus den Bergen» geschrieben. Hätten die Gebirgler ihr Lied wohl wiedererkannt? Außerdem schafft sich die Volksseele ihre eigenen Formen. Volkslieder, Jazz, afrikanische Sprechgesänge bedürfen in keiner Weise der Durchsicht und Verbesserung durch den professionellen Künstler. Im Gegenteil, wenn die spontanen Erzeugnisse dieser Gefühlswelt mit einer komplizierten Technik behandelt werden, werden sie notwendigerweise verfälscht. Daran scheitern zum Beispiel auch die haitischen Künstler, denen es nicht gelingt, ihre theoretische Ausbildung mit der folkloristischen Materie, die sie gestalten möchten, in Einklang zu bringen. Das Niveau der Musik, so besagt ungefähr das Manifest von Prag, muß gesenkt und das kulturelle Niveau der Massen gehoben werden. Entweder sind diese Worte sinnlos, oder sie drücken das Zugeständnis aus, daß die Kunst und ihr Publikum sich nur noch in der absoluten Mittelmäßigkeit treffen können. Sie haben recht, wenn Sie darauf verweisen, daß der Konflikt zwischen Kunst und Gesellschaft ewig, weil im Wesen der einen wie der anderen begründet ist. Heutzutage jedoch hat er eine neue und verschärfte Form angenommen: die Kunst ist eine permanente Revolution, und seit vierzig Jahren ist die Situation unserer Gesellschaften im Grunde revolutionär: nun setzt aber die soziale Revolution einen ästhetischen Konservativismus voraus, während die ästhetische Revolution – dem Künstler selbst zum Trotz – nach einem sozialen Konservativismus verlangt. Picasso, überzeugter Kommunist, von den sowjetischen Führern verworfen, Hoflieferant der reichen Kunstliebhaber in den USA, ist das beste Beispiel für diesen Widerspruch. Was Fougeron anbelangt, so haben seine Bilder die Gunst der Elite verloren, ohne das Interesse des Proletariats geweckt zu haben.

Übrigens wird der Widerspruch noch spürbarer und krasser, wenn man einmal die Quellen der musikalischen Inspiration untersucht. Unser Ziel ist, sagt das Manifest von Prag, «die Gefühle und die hohen fortschrittlichen Ideen der Volksmassen» auszudrücken. Gefühle – gut. Wie zum Teufel jedoch lassen sich die «hohen fortschrittlichen Ideen» in Musik setzen? Denn schließlich ist die Musik eine *nicht-bedeutende* Kunst. Nicht sehr logisch denkende Geister haben sich einfallen lassen, von einer «Sprache der Musik» zu reden. Aber wir wissen zur Genüge, daß der «musikalische Satz» keinerlei Gegenstand bezeichnet: er ist selbst der Gegenstand. Wie könnte diese Stimme dem Menschen sein Schicksal verkünden? Das Manifest von Prag schlägt eine Lösung vor, deren Naivität geradezu köstlich ist: eine vertiefte Pflege der «musikalischen Formen, mit deren Hilfe diese Ziele erreicht werden können, vor allem der Vokalmusik, der Opern, Oratorien, Kantaten, Chöre usw.». Bei Gott, diese hybriden Werke sind Plaudertaschen; sie plaudern auf musikalisch. Besser könnte man nicht ausdrücken, daß die Musik nur ein Vorwand, ein Mittel zu sein hat, um dem Wort mehr Nachdruck zu verleihen. Einzig das *Wort* ist es dann noch, das Stalin, den Fünfjahresplan, die Elektrifizierung der UdSSR besingt. Die gleiche Musik würde, wenn man ihr andere Worte unterlegte, zum Ruhmesgesang auf Pétain, Churchill, Truman, die Tennessee Valley Authority werden. Man braucht nur den Text zu wechseln, und eine Hymne auf die russischen Gefallenen von Stalingrad wird zu einer Grabrede auf die Deutschen, die vor dieser Stadt gefallen sind. Was trägt der Klang viel bei? Einen schalen Schwall aus tönendem Heroismus; das Wort erst unterscheidet. Musikalisches Engagement wäre allein dann gegeben, wenn das Werk so beschaffen wäre, daß nur ein einziger Wortkommentar darauf paßt; kurz, die Klangstruktur müßte gewisse Worte *abweisen* und andere *anziehen*. Ist das möglich? Vielleicht in bestimmten Ausnahmefällen: Sie selber zitieren *Ein Überlebender aus Warschau*. Aber auch Schönberg hat nicht auf Worte verzichten können. Wie könnte man zum Beispiel ohne den Text in jenem «Galopp wilder Pferde» die Zählung der Toten erkennen? Man würde nur einen Galopp vernehmen. Der poetische Vergleich liegt nicht in der Musik, sondern im Bezug zwischen Musik und Wort. Aber, so werden Sie sagen, hier sind die Worte wenigstens Bestandteil des Werks, bilden von sich aus schon ein musikalisches Element. Mag sein: aber sollten wir darum die Sonate, das Quartett, die Symphonie aufgeben? Dürfen wir uns nur noch «Opern, Oratorien und Kantaten» widmen, wie das Manifest von Prag es befiehlt? Ich weiß, daß Sie nicht so denken. Und ich stimme Ihnen völlig bei, wenn Sie schreiben, daß der «gewählte Gegenstand ein *neutrales* Element, gleichsam Rohmaterial bleibt, das einer rein künstlerischen Behandlung unterworfen wird. Letztlich wird nur die Qualität dieser Behandlung darüber entscheiden, ob die außerkünstlerischen Absichten und Gefühle und das rein künstlerische Projekt ein einheitliches Ganzes werden oder nicht.»

Nur verstehe ich dann nicht recht, wo das musikalische Engagement bleibt. Fast möchte ich fürchten, es sei aus dem Werk selber verschwunden und habe sich in das Verhalten des Künstlers, in seine Haltung der Kunst gegenüber geflüchtet. Das Leben des Musikers kann beispielhaft sein: beispielhaft seine bewußte Armut, seine Ablehnung des mühelos erworbenen Erfolgs, sein beständiges Unbefriedigtsein, seine permanente Revolution gegen andere und gegen sich selbst. Aber ich fürchte, die strenge

Moralität seiner Person bleibt ein Kommentar, der nicht in sein Werk eindringt. Das musikalische Werk *an sich* ist nicht Negativität, Ablehnung der Traditionen, Freiheitsbewegung: es ist die positive Konsequenz dieser Ablehnung und dieser Negativität. Als Klangobjekt legt es von den Zweifeln, den Stunden der Entmutigung, dem endgültigen Entschluß des Komponisten nicht *mehr* Zeugnis ab, als das Erfinderpatent die Mühen und Sorgen des Erfinders erahnen läßt; es zeigt uns nicht die Auflösung der alten Regeln: es enthüllt *neue Regeln*, die zu positiven Gesetzen seiner Entwicklung geworden sind. Nun *darf* der Künstler für das Publikum nicht der Kommentar zu seinem Werk sein: wenn die Musik sich engagiert, muß allein im Klangobjekt, so wie es sich unmittelbar unserem Ohr darbietet, ohne Hinweise auf den Künstler oder frühere Traditionen, das Engagement in seiner intuitiven Realität zu spüren sein.

Ist das möglich? Fast sieht es so aus, als stünden wir vor dem gleichen – nur der Form nach anderen – Dilemma wie zuvor: wenn man die Musik als nicht-bedeutende Kunst gewaltsam zum Ausdruck vorherbestimmter Bedeutungen verwendet, verfälscht man sie; läuft auf der anderen Seite jedoch die musikalische Befreiung, indem sie die Bedeutung auf das abschiebt, was Sie das «Außerkünstlerische» nennen, nicht Gefahr, zur Abstraktion zu führen und den Komponisten zum Beispiel jener formalen und rein negativen Freiheit werden zu lassen, die Hegel den Schrekken nennt? Knechtschaft oder Schrecken: möglicherweise bietet unsere Epoche dem Künstler tatsächlich keine andere Alternative an.[1] Wenn ich wählen sollte, so muß ich gestehen, daß ich den Schrecken vorziehe: nicht um seiner selbst willen, sondern weil er wenigstens in dieser Zeit der Ebbe die eigentlichen ästhetischen Forderungen der Kunst verteidigt und diese befähigt, ohne allzu großen Schaden eine günstigere Epoche abzuwarten.

Ich muß Ihnen jedoch bekennen, daß ich vor der Lektüre Ihres Buches weniger pessimistisch war. Was ich hier darlege, ist das naive Gefühl eines recht unkultivierten Zuhörers: wenn ich bisher der Aufführung eines musikalischen Werkes beiwohnte, entdeckte ich in der Folge von Klängen keinerlei Bedeutung irgend-

---

[1] Um Mißverständnisse auszuschließen: der *Künstler* unterscheidet sich für mich vom Literaten dadurch, daß seine Kunst nicht-bedeutend ist. An anderer Stelle habe ich gezeigt, daß die Probleme der Literatur ganz andere sind.

welcher Art, und es war mir auch höchst gleichgültig, ob Beethoven diesen oder jenen seiner Trauermärsche «auf den Tod eines Helden» komponiert hat oder Chopin am Ende seiner ersten Ballade das satanische Lachen Wallenrods andeuten wollte; dagegen schien es mir, als habe diese Tonfolge einen *Sinn*, und dieser Sinn war es, den ich liebte. Ich habe nämlich von jeher zwischen Sinn und Bedeutung unterschieden. Ein Gegenstand bedeutet meiner Meinung nach etwas, wenn man durch ihn hindurch auf einen anderen abzielt. In diesem Fall achtet der Geist nicht auf das Zeichen selbst; er eilt über es hinaus auf die bedeutete Sache zu; häufig kommt es sogar vor, daß diese uns gegenwärtig bleibt, wenn die Erinnerung an die Worte, durch die wir sie erfaßt haben, schon längst erloschen ist. Der Sinn hingegen unterscheidet sich nicht vom Objekt selbst und liegt um so deutlicher zutage, je mehr Aufmerksamkeit wir der Sache widmen, der er innewohnt. Von einem Objekt sage ich, es besitze einen *Sinn*, wenn es die Verkörperung einer Wirklichkeit darstellt, die zwar darüber hinausgeht, aber nicht außerhalb von ihm greifbar und wegen ihrer Unendlichkeit durch kein Zeichensystem adäquat auszudrücken ist; immer handelt es sich dabei um eine Totalität: Totalität einer Person, eines Milieus, einer Epoche, der menschlichen Natur. Das Lächeln der Mona Lisa «bedeutet» für mich nichts, aber es hat einen Sinn: in ihm nimmt die seltsame Mischung von Mystizismus und Naturalismus, Offenbarem und Geheimnisvollem, die die Renaissance charakterisiert, Gestalt an. Und ich brauche nur hinzuschauen, um es von dem andern, gleichermaßen geheimnisvollen, aber beunruhigenderen, starreren, ironischen, naiven und heiligen Lächeln zu unterscheiden, das um die Lippen des etruskischen Apollo spielt, oder dem «häßlichen», weltlichen, rationalistischen, geistreichen, das Houdons Voltaire andeutet. Freilich, Voltaires Lächeln *bedeutete*: es erschien bei bestimmten Anlässen, es *wollte sagen*: «Ich bin kein Dummkopf» oder: «Hört euch nur diesen Fanatiker an!» Aber zugleich ist es Voltaire selbst, Voltaire in seiner undefinierbaren Totalität: reden ließe sich über Voltaire endlos, seine existentielle Wirklichkeit ist mit Worten nicht auszumessen. Sobald er jedoch lächelt, *hat* man ihn ganz, und das völlig mühelos. Nun hatte ich bisher immer geglaubt, die Musik sei eine schöne Stumme mit Augen voll Sinn. Wenn ich ein *Brandenburgisches Konzert* höre, *denke* ich nie an das 18. Jahrhundert, an das düstere Leipzig, die puritanische Schwerblütigkeit der deutschen Fürsten, an jenen Augenblick des Geistes, wo der Verstand, schon im Vollbesitz seiner Technik, doch noch dem Glauben unterworfen ist und die Logik des Begriffs sich zur Logik des Urteils wandelt: aber all das ist da, in den Klängen gegenwärtig, genauso, wie die Renaissance auf den Lippen der Mona Lisa lächelt. Ich bin schon immer der Ansicht gewesen, daß das «Durchschnittspublikum», das, wie ich, nicht gerade über Spezialkenntnisse in der Musikgeschichte verfügt, trotzdem auf Anhieb, allein wegen dieser schweigenden Gegenwart einer ganzen Epoche und ihrer Auffassung von der Welt in jedem Klangobjekt, ein Werk von Scarlatti, Schumann oder Ravel datieren könnte, selbst wenn es sich im Namen des Komponisten irrte. Wäre es nicht denkbar, daß das musikalische Engagement auf dieser Ebene läge? Ich höre schon, was Sie mir entgegenhalten werden: wenn der Künstler sich ganz und gar in seinem Werk porträtiert hat – und sein Jahrhundert dazu –, dann geschah das ohne Absicht: ihm ging es allein ums Musizieren. Erst das heutige Publikum erkennt aus einem Abstand von hundert Jahren Intentionen, die im Objekt ruhen, ohne je hineingearbeitet worden zu sein: der Zuhörer des letzten Jahrhunderts vernahm nur die Melodie, er sah absolute und *naturgegebene* Regeln in dem, was wir aus der Rückschau als Postulate betrachten, die die Epoche widerspiegeln. Das ist richtig: aber könnte man sich nicht auch heute einen bewußter arbeitenden Künstler vorstellen, der durch die Reflexion über seine Kunst zu dem Versuch gebracht würde, in ihr seine menschliche Situation zu gestalten? Ich frage Sie nur: Sie allein vermögen darauf eine Antwort zu geben. Dabei muß ich jedoch bekennen, daß, wenn ich auch in der Ablehnung des absurden Manifestes von Prag mit Ihnen einig bin, mich doch einige Stellen jener berühmten Rede Schdanows[1], die die gesamte Kulturpolitik der UdSSR beeinflußt hat, nicht in Ruhe lassen. Sie wissen es so gut wie ich: die Kommunisten sind schuldig, weil sie in ihrer Art, recht zu haben, unrecht haben, und sie machen uns schuldig, weil sie in ihrer Art, unrecht zu haben, recht haben. Das Manifest von Prag ist die äußerste und stupide Konsequenz einer Kunsttheorie, die sich sehr wohl verteidigen ließe und nicht unbedingt einen ästhetischen Autoritarismus voraussetzt. «Man muß das Leben ken-

1 Rede vom 17. August 1934 auf dem Ersten Kongreß der Sowjet-Schriftsteller.

nen», sagt Schdanow, «um es im Kunstwerk wahrhaftig darstellen zu können, es nicht scholastisch, tot, nicht nur als objektive Realität darzustellen, sondern die Realität in ihrer revolutionären Entwicklung darzustellen.» Was soll das aber anderes heißen, als daß die Realität nie leblos ist: immer ist sie im Wandel begriffen, und die, die sie beurteilen oder darstellen, sind selbst dem Wandel unterworfen. Die tiefe Einheit all dieser unumgänglichen Wandlungen ist der zukünftige Sinn des ganzen Systems. Der Künstler muß also die schon erstarrten Gewohnheiten zerbrechen, die uns Einrichtungen und Gebräuche als *gegenwärtig* erscheinen lassen, die längst der *Vergangenheit* angehören; er muß unsere Epoche, um ein wahrhaftiges Abbild von ihr geben zu können, von der Höhe der Zukunft aus sehen, die sie sich schmiedet, denn *morgen* wird über die Wahrheit von heute entschieden. Diese Vorstellung stimmt in gewissem Sinn mit der Ihren überein: auch Sie haben ja gezeigt, daß der engagierte Künstler seiner Zeit «voraus» ist und die gegenwärtigen Traditionen seiner Kunst mit den Augen der Zukunft betrachtet. Zweifellos spielt Schdanow wie Sie auf Negativität und Überschreitung an: er jedoch bleibt nicht beim Moment der Negation stehen. Für ihn liegt der Wert eines Werks vor allem in seinem positiven Inhalt: es ist ein in die Gegenwart gefallener Block Zukunft, eilt dem Urteil, das wir über uns selbst fällen, um Jahre voraus, enthüllt unsere Zukunftsmöglichkeiten, es folgt der dialektischen Weiterentwicklung der Geschichte, begleitet sie und geht ihr voran, alles zur gleichen Zeit. Ich war immer der Ansicht, daß nichts dümmer ist als jene Theorien, die das geistige Niveau einer Person oder einer Gesellschaftsschicht bestimmen wollen. Es gibt kein Niveau: «seinem Alter entsprechend» bedeutet bei einem Kind, daß es zugleich über und unter diesem Alter steht. Genauso verhält es sich mit den Gewohnheiten unseres Intellekts und unseres Gefühls. «Unsere Sinne haben ein Entwicklungsalter, das nicht der unmittelbaren Umgebung, sondern einem Augenblick der Kultur entstammt», schrieb Matisse. Ja: und umgekehrt eilen sie auch diesem Augenblick voraus und erkennen verworren eine Menge Gegenstände, die morgen sichtbar sein werden, sie erschauen eine andere Welt in der gegenwärtigen. Das tun sie jedoch nicht auf Grund irgendeiner prophetischen Gabe: die Widersprüche und Konflikte der Zeit machen sie derartig überreizt, daß sie schließlich gewissermaßen das zweite Gesicht bekommen. Demnach stimmt es, daß ein Kunstwerk zugleich ein individuelles Erzeugnis und eine soziale Tatsache ist. Im *Wohltemperierten Klavier* findet man nicht nur die religiöse und monarchische Ordnung wieder: all diesen Prälaten und Baronen, Opfern und Nutznießern oppressiver Traditionen, hält Bach das Bild einer Freiheit vor, die, während sie sich im Rahmen der Traditionen zu halten scheint, die Tradition auf neue Schöpfungen hin überschreitet. Der geschlossenen Tradition der kleinen, despotischen Fürstenhöfe setzt er eine offene Tradition entgegen; er lehrt, in einer längst eingeführten Disziplin die Originalität zu entdecken und endlich zu leben: er zeigt den Spielraum der moralischen Freiheit innerhalb des religiösen und monarchischen Absolutismus auf, er malt die stolze Würde des Untertanen, der seinem König gehorcht, des Gläubigen, der zu seinem Gott betet. Völlig in seiner Epoche befangen, deren Vorurteile er sich zu eigen macht und widerspiegelt, lebt er gleichzeitig außerhalb ihrer und fällt über sie ein Urteil ohne Worte nach den noch unausgesprochenen Gesetzen eines pietistischen Moralismus, der ein halbes Jahrhundert später die Ethik Kants hervorbringen wird. Und seine endlosen Variationen, die Postulate, die er sich zu beachten zwingt, führen seine Nachfolger bis dicht vor eine Veränderung dieser Postulate selbst. Freilich, sein Leben ist ein Musterbeispiel für Konformismus, und ich glaube nicht, daß er jemals etwas wirklich Revolutionäres gesagt hat. Aber ist nicht seine Kunst zugleich eine Verherrlichung des Gehorsams und die Überschreitung dieses Gehorsams, über den er im selben Augenblick, in dem er ihn uns zu *zeigen* vorgibt, aus der Sicht eines noch ungeborenen individualistischen Rationalismus *das Urteil fällt*? Später erwirbt sich der Künstler ein neues Publikum, ohne sein vornehmes zu verlieren: auf Grund der Reflexion, die er über die Verfahrensweisen seiner Kunst anstellt, auf Grund seines beständigen Umgestaltens der überkommenen Gepflogenheiten hält er dem Bürgertum *im voraus* das Spiegelbild einer reibungslosen, unrevolutionären Weiterentwicklung vor, die es zu verwirklichen wünscht. Ihre Vorstellung vom Engagement der Musik, lieber Leibowitz, scheint mir zu dieser glücklichen Epoche zu passen: die ästhetischen Forderungen des Künstlers entsprechen so haargenau den politischen Forderungen seines Publikums, daß ein und dieselbe kritische Analyse die unheilvolle Nutzlosigkeit von Binnenzöllen, Straßengebühren und Lehnsrechten wie von Vorschriften aufdeckt, die traditionellerweise die Länge eines musikalischen Themas, die Häufigkeit seiner Wiederholung und die Art seiner Ausführung bestimmen. Diese Kritik achtet dabei gleichzeitig die Grundlagen der Gesellschaft wie der Kunst: die tonale Ästhetik bleibt das Naturgesetz aller Musik, das Eigentum dasjenige jeder Gemeinschaft. Nicht als wollte ich die tonale Musik aus dem System des Eigentums erklären: ich möchte nur darauf hinweisen, daß in jedem Zeitalter tiefgreifende Bezüge zwischen den Dingen, in denen sich auf allen Gebieten die Negativität auswirkt, und den Grenzen bestehen, auf die sie zugleich in jeder Richtung stößt. «Es gibt eine menschliche Natur, bitte nicht berühren!» Das ist die allen gesellschaftlichen und künstlerischen Verboten gegen Ende des 18. Jahrhunderts gemeinsame Bedeutung. Die Kunst Beethovens, oratorisch, pathetisch, manchmal weitschweifig, bietet uns mit einiger Verspätung das ins Musikalische übersetzte Bild einer Nationalversammlung aus der Zeit der Französischen Revolution: sie umschließt Barnave, Mirabeau und zuweilen leider auch Lally-Tollendal. Dabei denke ich nicht an die Bedeutung, die Beethoven manchmal seinen Werken zu geben beliebte, sondern an ihren Sinn, der letztlich die Art und Weise bezeichnete, wie er sich in eine ausdrucksstarke und chaotische Welt stürzte. Dieser Redeerguß und diese Tränenströme scheinen jedoch am Ende reglos in der Freiheit einer fast tödlichen Stille zu verharren. Beethoven hat die Gesetze seiner Kunst nicht umgestoßen, ihre Grenzen nicht überschritten, und dennoch, so möchte man sagen, steht er jenseits der Triumphe der Französischen Revolution, sogar jenseits ihres Zusammenbruchs. Wenn so viele Menschen glauben, in der Musik Trost zu finden, so deshalb, scheint mir, weil die Musik zu ihnen über ihre Schmerzen mit derselben Stimme spricht, mit der sie selbst davon sprechen werden, wenn sie getröstet sind, und weil sie ihnen ihre Nöte aus der Sicht von übermorgen zeigt.

Ist es demnach heute unmöglich, daß ein Künstler sich ohne jede *literarische* Absicht, ohne sich um *Bedeutungen* zu kümmern, mit so viel Leidenschaft in unsere Welt wirft, sie so stark liebt und verabscheut, so kompromißlos ihre Widersprüche lebt und sie so hartnäckig zu verwandeln sich vornimmt, daß eben diese Welt mit ihrer wilden Zügellosigkeit, ihrer Barbarei, ihrer raffinierten Technik, ihren Sklaven, ihren Tyrannen, ihren tödlichen Bedrohungen und unserer schrecklichen und großartigen Freiheit sich in ihm zu Musik verwandelt? Ist es unmöglich, daß der Musiker, nachdem er die Leidenschaften und Hoffnungen der

Unterdrückten geteilt hat, durch soviel Hoffnung und Wut über sich selbst hinauswächst und heute diese Welt mit der Stimme der Zukunft besingt? Und wenn dem so wäre, könnte man dann noch von «außerästhetischen» Absichten sprechen? Von einem «neutralen» Thema? Von Bedeutung? Ginge es noch an, zwischen Stoff und Behandlung zu unterscheiden?

Ihnen, lieber Leibowitz, stelle ich diese Fragen. Ihnen und nicht Schdanow. Seine Antwort kenne ich: denn als ich glaubte, er würde mir den Weg weisen, erkannte ich, daß er selber irreging: kaum hat er von der Überschreitung der objektiven Wirklichkeit gesprochen, als er auch schon hinzufügt: «Die Wahrheit und der historische, konkrete Charakter der Darstellung müssen Hand in Hand gehen bei der ideologischen Umformung und Erziehung der Arbeiter im Geist des Sozialismus.» Ich hatte geglaubt, er fordere den Künstler auf, die Probleme der Zeit intensiv und frei *in ihrer Totalität* zu durchleben, damit das Werk sie auf seine Art widerspiegle. Aber ich sehe, daß es lediglich darum geht, Aufträge für didaktische Werke an Funktionäre zu verteilen, die sie unter der Aufsicht der Partei ausführen sollen. Da man dem Künstler seine Vorstellung von der Zukunft vorschreibt, anstatt sie ihn finden zu lassen, ist es ziemlich belanglos, daß diese Zukunft auf politischem Gebiet erst noch zu schaffen ist: für den Musiker ist sie schon da. Das ganze System versinkt in der Vergangenheit; die sowjetischen Künstler sind, um einen ihrer Lieblingsausdrücke zu verwenden, *rückständig*; sie besingen die Zukunft der UdSSR, wie unsere Romantiker die monarchische Vergangenheit besangen. Während der Restauration[1] ging es darum, den überragenden Ruhm unserer Revolutionshelden mit gleichwertigem Ruhm aufzuwiegen, den man in den ersten Zeiten des Ancien régime zu entdecken vorgab. Heute hat man das Goldene Zeitalter verschoben, man hat es in die Zukunft verlegt. Auf jeden Fall jedoch bleibt dieses säumige Goldene Zeitalter das, was es ist: ein reaktionärer Mythos.

Reaktion oder Schrecken? Freie, aber abstrakte, oder konkrete, aber mit Schulden beladene Kunst? Ein riesiges, aber unkultiviertes Publikum, oder eine spezialisierte, aber bürgerliche Zuhörerschaft? Ihnen, lieber Leibowitz, der Sie völlig bewußt, ohne Vermittlung und Kompromiß, den Widerspruch zwischen

1 Als *restauration* bezeichnet man in Frankreich die Zeit von 1814 bis 1830. Anm. d. Übers.

Freiheit und Engagement leben, Ihnen kommt es zu, uns zu sagen, ob dieser Konflikt ewig oder nur ein Moment der Geschichte ist und ob im letzteren Fall der Künstler heute in sich die Möglichkeit besitzt, ihn zu lösen, oder ob wir einen grundlegenden Wandel des sozialen Lebens und der zwischenmenschlichen Beziehungen abwarten müssen, ehe ein Ausweg sichtbar wird.

Vorwort zu *L'Artiste et sa conscience*
von René Leibowitz, Paris 1950

Von Ratten und Menschen

«Sie haben sein Schielen mit Brillen geheilt, sein Lispeln mit einer Spange aus Metall, sein Stottern durch mechanische Übungen, und er hat vollendet gesprochen; aber so leise und so schnell, daß seine Mutter sagte: ‹Was sagst du?›, ‹Sprich lauter!›, ‹Was murmelst du da schon wieder?›, und sie haben ihn Murmler genannt...»

Diese klanglose, gleichmäßige, höfliche Stimme ist es, die Sie hören werden, und Sie werden sie von jetzt an unter Tausenden wiedererkennen. Wem gehört sie? Niemandem. Man möchte sagen, die Sprache habe angefangen, von allein zu sprechen. Dann und wann geschieht es, daß das Wort «ich» ausgesprochen wird, und man glaubt, flüchtig den Sprecher dieser Sprache zu erkennen, das Subjekt, das die Ausdrücke wählt. Pure Fata Morgana; das Subjekt des Verbs ist selbst nur ein abstraktes Wort; der Satz ist seinen üblichen Weg gegangen, er hat aus Bequemlichkeit zum «ich» gegriffen. In der Tat: *da ist jemand*, «ein magerer Bursche mit eingefallenen Wangen und tiefliegenden Augen, fliehendem Kinn und fliehender Stirn, einem langen, vorgestreckten Schildkrötenhals, der aus einem ein wenig gekrümmten Rücken aufsteigt: der Gang eines Vogels, mit sparsamen Gesten, als ob er sein Sein in sich zurückhalten wolle». Aber er schweigt: er ist ein Objekt, jeder Satz gestaltet ihn um und bestimmt ihn. Ohne diesen Stummen wäre die Stimme völlig verlassen: er wohnt in ihr, er entwickelt seinen verbalen Körper in Worten; sie sagt uns, daß *er* Angst hat, daß *er* ein philosophisches Werk beendet hat, daß *er* dabei ist, es bei einem gewissen Morel zu hinterlegen.

«Was soll uns», werden Sie sagen, «dieses anonyme Geflüster? Wir wollen bis ins einzelne durchkonstruierte Bücher mit richtigen Autoren: in der Literatur wie beim fliegenden Trapez ist es unser einziges Vergnügen, die Arbeit des Künstlers würdigen zu können; dem Zittern, das eine herrenlose Sprache durchläuft, messen wir nicht mehr Bedeutung bei als dem Rascheln des Schilfs im Winde.» Schön, legen Sie das Buch fort: auf seiner letzten Seite macht in der Tat ein gewisser aus dem Schlamm aufgetauchter Gorz nachträglich seine Rechte auf den Text geltend, der ihn hervorgebracht hat: «Ich habe kein Kunstwerk machen wollen», sagt er. Sie werden es gern glauben: kaum haben Sie die herrenlose Stimme vernommen, haben Sie darin zugleich das Unbestimmte, Verfließende des Natürlichen und ein schwer zu definierendes, sprödes, seiner selbst unbewußtes Suchen erkannt, das stets nahe daran ist, in den Worten zu versanden. Nun ist die Kunst ein stilles Bild der Bewegung; wenn Sie mit der Lektüre eines Romans und gar einer Konfession beginnen, ist alles längst vorbei; das Vorher und das Nachher sind nur noch Wegweiser, Geburt und Todeskampf einer Liebe existieren gleichzeitig, das eine entwickelt sich in der ewigen Unterschiedslosigkeit des Augenblicks im anderen; lesen heißt, eine Zeittransfusion vornehmen; der Held lebt von unserem Leben, seine Unkenntnis der Zukunft, der Gefahren, die ihn umgeben, ist unsere Unkenntnis: aus der Geduld, die wir als Leser aufbringen, schafft er sich eine parasitäre Dauer, deren Faden wir je nach Laune zerreißen und wieder zusammenknüpfen. Was den Stil betrifft, diesen großartigen Namenszug des Hochmütigen: es ist der Tod. Seine illusorische Zügigkeit reißt uns mit in die Vergangenheit des Autors. Dieser kann vor unseren Augen klagen und sich abquälen, soviel er will: er fühlt nichts, er erzählt sich. Wenn er zur Feder greift, ist es lange her, daß das Spiel aus ist, daß sein Freund ihn verraten, daß seine Geliebte ihn verlassen, daß er den Beschluß gefaßt hat, die beiden zu hassen oder die Menschheit schlechthin zu hassen: er schreibt, um seinen Haß mitzuteilen, der Stil ist ein Hammer, der unseren Widerstand bricht, ein Degen, der unsere Einwände zerfetzt; alles ist Auslassung, Verkürzung, Hiatus, falsche Nachsicht: die Rhetorik wird Terror; Wut und Anmaßung, wiedergekäute Erniedrigung und Hochmut bestimmen den Tenor und den Bau der Sätze. Der große Schriftsteller, dieser wütende Irre, stürmt gegen die Sprache an, unterwirft sie, legt sie in Ketten, mißhandelt sie, *in Ermangelung eines Besseren*; allein in seinem Arbeitszimmer, ist er ein Autokrat: wenn er sein Papier mit einem Geistesblitz versengt, der zwanzig Generationen blenden wird, so deshalb, weil er in diesem verbalen Gewaltakt das Symbol der Achtung und der bescheidenen Macht sucht, die ihm seine Zeitgenossen hartnäckig verweigern. Die Rache eines Toten; es ist lange her, daß die Mißachtung ihn umgebracht hat; hinter diesem Wetterleuchten verbirgt sich ein totes Kind, dem nichts über es selbst geht: das Kind Racine, das Kind Pascal, das Kind Saint-Simon – unsere Klassiker. Wir lieben es, zwischen den Gräbern der Literatur spazierenzugehen, auf diesem stillen Friedhof, die Grabschriften zu entziffern und für einen Augenblick unvergängliche Gehalte ins Leben zurückzurufen: beruhigend wirkt, daß diese Sätze gelebt *haben*; ihr Sinn ist für immer festgelegt, sie werden das kurze Fortleben, das wir ihnen zuzugestehen geruhen, nicht dazu benutzen, sich unvermutet in Marsch zu setzen und uns in eine unbekannte Zukunft zu entführen. Was die Romanciers betrifft, die noch nicht so glücklich sind, im Sarg zu liegen, so stellen sie sich tot: sie holen die Wörter aus ihrem Fischteich, töten sie, schlitzen sie auf, weiden sie aus, bereiten sie zu und werden sie uns blau, auf Müllerinnenart oder gegrillt servieren.

Man wird *Le Traître* diesseits und jenseits der Literatur ansiedeln: er ist nicht tot, dieser Gorz; er treibt am Anfang die Unverschämtheit sogar so weit, nicht einmal geboren zu sein. Daher keinerlei Rhetorik: wer sollte uns überzeugen? Und wovon? Es geht auch nicht darum, unsere Dauer zugunsten eines fiktiven Helden einzufangen oder durch Worte unsere Träume zu lenken. Da ist diese Stimme, das ist alles: diese Stimme, die sucht und nicht weiß, was sie sucht, die will und nicht weiß, was sie will, die in der Leere spricht, im Dunkeln, vielleicht, um *durch Worte* den Worten einen Sinn zu geben, die ihr soeben entschlüpft sind, oder vielleicht, um ihre Angst vor sich selbst zu verbergen.

Sie hat Angst: wir können nicht mehr daran zweifeln. Sie sagte: «*Er* hat Angst, *er* fürchtet sich, weil *er* sein Buch beendet hat»; sie für ihr Teil erhob den Anspruch, unerschütterlich zu sein: sie war nur ein tönendes Medium, in dem sich objektive Bedeutungen versammelten, sie zählte die Leidenschaften eines mageren Burschen mit tiefliegenden Augen auf und empfand sie nicht. Wir machen uns nichts vor: die Leidenschaften, zunächst eingeschlossen in diesen fremden Körper, in das *Individuum, von dem gesprochen wird*, sind aus ihrer Hülle herausgesickert, man kann sie schon nicht mehr lokalisieren: die Furcht durchdringt die ganze Stimme, sie ist es, die diesem Murmeln seine träge Dringlichkeit verleiht; diese ängstlichen, skrupulösen, bescheidenen Worte haben Fieber: es ist die Stimme der Sorge, die wir vernehmen. Diesmal haben wir begriffen: der, *von dem gesprochen wird,* ist der, *der spricht*: aber es gelingt den beiden nicht, zusammenzuwachsen. Es existiert mindestens ein Mensch auf der Welt, der trinkt, ißt, schläft, arbeitet, kurz, der uns ähnlich sieht wie ein Bruder und den ein mysteriöser Fluch dazu verdammt, in seinen eigenen Augen *ein anderer* zu sein.

Hat man sein Innenleben so weit zerstampft, zermalmt, daß nichts übriggeblieben ist als ein Gewimmel von Worten in einem verwesten Leichnam? Oder ist sein Bewußtsein intakt, aber so tief vergraben, daß es ihn aus sehr weiter Ferne betrachtet, als ob es ihm entfremdet wäre, und ihn nicht wiedererkennt? Noch weiß es niemand, da dieses gespaltene Wesen niemand ist. Es gibt die Gliederpuppe mit den tiefliegenden Augen, die nichts von sich weiß; es gibt dieses leise Geräusch von Worten, das in der leeren Nacht ausfranst und auf das niemand hört. In der Tat – zu wem spricht sie, diese Stimme? Zu uns? Sicherlich nicht. Um sich an Menschen wenden zu können, muß man schon ein ganzer Mensch sein. Es ist ihr nicht darum zu tun, gehört zu werden: sie ist die Spaltung selbst, die sich verschlimmert, indem sie sich aufzuheben sucht, sie ist eine Laufmasche der Sprache. Die Worte arbeiten ohne Anhaltspunkte, hervorgerufen durch eine Unruhe ohne Namen: wenn sie hartnäckig versuchen, dieses menschliche Gerippe kenntlich zu machen, so deshalb, weil sie unerfindlicherweise versuchen, sich seiner zu bemächtigen, es in sich aufzulösen; die Stimme erwächst aus einer Gefahr: es heißt sich verlieren oder das Recht erwerben, in der ersten Person zu sprechen.

Daher verwirrt es, dieses Selbstgespräch: es ist nicht für unsere Ohren bestimmt. Sie werden über meine Naivität lächeln, Sie werden sagen: schließlich hat Gorz sein Buch doch veröffentlicht. Ja, *als es einen Gorz gab,* der darüber entscheiden konnte: aber er hat diesem Beginn, der nirgendwohin zu führen schien und für niemanden bestimmt war, nichts hinzugefügt und nichts davon weggelassen. Wenn ich als Kind zuviel schwätzte, bekam ich zu hören: «Sei still, du Rinnsal von lauem Wasser.» Ein Rinnsal von lauem Wasser wird Sie durchrieseln: ein Rinnsal aus langen Sätzen, die sich bewegen wie Züge von Raupen, unterbrochen durch Parenthesen, aufgebläht durch die nachträglichen Präzisierungen, die dadurch nötig werden, durchgestrichen aus

Skrupelhaftigkeit und Reue, plötzlich umgestoßen durch Kehrt-wendungen. Wo bleibt die Ordnung? Wo bleibt die Form? Wo die schlichte Höflichkeit? Vergeblich würden Sie versuchen, sich an einmal gemachte Aussagen zu klammern: sie verwandeln sich unablässig unter dem Einfluß der Aussagen, die ihnen folgen: auf Seite 80 werden Sie erfahren, daß *man* das, was Sie auf Seite 30 gelesen haben, nicht wirklich gedacht, daß *man* nur geglaubt habe, es zu denken, auf Seite 150, daß *man* das nicht einmal geglaubt habe, auf Seite 170, daß *man* es überhaupt nicht geschrieben, daß *man* einen bestimmten Satz niedergeschrieben habe, während *man* träumte, *man* schreibe einen anderen, auf Seite 200, daß die Mitteilung, von der *man* geträumt, und die Mitteilung, die *man* niedergeschrieben habe, völlig austauschbar und im übrigen alle beide falsch seien. Wir sollten aber nicht glauben, wir seien Zeugen einer zunächst verlogenen Beichte, die nach und nach ihre Aufrichtigkeit erfinde. Es gibt weder einen Beichtiger noch einen Beichtenden noch einen Beichtstuhl noch etwas zu beichten; als die Stimme sich erhob, das weiß ich, das bezeuge ich, hatte sie nichts zu sagen, und ihre Wahrheit existierte nicht. Sie sprach Worte auf gut Glück, weil doch einmal angefangen werden mußte: diese Worte sind transparent, sie verweisen nur auf sich selbst. Und man sehe in diesem wehrlosen Gestammel vor allem nicht irgendeinen Kunstgriff zur Exposition: nichts Aufrichtigeres, nichts weniger Gekünsteltes als dieses Unternehmen. Es beginnt in der Angst, in der Not, *da*, unter Ihren Augen, mit eben diesen Worten; es geht in die Irre, und wir mit ihm: *es ist wahr*, daß es sich verliert und sich wiederfinden wird; *es ist wahr*, daß es sich vergißt und daß es reicher wird.

An geistige Gymnastik gewöhnt, wie wir sind, glauben wir, von den ersten Worten an die Bewegung dieses Denkens zu erfassen, die Absicht, die den Aufbau eines Absatzes lenkt: dieses rasche Vorwegnehmen, diese stillschweigenden Mutmaßungen, diese Prophezeiungen erlauben uns gewöhnlich, den Lauf der Welt und die Handlungen der Menschen zu verstehen. Also springen wir aus dem Stand über die künftigen Entwicklungen hinweg, machen es uns am Schlußpunkt bequem und erwarten die Ankunft der Sprache. Aber in diesem Fall taugt das Verfahren nichts: wir hatten eine Absicht entdeckt, und tatsächlich hatten wir uns nicht getäuscht, nur ändert sie sich unterwegs: da ist niemand, der sie aufrechterhalten könnte: «der Meister ist am Styx» oder vielmehr noch nicht geboren, es gibt diese Nippes tönender

Leere[1], die sich verwandeln, indem sie sich inkarnieren, und von denen jede einzelne allein durch ihre Gegenwart alle anderen modifiziert. Wir warten an der Ziellinie und sehen den Strom von Worten auf uns zufließen, und dann plötzlich kräuselt er sich, zieht sich zusammen, wendet sich ab, gleitet einen anderen Abhang hinab und läßt uns im Stich. Daß sich diese Enttäuschung ständig wiederholt, läßt uns eine schwatzhafte Unordnung sehen in dem, was uns später als eine wohldurchdachte Ordnung erscheinen wird.

Denn *es ist* eine Ordnung, dies langsame, unberechenbare Vorrücken: es ist eine Wahrheit im Werden, die sich in winzigen Schritten konstituiert, es ist eine ganze menschliche Existenz, die vom Abstrakten ins Konkrete übergeht, vom Elend in den Reichtum, vom Allgemeinen ins Einmalige, von der anonymen Objektivität in die Subjektivität. Es gibt Entschuldigungen für unser Erstaunen: die Bücher sind Tote; hier jedoch liegt eines vor, das, kaum haben Sie es in Händen, ein lebendiges Tier wird. Gewiß, man hat es aufschlagen, die Seiten umwenden und die Zeichen wieder zum Leben erwecken müssen: aber schon der Vorgang des Lesens bringt ein unberechenbares Geschehen in Gang, von dem weder die einzelnen Etappen noch der Ausgang im voraus gegeben sind; Sie glauben, ihm Ihre eigene Dauer zu leihen, und in Wirklichkeit zwingt es Ihnen die seine auf; Sie werden die Gesetze dieser kühnen Prosa entdecken, sobald sie sie hervortreten läßt, aber Sie werden gleichzeitig erkennen, daß sie sich unablässig ändern und daß das gesamte System sie in genau dem Maße umformt, in dem es sich nach ihnen richtet.

Sie wird in Ihren Ohren leben, diese brüchige, klanglose Stimme, diese Stimme im Stimmbruch: ihre Langsamkeit ist eine wirkliche Geschwindigkeit, da sie uns in eine *wirkliche Zukunft* führt, die *einzige*, die keine Maskerade von Erinnerungen ist, zu einem Ort, der niemandem bekannt ist, der nicht existiert und der dennoch *sein wird*. Sie läßt die Maske fallen: weder lau noch sanft noch fließend, enthüllt sie uns die peinlich genaue Ordnung der *Anreicherung*; jeder Satz faßt in sich alle vorhergehenden zusammen, jeder ist das lebendige Medium, in dem alle anderen atmen, fortbestehen und sich verändern, oder vielmehr, es gibt nur einen einzigen Satz, der sich über jeden Boden dahinwälzt, aus jederlei Erde Nahrung zieht, immer schwerer, immer runder, immer kompakter wird, der anschwillt, bis er zerbirst, bis er

1 Anspielungen auf Mallarmés Sonett *Ses purs ongles très haut ...* Anm. d. Übers.

ein Mensch wird. Jeden Augenblick ist er in einer *wirklichen* Gefahr: es ist möglich, daß er zerplatzt, daß er jämmerlich stekkenbleibt und in sich selbst zurücksinkt, eine riesige, träge Kugel, erstarrt in der Wüste der Gegenwart; wir spüren sie, diese Gefahr, wir lesen voller Unruhe; gewiß, das Buch scheint abgeschlossen; nach dieser Seite kommen andere Seiten: aber was beweist das? Alles kann im Nichts enden oder, schlimmer noch, versickern. Was uns gleichwohl beruhigt, ist die Tatsache, daß wir hinter den Stockungen des Lebens und der Sprache eine trockene Leidenschaft wahrnehmen, schneidend und eisig, einen stählernen Draht, der sich zwischen den Rissen der Vergangenheit und der Ungewißheit der Zukunft spannt. Eine unmenschliche Leidenschaft, die von sich selbst nichts weiß, ein Unbehagen auf der Suche, ein manisches Schweigen im Herzen der Sprache: sie bricht in die Zeit des Lesers ein mit diesem ganzen Gefolge von Worten im Schlepptau; wir schenken ihr Vertrauen.

Da das Kunstwerk den Namen des Künstlers, des großen Toten, der über alles entschieden hat, in alle Winde hinausschreit, ist *Le Traître* kein Kunstwerk: es ist ein Ereignis, ein plötzlicher Niederschlag, ein Gewirr von Wörtern, die sich ordnen; Sie halten dieses merkwürdige Objekt in der Hand: ein *Werk,* das dabei ist, *seinen* Autor zu schaffen. Von diesem wissen wir nichts, außer daß eins ausgeschlossen ist: er wird, er kann keines der geheiligten Ungeheuer sein, die man als Schriftsteller bezeichnet; wenn er sich am Ende seiner Bemühungen findet, dann wird er jemand völlig Beliebiges sein, ein Mensch wie alle anderen: denn die Stimme sucht einen Menschen und kein Ungeheuer. Erwarten Sie also nicht die *Gebärde,* die der Stil ist: alles ist im Vollzug. Aber wenn Sie bei unseren großen Autoren eine bestimmte Klangfülle schätzen, eine eigentümliche Satzmelodie, ein charakteristisches Gepräge der Gefühle und des Denkens, lesen Sie *Le Traître*: zunächst werden Sie alles verlieren, aber Sie werden alles zurückbekommen; ihre Hilflosigkeit, ihre leidenschaftliche Suche, ihre Sprödigkeit verleihen dieser Stimme einen unnachahmlichen Klang; in diesem Werk ohne Subjekt wird die völlige Unmöglichkeit des Stils auf die Dauer zu einer Überwindung aller bekannten Stile, oder, wenn man das vorzieht, der Stil des Todes macht einem Lebensstil Platz.[1]

1 Ich will nicht die *Überlegenheit* von Gorz erweisen, sondern seine Originalität. Ich liebe wie jedermann den Tod ebensosehr wie das Leben, da beide zu unserem Los gehören.

Das Unternehmen wird Mißfallen erregen. Wir lieben den, der uns liebt; wenn man gelesen werden will, muß man sich anbieten, die Worte heimlich zwicken, damit Bewegung in sie kommt, sich heiser schreien vor Zärtlichkeit: aber wie könnte *er* uns lieben, er, das Objekt, der Dritte, der Verräter? Wie könnte die Stimme uns lieben? Wir haben einen entzweigeschnittenen Menschen vor uns, der versucht, die Stücke wieder zusammenzuschweißen: diese Tätigkeit läßt keinerlei freie Zeit; sollen die Weibergeschichten doch bis morgen warten. Worauf Sie zweifellos antworten werden, daß auch Ihre Zeit knapp bemessen ist und daß die Probleme des Schweißens Sie nicht interessieren. Aber was wissen Sie schon davon? Ich lese manchmal Zukunftsromane; stets mit Vergnügen: sie zeigen genau das Ausmaß unserer Angst vor uns selbst. Einer hat mich besonders fasziniert: Menschen landen auf der Venus; kaum haben sie ihre Rakete verlassen, machen die künftigen Kolonialherren sich fröhlich auf die Jagd nach den Bewohnern des Sterns, ihrem künftigen Kolonialvolk, von dem zunächst nichts zu sehen ist. Man kann sich den Stolz des Herrschers über die Natur vorstellen, den Rausch des Triumphs und einer neuen Freiheit. Alles stürzt bald zusammen angesichts einer unerträglichen Gewißheit: die Eroberer befinden sich in einem Käfig, ihre Bewegungen sind vorausgeplant; die Wege, die sie herausfinden, sind ihnen von irgend jemand vorgezeichnet. Unsichtbar, über den gläsernen Käfig gebeugt, unterwerfen die Venusbewohner diese höheren Säugetiere Intelligenztests. Genauso ist unser aller Lage, nur daß wir unsere eigenen Venusbewohner und unsere eigenen Versuchskaninchen sind. Sobald Sie *Le Traître* aufschlagen, sind Sie Kolonialherren, Sie betrachten kopfschüttelnd ein merkwürdiges Lebewesen – vielleicht ein Eingeborener –, das völlig kopflos auf der Venus herumläuft. Aber in weniger als zwei Minuten werden Sie merken, daß der Eingeborene eine Ratte ist und daß diese Ratte niemand anderes ist als Sie selbst. Das Buch war eine Falle, und wir sind hineingegangen; jetzt fliehen wir durch die Gänge des übergroßen Labyrinths, unter den Augen der Experimentatoren, das heißt, unter *unseren* Augen. Das Experiment ist im Gange: es geht darum, herauszubekommen, ob es in dieser verfälschten Welt eine einzige Tat gibt, von der wir in aller Ruhe sagen könnten: *ich* habe sie getan. *Erkennen* wir unsere Vorhaben *wieder*? *Verändern* sie sich nicht bei der Ausführung? Führen nicht *andere* sie an unserer Stelle weiter? Andere, die wir mehr lieben als uns selbst und die sich von unserem Blut ernähren? Kaum hat der Fremde in meinem tiefsten Inneren für mich über mein Verhalten entschieden, höre ich das Geschrei der Menge, die in mir lebt: eine heftige Erregung bemächtigt sich all dieser Leute, die ich nicht kenne, sie verurteilen meine Initiative und erklären, sie verpflichte nur mich. Ich bin ein anderer, sagt die Stimme des «Verräters»; ich finde sie recht bescheiden: an ihrer Stelle würde ich sagen, ich sei *andere*, und von mir in der dritten Person Plural sprechen. Jeder meiner Akte wird, indem er sich der Passivität des Seins einschreibt, ein Drehkreuz, dessen gebieterische Trägheit mich zu *ihrem Mann* macht, mit anderen Worten, zu *ihrem Sklaven*, dem anderen, der ich sein muß, um es in Bewegung zu setzen und in Bewegung zu halten. Meine unauffälligsten Gebärden, die lautersten Verpflichtungen, die ich eingehe, bilden leblose Figuren; ich muß in diese Karusselle hineinschlüpfen und darin im Kreis herumlaufen wie ein Zirkuspferd, damit sie sich drehen. *Er*, der Autor, der dieses Vorwort schreibt, ist ein Anderer, eben jetzt, ein Anderer, den ich nicht mag. Das Buch gefiel mir, und ich habe gesagt: ja, ich werde ein Vorwort dazu schreiben, weil man stets für das Recht bezahlen muß, zu lieben, was man liebt; aber sowie ich zur Feder griff, setzte sich gleich oberhalb des Papiers ein unsichtbares kleines Karussell in Bewegung: es war das *Vorwort als literarische Gattung*, das seinen Spezialisten forderte, einen schönen Greis voller Sanftmut, ein Mitglied der Académie. Ich *war kein* Mitglied der Académie? Völlig nebensächlich: *er* würde es für den Augenblick werden. Wie kann man sich unterstehen, das Buch eines anderen vorzustellen, wenn man nicht mit einem Bein im Grabe steht? *Er* hat sich in die Person hineinversetzt und ist der transparente-und-entzückte-große-Senior geworden: *er* hat das Vorangehende geschrieben mit den Fingerspitzen einer schmalen weißen Hand, die von meiner breiten Hand geführt wurde, er läßt seine Saugfäden in mich hinab, er saugt meine Worte und meine Gedanken ein und schöpft daraus seine ein wenig altmodische Eleganz. Wenn ich versuche, mich seinem Einfluß zu entziehen, natürlich zu schreiben, ist es schlimmer: ich habe keine Natürlichkeit mehr, *er* filtriert sie und verwandelt sie in Bonhomie. Er wird die Feder bis zum Ende dieser Übung in der Hand behalten und dann verschwinden. Aber woran immer ich mich in der Folge machen werde, Pamphlet, Libell, Autobiographie – andere Vampire erwarten mich, zukünftige

Mittler zwischen meinem Bewußtsein und der Seite, an der ich gerade schreibe.

Immerhin kann ich hoffen, daß der Eindringling wieder geht. Aber es kommt vor, daß er bleibt, daß ich Opfer und Komplize seiner Etablierung bin. Eines Tages mußte *Mirandole* unter dem Pseudonym *Jouvence* eines jener zornigen und gesunden Bücher veröffentlichen, die dem Leser Mut zusprechen und die man aus diesem Grunde als mutig bezeichnet. Das Werk wurde ein Erfolg. Schwermütige und abgespannte Menschen erblickten zwischen den Zeilen ein strenges und ehrwürdiges Gesicht, das sie neue Hoffnung schöpfen ließ. Kurz, das Werk Mirandoles schuf, erkaltend, Jouvence, seinen wirklichen Autor. Heute genießt Jouvence öffentliche Anerkennung, seine Tugenden werden in den Volksschulen gelehrt, er gehört zu unseren nationalen Besitztümern und repräsentiert oft Frankreich im Ausland; er lebt von Mirandole, und Mirandole stirbt an ihm. Kürzlich hatte man ihnen bei irgendeiner Generalprobe nur einen armseligen Klappsitz reserviert; Mirandole ist bescheiden, fast schüchtern: trotzdem überwand er sich und rief zaghaft einen Skandal hervor: «Meinetwegen hätte ich nichts gesagt», erklärte er am Ausgang, «aber ich *konnte nicht* dulden, daß sie Jouvence *das* antaten.»

Wo liegt sein Fehler? Wo liegt der Ihre? Schließlich haben wir sie nicht eingeladen, diese ungebetenen Gäste: es sind die *Anderen*, die sie uns aufzwingen. Die Anderen oder die Werkzeuge der Anderen, diese starren Finger, die unablässig auf uns weisen: die Bereitschaftstasche und der Kranke machen aus einem zerfahrenen dicken Mann den *Doktor*, den engelgleichen Diktator, den aufgeklärten Despoten, der gegen unseren Widerstand für unser Wohl sorgt und dessen Anordnungen, dessen Ermahnungen und dessen anbetungswürdige Strenge wir gierig erwarten. Bisweilen kommt einen Lust an, den Vampiren das Maul zu stopfen und sich natürlich zu geben: niemand hört zu, man rechnet mit *ihnen*. Angesichts der allgemeinen Enttäuschung oder Gleichgültigkeit sagen wir uns mit zusammengepreßten Lippen: «Wenn alle einverstanden sind . . .», und dann lassen wir die Ungeheuer los: das nimmt stets ein böses Ende. In den ersten Tagen nach dem Kriege lernte ich einen ausländischen Maler kennen; er kam aus London: wir unterhielten uns in einem Café. Ebenfalls ein «Verräter», dieser Maler, oder jemand, der glaubte, einer zu sein. Er liebte sich so wenig, daß die Menschen ihn verabscheuten: es war sein Name, den sie liebten. Ich fand ihn sehr anziehend:

41

herrisch und schwach, argwöhnisch und leichtgläubig, rasend vor Stolz und Scham, boshaft und zartfühlend, fasziniert und geplagt von seinem Ruhm, war er noch ganz starr vor Staunen, ein ansehnliches Œuvre geschaffen zu haben, das er gleichwohl geringschätzte: dieser Don Quichotte konnte seine eigene Wertschätzung nur erringen, wenn er auf einem anderen Gebiet eine Schlacht gewann, von der er im voraus wußte, daß er sich nicht einmal auf sie einlassen konnte. Tatsächlich endete das Ganze zwei Jahre später in schallendem Gelächter. Haltlos, unglücklich, romantisch veranlagt, war er vom Augenblick, vom Licht, von ein wenig Musik, von den Frauen und vor allem von den Männern abhängig, von allen Menschen: *alle zusammen* hätten wir ihn retten können; da wir nicht einmütig waren, schwankte er zwischen Hochmut und einer wehrlosen Liebenswürdigkeit hin und her: bald ließ er sich, um den alten, unsachgemäß behandelten Tripper, seinen Verrat, zu vergessen, völlig durch das blendende Wesen verzehren, das er für andere darstellte, und dann blieb von ihm nur noch ein feuerrotes Insekt übrig; bald veränderten ihn die Angst, die Weichherzigkeit und die Vertrauensseligkeit in ihn selbst, in einen beliebigen Menschen, der malte. An jenem Tage verschlang ihn ein kleiner Alter, der an einem anderen Tisch saß, mit den Augen; ich kannte ihn, es war ein Landsmann von ihm, ein Emigrant wie er, der aber kein Glück gehabt hatte. Schließlich konnte der Greis nicht länger an sich halten, erhob sich, kam an unseren Tisch und stellte sich meinem Begleiter vor, der, überrascht, sein Lächeln unbefangen erwiderte: der Ruhm und die Genialität verschwanden gemeinsam; übrig blieben zwei Verbannte, die sich wiedererkannten, ohne sich zu kennen, die beide nicht glücklich waren und die freundschaftlich miteinander sprachen.

Es war der unglücklichere der beiden, der den Glorienschein um den Schädel seines Gesprächspartners wiederaufleuchten ließ: es war ein Mißverständnis gewesen, nicht zu dem Menschen sprach er, sondern zu dem Maler. Man darf von den Künstlern nicht zuviel verlangen: eine allzu deutlich geäußerte Ehrerbietung, ein paar byzantinische Wendungen riefen den Großen Mann auf den Plan; er war perfekt: verständnisvoll, bescheiden, auf eine so geniale Art schlicht, daß er seinen Landsmann vertrieb: dieser raffte hastig die Papiere zusammen, die auf seinem Tisch herumlagen, und verließ das Café erbittert und enttäuscht, ohne zu begreifen, daß er sich sein Unglück selbst zuzuschreiben hatte. Wir blieben allein zurück, und nach einem verlegenen Schweigen murmelte die große Persönlichkeit etwas, was ich nicht vergessen werde: «Wieder ein Fehlschlag!» Und das bedeutete: *Er* hatte sich gesagt, *er* würde seinen Namen, seinen Ruhm, seine voluminöse Präsenz vergessen, *er* würde einfach als Verbannter mit einem anderen Verbannten sprechen. Aber da der Alte in ihm den Unvergleichlichen Künstler sehen wollte, hatte *er* sich gefügt, hatte *er* seinen Körper und seine Stimme diesem Anderen geliehen, der nicht einmal sein persönlicher Parasit ist, der zur gleichen Zeit ein gutes Tausend Personen von Peking über Moskau und Paris bis Valparaiso vampirisiert, und er hatte ihn mit seinem eigenen Mund sprechen hören, mit dieser gräßlichen Güte, die ausdrückte: «Aber nein, das will gar nichts heißen, ich bin nichts, ich bin Ihnen in nichts überlegen, ich habe Glück gehabt, das ist alles.» Und er war sich darüber klargeworden, daß er wieder einmal die *Gelegenheit* versäumt hatte und daß sie sich täglich, stündlich von neuem bieten würde und daß er sie täglich, stündlich versäumen würde.

Der Test ist nicht abgeschlossen, wir haben nicht aufgehört, im Labyrinth herumzulaufen, die Stimme hat nicht aufgehört zu sprechen. Die Touristen, die Fernfahrer, die sich monats- oder tageweise bei uns einquartieren, interessiert die Untersuchung nicht: man wird von uns keine Rechenschaft fordern über die möblierten Zimmer, über die hundertspiegligen Venus-Salons, die wir unseren Zufallsgästen vermieten; alle werden nach Feststellung ihrer Identität freigelassen, ausgenommen ein geheimnisvoller und selten sichtbarer Gast, ein Usurpator, der sich als Aufseher aufspielt und in Wirklichkeit nur unser ältester Mieter ist. Die Person, die die Stimme so hartnäckig «er» nennt, das ist eben *der da.* Hören Sie übrigens genau hin, es ist nicht mehr ganz dieselbe Stimme. Anfangs beschränkte sie sich darauf, die Gesten des Inhabers zu kommentieren, dann hat sie erkennen lassen, daß diese Person unter Beobachtung stand, sie hat die Tests beschrieben, denen man sie unterwarf, und die Resultate angegeben. Jetzt, kräftiger geworden, hartnäckig, manchmal rücksichtslos, *verhört* sie: die Venusbewohner haben sich in Schupos verwandelt und die Ratten in Verdächtige. Natürlich werden wir zunächst glauben gemacht, daß wir nur *Zuhörer* einer gerichtlichen Untersuchung seien. Niemand scheint sich um uns zu kümmern. Ein gewisser Gorz sitzt auf der Anklagebank; eben ist sein Name ausgesprochen worden: unausgesetzt werden ihm

Fragen gestellt, seine Alibis zerpflückt, er soll dazu gebracht werden, sich in Widersprüche zu verwickeln: Was machte er an einem bestimmten Tag im Winter 1936 in Wien? Und vorher, in seiner frühen Kindheit? Und nachher, zur Zeit des Anschlusses[1]? Er gibt zu, mit jungen Nazis verkehrt, sie bewundert zu haben. Warum? Er behauptet, später mit ihnen gebrochen zu haben: stimmt das auch? Hat er aus freien Stücken mit ihnen gebrochen? Kann er sagen: *Ich* habe mit ihnen gebrochen? Ist er nicht durch die Umstände dazu gezwungen worden? Durch *seine objektive Natur*? Und woher kommt sie ihm, diese Natur? Von wem? Von was? Stumm, verlegen wohnen wir dem Verhör bei und tun unser Bestes, uns als indiskret zu empfinden. Wir könnten von Glück reden, wenn wir uns sagen könnten: Ich war nicht in Wien zur Zeit des Kanzlers Dollfuß, ich nicht; diese Geschichte geht mich nichts an. Aber nein: wir sind in der Klemme, und wir wissen es; wenn wir den Wächtern beweisen, daß unsere Anwesenheit in der Folterkammer auf einem schlichten Mißverständnis beruht, haben wir längst ein Geständnis abgelegt. Henker und Opfer sind wie immer wir, die Schupos, die den Verräter foltern. Aber sobald er gesteht, sobald er seinen ersten Bewohner angibt, den mißgestalteten Zwerg, von dem man nicht weiß, ob er verstorben ist oder ob er sich versteckt hält und ob es nicht sein schelmisches Gesicht war, was sich da an die Fensterscheibe gepreßt und uns Fratzen geschnitten hat, erinnern wir uns plötzlich an den kleinen Krüppel, der lange in uns gewohnt hat, und versuchen, die verdächtigen Umstände seines Verschwindens zu rekonstruieren: 1920 lebte ich, und *er* lebte noch, *wer also* hatte ihn so grausam verstümmelt; ich erinnere mich, daß ich ihn nicht gerade gut leiden konnte. Danach sehe ich ihn nicht wieder; es hat ein Mord stattgefunden, denke ich. Aber wer von uns beiden hat den anderen getötet? Die Stimme spricht immer noch: sie hat Worte gefunden, um den Riß zu benennen, der uns zerreißt; die ersten Schuldigen haben ihre Fingerabdrücke auf einem Messer hinterlassen: wir werden nicht lange brauchen, um sie zu identifizieren.

Es hat in der Tat den Anschein, als ob es auf der Welt noch Wilde gebe, die so töricht sind, in ihren Neugeborenen Reinkarnationen ihrer Vorfahren zu sehen. Man schwenkt die Waffen und die Halsketten der Längstverstorbenen über dem Säug-

1 Deutsch im Original. Anm. d. Übers.

ling; er braucht bloß eine Bewegung zu machen, und alle schreien laut: der Großonkel ist wiederauferstanden. Dieser Greis bekommt die Brust, scheißt das Stroh unter sich voll, er wird bei seinem Namen gerufen; die Überlebenden seiner Generation ergötzen sich daran, ihren Jagd- und Kriegskameraden mit seinen Beinchen strampeln und aus vollem Halse schreien zu sehen; sobald er sprechen kann, trichtern sie ihm die Erinnerungen des Verstorbenen ein, eine harte Dressur gibt ihm seinen früheren Charakter zurück, er wird daran erinnert, daß *er* jähzornig, grausam oder großmütig war, er ist allen gegenteiligen Erfahrungen zum Trotz davon überzeugt. Wie barbarisch: man nimmt ein sehr lebendiges Gör, näht es in die Haut eines Toten ein, es erstickt in dieser greisenhaften Kindheit, ohne eine andere Beschäftigung, als die Gesten des Onkels genau zu reproduzieren, ohne eine andere Hoffnung, als nach seinem Tode zukünftige Kindheiten zu vergiften. Ist es bei alledem verwunderlich, daß er von sich selbst nur mit äußerster Zurückhaltung spricht, halblaut, oft in der dritten Person; dieser Unglückliche weiß genau, daß er sein eigener Großonkel ist.

Diese geistig zurückgebliebenen Eingeborenen findet man auf den Fidschiinseln, auf Tahiti, auf Neuguinea, in Wien, in Paris, in Rom, überall, wo es Menschen gibt: man nennt sie Eltern. Lange vor unserer Geburt, ja bevor sie uns geplant haben, haben die Unseren unsere Persönlichkeit festgelegt. Man hat von uns «er» gesagt, Jahre bevor wir «ich» sagen konnten. Wir haben zunächst *als absolute Objekte* existiert. Vermittels unserer Familie wies uns die Gesellschaft eine Stellung, ein Wesen, einen Komplex von Rollen zu; die Widersprüche der Geschichte und die sozialen Auseinandersetzungen bestimmen im voraus den Charakter und das Schicksal der künftigen Generationen.

Algerien 1935: die Eltern werden ausgebeutet, unterdrückt, ins Elend gestürzt im Namen eines Rassismus, der in ihnen keine Menschen sieht, man lernt die arabische Sprache wie eine tote Sprache, es gibt so wenig französische Schulen, daß weitaus die meisten Algerier Analphabeten sind; von Frankreich zurückgewiesen, ohne Rechte, ohne Ausbildung, ohne Vergangenheit, finden sie Zuflucht nur bei der Religion, bei dem negativen Stolz eines erwachenden Nationalismus: sind ihre Söhne, die Fellaghas von 1957, nicht *im voraus geformt*? Und wer anders hat sie geformt als die Algerienfranzosen? Wer hat ihnen seit Bugeaud dieses Schicksal aus Zorn, Verzweiflung und Blut verordnet?

Wer hat diese Höllenmaschinen gebaut, die eines Tages explodieren und das Kolonialsystem in die Luft sprengen müssen? Überall warten Rollen auf Träger: für diesen ist es die Rolle des Juden; für jenen die Rolle des Grundbesitzers. Aber diese Funktionen sind noch zu abstrakt: man spezifiziert sie im Familienkreis; wir sind alle gezwungen worden, *mindestens einen* Verstorbenen zu reinkarnieren, im allgemeinen ein seinen Verwandten zum Opfer gefallenes, in zartem Alter getötetes Kind, dessen trostloses Gespenst in Gestalt eines Erwachsenen fortlebt: unseren eigenen Vater oder unsere eigene Mutter, diese lebenden Toten. Kaum aus einem Bauch heraus, wird jedes Menschenkind *mit jemand anderem verwechselt*; man stößt, man reißt es mit Gewalt in seine Persönlichkeit hinein wie die Kinder, die die *comprachicos* in porzellanene Vasen hineinpreßten, damit sie nicht wachsen konnten. Wenigstens waren jene nicht die Söhne ihrer Henker, wird man sagen; man kaufte sie manchmal, man raubte sie oft. Zweifellos: aber wer ist kein geraubtes Kind, mehr oder weniger? Der Welt geraubt, seinem Nächsten geraubt, sich selbst geraubt? Der Brauch hat sich fortgepflanzt: aus den geraubten Kindern macht man die Kinderräuber. All das wußten wir, hatten es immer gewußt: eine einsame Stimme sagte es uns unablässig; aber wir zogen es vor, sie zu ignorieren, sie sprach in der Wüste, in *unserer* Wüste: *er* tat dies oder jenes an unserer Stelle, und wir waren *sein* Strohmann, wir erklärten, aus Feigheit, aus Gefälligkeit: *Ich* habe die Tat vollbracht; und alle taten, als ob sie uns glaubten: unter der Bedingung, daß wir ihnen denselben Gefallen erwiesen. So schließt die Menschheit, voller Scham darüber, daß sie der Furcht, der Erpressung nachgibt, seit Jahrtausenden die Augen davor, daß ein ständig wechselndes Racket von ihr lebt. Glücklicherweise hat jemand gepfiffen: ein Verräter, ein Bursche vom Schlage der amerikanischen Dockarbeiter, die aus Ekel vor ihrer eigenen Feigheit die Gang ihrer Ausbeuter anzeigen und die man kurz darauf im Hudson unter Wasser wiederfindet. Ein Verräter: ein Bursche, der rissig ist wie wir alle, der aber das Doppelspiel nicht länger ertragen konnte. Er hat das Schweigen gebrochen, es abgelehnt, die Verantwortung für die Taten des Eindringlings auf sich zu nehmen, der sich für ihn ausgab, «ich» zu sagen. Und auf einmal sind sie nackt, die *Anderen,* die Zars, die Loas, die schwarzen Engel, die Kainssöhne, all unsere Parasiten. Nackt, aber nicht tot: wir schwanken zwischen Entrüstung und Entsetzen; man erwartet für die nächste Sekunde den Gegenschlag des Syndikats und die Exekution des Verräters. In der Tat haben wir nichts gewonnen: wir erkennen unsere Risse wieder, wir entdecken unsere Bewohner, das ist alles. Aber wir sind enttäuscht: wir dachten, das leise nagende Geräusch dringe durchs Ohr in uns ein, aber nein: von unserem Herzen ist es ausgegangen; diesmal haben wir das universelle Murmeln der versklavten Gehirne erkannt, die Menschliche Stimme – und wir werden sie nicht so bald vergessen.

Trotzdem gehört der Verräter natürlich einer ganz besonderen Spezies an; er hat seine eigene Art, ein x-beliebiger Mensch zu sein. Weder die Extravaganten Doktoren noch die Ruhmredigen Helden haben ihn zum Wohnsitz gewählt. Wenn er von sich selbst in der dritten Person spricht, so nicht aus Maßlosigkeit, sondern aus einem Mangel heraus: er würde das maßvolle Tun, das in seinem Namen geschieht, für *sein eigenes* halten, wenn er nur die Motive dafür wiedererkennte: er hat hundert stets vergebliche Haussuchungen vorgenommen; man kann daraus schließen, daß ihm an nichts etwas liegt. *Er* reist, ohne es zu wollen; *er* trifft Menschen, *er* besucht sie, *er* empfängt sie bei sich, ohne ihre Gesellschaft zu schätzen; ein anderes Mal verkriecht *er* sich, schließt *er* sich ein ohne die mindeste Lust, allein zu sein. Ist er blasiert? Aber nicht doch: um sich von den Gütern dieser Erde lösen zu können, muß man daran gehangen haben. Und werfen wir ihm vor allem nicht vor, «er sei von allem zurückgekommen, ohne dort gewesen zu sein». Denn er hat nichts von einem *Zurückkehrenden*: er ist nicht aufgebrochen, das ist sein eigentliches Unglück. Warum? Weil er es nicht stark genug wünschte. Sein Herz weist übrigens keine Spur der hochmütigen Unzufriedenheit auf, die bei uns drei literarischen Generationen als Alibi gedient hat. Das Unendliche, das ewige Anderswo, der Traum – Gott sei Dank, er macht sich nichts daraus. Ich kenne Menschen, die sich das Recht herausnehmen, die Welt an irgendeinem vollkommenen Ideal zu messen und zu verachten. Aber der Verräter verachtet nichts und niemanden. Also der «leere Koffer», von dem Drieu sprach? Nein: der Koffertrick war gut für die Zeit zwischen den Kriegen: man öffnete ihn, man bat den Zuschauer, sich selbst davon zu überzeugen, daß er nichts enthielt als einen Schlafanzug und eine Zahnbürste. Wir wissen heute, daß er einen doppelten Boden hatte, daß man sich seiner zum

Waffentransport und zum Rauschgifthandel bediente: die Jeunesse dorée verbarg darin geschickt alles, was irgend dazu dienen konnte, die Spezies auszurotten und das Heraufkommen des Unmenschlichen zu beschleunigen. Aber der Verräter wird sich schön hüten, die Welt in die Luft zu sprengen: das Unmenschliche *ist bereits sein Los*, da er die Ziele der Menschen nicht teilt. Mit einem Wort, ich reihe ihn unter die Indifferenten ein: diese Untergruppe ist neueren Ursprungs, ihre Vertreter sind nicht älter als dreißig Jahre; noch weiß niemand, was aus ihnen werden wird. Aber es muß schon heute darauf aufmerksam gemacht werden, daß man sich der Möglichkeit beraubt, sie zu verstehen, wenn man sich darauf versteift, ihnen eine aristokratische Nonchalance zuzuschreiben. Was sie auszeichnet, ist ihre Beflissenheit. Gorz ist berufstätig, er bildet seinen Körper und seinen Geist aus, er hat geheiratet. Wenn Sie ihm mit seiner eleganten ledernen Aktentasche im Gericht oder an der Börse begegneten, würden Sie ihn für Ihresgleichen halten. Bei der Arbeit ist er gewissenhaft, ja peinlich genau, niemand ist freundlicher als er; höchstens, daß er im täglichen Umgang eine Spur von Zurückhaltung an den Tag legt, was seine Kollegen lächelnd mit Schüchternheit erklären; aber man braucht ihn nur um eine Gefälligkeit zu bitten, so rennt, so fliegt er, um sie einem so schnell wie möglich zu erweisen. Die Oberflächlichsten werden ihn für unbedeutend halten: gewiß, er spricht wenig; *er hat ein Allerweltsgesicht*; seine Bescheidenheit und seine so perfekt gepflegte Unauffälligkeit gewährleisten seine Beliebtheit. Aber wenn man sich ihn bei Lichte besieht, wird dieser Schwindler durch seinen Pflichteifer entlarvt. Die meisten Leute behandeln, überzeugt, seit Generationen, seit Adam, Menschen zu sein, ihre menschliche Natur mit einer gewissen Nachlässigkeit: sie haben so alte und so wenig angefochtene Ansprüche darauf, daß sie gelassen ihren persönlichen Neigungen folgen, sicher, daß sie, wenn ihnen der Sinn danach steht, pissen oder höchst menschlich töten werden. Aber der Indifferente kennt keinerlei Neigung: ob er trinkt oder kämpft, er muß sich dazu entschließen, er muß ohne Durst trinken, sich ohne Zorn für eine Beleidigung rächen, die ihn nicht getroffen hat, *um wie die anderen zu handeln*. Seine erste Regung besteht darin, daß er keine verspürt: das muß unablässig verheimlicht, verleugnet werden; dieses seltsame Produkt unserer Gesellschaften empfindet Entsetzen bei dem Gedanken, auf das Niveau der Engel oder das der dressierten Tiere abzusinken, und bemüht sich, es in allem den Adamiten gleichzutun; er verliert sich: Paulhan hat sich als «beflissenen Krieger» bezeichnet in einem ausgezeichneten Büchlein, in dem er seine Kriegserlebnisse erzählte. Der Indifferente seinerseits macht sich einfach dadurch verdächtig, daß er ein beflissener Mensch ist.

Zu beflissen, um ehrlich zu sein: wenn er sich als meinesgleichen hinstellen will, dann also deshalb, weil er es nicht ist. Sollte die menschliche Gemeinschaft falsche Menschen umfassen? Die sich nicht von den echten unterschieden? Wie kann man dann wissen, ob die echten existieren? Wer soll ihre Ansprüche beglaubigen? Ich habe manchmal sagen hören, der Mensch sei die Zukunft des Menschen, dann wieder, er sei seine Vergangenheit: seine Gegenwart – niemals. Wir sind alle falsch; abermals hat der Verräter ein Geheimnis ausgeplaudert: durch den Eifer, den er daran wendet, *sich* menschlich *zu machen*, erinnert er uns daran, daß unsere Spezies nicht existiert. Der Verfasser dieses Buches ist eine Ratte, wie man sich denken konnte. Und was mehr ist, eine besessene Ratte. Besessen von einer anderen Ratte? Von der Ratte an sich? Das gerade nicht: dieser Andere, von dem eine einsame Stimme unablässig zu uns spricht, dieses reine Objekt, diese Fluchtlinie, diese Abwesenheit, ist der Mensch, unser Tyrann. Damit sind wir entlarvt: Ratten, beherrscht vom Menschen. Und sogleich wird das wahnsinnige Unternehmen des Indifferenten erkennbar, es ist unser eigenes: wir laufen alle in den Gängen eines Experimentallabyrinths hinter einem Phantom her, mit Gorz an der Spitze. Wenn er diesen Parasiten fängt und ißt, den er so lange mit seinen Ängsten und seinen Mühsalen genährt hat, wenn er ihn in seine eigene Substanz resorbiert, ist unsere Spezies möglich; irgendwo zwischen Ratten und Engeln ist sie im Entstehen begriffen, wir werden aus dem Labyrinth herauskommen.

Einmal mehr hat sich das Thema dieses Buches verwandelt: es geht nicht darum, sich kennenzulernen, sondern sein Leben zu ändern; wir werden noch nicht angesprochen, aber uns wird, mögen wir wollen oder nicht, die fundamentale Frage gestellt: durch welche Tätigkeit kann ein «zufälliges Individuum»[1] in sich selbst und für alle die menschliche Person verwirklichen?

1 Ein Ausdruck von Marx (*Deutsche Ideologie*).

Dies Werk, ich sagte es schon, ist wie eine Maschine mit *feed-back* organisiert: die Gegenwart verändert unablässig die Vergangenheit, aus der sie hervorgegangen ist. Auf den ersten Seiten des Buches schien es uns, als ob die Stimme aufs Geratewohl irgendwo Worte auflese, um der Angst zu entkommen und um *irgend etwas* im Rücken zu haben, irgend etwas, nur nicht das Schweigen. Und das stimmte: *zu jenem Zeitpunkt* stimmte es. Aber die Frage nach dem Menschen ist gestellt worden: der Beginn des Unternehmens erscheint in einem neuen Licht, es ist eine Metamorphose: *vor der Stimme* existierte bereits Gorz, er litt bereits unter seiner Indifferenz, er verteidigte sich dagegen mit den ihm zur Verfügung stehenden Mitteln. Plötzlich ändert er die Taktik und kehrt seine Beziehung zu sich selbst um. Dieser Bruch stellt in sich selbst ein absolutes Ereignis dar; aber es wäre falsch, darin ein inneres Abenteuer zu sehen, dessen hauptsächliches Verdienst darin bestünde, ein Buch ins Leben gerufen zu haben: tatsächlich findet es *innerhalb* des Buches statt, im Buch und durch das Buch entwickelt es sich und wird sich seiner selbst bewußt. *Le Traître* soll uns nicht die Geschichte eines Konvertierten *erzählen*; er *ist* die Konversion selbst.

Gorz ist zweiunddreißig Jahre alt: seit zweiunddreißig Jahren ist ihm, was immer er tut, unmittelbar danach klar, daß er auch das Gegenteil hätte tun können und daß das Ergebnis dasselbe gewesen wäre, nämlich gleich Null – oder schlimmer noch: belanglos. Seit zweiunddreißig Jahren entzieht sich ihm seine Existenz, er hat keinen anderen Beweis dafür als eine unüberwindliche Langeweile: ich langweile mich, also existiere ich. Aber er hat sich gewehrt; er hat nach einem Ausgleich gesucht und, wie er glaubt, einen gefunden; er hat sich gesagt: «Da ich nirgendwohin gehöre, zu keiner Gruppe, zu keinem Unternehmen, außerhalb aller Gruppen und aller Unternehmen stehe, gibt es nur diese Alternative: ein Außenseiter der Gesellschaft und der Geschichte zu sein, in der Spezies Mensch überzählig, reduziert auf den Lebensüberdruß, auf das ausgeprägte Bewußtsein von der Zufälligkeit alles dessen, was mich umgibt; oder mich bewußt zum Absoluten zu erheben, das heißt, alles philosophisch zu begründen als ein Moment des geistigen Abenteuers, und danach von diesem spekulativen Interesse aus wieder Geschmack am Konkreten zu finden ... ich kann das Reale nur von der Idee aus erreichen.» Mit anderen Worten: da er nun einmal so geschaffen ist, daß er kein bestimmtes Verlangen empfindet, wird er sich seine Indifferenz zunutze machen: da er nicht *ein bestimmter* Gorz sein kann – oder will: noch ist nichts entschieden –, wird er aus sich den Universalen Menschen machen; er wird sich in seinem Verhalten von Begriffen bestimmen lassen und sich das Gesetz geben: handle stets so, daß die Umstände und der Augenblick deinen Handlungen als Vorwand dienen können, in dir und außerhalb deiner selbst die Allgemeinheit der Spezies Mensch zu verwirklichen. Deshalb hat er mit zwanzig Jahren begonnen, ein philosophisches Werk zu schreiben: wenn man von Geburt an gegen das Rasen der Furcht, der Begierde oder des Zorns immun ist, dann muß man gar nichts tun oder alles auf Vernunft gründen, selbst den Handgriff, mit dem man einen Regenschirm öffnet, wenn es regnet.

Jetzt erklärt sich alles; niemand wird sich mehr darüber wundern, daß er verraten hat: er ist einer von diesen Typen, die den Kopf voller Worte haben, die alles analysieren, die stets das Warum und das Wie wissen wollen, ein kritischer, ein zersetzender Geist, ein widerlicher Intellektueller, mit einem Wort. Ich denke nicht daran, es zu bestreiten, das ist es sogar, weswegen er mir gefällt: ich bin selbst einer. Eine literarische Zeitschrift fragte den Fürsten des Falschgelds[1], was er am meisten verabscheue; er hat sich keinen Augenblick besonnen: «Die Intellektuellen». Dieser Falschmünzer ist mir sympathisch: er ist ein wirklicher Dichter und ein rechtschaffener Mann; aber ich frage mich, was für eine Laus ihm an jenem Tag über die Leber gelaufen ist: jeder kennt sein gehetztes Getue, seine Monologe über das Schicksal, über die Zeit, über das Leben, eine Auswahl aus einer endlosen, demütigen Apologie, die Wortstauungen in seiner Kehle, seine bezaubernden Hände, die ebenfalls Worte sind und die, die Handflächen nach außen, um Gnade für ihn flehen, das abgespannte, zu Tode erschöpfte Denken, das dennoch in ständiger Bewegung ist, das leichtfüßig von einer Idee zur anderen springt, ohne zu bemerken, daß es in seinem Käfig im Kreise herumläuft, die funkelnden Improvisationen, deren Vorstufen man in dem wiederfindet, was er tags zuvor geschrieben hat, und die, wenn sie erlöschen, die unheilbare Trauer eines eisigen Blicks erkennen lassen; dieser Mensch sucht sich ein Tribunal zu dem einzigen Zweck, es zu korrumpieren; wenn er Ihnen begegnet, sind Sie Richter und Geschworener, er erspart Ihnen nicht die

1 Gemeint ist Cocteau. Anm. d. Übers.

geringste Einzelheit seines Verhaltens und läßt Sie nicht los, bevor Sie ihn nicht freigesprochen haben; aber täuschen Sie sich nicht, er weiß alles: er weiß, daß er das Urteil, dem er zuvorkommen will, am Anfang des Jahrhunderts selbst gefällt hat, er weiß, daß er Zuchthäusler ist und daß er seine Strafe seit fünfzig Jahren verbüßt; denn er hat sich dazu verurteilt, bis ins Alter hinein den Prozeß zu führen, in dem seine Jugend in letzter Instanz entschieden hat. Als was würden Sie diesen Advocatus Diaboli bezeichnen, wenn nicht als *Intellektuellen?* Ich kenne natürlich andere, die diesem Geschwätz gern das tiefe Schweigen der Erde oder der Bauern entgegensetzen. Aber wenn Sie sie öffnen, was für ein Lärm: in ihrem Kopf braust es nur so von den Worten, die das Schweigen der anderen bezeichnen. Gorz ist, glaube ich, der erste, der das Problem konkret formuliert hat; und ich bin ihm dankbar dafür. Es hat wenig zu besagen, ob über die Sprache oder über das Schweigen gesprochen wird, über die verworrenen Intuitionen des Dichters oder über klare Gedanken: was zählt, ist, daß diese Sprecher zum Sprechen gezwungen sind. Der Mann mit dem Falschgeld hat zur Verteidigung der Finsternisse des Herzens mehr Vernunftgründe ins Feld geführt als Kant zur Begründung der Rechte der Vernunft: er war dazu gezwungen; Erörterungen, Begriffe, Schlußfolgerungen: das ist unser Los. Warum? Weil die Intelligenz weder ein Geschenk noch ein Makel ist: sie ist ein Drama; oder, wenn man so will, ein Notlösung, die meistens zu einer lebenslänglichen Strafe wird. Irgendwer sagte zu unserem Verräter: «Du stinkst nach Intelligenz, wie man unter den Armen stinkt.» Und das stimmt: die Intelligenz stinkt. Aber nicht mehr als die Dummheit: es gibt Gerüche für jeden Geschmack. Diese riecht nach wildem Tier, jene riecht nach Mensch. Zunächst einmal, weil gewisse Individuen, zerrissen, verbannt, verdammt, versuchen, ihre Konflikte und ihre Einsamkeit dadurch zu überwinden, daß sie dem Hirngespinst der Einmütigkeit nachjagen: das ist es, was sich in ihren Augen spiegelt, was uns ihr Lächeln schüchtern vorschlägt. Bei jeder passenden und unpassenden Gelegenheit: der Appell ist da, dauerhaft in die Gesichter eingegraben; die Stimme fordert, was immer sie sagt, allgemeine Zustimmung; aber die Leute, belastet mit ihren Besonderheiten, mit sehr handgreiflichen Interessen, mit Leidenschaften, finden das Vorhaben, ihre Differenzen und ihre Feindschaften in der rein formalen Harmonie der Billigung aufzulösen, abscheulich.

Und dann ist die Intelligenz umständlich: sie möchte alles noch einmal von vorn durchnehmen, selbst das, was jeder zu können glaubt: sie nimmt das Gehen und das Atmen auseinander und setzt sie wieder zusammen, sie lehrt, wie man sich im Einklang mit den Prinzipien waschen und schneuzen soll. Sie ist es, die den Intellektuellen den Gang von Schwerversehrten zur Zeit der Rehabilitation verleiht; aber man muß sie verstehen: jeder von ihnen erfindet ihn neu, um den großen Ausverkauf zu kompensieren, der jeden Impuls und jede Eigenwilligkeit in ihm liquidiert hat; sie brauchen ihn als Ersatz für die Signale, die ihrem Fleisch nicht eingeprägt, die Gewohnheiten, die ihnen nicht gegeben, die Wege, die ihnen nicht gebahnt worden sind, kurz, *zum Leben*. Ich erinnere mich an einen jungen Hund, dem ein Teil des Kleinhirns amputiert worden war: er bewegte sich im Zimmer hin und her und stieß sich selten an den Möbeln, aber er war tiefsinnig geworden: dieses Tier legte sorgfältig seine Route fest, brütete lange, bevor es um ein Hindernis herumging, es brauchte viel Zeit und Überlegung, um die Bewegungen auszuführen, die es vorher gemacht hatte, ohne davon Notiz zu nehmen; dem damaligen Sprachgebrauch entsprechend hieß es, daß die Gehirnrinde bei ihm die Funktionen der tiefergelegenen Zentren übernommen habe: es war ein intellektueller Hund. Ich weiß nicht, ob er seinen Artverwandten sehr nützlich oder sehr schädlich war, aber wir können uns ziemlich gut vorstellen, daß er verloren hatte, was ein anderer Verbannter, Genet, so zutreffend die «angeborene sanfte Verworrenheit» genannt hat; kurz: er mußte krepieren oder den Hund neu erfinden. Und wir, die Ratten ohne Kleinhirn, sind so geschaffen, daß wir krepieren oder den Menschen erfinden müssen: wir wissen übrigens genau, daß er ohne uns entstehen wird, durch Arbeit und Kampf, daß unsere Modelle von einem Tag auf den anderen veralten, daß im Endprodukt nichts davon enthalten sein wird, nicht einmal ein Knöchelchen, aber die Herstellung fände blindlings statt, wäre Improvisation und Flickwerk, wenn wir nicht da wären, wir, die Kleinhirnlosen, und unablässig wiederholten, daß nach Prinzipien vorgegangen werden muß, daß es nicht darum geht, auszubessern, sondern zuzuschneiden und zu gestalten, daß, schließlich, unsere Spezies das konkrete Allgemeine sein oder nicht sein wird.

Gorz' Intelligenz setzt einen schon auf den ersten Blick in Erstaunen: sie ist eine der wendigsten und durchdringendsten, die ich kenne; er muß dieses Werkzeug bitter nötig gehabt haben, da er es so sorgfältig geschärft hat. Aber bei aller Intelligenz entgeht er, wenn er sich daran macht, seine philosophische Abhandlung zu schreiben, nicht dem Widerspruch, der den Intellektuellen eigentümlich ist. Er will für die gesamte Menschheit handeln; aber sobald die Handlung vollzogen ist, zieht sie sich ins Besondere zurück: übrig bleibt die zufällige Verwirklichung einer Möglichkeit unter tausend. Warum gerade *jene?* Das Schlimmste ist, daß sie ihn kompromittiert: er kann nicht einmal atmen, ohne einem Porträt ohne Modell einen neuen Pinselstrich hinzuzufügen, das nichts anderes als sein eigenes Porträt ist. Er müßte gleichzeitig alle möglichen Gorz werden, wenn diese belanglosen Entsprechungen einander aufheben sollten, wenn er *endlich dadurch nur der Mensch sein wollte,* daß er *der Mensch schlechthin* würde. Aber nein: «Wir werden als mehrere geboren, und wir sterben als ein einziger», sagt Valérys Sokrates. Gorz kann es nicht hindern, daß er lebt und im Laufe der Zeit schrumpft: seine universale Intelligenz drängt über das Abenteuer seines persönlichen Lebens hinaus und sieht mit Widerwillen, wie sich die Physiognomie des Gorz abzeichnet, der *ein einziger* sein wird; sie weist ihn zurück, ja, sie weigert sich, ihn auch nur zur Kenntnis zu nehmen: sie hätte es mit Freuden hingenommen, wenn er jemand völlig beliebiges geworden wäre; aber er ist nicht einmal das; eine Folge von Zufällen hat ihm eine bestimmte Individualität gegeben, die sich durch Lappalien von den anderen unterscheidet.

Wir kennen alle diese zerstreute, süße Angst – wir, das heißt, wir Intellektuellen. Wir halten uns für universal, weil wir mit Begriffen spielen, und dann sehen wir plötzlich unseren Schatten zu unseren Füßen; wir sind *da,* wir machen *dies* und nichts anderes: in Brooklyn habe ich einmal geglaubt, ich verlöre den Verstand. Durch meine Schuld: ich ging spazieren; man geht in den Vereinigten Staaten nicht spazieren. Ich überquerte also Fahrdämme, ich ging an Häusern entlang, ich sah mir die Passanten an. Und von einer Straße zur anderen glich sich alles, Häuser, Passanten, Fahrdämme, oder mindestens schien es mir so. Ich ging nach rechts, nach links, ich machte kehrt, ich ging geradeaus und fand immer die gleichen Backsteinhäuser, die gleichen weißen Stufen vor den gleichen Türen, die gleichen Kinder, die die gleichen Spiele spielten. Anfangs gefiel mir das, ich hatte die Stadt der absoluten Entsprechungen entdeckt; universal und beliebig, hatte ich nicht mehr Grund, auf *diesem* Bürgersteig als auf *dem gleichen* hundert Blocks weiter zu gehen; tausendfach wiederbegonnen, trug mich die Steinwoge, ließ mich an ihrem leblosen Wiederbeginnen teilhaben. Was mich allmählich ermüdete, war, daß ich mich ständig fortbewegte *und nirgendwohin ging*; ich ging schneller, ich lief beinahe und kam nicht von der Stelle. Plötzlich wurde ich mir einer tausendfachen Zurückweisung bewußt: all diese Serienprodukte, all diese schnurgerade aneinandergereihten Stücke Straße gleichen einander überdies darin, daß sie gleich leer von mir waren – außer genau einem, das sich in nichts von den anderen unterschied, in dem ich mit nicht mehr Recht war, als ich in den Nachbarsegmenten gewesen wäre, und das aus einem unbekannten Grund oder auch ohne irgendeinen Grund meine Gegenwart duldete. Alsbald erschienen mir meine Bewegungen, mein Leben, ja sogar meine Schwere illegitim: ich war keine reale Person, da ich keinerlei besonderen Grund hatte, mich an *diesem* Punkt des 42. Breitenkreises und nicht vielmehr an irgendeinem anderen aufzuhalten; und doch war ich ein einzigartiges, nicht reduzierbares Wesen, da ich durch meine geographische Position, durch Länge und Breite eindeutig definiert war. Weder alle noch irgend jemand und auch nicht ganz irgend etwas: eine räumliche Bestimmung, ein sündiger und ansteckender Traum, der an bestimmten Stellen auf dem überhitzten Asphalt sein Wesen trieb, ein Defekt des Seins, eine Mißgeburt. Ich war nur noch ein obstinater beweglicher Körper, mein Vorhandensein im mechanischen Universum der Wiederholung purer Zufall, idiotisch wie meine Geburt. Die Ubiquität hätte mich gerettet; ich hätte Legion sein, auf tausend Bürgersteigen zugleich gehen müssen: das allein hätte mir erlaubt, ein beliebiger Spaziergänger auf einer beliebigen Straße in Brooklyn zu sein. Da ich mich nicht verlassen oder vervielfältigen konnte, stürzte ich mich in die U-Bahn. Ich kam nach Manhattan zurück, ich fand in meinem Hotel die normalen – wenig überzeugenden, aber menschlichen – Gründe für mein Dasein wieder.

Keine U-Bahn für den jungen Gorz, kein Hotel und auch kein Grund für sein Dasein: selbst in seinem Zimmer ist er draußen; also überall illegitim; und gründlich hinters Licht geführt: er glaubt seiner unbedeutenden Person dadurch entfliehen zu können, daß er den Widerwillen ausposaunt, den sie ihm einflößt; nun, es ist *in erster Linie* dieser Widerwillen, der ihn auszeichnet;

die Besonderheit der Intellektuellen ist nichts anderes als ihr eitles Verlangen nach Universalität.

Aber er hat soeben seine philosophische Abhandlung beendet, er tritt etwas zurück, um sie zu betrachten, und die Täuschung löst sich in nichts auf; das universale Denken hat sich zusammengezogen, verdichtet, es hat ein Gesicht gewonnen, es ähnelt ihm; er ist der Urheber eines überzähligen Objekts – dieses Bündels von betippten Blättern –, und gleichzeitig hat er sich darin eingesperrt: seit langem schon glaubten die anderen, ihn ganz in seinen allergewöhnlichsten Gebärden, in der Art, wie er aß, sich hinsetzte, ein Telegramm öffnete, zu finden – ja, das ist Gorz, das entspricht ganz deiner Art, daran erkenne ich meinen Gorz, was du da machst, das ist ganz Gorz, Gorz, wie er leibt und lebt –, und Gott weiß, wie sehr er sich darüber ärgerte, aber was hat er soeben anderes gemacht als eine umfassende Gebärde, die über ihm zusammengeschlagen ist? Die anderen werden nur allzu zufrieden sein, sie werden sich über die durchsichtigen Wände seines Gefängnisses beugen und ihn *wiedererkennen*, diese Art zu schreiben, alter Junge, dich zu korrigieren, allmählich tiefer in den Gegenstand einzudringen, mit der Zehe die Temperatur zu prüfen, bevor du ins Wasser steigst – aber das bist du, das entspricht ganz deiner Art, das bist genau du, und diese Ideen, alter Junge, armer alter Junge, das ist Gorz, Gorz, wie er leibt und lebt! Ein Teufel in einer Flasche. Für das Öffnen der Konservendosen, der Gedanken anderer, seines Regenschirms hat er nur ein und dieselbe Gebärde zur Verfügung; eine einzige, um in das Lehrgebäude eines Philosophen des 17. Jahrhunderts und in die Wohnung eines Genossen, einer jungen Frau einzutreten. Er nimmt sich die Sätze seines Buches einen nach dem anderen noch einmal vor: Gebärden! Gebärden! Gebärden! Da, vor seinen Augen ist Gorz, er reckt seinen langen Hals, er preßt seine schmalen Lippen zusammen: ganz wie in ihm selbst, alles in allem … Kurz, er hat zu leben versucht, und er hat verloren. Er weiß jetzt, daß er verlieren mußte und daß er im übrigen insgeheim dazu entschlossen war.

Genau in diesem Augenblick hat die Stimme zu sprechen begonnen. Ein leises, fast unverständliches, aus Angst und Anklage hervorgegangenes Gemurmel, das diese überraschende und vorausgesehene Niederlage wiederkäute; die Stimme macht eine einfache Feststellung: das ist er, das ist ganz er, das ist er, wie er leibt und lebt. Das genügt, um alles ins Wanken zu bringen:

dieser Parasit, der sich mit seinen Handlungen mästete, das waren die anderen, die behaupteten, ihn zu kennen; der universale Blick des Indifferenten ging durch ihn hindurch wie das Licht durch eine Fensterscheibe. Plötzlich ist er da, undurchlässig, hinderlich: «Gestehe! Du hast ihn gesehen, du hast mit ihm gesprochen, das ist bekannt; deine Verteidigung wird niemanden überzeugen, Zeit und Ort eurer Zusammenkünfte sind bekannt: du bist entdeckt!» Die Stimme läßt sich zu einem Geständnis bewegen: «Also gut! Ja, ich kenne ihn besser als irgend jemand sonst, ich habe ihn immer gekannt, ich werde Ihnen sagen, was ich von ihm weiß.»

Hatte ich nicht eben recht, als ich sagte, man müsse von sich im Plural sprechen? Von diesem Unglücklichen leben zwei: da gibt es den universalen Menschen, den ungreifbaren und wohlbewaffneten Tyrannen, und außerdem gibt es den anderen, den Auswurf. Man macht sich dadurch zu einem *bestimmten Gorz,* daß man versucht, nur der Mensch zu sein; und, um die ganze Wahrheit zu sagen, man will *der Mensch schlechthin* werden, weil man sich weigert, ein bestimmter Gorz zu sein. Aber wer weigert sich denn, Gorz zu sein, wenn nicht Gorz selbst? Diese Weigerung erklärt und definiert ihn. Wenn man *darein einwilligte,* zu sein, anders ausgedrückt, der Geizige mit dem langen Hals gewesen zu sein, der seine eitle Universalität bewahren will, wenn man unablässig von ihm spräche, wenn man all seine besonderen Halsstarrigkeiten aufzählte, wenn der intellektuelle Blick, anstatt durch ihn hindurchzusehen, ihn durchschaute – würde dieses «Original» nicht verschwinden mit der beharrlichen Negation, die seine Originalität ausmachte? Sicher würde nicht der Mensch der Zukunft seinen Platz einnehmen, sondern ein anderer Besonderer, dessen fundamentale Halsstarrigkeiten nur Gefahr laufen würden, positiver zu sein. Was wäre damit gewonnen? Lohnt das Spiel den Einsatz? In Wirklichkeit ist es zu spät, Vorteile und Nachteile gegeneinander abzuwägen: die Stimme spricht, das Unternehmen hat begonnen. Der Verräter hat sich seine eigene Besonderheit zum Ziel gesetzt.

Es geht nicht darum, sie zu erkennen, und auch nicht eigentlich darum, sie zu verändern, sondern *in erster Linie* darum, sich selbst zu verändern durch den Willen, sie kennenzulernen. Der Indifferente hat nicht den törichten Plan, sich zu malen: er will die fundamentale Beziehung, die ihn an Gorz bindet, modifizieren. Wenn er sich dem Kind, dem Halbwüchsigen, der er gewesen ist, zuwendet, wenn er seine Person befragt, ist seine Nachforschung schon eine Tat: er hält jäh in seiner kopflosen Flucht inne, er zwingt sich, sich ohne Widerwillen zu betrachten, er überträgt seine Neigung zu Totalisierungen auf sich selbst, und da er nicht der Mensch schlechthin ist, versucht er zunächst, für sich selbst *Gorz schlechthin* zu werden.

Das ist nicht so einfach: da er sich so lange vernachlässigt hat, ist er mitten in sich selbst wie ein Robinson auf einer einsamen Insel. Wie die verlorenen Pfade wiederfinden: Schlingpflanzen und Brombeeren bedecken alles. Man erhascht noch Erinnerungen: aber was ist eine Erinnerung? welche Wahrheit besitzt dieses leblose Bildchen? welche Bedeutung hat es? Ist es die Vergangenheit, die in die Gegenwart explodiert wie eine Bombe? Ist es die Gegenwart, die sich zur Vergangenheit umschminkt? Oder beides zusammen? Zwei Fragen müssen beantwortet werden: *wer* ist dieser Gorz, der ich bin? wer hat mich so geschaffen, daß ich Gorz bin und daß ich mich so entschieden weigere, es zu sein? Aber wie das entscheiden? Wo sind die Hilfsmittel? Natürlich fehlt es nicht an Angeboten: es gibt bewährte Methoden, die sich eilig melden und sogar zur Probe kleine Demonstrationen vorführen, um ihre Wirksamkeit zu beweisen: «Deine Klasse», sagt die eine, «ist völlig dekadent; ohne Prinzipien und ohne Hoffnung, wendet sie all ihre Kräfte daran, sich zu erhalten, und hat nicht mehr genug Mut, oder, wenn du so willst, Naivität, irgend etwas Neues zu unternehmen: deine Indifferenz ist ein Ausdruck ihrer ängstlichen Unsicherheit; die Existenz scheint dir ziellos, weil das bürgerliche Leben keinen Sinn mehr hat; was deine philosophische Malaise betrifft, so brauchst du nicht nach einer anderen Ursache dafür zu suchen: die Bourgeoisie hat nicht einmal mehr zu ihrem antiken Idealismus Vertrauen, sie versucht, ihn unter altem Flitterkram zu verstecken; du hast diesen abgenutzten Stoff in die Hand genommen, du hast gesehen, wie fadenscheinig er ist, und bist seitdem angewidert, und du kannst dich weder mit diesem Plunder zufriedengeben noch ein neues Denken finden.» Er hört zu, er ist einverstanden, er ist nicht ganz überzeugt; er gibt anstandslos zu, daß er ein junger Bourgeois ist. Ohne Bedürfnisse, völlig abstrakt, «ein purer Konsument von Wasser, Luft, Brot, der Arbeit von anderen, reduziert auf das klare Bewußtsein von der Zufälligkeit aller Dinge um ihn herum». Aber er kennt viele andere Bourgeois seines Alters, die anders sind als er. Sicherlich könnte er, ohne die Methode zu wechseln, die historischen und sozialen Umstände, die seine Eigenart erklären können, wiederfinden: er unterrichtet uns selbst darüber, daß er Österreicher, Halbjude ist, daß er Österreich zur Zeit des Anschlusses[1] verlassen mußte und daß er mehrere Jahre in der Schweiz gelebt hat. Er ist davon überzeugt, daß diese Faktoren nicht ohne Einfluß auf seine gegenwärtige Haltung sind. Aber um was für einen Einfluß handelt es sich? Und wie ist er ausgeübt worden? Und, noch allgemeiner, gibt es etwas Erstaunlicheres, Undurchsichtigeres als das Einwirken von Menschen, Ereignissen oder Objekten auf die Entwicklung eines Menschen? Um ihn herum sind sich alle einig: wir sind bedingt; es findet sich nicht einer, der die Existenz dieser Bedingtheit in Zweifel ziehen und sich über deren Natur Fragen stellen würde. Dies Wissen vererbt sich von Generation zu Generation; die Meinungsverschiedenheiten beginnen, wenn sie versuchen, das Bedingende zu klassifizieren und sein jeweiliges Gewicht zu bestimmen. Aber alle diese Leute sind Erben: die Voraussetzungen, die vermeintlichen Gewißheiten sind Teil eines uralten Vermächtnisses, das jede Generation der nächsten weitergibt und das niemals jemand inventarisiert hat. Der Indifferente dagegen hat keine ihrer Überzeugungen geerbt: der außerhalb aller Gruppen Stehende steht auch außerhalb aller Ideologien. Wenn er schließlich überlegt, daß er «von einem Juden geboren» ist und zugleich ein «klares Bewußtsein von der Zufälligkeit aller Dinge» hat, bewundert er die Isoliertheit, die Opazität, die stolze Unreduzierbarkeit dieser zwei so verschiedenartigen Tatsachen: als unbefangener Betrachter würde man von zwei mit Wall und Graben umgebenen Miniaturstädten sprechen; jede ist auf eine alte eingerahmte Leinwand gemalt, beide sind am Ehrenplatz aufgehängt: zwischen ihnen *gibt es keinen sichtbaren Weg*, da sie nicht in derselben Welt existieren. Er weiß indessen sehr wohl, daß die Leute in ihrem kleinen privaten Museum aus und ein gehen, daß sie von einer «Beschneidung» zu einer «Geißelung» schlendern, ohne auch nur nach dem Namen des Künstlers zu suchen, und sagen: *Jenes* ist Ursache von *Diesem*, ich bin das unglückselige Produkt meiner Rasse, des Judaismus meines Vaters, des Antisemitismus meiner Kameraden, als ob die wirkliche Verbindung zwischen diesen geheimnisvollen Bildnissen seiner selbst ganz einfach die Wand wäre, an der die Gemälde hängen,

---

1 Deutsch im Original. Anm. d. Übers.

die diese Porträts zeigen; aber wenn er an die ungebrochene Selbstsicherheit dieser Erben denkt, fällt er in tiefstes Erstaunen.

An diesem Punkt bietet sich die andere Methode an, der seltsame Dogmatismus, der sich auf einem absoluten Skeptizismus gründet: erinnert er sich seiner ersten Lebensjahre, des Widerwillens seiner Mutter vor dem Juden, den sie geheiratet hatte, dieses Widerwillens, den sie auch ihm einzuflößen verstanden hatte, der unerträglichen Spannung innerhalb der Familiengemeinschaft, der strengen Dressur, der er unterworfen wurde, sobald er sprechen gelernt hatte? Er solle sich doch fragen, ob er nicht das Opfer einer übermächtigen Mutter geworden sei, die ihn kastriert habe, und ob nicht in diese finstere Epoche, in diese Zeit in Verwirrung erfahrener Unterdrückung die Entstehung der Komplexe zu verlegen sei, die ihn heute von der Welt abschnitten. «Er», wäre das nicht letzten Endes der Ehrenarier, diese Persönlichkeit, die eine gekränkte Ehefrau ihrem Sohn aufzwingen will, weil sie es einem gewissen Israeliten nicht verzeihen kann, daß er der einzige Mann ist, den sie hat finden können? Die Gefügigkeit eines zurechtgestutzten Kindes würde bei dem Erwachsenen als Apathie fortleben.

Worauf er antwortet, daß seine Erziehung tatsächlich Komplexe in ihm habe entstehen lassen: seine Mutter habe aus ihm diesen Anderen machen wollen, der er zum Teil geworden sei; in seinen ersten Lebensjahren habe er wie heute an einer unruhigen und beflissenen Indifferenz gelitten. Aber er bekommt nicht heraus, wie diese berühmten «Komplexe» fortbestehen können: er war mit acht Jahren apathisch, er ist es heute; *ist das dieselbe Apathie?* Hat sie sich durch eine träge Beharrlichkeit des Wesens erhalten? Aber er kann nicht so leicht an die menschliche Passivität glauben: seine gesamte Erfahrung widerspricht diesem so bequemen Gedanken und der Metaphysik, die ihm zugrunde liegt. Wird er zugeben, daß er im Gegenteil seine Komplexe genährt, gehätschelt hat, daß er sie pflegt und mästet, daß der Halbwüchsige und der Erwachsene in einer Art von fortgesetztem Schöpfungsprozeß die ersten Eigenschaften des Kindes wiederaufgenommen, ausgeprägt, entwickelt haben? Er wäre für alles verantwortlich, er wäre derjenige, der sich jeden Tag neu indifferent machte.

Er kann das nicht so schnell entscheiden: keine dieser Deutungen ist völlig befriedigend, keine findet er wirklich einleuchtend; einmal mehr Verräter, wie das Kind bei Andersen, das den splitternackten Kaiser sieht, inventarisiert er unser philosophisches

Erbe, findet die Tresore leer und sagt das auch ganz unbefangen. Warum sollte er sich im übrigen von den Methoden der anderen ausfragen lassen, warum sich der psychiatrischen oder marxistischen Polente ausliefern? Im Gegenteil, es ist an ihm, in der Frage, die er sich über sich selbst stellt, diese Untersuchungsmethoden in Frage zu stellen. Dieser Ödipus stellt Nachforschungen an über seine eigene Vergangenheit und die Gültigkeit seiner Erinnerungen, über die Rechte der Erfahrung und die Grenzen der Vernunft, über die Legitimität, schließlich, der prophetischen Gaben, die unsere Teiresias sich zuschreiben. Aber er kehrt dem Universellen den Rücken: die Methode erfindet er, indem er über seinen Fall reflektiert, sie wird sich durch den Erfolg ausweisen: um sich als eine besondere Totalität zeigen zu können, muß er sich auf die Erfahrung seiner Besonderheit beschränken, sich erfinden, indem er seine eigene Befragung und die Mittel, darauf zu antworten, erfindet. Der Verräter löscht alles aus und beginnt sich selbst neu: das verschafft uns heute die Möglichkeit, ein *radikales* Buch zu lesen.

Lange haben wir die «Stimme seines Herrn» gehört. Jetzt spricht Gorz: das Ende des Monologs greift auf seinen Anfang zurück, nimmt ihn in sich auf, absorbiert ihn; der Sinn des Werks erscheint in voller Klarheit. Zunächst war es eine im Dunkeln *von niemandem* gestellte Frage: Unter welchen Bedingungen wird ein gewisser Gorz Ich sagen können? Aber gleich danach taucht ein noch schemenhaftes Wesen aus der Nacht auf: diese Bedingungen müssen nicht nur bestimmt werden – das Buch wird Gorz' leibhaftiger Versuch, sie zu erfüllen. *Er* weiß jetzt, daß *er* nichts erreicht haben wird, wenn er nicht den Vampiren, die ihn waschen, ihn anziehen, ihn mästen, um sich an ihm zu mästen, den Hals umdreht: die erste Handlung, die allein von mir ausgehen wird, die nur von sich selbst und von den zu überwindenden Hindernissen abhängen wird, die sich abkapseln wird, um sich selbst in die Gewalt bekommen und kontrollieren zu können, wird auch mein erstes *Ich* sagen; dieses unmerkliche Zurücklaufen einer Handlung auf sich selbst – *das werde ich sein.* Und wer hindert ihn daran, zu handeln? Auch das weiß er: es ist das allzu voreilige Verlangen, allzu früh universal zu werden. Er sagt sich jetzt immer wieder, daß sein zukünftiges Handeln sich notwendigerweise *seine* Augen, *seinen* Blick, *seine* Arme aus-

leihen wird, daß es *seine* Kopfhaltung haben wird; und vor
allem, daß er jeden Tag genauer festgelegt sein wird durch die
vorübergehende Bewegung, die es den Gegenständen in seiner
Umgebung mitteilt; von außen betrachtet ist es nichts als das,
ein Mensch: eine Unruhe, die innerhalb der Grenzen eines genau
festgelegten Bereichs die Materie bearbeitet. Alte einmalige Unternehmen zwingen ihre Einmaligkeit einem neuen Unternehmen auf, das auf alle zurückwirkt und sie noch einmaliger
macht: *ich, ich* bin dieses unaufhörliche Kommen und Gehen.
Wenn er handelt, wird er *er selbst* sein; aber man muß sich
akzeptieren, um handeln zu können. Was hindert ihn daran?
Was ist der Grund für sein eitles Verlangen nach Universalität?
Er entdeckt einen Haufen von Abfällen, der sich in seinem Herzen angesammelt hat, seine Kindheit: er versucht, ihn abzutra-
gen; aber das genügt nicht: er kann es sich nicht mehr verhehlen,
daß er in jedem Augenblick die Herkunft aus einer Mischehe, die
Last seiner früheren Leiden, seine Gebrechen neu erfindet; da er
nicht jeder ist, ist *heute* er selbst es, der sich in eine stolze Passivität stürzt, damit jeder erkennt, daß er von außen bestimmt
wird, und zwar ohne das zu billigen, er selbst löscht sich aus
freiem Willen aus oder entfernt sich doch zumindest, wobei er
den Gewohnheiten, die andere ihn haben annehmen lassen, die
Sorge für die aufrechte Haltung, die natürlichen und sozialen
Funktionen seines Körpers überläßt; er selbst hat in aller Freiheit, wie der heilige Johannes vom Kreuz, aber ohne Mystizismus, beschlossen, niemals etwas zu tun, um «nichts in nichts zu
sein», aus freien Stücken. Er ist also frei? Natürlich: er hat nie
daran gezweifelt. Er ist gemacht, er ist markiert, in Gips gegos-
sen worden, *und* er ist frei? Ja: unfreier und freier Wille sind in
ihm nur ein und dieselbe Sache: wie ist das möglich? Er wird
versuchen, es zu sagen, es *sich* zu sagen; aber sein Ziel bleibt ein
praktisches: es geht für ihn darum, die dialektische Bewegung zu
erfinden, die die wechselnden Beziehungen zwischen Vergangenheit, Gegenwart und Zukunft, zwischen Objektivem und Subjek-
tivem, zwischen Sein und Existenz, zwischen Apparat und Freiheit totalisieren kann, um sich zugleich ständig bestätigen und
auflösen zu können, bis in seinem Herzen schließlich ein wirklicher Impuls entsteht, der es verwüstet und durch die Hände aus
ihm heraustritt und sich draußen in jenem Opfer von Gegenständen vollendet, das man eine *Tat* nennt.

Das ist seine Aufgabe: soeben hat er es begriffen, er bringt, was er begriffen hat, zu Papier; und genau in diesem Augenblick bemerkt er, daß sein innigstes Verlangen durch seine Hände aus seinem Herzen heraustritt, daß er *schon* in ein Unternehmen verwickelt ist, daß die Worte von heute, von gestern, vom vergangenen Monat sich vereinigen und sich organisieren, um ihm sein neues Gesicht widerzuspiegeln, daß er im Begriff ist, sich durch das Wort zu zerstören, um sich eines Tages durch Taten erzeugen zu können, daß diese Zerstörung ihn erschafft, daß sie ihn unwiderruflich bestimmt, daß sie ihn nach und nach in das unvergleichliche und beliebige Wesen verwandelt, das wir alle für uns selbst sind, wenn unsere Vampire schlafen, daß er sich endlich «naßgemacht» hat, «ins Wasser gesprungen» ist, sich dazu verurteilt hat, nie wieder, was immer er unternehmen wird, ein anderes Sprungbrett zu haben als sich selbst. Der Augenblick ist gekommen: *hic Rhodus, hic salta;* das Unternehmen kehrt sich um, legt sich die tausend verborgenen Winkel des Bewußtseins, die tausend Ringe der Reflexion bei, es berührt sich, es fühlt sich, es sieht sich: das Unternehmen war *die Stimme.* Die Stimme erkennt sich wieder: in ihr entdeckt sich das Handeln und sagt: *ich. Ich* verfasse dieses Buch, *ich* suche mich, *ich* schreibe. Irgendwo seufzt ein Bursche mit tiefliegenden Augen eingeschüchtert: «Wie hochtrabend es ist, in der ersten Person zu sprechen!», und dann löst er sich auf: Gorz erscheint: Ich bin Gorz, *es war meine Stimme,* die sprach, ich schreibe, ich existiere, ich nehme mich auf mich und bringe mich hervor, ich habe die erste Runde gewonnen.

Ist es der Mühe wert, hurra zu schreien? Wer ist Gorz schließlich? Ein «junger Mann ohne gesellschaftliche Bedeutung», ein am Universalen Gescheiterter, der die abstrakten Spekulationen aufgegeben hat, um sich von seiner unbedeutenden Person faszinieren lassen zu können. Wo ist der Gewinn? Wo ist der Fortschritt? Auf diese Frage wird Gorz nicht antworten, glaube ich; aber wir können an seiner Stelle antworten. Denn wir sind ihm Schritt für Schritt gefolgt, diesem phantastischen Cuvier, der einen Knochen findet, anhand dieses winzigen Restes das ganze Tier rekonstruiert und schließlich erkennt, daß das rekonstruierte Tier niemand anderes ist als er selbst. Er hat es gesagt und hundertmal wiederholt, daß die Methode nur für ihn tauge; er hat sie nur an seinem eigenen Fall erproben können. Aber wir sind ihm gefolgt, wir haben gleichzeitig mit ihm den Sinn seines Tuns begriffen, wir haben seinen Experimenten beigewohnt und gesehen, wie um das Knöchelchen herum sich neue Muskeln bildeten, wie der Organismus sich schrittweise wieder herstellte, wie Autor und Buch sich gegenseitig schufen. Da nun das, was wir begreifen, unser eigen wird, gehört die Methode Gorz uns; wenn er versucht, sein Leben mit Hilfe der marxistischen Dialektik, der Psychoanalyse zu deuten, ohne daß ihm das jemals *völlig* gelänge, geht sein Mißerfolg auch uns etwas an, wir können einen Versuch machen und kennen das Ergebnis im voraus. Und wenn er von seinem eigenen Gegenstand, das heißt von sich selbst, fordert, daß er ihm seine Methode erarbeite, begreifen wir sogleich die Bedeutung dieses einzigartigen Versuchs: denn wir sind seinesgleichen, insofern als jeder von uns wie er ein einmaliger Beliebiger ist. Was ist das also für ein Objekt, das unter dem Namen Methode zum Subjekt wird? Gorz oder Sie oder ich? Sie sind keine Indifferenten, Sie werden sich andere Fragen über sich selbst zu stellen haben; Gorz hat Sie dadurch, daß er sich erfand, nicht von der Pflicht befreit, sich zu erfinden. Aber er hat Ihnen bewiesen, daß die totalisierende Erfindung möglich und notwendig war. Jeder Leser findet sich, wenn er das Buch zuschlägt, in seinem eigenen Busch, unter den giftigen Bäumen seines eigenen Dschungels wieder: an ihm selbst ist es, sich Wege zu bahnen, und zwar allein, sich urbar zu machen, die Vampire in die Flucht zu jagen, die alten eisernen Korsetts, das alte todmüde Handeln zu sprengen, in die Resignation, Angst und Zweifel an sich selbst ihn eingeschlossen haben. Hätten wir, auf das Besondere setzend, das Universale wiedergefunden? Nein: das wäre zu schön. Wir sind nicht mehr ganz Tiere, ohne ganz Menschen zu sein; wir haben aus dieser furchtbaren Katastrophe, die über einige Vertreter des Tierreichs hereingebrochen ist, dem Denken, noch keinen Nutzen gezogen: mit einem Wort, wir werden noch lange verunglückte Säugetiere bleiben, wir leben im Zeitalter der Raserei, der Fetische und des plötzlich hereinbrechenden Terrors, die Universalität ist nur der Traum eines Toten im Schoß der Isolierung und der Angst. Aber seit einigen Jahrzehnten wandelt sich unsere Welt: noch auf dem Grunde des Hasses offenbart sich die Reziprozität; selbst jene, die sich darin gefallen, das, was sie voneinander unterscheidet, überzubetonen, müssen dazu schon eine fundamentale Identität vor sich selbst verheimlichen. In dieser so neuartigen Gärung, diesem bescheidenen, aber hartnäckigen Versuch, sich vermittels des Nicht-Mitteilbaren mitzuteilen, drückt sich nicht das abgeschmackte und immer ein bißchen kindische Verlangen nach einem leblosen und bereits verwirklichten Universalen aus: es handelt sich um etwas, was ich eher den Vorgang der Universalisierung nennen würde. Noch ist nichts möglich: keinerlei Einigung unter den Versuchstieren ist in Sicht; uns trennen unsere Universalien; sie liefern ständig die Gelegenheit zu besonderen Massakern. Aber es braucht bloß einer von uns von Unruhe ergriffen zu werden und sich von der Idee abzuwenden, auf das abstrakte Denken zu verzichten, auf seine Einmaligkeit zurückzugehen, *um sie zu überwinden*, zu versuchen, seine Einsamkeit anzuerkennen, um ihr zu entrinnen, um auf gut Glück in einer fremdartigen, empirischen Sprache, ähnlich derjenigen, die der der Sprache Beraubte neu erfindet, die ersten Brücken zwischen den Inselchen unserer Archipele zu schlagen, es braucht bloß einer unsere unversöhnliche Liebe – die verkappter Haß ist – durch beflissene Bevorzugung zu ersetzen, sich unter stets einmaligen und zeitbedingten Umständen mit anderen zu vereinigen zu versuchen, mit denen er nicht übereinstimmt und die nicht mit ihm übereinstimmen, um die Herrschaft der Ungerechtigkeit ein bißchen weniger ungerecht zu machen – und er wird die anderen dazu zwingen, auch ihrerseits denselben hartnäckigen Versuch zu unternehmen, dazu zwingen, sich in der Anerkennung ihrer Verschiedenartigkeit zu vereinigen: das hat Gorz versucht; dieser Verräter hat die Tafeln des Universalen zerschlagen, aber nur, um die Bewegung des Lebens wiederzufinden, diese langsame Universalisierung, die sich in der Bejahung und Überwindung des Besonderen verwirklicht. Die unmittelbare Folge: in demselben Augenblick, in dem er endlich sagen kann: «*Ich* tue dies, ich bin dafür verantwortlich», bemerkt er, daß er sich an *uns* wendet. Denn es gibt heute nur zwei Arten, von sich selbst zu sprechen, die dritte Person Singular und die erste Person Plural. Man muß «wir» sagen können, um «ich» sagen zu dürfen: das läßt sich nicht bestreiten. Aber der umgekehrte Satz ist ebenfalls wahr: wenn irgendeine Gewaltherrschaft, um zunächst das «wir» einführen zu können, die Individuen der subjektiven Reflexion berauben würde, würde die gesamte Innerlichkeit sich mit einem Schlag verflüchtigen, und mit ihr die wechselseitigen Beziehungen: *sie* hätten für immer gewonnen, und wir würden niemals aufhören, im Experimentallabyrinth herumzulaufen, irrsinnige Nagetiere, eine Beute der Vampire.

Gorz' Buch geht uns alle an: wenn er zunächst stammelt, wenn er nicht weiß, wohin die Reise geht, wenn er sich ständig verwandelt und wir sein kaltes Fieber in den Händen spüren, wenn er uns ansteckt, ohne uns zu sehen, und wenn er schließlich jeden Leser unmittelbar, vertraulich anspricht, so deshalb, weil er durch und durch von der Unruhe, die uns beseelt, von der Unruhe unserer Epoche durchdrungen ist. Radikal und bescheiden, vage und präzis, banal und unnachahmlich – es ist das erste Buch *nach der Niederlage*; die Vampire haben ein denkwürdiges Blutbad angerichtet, sie haben die Hoffnung vernichtet; wir müssen wieder zu Atem kommen, uns eine Zeitlang totstellen und dann aufstehen, die Leichenhalle verlassen, ganz von vorn anfangen, eine neue Hoffnung erfinden, zu leben versuchen. Die großen Gemetzel des Jahrhunderts haben aus Gorz einen Leichnam gemacht; er ersteht von den Toten, indem er eine Aufforderung zum Leben schreibt.

Vorwort zu *Le Traître* [Der Verräter]
von André Gorz, Paris 1958

II

Lebendiger Gide

Man hielt ihn für gesalbt und einbalsamiert: er stirbt, und plötzlich merkt man, wie lebendig er geblieben ist; das durch die widerwillig gewundenen Totenkränze hindurchscheinende Gefühl der Verlegenheit und Ablehnung beweist, daß er noch immer Anstoß erregte und noch lange Anstoß erregen wird. Er hat es verstanden, die Spießer von rechts und von links gegen sich zu vereinen, und man braucht sich nur die Freude einiger erlauchter Mumien vorzustellen, die nun ausrufen: «Gott sei Dank; also war doch er's, der unrecht hatte, denn *ich* lebe noch», man braucht nur in der *Humanité* zu lesen: «Ein Leichnam ist gestorben», um zu fühlen, wie schwer dieser Achtzigjährige, der kaum mehr etwas schrieb, noch immer auf dem modernen Geistesleben lastete.

Es gibt eine Geographie des Geistes: wie ein Franzose im Ausland, wohin er sich auch wenden mag, keinen Schritt tun kann, ohne damit *gleichzeitig* seinem Vaterland näherzukommen oder sich von ihm zu entfernen, ebenso brachte uns auch jeder geistige Schritt *gleichzeitig* Gide näher oder entfernte uns von ihm. Seine Klarheit, seine Luzidität, sein Rationalismus, seine Ablehnung alles Pathetischen erlaubte es andern, sich in weniger durchsichtige, zweifelhaftere Unternehmungen einzulassen: man wußte, daß zur gleichen Stunde ein überragender Kopf die Rechte der Analyse, der Reinheit, einer bestimmten Tradition verfocht; selbst wenn man auf einer Entdeckungsreise Schiffbruch erlitt, blieb doch der Geist selber heil. Das ganze französische Geistesleben der letzten dreißig Jahre war, gewollt oder ungewollt, ungeachtet der übrigen Koordinaten, die es noch beeinflußt haben mögen – Marx, Hegel, Kierkegaard –, *auch* durch sein Verhältnis zu Gide bestimmt.

Ich für mein Teil fühle mich durch all die versteckten Vorbehalte und Heucheleien, mit einem Wort, durch die ganze stinkende Niedertracht der ihm gewidmeten Nachrufe viel zu sehr abgestoßen, als daß ich hier auf das einzugehen gedächte, was uns von ihm trennte. Viel lieber will ich an die unschätzbaren Güter erinnern, die er uns hinterlassen hat.

Aus der Feder von Kollegen – die mir übrigens nie durch besondere Kühnheit aufgefallen sind – las ich, Gide habe «ein gefährliches Leben unter einer dreifachen Schicht von Flanellunterhemden gelebt». Dummes Gespött. Diese Leisetreter haben sich eine merkwürdige Verteidigung gegen den Mut anderer ersonnen: sie geruhen ihn erst dann anzuerkennen, wenn er sich auf allen Gebieten zugleich zeigt. Man hätte Gide verziehen, daß er sein Denken und seinen Ruf aufs Spiel setzte, wenn er gleichzeitig auch sein Leben gewagt und womöglich eine Lungenentzündung in Kauf genommen hätte. Man tut so, als wisse man nicht, daß es je nach den verschiedenen Menschen auch verschiedene Arten von Mut gibt. Freilich, Gide war vorsichtig, er wog seine Worte ab, zögerte, ehe er etwas unterschrieb, und wenn er sich von irgendeiner Geistesströmung oder Interessengruppe angezogen fühlte, so richtete er es doch immer so ein, daß seine Zugehörigkeit nur bedingt war und er ständig am Rande, dauernd zum Rückzug bereit blieb. Der gleiche Mann wagte es jedoch, das Glaubensbekenntnis seines *Corydon*, die Anklage seiner *Reise in den Kongo* zu veröffentlichen, besaß den Mut, sich zur UdSSR zu bekennen, als so etwas ziemlich gefährlich war, und den noch größeren, öffentlich seine Meinung zu ändern, wenn er – zu Recht oder Unrecht – glaubte, sich geirrt zu haben. Vielleicht ist es diese Mischung aus Vorsicht und Kühnheit, die ihn so beispielhaft macht: wie Freigebigkeit nur an denen schätzenswert ist, die den Wert des Geldes kennen, so beeindruckt uns auch erst ein wohlerwogener Wagemut. Wäre *Corydon* das Werk eines Unbesonnenen, es schrumpfte zu einem bloßen Sittenbild zusammen; wenn sein Autor aber jener schlaue, sorgsam abwägende Chinese ist, wird das Buch zu einem Manifest, einem *Zeugnis*, dessen Bedeutung bei weitem den Skandal übertrifft, den es hervorruft. Diese umsichtige Kühnheit müßte zu einer allgemeinen «Arbeitsregel des Geistes» werden: mit dem eigenen Urteil zurückhalten, bis kein Zweifel mehr möglich ist, und, wenn man sich zu einer Überzeugung durchgerungen hat, bereit sein, für sie zu kämpfen bis zum letzten Atemzug.

Mut und Vorsicht: diese wohldosierte Mischung erklärt die innere Spannung seines Werks. Die Kunst Gides möchte einen Kompromiß schließen zwischen Risiko und Norm; in ihr vereinigen sich protestantisches Gesetz und Nonkonformismus des Homosexuellen, stolzer Individualismus des Großbürgers und puritanische Vorliebe für gesellschaftlichen Zwang; eine gewisse Trockenheit, eine Schwerfälligkeit in der Kontaktnahme und ein Humanismus christlichen Ursprungs, eine lebhafte, zugleich jedoch nach Unschuld strebende Sinnlichkeit; Sich-Fügen in die Regel verbindet sich mit Streben nach Spontaneität. Dieses kunstvolle Balancespiel bildet die Grundlage für den unschätzbaren Dienst, den Gide der zeitgenössischen Literatur erwiesen hat: er ist es, der sie aus der Sackgasse des Symbolismus herauszog. Die zweite Symbolistengeneration war zu der Überzeugung gelangt, der Dichter könne, wenn er sich nichts vergeben wolle, nur einen sehr beschränkten Kreis ziemlich erhabener Gegenstände behandeln, aber es stehe ihm frei, sich innerhalb dieses Kreises nach Belieben auszudrücken. Gide hat uns von diesem primitiven Chosismus[1] befreit; er hat uns gelehrt, oder wieder gelehrt, daß *alles* gesagt werden kann – das ist seine Kühnheit –, aber nur unter Beobachtung bestimmter Ausdrucksregeln – das ist seine Vorsicht.

Aus dieser vorsichtigen Kühnheit ergibt sich sein beständiges Hin und Her, sein Schwanken von einem Extrem zum andern, seine Leidenschaft für Objektivität, man müßte fast sagen, sein – zugestandenermaßen sehr bürgerlicher – «Objektivismus», der ihn dazu treibt, noch beim Gegner nach Vernunft zu suchen und sich von der Meinung anderer fesseln zu lassen. Ich will nicht behaupten, diese für ihn charakteristische Geisteshaltung könne für uns heute noch von Nutzen sein, aber sie hat es ihm ermöglicht, sein Leben zu einem unerbittlichen Experiment zu machen, das wir, so wie es ist, übernehmen können; mit einem Wort, er hat seine Anschauungen *gelebt*, und vor allem eine: daß Gott tot ist. Ich glaube nicht, daß auch nur ein einziger Christ heute durch die Argumente des heiligen Bonaventura oder des heiligen Anselm zum Glauben kam; umgekehrt glaube ich aber auch nicht, daß ein einziger ehemaliger Christ durch die Gegenargumente vom Christentum abgekommen ist. Das Gottesproblem ist ein menschliches Problem, das die Beziehungen der Menschen untereinander betrifft, ein Problem, das alle angeht, auf das jeder nur mit seinem ganzen Leben eine Antwort geben

[1] *Chosisme* (von *chose*, Ding) ist eine Neubildung Sartres. Anm. d. Übers.

kann; und die Antwort, die er darauf gibt, ist ein Spiegelbild der Haltung, die er gegenüber sich und den andern eingenommen hat. Das Kostbarste, was Gide uns schenkt, ist sein Entschluß, das Leiden und Sterben Gottes bis zum Ende zu durchleben. Er hätte wie so viele andere aufs Geratewohl sein Heil in leeren Begriffen suchen, sich mit zwanzig Jahren für den Glauben oder für den Atheismus entscheiden und dann sein ganzes Leben daran festhalten können. Statt dessen wollte er sein Verhältnis zur Religion bis ins letzte *durchleben*, und die lebendige Dialektik, die ihn schließlich zum Atheismus führte, ist ein Weg, der nur nachvollzogen, aber nicht in Begriffe und Kategorien gefaßt werden kann. Seine endlosen Gespräche mit Katholiken, seine Selbstenthüllungen, sein ironisches Spiel, sein Sich-Zieren und plötzliches Kehrtmachen, seine Fortschritte, seine Zeiten der Stagnation und Rückschritte, die Vieldeutigkeit des Wortes Gott in seinem Werk, die Weigerung, es aus seinem Vokabular zu streichen, selbst als er nur noch an den Menschen glaubt, kurz, dieses ganze unerbittliche Experiment hat uns in unserem Selbstverständnis unendlich viel weitergebracht als hundert theoretische Demonstrationen. Er hat uns ein Leben *vorgelebt*, das wir nur lesend nachzuvollziehen brauchen; er ermöglicht es uns, die Gruben zu vermeiden, in die er gestürzt ist, oder uns aus ihnen zu befreien, wie er sich daraus befreit hat; die Gegner, die er für uns erledigte – und sei es nur durch Veröffentlichung ihrer Korrespondenz –, haben keine Macht mehr über uns. Jede Wahrheit, sagt Hegel, ist etwas Gewordenes. Wir vergessen das allzuoft, wir sehen nur das Ende, aber nicht den Weg, wir halten den Gedanken für ein Fertigprodukt und merken nicht, daß er nichts anderes ist als sein eigenes langsames Reifen, eine Kette notwendiger, sich gegenseitig korrigierender Irrtümer, eine Folge von Teilaspekten, die sich ergänzen und erweitern. Gide ist ein unersetzliches Beispiel, denn er hat sich im Gegenteil dazu entschlossen, *seine Wahrheit zu werden*. Hätte er sich als Zwanzigjähriger abstrakt zum Atheismus bekannt, seine Haltung wäre unecht gewesen; als etwas langsam Erworbenes, als Krönung eines Suchens, das sich über ein halbes Jahrhundert erstreckt, wird dieser Atheismus zu seiner konkreten Wahrheit und damit auch zur unsrigen. Er bildet den Punkt, von dem aus wir Heutigen zu neuen Wahrheiten werden können.

Les Temps Modernes, Nr. 65, März 1951

Antwort an Albert Camus

Mein lieber Camus!

Unsere Freundschaft war nicht einfach, aber es wird mir leid um sie sein. Wenn Sie sie heute brechen, dann zweifellos deshalb, weil es zum Bruch kommen mußte. Vieles verband uns, wenig trennte uns. Aber selbst dieses Wenige war noch zuviel: auch die Freundschaft neigt zur Totalität; entweder stimmt man in allem überein, oder man überwirft sich, und sogar die Parteilosen ergreifen für eingebildete Meinungen Partei. Dagegen sage ich nichts: das ist nun einmal so. Aber eben deshalb hätte ich es lieber gesehen, unsere jetzige Meinungsverschiedenheit wäre beim Grundsätzlichen geblieben und es hätte sich kein solcher Beigeschmack von verletzter Eitelkeit hineingemischt. Wer hätte gesagt, wer hätte geglaubt, daß alles, was einst zwischen uns war, in einem Autorenstreit enden könnte, bei dem Sie den Trissotin spielen würden und ich den Vadius[1]? Ich wollte nicht antworten: wen konnte ich überzeugen? Ihre Feinde bestimmt, vielleicht meine Freunde. Und wen gedenken Sie zu überzeugen? Ihre Freunde und meine Feinde. Unseren gemeinsamen Feinden indes, deren Zahl Legion ist, liefern wir beide – so viel ist sicher – nur Stoff zum Lachen. Unglücklicherweise haben Sie mich so bewußt und in so unangenehmem Ton angegriffen, daß ich nicht schweigen kann, ohne das Gesicht zu verlieren. Ich will deshalb antworten: ganz ohne Zorn, aber, zum erstenmal, seit ich Sie kenne, ohne jede Schonung. Ein Gemisch aus unbewußter Selbstgefälligkeit und Verwundbarkeit in Ihrem Wesen hat mich bisher stets davon abgehalten, Ihnen reinen Wein einzuschenken.

1 Zwei komische Dichterfiguren in Molières Lustspiel *Les Femmes savantes*. Anm. d. Übers.

73

Das Ergebnis ist, daß Sie einer dumpfen Maßlosigkeit zum Opfer gefallen sind, die Ihre inneren Schwierigkeiten verhüllt und die Sie, glaube ich, das mittelmeerische Maß nennen. Früher oder später hätte es Ihnen jemand gesagt: nun bin eben ich es. Aber seien Sie unbesorgt, ich werde nicht versuchen, Ihr Porträt zu zeichnen, ich möchte mich nicht dem gleichen Vorwurf aussetzen, den Sie – ganz grundlos – Jeanson machen: Ihr Brief, und er allein, dazu, wenn nötig, ein paar Hinweise auf Ihre Werke, sollen mein Thema sein.

Schon dieser Brief genügt völlig, um aufzuzeigen – wenn man von Ihnen sprechen muß, wie ein Antikommunist über die UdSSR spricht und wie *Sie* leider darüber sprechen –, daß Sie sich selber untreu geworden sind. Wo ist Meursault, Camus? Wo Sisyphos? Wo sind heute jene Trotzkisten des Herzens, die Verkünder der permanenten Revolution? Ermordet, zweifellos, oder im Exil. Eine gewalttätige, überspannte Diktatur hat sich in Ihnen breitgemacht, die sich auf eine abstrakte Bürokratie stützt und so tut, als trage sie zur Stärkung des Moralgesetzes bei. Sie schreiben, mein Mitarbeiter «möchte, daß man gegen alles revoltiert, außer gegen die kommunistische Partei und den kommunistischen Staat», aber ich fürchte meinerseits, Sie revoltieren leichter gegen den kommunistischen Staat als gegen sich selbst. Mit Ihrem Brief scheinen Sie sich *möglichst rasch* in Deckung bringen zu wollen. Schon in den ersten Zeilen tun Sie uns kund, es sei nicht Ihre Absicht, über die an Ihnen geübte Kritik zu diskutieren, noch mit Ihrem Gegner auf gleicher Ebene zu argumentieren. Ihr Vorhaben ist *Belehrung*. In dem lobenswerten didaktischen Bemühen, die Leser der *Temps Modernes* zu erbauen, stellen Sie den Artikel Jeansons als ein Symptom des Übels hin, an dem unsere ganze Gesellschaft krankt, und machen ihn zum Gegenstand einer pedantischen Lektion über Pathologie. Ich meine fast, das Bild Rembrandts vor mir zu sehen: Sie als Arzt, Jeanson als Toter; mit dem Finger zeigen Sie dem erstaunten Publikum seine Wunden. Denn es ist Ihnen vollkommen gleichgültig, nicht wahr, ob der angegriffene Artikel sich auf Ihr Buch bezieht oder nicht: Ihr Werk steht außer Frage, ein Gott bürgt für seinen Wert; es dient lediglich als Prüfstein, an dem sich die Unredlichkeit des Schuldigen erweist. Sie erweisen uns die Ehre, in dieser Nummer der *Temps Modernes* zu erscheinen, und bringen sich gleich ein tragbares Piedestal mit. Zwar wechseln Sie später Ihre Methode, geben Ihre pedantische

Demonstration und Ihre «umwölkte Heiterkeit» auf und starten einen heftigen Angriff gegen mich. Aber das nur, nachdem Sie vorsorglich festgestellt haben, daß Sie gar nicht Ihre eigene Sache verteidigen: wozu denn auch? Nur läuft Jeansons Kritik – die so tendenziös ist, daß sie Sie überhaupt nicht trifft – Gefahr, unantastbare Prinzipien, ehrwürdige Persönlichkeiten zu verletzen, und diese Persönlichkeiten und Prinzipien verteidigen Sie. «Nicht mir ... hat er keine Gerechtigkeit widerfahren lassen, sondern der Grundlage unseres Daseins und Kämpfens und unserer legitimen Hoffnung auf Überwindung unserer Widersprüche. Da gab es kein Schweigen mehr.»

Aber sagen Sie mal, Camus, wie soll das zugehen, daß man nicht über Ihre Bücher diskutieren kann, ohne die Menschheit ihrer Daseinsgrundlage zu berauben? Welches Wunder läßt die gegen Sie erhobenen Einwürfe alsbald zu Gotteslästerungen werden? Ich erinnere mich nicht, daß Mauriac nach dem bekannten Echo auf sein *Passage du Malin* im *Figaro* geschrieben hätte, die Kritik habe den Katholizismus in Gefahr gebracht. Freilich, Sie sind ja nur Wortführer: Sie sprechen – angeblich – «im Namen jenes Elends, das tausend Anwälte, aber keinen einzigen Bruder hervorbringt». In diesem Fall strecken wir allerdings die Waffen: wenn es stimmt, daß das Elend zu Ihnen gekommen ist und gesagt hat: «Geh hin und sprich in meinem Namen», bleibt uns nichts anderes übrig, als zu schweigen und auf seine Stimme zu hören. Nur muß ich gestehen, daß Ihr Gedankengang mir ein wenig unklar ist: sind Sie, der Sie im Namen des Elends sprechen, sein Anwalt, sein Bruder oder sein Anwalts-Bruder? Und wenn Sie der Bruder der Elenden sind, wie sind Sie es denn geworden? Da Sie es nicht von Geburt sein können, müssen Sie es wohl aus eigener Wahl geworden sein. Aber nein: Sie *suchen* sich ja Ihre Elenden *aus*, und ich glaube nicht, daß Sie der Bruder des arbeitslosen Kommunisten in Bologna oder des elenden Tagelöhners sind, der in Indochina gegen Bao Dai und die Kolonialherrschaft kämpft. Auf Grund Ihrer Stellung? Mag sein, daß Sie einmal arm waren, aber jetzt sind Sie es nicht mehr; Sie sind ein Bourgeois wie Jeanson und ich. Aus Hingabe also? Wenn diese aber nicht dauernd anhält, geraten wir in gefährliche Nähe zu Madame Boucicaut[1] und den Almosen, und

1 Marguerite Boucicaut (1816–1887), französische Philanthropin. Anm. d. Übers.

wenn man, um sich Bruder der Elenden nennen zu können, ihnen jeden Augenblick seines Lebens widmen muß, dann sind Sie nicht ihr Bruder: wie groß Ihre Fürsorge auch sein mag, sie ist nicht Ihr einziger Beweggrund, und Sie gleichen nur ganz von weitem dem heiligen Vinzenz von Paul oder einer «Schwester der Armen». Ihr Bruder? Nein. Sie sind ein Anwalt, der sagt: «Das sind meine Brüder», weil Sie damit am meisten Aussicht haben, die Richter zu Tränen zu rühren. Wissen Sie, ich habe schon zu viel patriarchalisches Gerede gehört; da müssen Sie mir nachsehen, daß ich gegenüber diesem brüderlichen Getue ein wenig mißtrauisch bin. In Wirklichkeit hat das Elend Ihnen überhaupt keinen Auftrag erteilt. Verstehen Sie mich recht: ich denke keineswegs daran, Ihnen das Recht abzusprechen, darüber zu reden. Aber wenn Sie es tun, dann sollten Sie es, wie wir[1], auf Ihre eigene Gefahr hin tun und von vornherein die Möglichkeit ins Auge fassen, nicht anerkannt zu werden.

Was macht Ihnen das übrigens aus? Nimmt man Ihnen die Elenden weg, so bleiben Ihnen immer noch genug Verbündete. Zum Beispiel die ehemaligen Résistance-Kämpfer. Der arme Jeanson hatte nicht die Absicht, sie zu beleidigen. Er wollte lediglich sagen, daß 1940 für Franzosen unserer Art (und wir waren damals alle von der gleichen Art: gleiche Bildung, gleiche Grundsätze und gleiche Interessen) gar keine andere Wahl als die Politik in Frage kam. Er hat nicht behauptet, die Résistance sei eine leichte Sache gewesen, und obwohl er noch nicht in den Genuß Ihrer Unterweisung gekommen war, hatte er doch auch schon von Folterungen, Erschießungen und Verschleppungen gehört; ja, stellen Sie sich vor, auch von den Repressalien, die den Attentaten folgten, und von den Gewissensqualen, die sie bei manchen hervorriefen, hatte man ihm erzählt. Aber diese Schwierigkeiten ergaben sich aus dem Handeln selbst, und um sie kennenzulernen, mußte man zuerst überhaupt einmal daran beteiligt sein. Wenn er überzeugt bleibt, daß es nicht schwer war, sich für die Résistance zu *entscheiden*, so zweifelt er darum keineswegs daran, daß viel körperlicher und geistiger Mut dazu gehörte, bei diesem Entschluß zu *bleiben*. Dennoch muß er jetzt sehen, wie Sie plötzlich die Résistance-Kämpfer zu Hilfe rufen

1 Denn Sie haben sich offenbar angewöhnt, Ihre Denkfehler auf andere zu übertragen, sonst könnten Sie nicht glauben, Jeanson habe den Anspruch erhoben, *im Namen* des Proletariats zu sprechen.

und – fast erröte ich für Sie – sogar die Toten beschwören. «Ich erwarte nicht die Einsicht von ihm, daß ich in der Résistance ... nie eine glückliche oder leichte Form der Geschichte gesehen habe, ebensowenig wie irgendeiner von denen, die wirklich darunter gelitten, andere Menschen getötet oder selbst ihr Leben gelassen haben.»

Nein; in der Tat, niemand erwartet diese Einsicht von ihm: denn er war damals nicht in Frankreich, sondern in einem spanischen Konzentrationslager, weil er sich der Armee in Afrika hatte anschließen wollen. Aber lassen wir diese Ruhmestitel. Hätte Jeanson in dem Lager, in dem er nur knapp dem Tode entrann, einen Arm eingebüßt, wäre sein Artikel darum weder besser noch schlechter geworden. *Der Mensch in der Revolte* wäre weder besser noch schlechter, wenn Sie der Résistance ferngeblieben oder wenn Sie verschleppt worden wären.

Aber da ist noch ein anderer Streitpunkt. Jeanson wirft Ihnen – ob zu Recht oder Unrecht, bleibe dahingestellt – eine gewisse Unfruchtbarkeit des Denkens vor; sogleich rufen Sie den alten Aktivisten und stellen ihn auf die Bühne: *er* ist der Beleidigte. Sie indessen beschränken sich darauf, auf ihn hinzuweisen und zu erklären, Sie seien jetzt müde. Müde, Lektionen über Wirksamkeit erteilt zu bekommen, müde jedoch *vor allem*, mitansehen zu müssen, wie hinkende Nachzügler alte Familienväter zurechtweisen. Darauf könnte man freilich antworten, daß Jeanson ja gar nicht von Aktivisten, weder von jungen noch alten, gesprochen, sondern, was sein gutes Recht ist, eine Werteinstufung jener von nun an *historischen* Tatsache, die man als revolutionären Syndikalismus bezeichnet, gewagt hat – denn man kann ja sehr wohl eine gescheiterte Bewegung verurteilen und gleichzeitig den Mut, den Unternehmungsgeist, die Selbstverleugnung, ja sogar die Leistung derjenigen bewundern, die an ihr teilgenommen haben –, und vor allem, daß er ja nur von *Ihnen* gesprochen hat, der Sie *kein* Aktivist sind. Angenommen, ich würde nun meinerseits einen alten kommunistischen Aktivisten, mit Lebensjahren und den rührendsten Gebrechen reichlich ausgestattet, auf der Bühne erscheinen und folgende Rede an Sie halten lassen: «Ich bin es müde, Bürger wie Sie starrköpfig die Partei, meine einzige Hoffnung, schwächen zu sehen, wenn sie unfähig sind, etwas anderes an ihre Stelle zu setzen. Ich behaupte nicht, die Partei sei über alle Kritik erhaben; ich sage nur, daß das Recht zum Kritisieren erworben sein will. Ihr Maß, ob mittelmeerisch oder nicht, geht mich nichts an, noch weniger Ihre skandinavischen Republiken. Unsere Hoffnungen sind nicht die Ihrigen. Und Sie sind vielleicht mein Bruder – Brüderschaft kostet so wenig –, aber auf keinen Fall mein Kamerad.» Rührend, nicht? Das hieße, Ihren ergrauten Aktivisten durch einen noch viel graueren auszustechen. Und wir beide stünden, von einer wohligen Müdigkeit übermannt, unter dem Beifallsklatschen des Publikums gegen einen Kulissenpfosten gelehnt. Aber Sie wissen sehr wohl, daß ich mich nicht auf dieses Spiel verstehe: ich habe immer nur in meinem eigenen Namen gesprochen. Außerdem, wenn ich müde wäre, würde ich mich, glaube ich, ein wenig schämen, es zu sagen: es gibt so viele Menschen, die müder sind als ich. Wenn wir müde sind, Camus, dann ruhen wir uns doch aus, wir können es ja: aber hoffen wir nicht, die Welt erzittern zu lassen, indem wir ihr unsere Müdigkeit vorhalten.

Wie soll man diese Methode bezeichnen? Als Einschüchterung? Als Erpressung? Auf jeden Fall zielt sie auf Terror ab: der unglückliche Kritiker, plötzlich von einer ganzen Schar von Helden und Märtyrern umringt, nimmt schließlich militärische Haltung an wie ein unter Soldaten verirrter Zivilist. Und welch ein Vertrauensmißbrauch! Wollen Sie uns denn glauben machen, all diese Aktivisten, diese Häftlinge, diese Résistance-Kämpfer, diese Elenden stünden hinter Ihnen? Aber nicht doch: Sie haben sich ganz einfach vor sie gestellt. Sind Sie wirklich so anders geworden? Früher verurteilten Sie in allem den Mißbrauch der Gewalt, und jetzt tun Sie uns im Namen der Moral aus lauter Tugend Gewalt an; früher waren Sie der erste Diener Ihrer moralischen Einstellung, und jetzt bedienen Sie sich ihrer.

Was mir grundsätzlich an Ihrem Brief mißfällt, ist, daß er zu *geschrieben* klingt. Dabei ist es nicht seine hochtrabende Sprache, die ich Ihnen vorwerfe – sie entspricht Ihrer Wesensart –, sondern die Virtuosität, mit der Sie Ihre Entrüstung handhaben. Ich gebe zu, unsere Zeit enthält viel Negatives, und es bedeutet für sanguinische Naturen manchmal eine Erleichterung, auf den Tisch zu hauen und zu schreien. Aber leider haben Sie auf diese – an sich entschuldbare – geistige Unordnung eine rhetorische Ordnung gegründet. Die Nachsicht, die man der unbeabsichtigten Gewalt zugesteht, verweigert man der beherrschten. Mit welcher Gerissenheit spielen Sie den Gefaßten, damit Ihre Blitze uns um so mehr erschrecken; mit welcher Kunst lassen Sie Ihren Zorn spielen, um ihn sogleich wieder unter einem Lächeln zu verbergen, das uns in trügerische Sicherheit wiegen soll! Kann ich etwas dafür, wenn diese Methoden mich an ein Schwurgericht erinnern? In der Tat, allein ein Generalstaatsanwalt würde es so verstehen, sich im geeigneten Moment aufzuregen, seinen Zorn noch bis in die heftigsten Ausbrüche zu zügeln und ihn nötigenfalls in einem Celloton ausklingen zu lassen. Hat vielleicht die Republik der Schönen Seelen Sie zu ihrem öffentlichen Ankläger bestellt?

Man zupft mich am Ärmel, man warnt mich davor, Fragen des Stils allzuviel Bedeutung beizumessen. Recht gern: nur ist es schwer, in diesem Brief genau zwischen Stil an sich und stilistischen Tricks zu unterscheiden. Sie reden mich als Herr Direktor an, wo doch jedermann weiß, daß wir seit zehn Jahren alte Bekannte sind: zugegeben, das ist nur eine Äußerlichkeit; Sie wenden sich an mich, wo Sie doch offensichtlich die Absicht haben, Jeanson zu widerlegen: das ist ein stilistischer Trick. Ist Ihr Ziel nicht, aus Ihrem Kritiker ein *Objekt*, einen Toten zu machen? Sie sprechen *von ihm*, wie von einer Suppenschüssel oder einer Mandoline; nie *mit ihm*. Das heißt, er hat sich außerhalb des menschlichen Bereichs begeben: die Résistance-Kämpfer, die Häftlinge, die Aktivisten und die Armen verwandeln ihn mittels Ihrer Person zu einem Stein. Manchmal gelingt es Ihnen sogar, ihn völlig in Nichts aufzulösen, und Sie schreiben seelenruhig «*Ihr* Artikel», als sei ich der Autor. Es ist nicht das erste Mal, daß Sie zu dieser List greifen: Hervé hatte Sie einmal in einer kommunistischen Zeitschrift angegriffen, und jemand hatte dann im *Observateur* diesen Artikel erwähnt und als «bemerkenswert» bezeichnet, ohne näher auf ihn einzugehen; Sie schrieben an den *Observateur*; Sie stellten den Verleger zur Rede, wie er dieses Adjektiv seines Mitarbeiters rechtfertigen könne, Sie erklärten lang und breit, warum Hervés Artikel eben *nicht* bemerkenswert sei. Kurz, Sie antworteten Hervé, ohne ihn anzureden: wer spräche schon mit einem Kommunisten? Aber ich frage Sie, Camus, wer sind Sie denn eigentlich, daß Sie so auf Distanz achten? Und was berechtigt Sie dazu, sich eine Überlegenheit über Jeanson anzumaßen, die Ihnen *niemand* zugesteht? Ihre literarischen Verdienste stehen außer Frage; es ist ziemlich gleichgültig, ob Sie besser schreiben können und er besser denken kann, oder umgekehrt: die Überlegenheit, die Sie sich zubilligen und aus der Sie das Recht ableiten, Jeanson nicht wie ein menschliches Wesen zu behandeln, kann nur auf einem *Rassen-*

unterschied beruhen. Hätte Jeanson durch seine Kritik gezeigt, daß er sich von Ihnen unterscheidet wie eine Ameise vom Menschen? Gäbe es eine Rassenlehre der moralischen Schönheit? Sie haben eine schöne Seele, seine ist häßlich: eine Verständigung zwischen Ihnen ist undenkbar. Da wird es denn doch zuviel der Tricks: denn um Ihre Haltung zu rechtfertigen, müssen Sie wohl oder übel in dieser Seele schwarze Flecken entdecken. Das Einfachste jedoch, sie darin zu entdecken, ist, nicht wahr, sie hineinzusetzen. Worum geht es denn überhaupt? Jeanson fand Mißfallen an Ihrem Buch; er hat es ausgesprochen, und Sie haben sich darüber geärgert: bis hierher ist alles in Ordnung. Sie haben geschrieben, um seine Kritik zu kritisieren: auch dafür kann man Sie nicht tadeln, Montherlant macht das jeden Tag. Sie hätten sogar noch viel weiter gehen und erklären können, er habe überhaupt nichts davon verstanden und ich sei ein Dummkopf, ja, Sie hätten den Geisteszustand aller Mitarbeiter der *Temps Modernes* in Frage stellen können: das wäre ehrliche Kriegführung gewesen. Aber wenn Sie schreiben: «Ihr Mitarbeiter möchte, daß man gegen alles revoltiert, außer gegen die kommunistische Partei und den kommunistischen Staat», dann muß ich gestehen, daß mir nicht ganz wohl dabei ist: ich glaubte, einen Literaten zu finden, und habe es mit einem Richter zu tun, der unseren Fall auf Grund gefärbter Polizeiberichte untersucht. Hätten Sie sich wenigstens damit begnügt, ihn als rosarot zu behandeln: aber Sie müssen ihn zum Lügner und Verräter stempeln: «Der Autor *tut so*, als habe er sich in dem, was er gelesen hat, getäuscht ... ich habe (in seinem Artikel) weder Edelmut noch Redlichkeit gefunden, sondern nur den *vergeblichen Wunsch, eine Position zu verraten*, die er nicht erklären konnte, ohne sich sofort gezwungen zu sehen, wirklich darüber zu diskutieren.» Ihr Ziel ist, seine (offenbar verborgene) «Absicht» zu enthüllen, die ihn zu «Auslassungen und zur Umdeutung der These des Buches» zwinge, ihn dazu verführe, «einem zu unterstellen, man erkläre den Himmel für schwarz, wenn man ihn für blau erklärt, usw.», die ihn die wirklichen Probleme umgehen und vor ganz Frankreich das Vorhandensein der russischen Konzentrationslager verheimlichen lasse, das Ihr Buch enthüllt hat. Welche Absicht? Hören wir gut zu: die Absicht, nachzuweisen, daß alles Denken, das nicht marxistisch ist, reaktionär sei. Und warum macht er das eigentlich? An dieser Stelle werden Sie ein bißchen unklar, aber ich glaube verstanden zu haben, dieser

verschämte Marxist scheue das Licht; er versuche mit seinen ungeschickten Händen alle Öffnungen Ihres Denkens zu verstopfen
und die blendenden Strahlen dessen, was doch offensichtlich sei,
aufzuhalten. Denn hätte er Sie gründlich verstanden, *könnte* er
sich überhaupt nicht mehr Marxist nennen. Der Unglückliche
wähnte, es sei erlaubt, zugleich Kommunist und Bourgeois zu
sein: er diente zwei Herren zugleich. Sie weisen ihm nach, daß
man sich entscheiden müsse: entweder Parteimitglied sein oder
Bourgeois werden wie Sie[1]; und genau das will er nicht einsehen.
Das Ergebnis der Untersuchung lautet also: sträfliche Absicht,
vorsätzliche Verdrehung des Denkens anderer, Unehrlichkeit,
hartnäckige Lügen. Sicher können Sie sich die Mischung aus
Verblüffung und Heiterkeit vorstellen, mit der diejenigen, die
Jeanson, seine Aufrichtigkeit, seine Anständigkeit, seine Zweifel
und seine Wahrheitsliebe kennen, dieses Protokoll aufnehmen
werden. Was jedoch den größten Beifall ernten dürfte, ist, glaube
ich, die Stelle in Ihrem Brief, wo Sie uns auffordern, ein Geständnis abzulegen: «Ich fände es in Ordnung und fast einen Beweis von Mut, wenn Sie sich ehrlich dem Problem stellen und das
Vorhandensein dieser Konzentrationslager rechtfertigen wollten. Nicht in Ordnung und ein Zeichen von Verlegenheit ist es,
daß Sie darüber kein Wort verlieren.» Wir sind auf dem Quai
des Orfèvres, neben uns marschiert ein Schupo, seine Stiefel
knallen wie im Kino: «Hör zu, wir wissen alles. Wenn du
schweigst, machst du dich nur noch verdächtiger. Also los, gib
zu, daß du davon weißt. Du kennst sie doch, diese Lager? Ja?
Raus mit der Sprache! Dann hast du's hinter dir. Und das Gericht rechnet dir's als mildernden Umstand an.» Mein Gott,
Camus, wie tierisch ernst klingt das, und gleichzeitig, um einen
Ihrer Ausdrücke zu gebrauchen, wie frivol! Und wenn Sie sich
nun geirrt hätten? Wenn Ihr Buch lediglich ein Zeugnis philosophischen Unvermögens wäre? Wenn nur oberflächliches, aus
zweiter Hand zusammengekratztes Wissen dahintersteckte?
Wenn es einzig dazu diente, den Privilegierten zu einem guten
Gewissen zu verhelfen, wie jener Kritiker bezeugen könnte, der
neulich schrieb: «Mit Camus geht die Revolte ins andere Lager
über»? Und wenn Sie gar nicht so ganz logisch dächten? Wenn
Ihre Gedanken unbestimmt und banal wären? Wenn Jeanson

[1] Denn Sie *sind* ein Bourgeois, Camus, genau wie ich, was könnten
Sie auch anderes sein?

ganz einfach das Dürftige daran aufgefallen wäre? Wenn er, weit davon entfernt, Ihre strahlenden Beweise zu verdunkeln, gezwungen gewesen wäre, Laternen anzuzünden, um wenigstens die Umrisse schwacher, dunkler und verworrener Ideen auszumachen? Ich sage nicht, daß dem so ist, aber konnten Sie sich nicht *einen Augenblick lang* vorstellen, daß dem so sein könnte? Haben Sie solche Angst vor Angriffen? Muß allen, die Ihnen ins Auge sehen, eiligst jeder Wert abgesprochen werden, und wollen Sie nur noch gesenkte Köpfe? War es Ihnen unmöglich, Ihre These zu verteidigen, sie weiterhin für richtig zu halten und gleichzeitig Verständnis dafür aufzubringen, daß ein anderer sie für falsch hält? Warum lehnen Sie, der Sie für das *Risiko* in der Geschichte eintreten, das Risiko in der Literatur ab, warum müssen Sie sich durch eine ganze Welt von unangreifbaren Werten schützen, anstatt ohne Intervention des Himmels gegen uns – oder mit uns – zu kämpfen? Sie haben einmal geschrieben: «Wir ersticken unter den Menschen, die absolut recht zu haben glauben, sei es mit ihren Maschinen oder mit ihren Ideen.» Und das war richtig. Aber ich fürchte sehr, Sie haben sich ins Lager der Ersticker geschlagen und lassen Ihre alten Freunde, die Erstickten, für immer im Stich.

Was jedoch alles Maß übersteigt, ist, daß Sie auf eine Taktik zurückgreifen, die erst kürzlich – ich glaube unter der Bezeichnung *Amalgam* – bei einem Treffen angeprangert wurde, an dem auch Sie teilnahmen. Bei manchen politischen Prozessen, bei denen mehrere Angeklagte vor Gericht stehen, verfährt der Richter willkürlich mit den Anklagepunkten, um auch mit den Strafen willkürlich verfahren zu können: das kommt natürlich nur in totalitären Staaten vor. Und doch haben Sie genau diese Taktik angewandt: von Anfang bis zum Schluß Ihrer Anklagerede tun Sie so, als verwechselten Sie mich mit Jeanson. Und wie? Ganz einfach, aber man mußte darauf kommen: durch einen sprachlichen Trick führen Sie den Leser dermaßen irre, daß er nicht mehr weiß, welchen von uns beiden Sie meinen. Erste Stufe: ich bin der Herausgeber der Zeitschrift, also wenden Sie sich an mich – in Ordnung. Zweite Stufe: Sie fordern mich zum Zugeständnis auf, daß ich für die darin veröffentlichten Beiträge verantwortlich bin – gut. Dritte Stufe: daraus *folgt*, daß ich die Ansicht Jeansons teile, oder, um es kurz zu machen, daß sie meine eigene ist. Von da ab ist es nun unwichtig zu wissen, wer von uns beiden die Feder geführt hat: der Artikel stammt auf jeden Fall von mir. Eine geschickte Verwendung des Personalpronomens, und das Amalgam ist fertig: «*Ihr* Artikel ... *Sie* hätten sollen ... *Sie* hatten das Recht ... *Sie* hatten kein Recht ... Sobald *Sie* davon sprachen ...» Jeanson hat nur noch eine von mir auf Gaze entworfene Zeichnung ausgestickt. Damit erreichen Sie zweierlei: auf der einen Seite stellen Sie ihn als meinen Schreibgehilfen und Dienstboten für niedere Aufträge dar; damit sind Sie gerächt. Auf der andern Seite bin nun ich der Verbrecher: *ich* beleidige die Aktivisten, die Résistance-Kämpfer und die Elenden, *ich* verstopfe mir die Ohren, wenn von den sowjetischen Konzentrationslagern die Rede ist, *ich* stelle Ihr Licht unter den Scheffel. Ein einziges Beispiel genügt, um diese Methode bloßzustellen: daran wird zugleich klarwerden, daß das «Vergehen», das an sich gar keines ist, wenn man es seinem wirklichen Autor zuschreibt, zu einem Verbrechen wird, wenn man es dem in die Schuhe schiebt, der es überhaupt nicht begangen hat.

Wenn Sie schreiben: «Keine Kritik an meinem Buch kann diese Tatsache (der russischen Konzentrationslager) übergehen», wenden Sie sich einzig und allein an Jeanson. Ihm als Kritiker werfen Sie vor, *in seinem Artikel* nichts von den Konzentrationslagern gesagt zu haben. Vielleicht haben Sie recht; vielleicht könnte Jeanson Ihnen auch antworten, es sei kurios zu sehen, wie der Autor darüber entscheidet, was der Kritiker zu schreiben habe, daß Sie übrigens in Ihrem Buch gar nicht so viel von den Konzentrationslagern sprächen und daß man nicht einsehe, warum Sie ihnen jetzt plötzlich so große Bedeutung beimessen, wenn nicht eben deshalb, weil schlecht informierte Gewährsmänner Sie auf die Annahme gebracht hätten, uns damit in Verlegenheit bringen zu können. Auf jeden Fall hätte sich daraus eine durchaus legitime Diskussion zwischen Ihnen und Jeanson entwickeln können. Wenn Sie aber fortfahren: «*Sie* behalten das relative Recht, die Tatsache der Konzentrationslager in der UdSSR zu ignorieren, solange *Sie* sich nicht mit den Fragen befassen, die die Ideologie der Revolution im allgemeinen und der Marxismus im besonderen aufwerfen. *Sie* verlieren es, wenn Sie sich damit befassen, und *Sie* befassen sich damit, indem Sie *von meinem Buch reden*», oder: «Ich fände es normal ... wenn *Sie* das Vorhandensein der Konzentrationslager rechtfertigten», dann wenden Sie sich an *mich*. Und da kann ich Ihnen nur antworten, daß all diese Aufforderungen fehlgehen: denn Sie nützen die unleugbare Tatsache aus, daß Jeanson – *wie es sein gutes Recht war* – im Zusammenhang mit Ihrem Buch nicht von den russischen Konzentrationslagern gesprochen hat, um anzudeuten, ich, der Herausgeber einer Zeitschrift, die als engagiert gelten will, habe mich nie mit dieser Frage befaßt, was in der Tat ein schweres Vergehen wider die Aufrichtigkeit wäre. Nun ist das aber leider falsch: ein paar Tage nach den Erklärungen Roussets brachten wir neben verschiedenen anderen Artikeln über die Konzentrationslager einen Leitartikel, in dem ich eindeutig Stellung nahm; und wenn Sie die Daten vergleichen, werden Sie sehen, daß die Nummer zusammengestellt wurde, *bevor* Rousset intervenierte. Doch das ist Nebensache; ich wollte Ihnen nur zeigen, daß wir sofort, als die öffentliche Meinung in Frankreich auf die Konzentrationslager stieß, diese Frage aufgeworfen und Stellung dazu genommen haben. Wenige Monate später sind wir *in einem weiteren Leitartikel* darauf zurückgekommen und haben unseren Standpunkt in Artikeln und Erklärungen noch genauer dargelegt. Das Vorhandensein dieser Konzentrationslager kann uns Entrüstung, ja Entsetzen einflößen, uns vielleicht sogar als Albtraum verfolgen: aber warum sollte es uns *in Verlegenheit bringen*? Habe ich jemals gezögert, wenn es darum ging, zu sagen, was ich über den Kommunismus denke? Und wenn ich wirklich rosarot, ein verkappter Mitläufer und schamhafter Parteigänger wäre, woher käme es dann, daß die Kommunisten ausgerechnet mich hassen und nicht Sie? Aber wir wollen uns nicht des Hasses rühmen, den wir hervorrufen: ich sage Ihnen offen, daß ich diese Feindschaft zutiefst bedaure; ja, manchmal bin ich fast soweit, Sie um die völlige Gleichgültigkeit zu beneiden, die die Kommunisten Ihnen entgegenbringen. Aber was kann ich tun, außer eben nicht mehr zu sagen, was ich für wahr halte? Was wollen Sie also mit Ihrem «Sie wahren sich das relative Recht zu ignorieren ...»? Entweder wollen Sie andeuten, Jeanson existiere gar nicht, sondern sei nur eines meiner Pseudonyme, was absurd wäre, oder Sie behaupten, ich hätte nie ein Wörtchen über die Konzentrationslager gesagt, und das wäre Verleumdung. Ja, Camus, ich finde diese Lager wie Sie untragbar, aber ebenso untragbar die Art, wie die «sogenannte bürgerliche Presse» sie jeden Tag ausschlachtet. Ich sage nicht: der Madagasse vor dem Turkmenen; ich sage nur, daß es nicht angeht, die dem Turkmenen zugefügten Leiden zur Rechtfertigung derjenigen heranzuziehen, die *wir* dem Madagassen antun. Ich habe gesehen, wie sich die Antikommunisten hämisch über diese Strafkolonien freuten, wie sie sie ausnutzten, um ihr eigenes Gewissen reinzuwaschen; und ich hatte dabei nicht den Eindruck, als wollten sie dem Turkmenen helfen, sondern als beuteten sie lediglich sein Elend aus, wie die UdSSR seine Arbeitskraft ausbeutet. Also wahrhaftig ein *full employment* des Turkmenen! Aber Spaß beiseite; sagen Sie mir lieber, Camus, welche Gefühle die «Enthüllungen» Roussets im Herzen eines Antikommunisten wecken konnten. Verzweiflung? Kummer? Beschämung, ein Mensch zu sein? Nur frei heraus! Es ist zwar schwierig für einen Franzosen, sich in einen Turkmenen zu versetzen und für ein so abstraktes Wesen, wie er es, von hier aus gesehen, ist, Sympathie zu empfinden. Allenfalls könnte man sagen, die Erinnerung an die deutschen Konzentrationslager habe bei den Besten eine Art spontanen Entsetzens hervorgerufen. Und selbstverständlich auch Angst. Was jedoch – trotz mangelnder näherer Beziehungen zu dem Turkmenen – Entrüstung und vielleicht sogar Verzweiflung hätte hervorrufen müssen, war doch wohl der Gedanke, daß eine sozialistische Regierung mit Hilfe eines Heeres von Funktionären Menschen systematisch versklaven kann. *Das* aber, Camus, kann einen Antikommunisten eben nicht erschüttern, denn *er traute der UdSSR ja schon vorher alles zu.* Die einzige Empfindung, die diese Nachricht in ihm hervorrief, war – ich sträube mich fast, es auszusprechen – *Freude.* Freude, weil er darin endlich einen Beweis für seine Sache sah und weil man jetzt gespannt sein konnte, wie's weiterging. Nun hieß es auf die Leute einwirken, nicht auf die Arbeiter – so dumm ist der Antikommunist nicht –, sondern auf all die braven Leute, die ein wenig nach «links» tendieren, es galt, sie einzuschüchtern, ihnen Entsetzen einzujagen. Öffnete da einer noch den Mund, um gegen eine Erpressung zu protestieren, so brachte man ihn sofort mit einem «Und die Konzentrationslager?» zum Schweigen. Man zwang die Leute, gegen diese Lager Stellung zu beziehen, andernfalls waren sie mitschuldig. Eine ausgezeichnete Methode: entweder überwarf sich der Unglückliche mit den Kommunisten, oder er wurde zum Komplizen beim «größten Verbrechen der Welt». Von diesem Punkt an begann ich diese Meistererpresser niederträchtig zu finden. Denn meiner Ansicht nach sind wir alle in den Skandal der Konzentrationslager verwickelt. Sie genauso wie ich. Und alle andern auch: der Eiserne Vorhang ist nur ein Spiegel, und jede Welthälfte spiegelt die andere wider. Jeder Schraubenumdrehung *hier* entspricht eine Schraubenbewegung *dort*, und schließlich sind wir hier wie dort die Schraubenden und die Geschraubten. Eine Versteifung der amerikanischen Haltung in Form einer verschärften Hexenjagd ruft eine Versteifung der russischen Haltung, vielleicht in Form vermehrter Kriegsrüstung und einer größeren Zahl Zwangsarbeiter, hervor. Selbstverständlich kann es umgekehrt genauso sein. Wer heute verdammt, muß wissen, daß die Lage ihn morgen zwingen kann, Schlimmeres zu tun, als was er soeben verdammt hat, und wenn ich an Häuserwänden in Paris jenen witzigen Spruch sehe: «Verbringen Sie Ihre Ferien in der UdSSR, dem Land der Freiheit», und daneben die grauen Schatten hinter den Gitterstäben, sind es nicht die Russen, die ich verabscheuenswert finde. Verstehen Sie mich recht, Camus: ich weiß, daß Sie hundertmal, soweit es in Ihren Kräften stand, gegen die Gewaltherrschaft Francos oder die Kolonialpolitik unserer Regierung protestiert und angekämpft haben; Sie haben sich das *relative* Recht erworben, von den sowjetischen Konzentrationslagern zu sprechen. Aber zwei Dinge werfe ich Ihnen vor: es war Ihr striktes Recht, ja, Ihre *Pflicht,* diese Lager in einem ernsten Werk zu erwähnen, dessen Ziel es ist, uns eine Deutung unserer Zeit zu liefern: was mir untragbar erscheint, ist, daß Sie sich ihrer heute wie eines Arguments auf einer öffentlichen Versammlung bedienen und daß nun auch Sie die Turkmenen und Kurden ausbeuten, um einem mißfälligen Kritiker desto sicherer den Garaus zu machen. Und weiterhin bedaure ich, daß Sie mit Hilfe dieses Keulen-Arguments einen Quietismus rechtfertigen, der es ablehnt, einen Unterschied zwischen den Herren zu machen. Denn, Sie sagen es selbst, es läuft genau aufs gleiche hinaus, ob man die Herren oder die Sklaven verwechselt. Wenn Sie aber bei den letzteren nicht unterscheiden, verurteilen Sie sich selbst zu einer lediglich theoretischen Freundschaft mit ihnen. Zumal ein «Sklave» öfters sogar der Verbündete eines der von Ihnen als «Herren» Bezeichneten sein kann. Daraus erklärt sich auch die Verlegenheit, in die der Indochinakrieg Sie gestürzt hat. Wollte man Ihre Grundsätze anwenden, so wären die Vietnamesen ein Kolonialvolk, also Sklaven, auf der anderen Seite aber Kommunisten, also Tyrannen. Sie tadeln das europäische Proletariat, weil es den Sowjets nicht öffentlich seine Mißbilligung ausgesprochen hat, aber Sie tadeln auch die Regierungen Europas, weil sie Spanien in die UNESCO aufnehmen wollen; in diesem Fall sehe ich für Sie nur noch eine Lösung: die Galapagosinseln. Denn die einzige Möglichkeit, den Sklaven *dort* zu helfen, scheint mir im Gegenteil darin zu liegen, daß man die Partei derer *hier* ergreift.

Damit wollte ich schließen, aber nach nochmaliger Lektüre Ihrer Anklageschrift scheint es mir, als richte sie sich gegen unsere Ideen überhaupt.[1] In der Tat deutet alles darauf hin, daß Sie mit dem Ausdruck «ungebremste Freiheit» unsere Vorstellung von der menschlichen Freiheit schlechthin meinen. Soll ich Sie mit dem Verdacht beleidigen, dieser Ausdruck stamme von Ihnen? Nein: einen solchen Widersinn traue ich Ihnen denn doch nicht zu; bestimmt haben Sie ihn dem Artikel Pater Troisfontaines' entnommen; wenigstens das eine hätte ich dann mit Hegel gemeinsam, daß Sie weder ihn noch mich gelesen haben. Aber welche fixe Idee beherrscht Sie denn, daß Sie nicht zu den Quellen vorstoßen? Sie *wissen genau*, daß eine Bremswirkung nur auf reale Kräfte der Welt ausgeübt und die physische Bewegung eines Körpers nur durch Veränderung eines der auf ihn einwirkenden Faktoren abgebremst werden kann. Die Freiheit jedoch ist keine Kraft: nicht etwa deshalb, weil ich es so wollte, sondern weil gerade darin ihr Wesen besteht. Sie ist oder ist nicht: ist sie aber, so entzieht sie sich der Verkettung von Ursache und Wirkung; sie gehört einer anderen Welt an. Fänden Sie es zum Beispiel nicht lächerlich, von einem ungebremsten *clinamen* bei Epikur zu sprechen? Freilich hat sich der Begriff des Determinismus und mit ihm der der Freiheit seit diesem Philosophen ein wenig kompliziert. Aber noch immer liegt ihm die Vorstellung eines Bruches, eines Abgeschnittenwerdens, einer Auflösung der Kontinuität zugrunde. Ich wage nicht, Sie auf *Das Sein und das Nichts* zu verweisen, die Lektüre dieses Buches erschiene Ihnen unnötig schwer: gedankliche Schwierigkeiten sind Ihnen ein Greuel, und Sie erklären voreilig, es gebe überhaupt nichts zu verstehen, um von vornherein dem Vorwurf zu

1 Meine Aufgabe ist hier nicht, die Ideen Marx' zu verteidigen, aber es sei mir doch gestattet zu bemerken, daß das Dilemma, in dem Sie sie sehen wollen (entweder seien seine «Prophezeiungen» wahr, oder der Marxismus sei nur methodisches Spiel), die ganze marxistische *Philosophie* und alles, was für mich (der ich kein Marxist bin) ihre tiefere Wahrheit ausmacht, außer acht läßt.

entgehen, nichts verstanden zu haben. Aber eben in diesem Werk habe ich die Umstände dieses Bruches dargelegt. Und wenn Sie nur ein paar Minuten darauf verwandt hätten, über die Gedanken eines anderen nachzudenken, hätten Sie gemerkt, daß die Freiheit gar nicht gebremst werden kann: sie hat keine Räder. Ebensowenig Pfoten oder ein Gebiß, dem man einen Zügel anlegen könnte, und weil sich ihr Wesen nur im Handeln offenbart, findet sie im positiven, aber notgedrungen *endlichen* Charakter dieses Handelns ihre Grenzen. Wir sind unterwegs, wir müssen uns entscheiden: das *Ziel* erhellt den Weg und verleiht der Situation ihren Sinn, aber umgekehrt ist es nur eine bestimmte Art, uns über die Situation zu erheben, das heißt sie zu verstehen. Unser Ziel sind wir selbst; in seinem Licht erhellt sich unser Bezug zur Welt; dabei tauchen die Einzelziele und Werkzeuge auf und spiegeln uns zugleich die Feindschaft der Dinge und unser eigenes Ziel wider. Nach diesen Vorbemerkungen, Camus, mögen Sie diese Freiheit, die allein Ihr *eigenes Streben* fundieren kann, ruhig als «ungebremst» bezeichnen (denn wie könnte ein *unfreier* Mensch «nach einem Sinn streben»? Nur denken Sie daran nicht gern). Aber das hat dann ebensowenig Bedeutung, wie wenn Sie sagten: «Freiheit ohne Speiseröhre» oder «Freiheit ohne Salzsäure»; und Sie werden damit nur beweisen, daß Sie, wie so viele andere, das Reich der Philosophie mit dem der Politik verwechseln. Ungebremst – gewiß. Ohne Polizei, ohne Justiz. Wenn man dem Trunkenbold erlauben würde, so viel Alkohol zu trinken, wie er will, was sollte dann aus seiner rechtschaffenen Frau werden? Aber die Gedanken von 1789 sind klarer als Ihre: die Grenze eines Rechts (das heißt einer Freiheit) ist ein anderes Recht (das heißt also wieder eine Freiheit) und nicht irgendeine «menschliche Natur»: denn die Natur – ob «menschlich» oder nicht – kann den Menschen erdrücken, ihn aber nicht bei seinen Lebzeiten zu einem Ding machen; ist der Mensch ein Ding, dann nur für einen anderen Menschen. Und diese zwei – freilich schwierigen – Ideen, nämlich: der Mensch ist frei, und der Mensch ist das Wesen, durch das der Mensch zum Ding wird, sind es, die die augenblickliche Lage charakterisieren und uns die *Unterdrükkung* erklären. Sie haben – auf wessen Behauptung nur? – geglaubt, ich statte meine Artgenossen zunächst mit einer paradiesischen Freiheit aus, um sie dann in Ketten zu legen. Davon bin ich so weit entfernt, daß ich im Gegenteil um mich her nichts als *geknechtete Freiheit* sehe, die sich ihrer *angeborenen* Knechtschaft zu entwinden versucht. Unsere Freiheit heute ist lediglich der *freie Entschluß, die Freiheit zu erkämpfen*. Und die paradoxe Form dieses Satzes ist nur ein Zeichen für das Paradoxe unserer *historischen* Situation. Von einem *Einsperren* meiner Zeitgenossen kann, wie Sie sehen, nicht die Rede sein: sie sind schon eingesperrt; es handelt sich im Gegenteil darum, gemeinsam mit ihnen die Stäbe unseres Käfigs zu zerbrechen. Denn auch wir, Camus, sind eingesperrt, und wenn Sie wirklich verhindern wollen, daß eine Volksbewegung in Tyrannei ausartet, dann dürfen Sie sie nicht von vornherein in Grund und Boden verdammen und damit drohen, sich in die Wüste zurückzuziehen, um so weniger, als Ihre Wüste immer nur ein etwas weniger belebter Teil unseres Käfigs ist; um das Recht zu erringen, Einfluß auf die Kämpfenden unter uns auszuüben, muß man zuerst selbst an ihrem Kampf teilgenommen haben; man muß zuerst *vieles* hinnehmen, wenn man *etwas* ändern will. Die «Weltgeschichte» kennt wenige Situationen, die verzweifelter gewesen wären als die unsere – was auch die Wahrsagerei entschuldigt –: wer aber in den gegenwärtigen Auseinandersetzungen nur den unsinnigen Zweikampf zweier gleichermaßen verdammenswürdiger Ungeheuer sieht, der hat uns, meine ich, bereits verlassen: er steht im Winkel und schmollt; weit entfernt, mir als Schiedsrichter über eine Epoche vorzukommen, der er absichtlich den Rücken gekehrt hat, erscheint er mir im Gegenteil völlig von ihr bestimmt und eigensinnig an der Weigerung festhaltend, zu der ihn ein durch und durch historisch bedingtes Vorurteil veranlaßt. Sie bedauern mich – übrigens ganz zu Unrecht – wegen meines schlechten Gewissens, aber auch wenn ich vor Scham umkommen müßte, würde ich mir weniger entfremdet, hilfsbereiter vorkommen, als Sie es sind: denn um Ihr Gewissen rein zu erhalten, sind Sie gezwungen zu verdammen; Sie brauchen einen Schuldigen; sind Sie es nicht selbst, ist es die Welt. Sie fällen Ihre Richtersprüche, und die Welt hält still; aber Ihre Verdammungsurteile werden hinfällig, sobald sie irgendwo auftreffen, und Sie müssen ständig von neuem beginnen: hielten Sie inne, so würden Sie sich selbst erblicken; Sie sind, Sisyphos, zum Verdammen verdammt.

Sie waren für uns – morgen können Sie es wieder sein – das wunderbare Zusammentreffen einer Persönlichkeit, einer Aktion und eines Werkes. Es war 1945: wir entdeckten Camus, den Résistance-Kämpfer, wie wir Camus, den Verfasser des *Fremden*, entdeckt hatten. Und wenn man den Redakteur des heimlich herausgegebenen *Combat* mit jenem Meursault verglich, der sich vor lauter Ehrlichkeit weigerte, die Liebe zu seiner Mutter und seiner Freundin einzugestehen, und den unsere Gesellschaft zum Tode verurteilte, wenn man vor allem wußte, daß Sie nie aufgehört hatten, beide zugleich zu sein, half uns dieser scheinbare Widerspruch weiter in der Erkenntnis unserer selbst und der Welt, und Sie waren fast ein Vorbild für uns alle. Denn Sie verkörperten in sich die Konflikte unserer Zeit und überwanden sie gleichzeitig durch Ihr Bemühen, sie durchzustehen. Sie waren eine *Persönlichkeit*, die vielfältigste und reichste, die es gab, der letzte und willkommenste Erbe Chateaubriands und der begeisterte Fürsprecher einer sozialen Sache. Sie vereinigten in sich alle Möglichkeiten und Anlagen, denn in Ihnen begegnete sich das Gefühl für Größe mit dem leidenschaftlichen Streben nach Schönheit, die Freude am Leben mit dem Wissen vom Tode. Schon vor dem Krieg hatten Sie beschlossen, sich gegen die bittere Erfahrung dessen, was Sie das *Absurde* nannten, mit Verachtung zu wappnen, aber Sie waren der Meinung, daß «jede Verneinung ein aufkeimendes Ja» enthalte, Sie wollten durch die äußerste Negativität zur Positivität durchstoßen und «Liebe und Auflehnung feierlich miteinander vereinen». Ihrer Ansicht nach ist der Mensch nur dann ganz er selbst, wenn er glücklich ist. Was aber ist das Glück anderes als «ganz einfach der Zusammenklang seines Wesens mit seiner Existenz? Und welcher natürlichere Zusammenklang könnte den Menschen mit dem Leben vereinen als das doppelte Wissen von seinem Verlangen nach Dauer und dem ihm bevorstehenden Tod?» Das Glück war nicht ganz Zustand und nicht ganz Tat, sondern jene Spannung zwischen den Kräften des Todes und des Lebens, zwischen Annahme und Verweigerung, durch die der Mensch die *Gegenwart* – das heißt zugleich Augenblick und Ewigkeit – definiert und durch die er er selbst wird. Wenn Sie einen jener seltenen Augenblicke beschrieben, in denen Mensch und Natur ganz kurz zusammenklingen – von Rousseau bis Breton eines der Lieblingsthemen unserer Literatur –, öffnete sich darin ein ganz neuer Aspekt der *Moralität*. Glücklichsein hieß, die Pflicht des Menschseins auf sich nehmen, und Sie zeigten uns «die Pflicht, glücklich zu sein». Diese Pflicht verband sich mit dem Glauben, daß der Mensch das einzige Wesen auf der Welt sei, das einen Sinn habe, «denn er ist das einzige, das Sinn fordert». Die Erfahrung eines Glücks, ähnlich wie in Batailles *Supplice,* nur noch komplexer und reicher, ließ Sie anklagend, aber auch herausfordernd einem abwesenden Gott gegenübertreten: «Der Mensch muß auf Gerechtigkeit pochen, um gegen die ewige Ungerechtigkeit zu kämpfen, Glück schaffen, um sich gegen die Welt des Unglücks aufzulehnen.» Die Welt des Unglücks ist nicht die der Gesellschaft, wenigstens nicht in erster Linie: sie ist die gleichgültige, leere Natur, in der der Mensch fremd und zum Tode verurteilt ist; kurz, sie ist «das ewige Schweigen der Gottheit». So verquickte sich in Ihrem Erlebnis das Vergängliche mit dem Unvergänglichen. Im Bewußtsein Ihrer Sterblichkeit wollten Sie nur mit Wahrheiten zu tun haben, die «zur Verwesung verdammt» waren. Eine davon war Ihr Körper. Den Schwindel von Seele und Idee lehnten Sie ab. Aber weil, wie Sie selbst sagten, die Ungerechtigkeit *ewig* ist – das heißt, weil die Abwesenheit Gottes in allem Wandel der Geschichte konstant bleibt –, transzendiert der unmittelbare und immer wieder neu angebahnte Bezug zwischen dem Menschen, der einen Sinn *fordert* (das heißt, die Zuerkennung eines solchen), und diesem Gott, der sich in ewiges Schweigen hüllt, die Geschichte. Die Spannung, in der der Mensch sich verwirklicht – und die zugleich intuitiver Daseinsgenuß ist –, ist demnach eine zutiefst umwandelnde Kraft, die ihn aus dem «Umtrieb» des Alltags und aus der «Historizität» herausreißt und ihm endlich die Einheit mit sich selbst schenkt. Weiter führt der Weg nicht mehr; in dieser Augenblickstragödie ist für Fortschritt kein Raum. Schon Mallarmé, dieser verfrühte Absurdist, schrieb: «(Das Drama) löst sich augenblicklich auf, kaum, daß seine blitzartig abrollende Katastrophe zur Darstellung gelangt», und er scheint mir schon im voraus den Schlüssel zu Ihren Stücken geliefert zu haben, wenn er schreibt: «Der Held *enthüllt* – die (Mutter-)Hymne, die ihn erschafft, und gibt sich wieder dem Theater anheim, das es war – Geheimnis, in dem diese Hymne verborgen lag.» Kurz, Sie bleiben im Rahmen unserer großen klassischen Tradition, die seit Descartes und mit Ausnahme Pascals durchweg geschichtsfeindlich ist. Aber Ihnen gelang endlich der Ausgleich zwischen ästhetischem Genuß, Verlangen, Glück und Heldentum, zwischen wunschloser Kontemplation und Pflicht, zwischen der Fülle Gides und der Unbefriedigtheit Baudelaires. Sie vollendeten den Immoralismus Ménalques durch einen strengen Moralismus. Zwar blieb der Inhalt der gleiche: «Es gibt nur diese eine, einzige Liebe in der Welt. Wer einen Frauenleib umarmt, preßt auch ein Stück jener unbegreiflichen Freude an sich, die vom Himmel aufs Meer niederströmt. Wenn ich mich jetzt gleich in die Wermutbüsche werfe, und ihr Duft meinen Körper durchdringt, so werde ich bewußt und gegen alle Vorurteile eine Wahrheit bekennen: die Wahrheit der Sonne, die auch die Wahrheit meines Todes sein wird.» Aber weil diese Wahrheit allen gehört, weil gerade ihre äußerste Einzigartigkeit sie universell macht, weil Sie die Oberfläche der reinen Gegenwart, in der Nathanael Gott sucht, durchbrochen und sie auf die «Tiefe der Welt», das heißt auf den Tod hin geöffnet haben, gelangten Sie am Ende dieses düster-einsamen Genusses zu einer universalen Ethik und zur menschlichen Solidarität. Nathanael ist nicht mehr allein; er ist sich bewußt, und er ist stolz darauf, diese Liebe zum Leben, die stärker ist als der Tod, «mit einer ganzen Rasse zu teilen». Das Ende freilich bleibt bitter: die Welt verschlingt den unversöhnten Nonkonformisten. Und eines Ihrer Lieblingszitate ist der Satz aus dem *Obermann*: «Wir wollen widerstrebend vergehen und dem Nichts, wenn es unser wirklich wartet, keinen Anschein von Gerechtigkeit geben.»[1]

Leugnen Sie es also nicht: Sie lehnten die Geschichte nicht etwa deshalb ab, weil Sie unter ihr gelitten und im Schrecken ihr Antlitz entdeckt hätten. Sie taten es vielmehr vor jeder Erfahrung, weil unser ganzes Erziehungssystem sie ablehnt und weil für Sie der Wert des Menschen in seinem Kampf «gegen den Himmel» lag. Im Nachdenken über die Unglücksfälle und inneren Nöte, die Ihr persönliches Lebensschicksal ausmachten, erwählten und schufen Sie sich zu dem, der Sie sind, und die Lösung, die Sie dafür fanden, ist eine bittere Weisheit, die sich bemüht, die Zeit zu verleugnen.

Im Krieg verschrieben Sie sich ganz und gar der Résistance; Sie führten einen kompromißlosen Kampf ohne Ruhm und Helmbusch; die Gefahren waren kaum geeignet, Begeisterung zu wecken; schlimmer, man riskierte nur Entwürdigung und Erniedrigung. Dieser immer mühselige, oft einsame Kampf er-

---

[1] Motto zum vierten von Camus' *Briefen an einen deutschen Freund*, aus denen auch einige der vorangehenden und der folgenden Zitate stammen; diese Zitate sind wiedergegeben nach der Übersetzung von Guido G. Meister (in: *Fragen der Zeit*. Rowohlt Verlag, Reinbek bei Hamburg 1960). Anm. d. Übers. – Hervorhebungen vom Verfasser.

schien *notwendigerweise* als eine *Pflicht*. Und Ihr erster Kontakt mit der Geschichte nahm für Sie die Gestalt eines Opfers an. So haben Sie es übrigens auch selber ausgedrückt, und Sie sagten, Sie kämpften «für jene Nuance, die das Opfer von der Mystik unterscheidet». Verstehen Sie mich recht: wenn ich sage: «Ihr erster Kontakt mit der Geschichte», dann soll das nicht heißen, ich selbst hätte einen anderen und vielleicht besseren gehabt. Wir, die Gebildeten, hatten damals alle nur diesen einen; und wenn ich ihn den *Ihren* nenne, dann deshalb, weil Sie ihn tiefer und totaler erlebt haben als viele von uns (und als ich selbst). Trotzdem haben die Umstände dieses Kampfes Ihnen die Vorstellung nahegebracht, daß man manchmal der Geschichte Tribut zollen muß, wenn man das Recht erwerben will, später zu seinen wahren Pflichten zurückzukehren. Sie haben die Deutschen angeklagt, Sie Ihrem Kampf gegen den Himmel entfremdet und zur Teilnahme an den zeitgebundenen Kämpfen der Menschen gezwungen zu haben: «Seit so vielen Jahren versuchen Sie, mich *zum Eintritt in die Geschichte* zu bewegen ...» Und später: «Ihr habt das Nötige getan, *und wir sind in die Geschichte eingetreten.* Und fünf Jahre lang war es nicht mehr möglich, sich ... am Gesang der Vögel zu freuen.» Die Geschichte, das war der Krieg; für Sie war es *der Wahnsinn der andern.* Der Krieg baut nicht auf, er zerstört: er hindert das Gras am Wachsen, die Vögel am Singen, den Mann am Lieben. Die äußeren Umstände schienen in der Tat Ihren Standpunkt zu bestätigen: mitten im Frieden hatten Sie schon einen überzeitlichen Kampf gegen die Ungerechtigkeit unseres Schicksals geführt, und nun verbündeten sich die Nazis in Ihren Augen mit dieser Ungerechtigkeit. Als Helfershelfer der blinden Mächte des Universums trachteten sie danach, den Menschen zu vernichten. Sie Ihrerseits kämpften, um, wie Sie schrieben, «die *Idee* des Menschen zu retten». Kurz, Sie dachten nicht daran, «Geschichte zu machen», um mit Marx zu reden, sondern sie am Werden zu hindern. Beweis: nach dem Krieg hatten Sie einzig die Rückkehr zum *Status quo* im Auge: «Unsere Lage ist nach wie vor verzweifelt.» Der Sinn des alliierten Sieges schien Ihnen «der Erwerb von zwei oder drei Nuancen» zu sein, «die vielleicht keinen anderen Nutzen haben werden, als ein paar wenigen unter uns zu einem sinnvolleren Tod zu verhelfen». Nachdem Sie Ihre fünf Jahre Geschichte hinter sich hatten, glaubten Sie (zusammen mit der ganzen Menschheit) zur Verzweiflung zurückkehren zu dürfen, aus der der Mensch sein Glück schöpfen soll, und den Beweis erbringen zu können, «daß wir so viel Ungerechtigkeit (in wessen Augen?) nicht verdient hatten», indem Sie den verzweifelten Kampf des Menschen «gegen sein empörendes Schicksal» wiederaufnahmen. Wie liebten wir Sie damals! Auch wir waren Anfänger in der Geschichte und hatten uns ihr widerwillig hingegeben, ohne zu merken, daß der Krieg von 1940 genau wie die Jahre davor nur ein Modus der Historizität war. Wir bezogen das Wort Malraux' auf Sie: «Möge der Sieg denen bleiben, die Krieg geführt haben, ohne ihn zu lieben», und gaben uns – je länger, je mehr – einer Art Rührung über uns selber hin; zugleich jedoch waren wir, ohne uns dessen bewußt zu sein, wie Sie, in Ihnen bedroht. Oft bringt eine Kultur ihre reichsten Werke erst kurz vor ihrem Untergang hervor, und diese Werke entstehen aus der tödlichen Verbindung von alten Werten mit neuen, die sie zu befruchten scheinen und die sie vernichten. In der Synthese, die Sie anstrebten, entstammten Glück und Harmonie unserem alten Humanismus; Auflehnung und Verzweiflung dagegen waren Eindringlinge; sie kamen von draußen; von draußen, wo Unbekannte die Feste unseres Geistes mit haßerfüllten Augen verfolgten. Sie hatten sich diese Augen von ihnen geliehen und betrachteten damit unser kulturelles Erbe; allein schon ihr bloßes Dasein stellte unser ruhiges Genießen in Frage; der Trotz gegenüber dem Schicksal, die Auflehnung gegen die Absurdität, all das kam zwar ohne Zweifel von Ihnen oder durch Sie: aber dreißig oder vierzig Jahre früher hätte man Ihnen diese schlechten Manieren abgewöhnt, und Sie wären unter den Ästheten oder in der Kirche gelandet. Ihre Auflehnung hatte nur deshalb so viel Widerhall, weil sie Ihnen durch diese namenlose Masse eingeflüstert worden war: Sie hatten kaum Zeit, sie gegen den Himmel abzulenken, wo sie sich in nichts auflöste. Und die moralischen Forderungen, denen Sie Stimme verliehen, waren nur die Idealisierung ganz realer Forderungen, die um Sie herumschwirrten und die Sie eingefangen hatten. Das Gleichgewicht, das Sie zustande brachten, konnte nur ein einziges Mal, einen einzigen Augenblick lang, in einem einzigen Menschen gelingen: Sie hatten das Glück gehabt, daß der gemeinsame Kampf gegen die Deutschen in Ihren und unseren Augen zum Symbol der Vereinigung aller Menschen gegen eine unmenschliche Zwangsläufigkeit wurde. Indem die Deutschen sich auf die Seite der Ungerechtigkeit stellten, ordneten sie sich automatisch den blinden Naturgewalten zu, und Sie konnten ihre Rolle in der *Pest* von Mikroben erfüllen lassen, ohne daß jemand hinter die Verschlüsselung kam. Kurz, Sie waren ein paar Jahre lang so etwas wie das Symbol und der Beweis der Solidarität der Klassen. Auch die Résistance schien das zu sein, und Ihre ersten Werke brachten es zum Ausdruck: «Die Menschen finden ihre Solidarität wieder, um den Kampf gegen ihr empörendes Schicksal aufzunehmen.»

So konnten Sie sich auf Grund eines Zusammentreffens von Umständen, einer jener seltenen Übereinstimmungen, die ein Leben eine Zeitlang zum Abbild einer Wahrheit machen, die Tatsache verhehlen, daß der Kampf des Menschen gegen die Natur zugleich Ursache und Wirkung eines anderen, genauso alten und noch unerbittlicheren Kampfes ist: des Kampfes des Menschen gegen den Menschen. Sie lehnten sich gegen den Tod auf, aber in den eisernen Gürteln, die unsere Städte umschließen, lehnten sich andere Menschen gegen die sozialen Bedingungen auf, die die Sterblichkeitsziffer in die Höhe trieben. Wenn ein Kind starb, klagten Sie die Absurdität der Welt und jenen tauben und blinden Gott an, den Sie geschaffen hatten, um ihm ins Angesicht speien zu können; der Vater des Kindes jedoch klagte, wenn er ein Arbeitsloser oder ein Handlanger war, die Menschen an: er wußte genau, daß die Absurdität unseres Loses in Passy eine andere ist als in Billancourt. Und schließlich übersah er vor lauter Menschen sogar fast die Mikroben; denn in den Elendsvierteln sterben zweimal soviel Kinder wie in den Vierteln der Reichen, und weil sie durch eine andere Einkommensverteilung zu retten wären[1], erscheint die Hälfte aller Todesfälle bei den Armen wie Hinrichtungen, bei denen die Mikroben lediglich die Henker sind. Sie wollten in sich und durch sich das Glück aller mit Hilfe einer *moralischen* Spannung erreichen; die dumpfe Masse, die wir damals zu entdecken begannen, verlangte von uns den Verzicht auf Glück, damit sie selbst ein bißchen weniger unglücklich sei. Plötzlich zählten die Deutschen nicht mehr, ja, es schien sogar, als hätten sie nie gezählt; wir hatten geglaubt, es gebe nur eine einzige Form des Widerstands, und nun stellte sich heraus, daß man den Widerstand auf zwei ganz verschiedene Arten sehen konnte. Und während Sie für uns noch

[1] Das stimmt nicht ganz. Einige sind auf jeden Fall zum Tode verurteilt.

der Mann der unmittelbaren Vergangenheit, vielleicht sogar der nahen Zukunft waren, stellten Sie für zehn Millionen Franzosen, die in Ihrer idealen Revolte nicht mehr ihren nur allzu realen Groll erkannten, schon einen Privilegierten dar. Dieser Tod, dieses Leben, diese Erde, diese Revolte, dieser Gott, dieses Nein und dieses Ja, diese Liebe waren, so mußten Sie hören, Aristokratenpossen. Manche gingen sogar soweit, sie Zirkuspossen zu nennen. Sie hatten geschrieben: «Eines ist noch tragischer als das Leiden: das Leben eines glücklichen Menschen» und: «Eine gewisse Beharrlichkeit im Verzweifeln kann Freude erzeugen» und auch: «Diese irdische Pracht schien mir (die Rechtfertigung) aller Menschen, die wissen, daß die äußerste Armut stets mit dem Überfluß und Reichtum der Welt wetteifert.»[1] Zwar verstehe ich, der ich, wie Sie, ein Privilegierter bin, vollkommen, was sie sagen wollten, und glaube auch, Sie hatten ein Recht dazu, es zu sagen. Sie hatten meiner Ansicht nach gründlicher als viele andere eine gewisse Art des Sterbens, des Entblößtseins durchlitten und, wie ich meine, bestimmt die wahre Armut, wenn nicht sogar das Elend, kennengelernt. Diese Sätze haben, wenn Sie sie schreiben, *nicht* den Sinn, den sie in einem Werk von Mauriac oder Montherlant hätten. Außerdem erschienen sie damals, als sie niedergeschrieben wurden, ganz natürlich. Entscheidend ist aber, daß sie es heute *nicht mehr scheinen*: wir *wissen* inzwischen, daß, wenn nicht Wohlhabenheit, so doch Kultur, jener unschätzbare, ungerechte Reichtum nötig ist, um in der äußersten Entblößung Überfluß zu entdecken. Man hatte geglaubt, die Umstände Ihres Lebens, auch die schmerzlichsten, hätten Sie zum Zeugen dafür auserwählt, daß die persönliche Erlösung allen offenstehe; aber nun ist der Gedanke, der alle Herzen beherrscht – ein Gedanke voll Drohung und Haß – der, daß das nur ganz wenigen möglich ist. Ein Gedanke voll Haß, dem gegenüber wir machtlos sind. Alles zerfrißt er: sogar Sie selbst, der Sie nicht einmal die Deutschen hassen wollten, in dessen Büchern aber ein solcher Gotteshaß zutage tritt, daß man hat sagen können, Sie seien noch mehr «Antitheist» als Atheist. Den ganzen Wert, den ein Unterdrückter in seinen eigenen Augen noch besitzt, legt er in den Haß gegen andere; und selbst die Liebe zu seinen Kameraden entsteht erst durch den Haß gegen seine

[1] Diese drei Zitate aus *Hochzeit des Lichts*. Deutsch von Peter Gan. In: *Literarische Essays*. Rowohlt Verlag, Hamburg o. J.

Feinde. Da helfen ihm weder Ihre Bücher noch Ihr Beispiel. Sie dozieren eine Lebenskunst, eine «Wissenschaft vom Leben», Sie lehren uns, unseren Körper wiederzuentdecken, aber *sein* Körper ist, wenn er ihn abends wiederfindet – nachdem man ihn ihm den ganzen Tag gestohlen hat –, nur noch ein einziges großes Elend, das ihn bedrückt und erniedrigt. Dieser Mensch ist durch andere Menschen *erledigt*, sein Todfeind ist der Mensch, und wenn ihn die fremdartige Natur, die ihn in der Fabrik oder auf der Baustelle umgibt, noch an den Menschen erinnert, dann deshalb, weil die Menschen es sind, die sie ihm zum Zuchthaus gemacht haben.

Was blieb Ihnen zu tun? Sie hätten sich teilweise ändern, einigen Ihrer Grundsätze treu bleiben und gleichzeitig den Forderungen dieser geknechteten Massen entgegenkommen können. Vielleicht hätten Sie es auch getan, wenn deren Wortführer Sie nicht, wie üblich, beleidigt hätten. Nun jedoch unterdrückten Sie die in Ihnen aufsteigende Nachgiebigkeit und versteiften sich in einer neuen Trotzhaltung darauf, vor aller Augen die Einheit der Menschen angesichts des Todes und die Solidarität der Klassen zu bezeugen, wo doch der Streit zwischen diesen Klassen unter Ihren Augen bereits von neuem entbrannt war. So wurde das, was eine Zeitlang *exemplarische Wirklichkeit* gewesen war, zum vollkommen nichtigen Festhalten an einem *Ideal*, um so mehr, als diese erlogene Solidarität sich bis in Ihr eigenes Herz hinein in Uneinigkeit verwandelt hatte. Die Schuld daran schoben Sie der Geschichte zu, und anstatt ihren Ablauf zu interpretieren, zogen Sie es vor, in ihr nur eine weitere Absurdität zu sehen. Im Grunde haben Sie gar nichts anderes getan, als zu Ihrer Ausgangsposition zurückzukehren. Von Malraux, Carrouges und noch zwei Dutzend anderen hatten Sie eine verschwommene Idee von einer «Vergöttlichung des Menschen» übernommen, und indem Sie nun die Menschheit verdammen, stellen Sie sich, dem letzten Abencerragen gleich, neben sie, aber außerhalb ihrer Reihen.[1] Ihre Persönlichkeit, einst wirklich und lebendig, solange sie aus den Ereignissen ihre Nahrung bezog, löst sich jetzt zu einer Fata Morgana auf; 1944 verkörperte sie die Zukunft, 1952 ist sie nur noch Vergangenheit; und daß Ihnen das alles von außen, ohne daß Sie sich selber geändert hätten, zuge-

1 Anspielung auf Chateaubriands *Aventures du dernier Abencérage.* Anm. d. Übers.

fügt wird, erscheint Ihnen als empörendste Ungerechtigkeit. Sie glauben, die Welt halte noch die gleichen Reichtümer bereit wie früher, nur wollten die Menschen sie nicht mehr sehen; aber strecken Sie doch einmal die Hand aus, da werden Sie merken, wie alles zerrinnt: sogar die Natur hat ihren Sinn verändert, weil sich die Bezüge des Menschen zu ihr geändert haben. Ihnen bleiben nur Erinnerungen und eine immer abstraktere Ausdrucksweise; Sie leben nur noch zur Hälfte unter uns und sind versucht, uns völlig zu verlassen, um sich in eine Einsamkeit zurückzuziehen, in der Sie jene Tragödie wiederzufinden hoffen, die diejenige der Menschen sein sollte und jetzt nicht einmal mehr Ihre eigene ist; das heißt, Sie wollen sich ganz einfach in eine Gesellschaft flüchten, die auf einer niedrigeren Stufe technischer Entwicklung stehengeblieben ist. Was Ihnen zustößt, ist auf der einen Seite völlig ungerecht. Andererseits jedoch geschieht es Ihnen ganz zu Recht: Sie hätten sich ändern müssen, wenn Sie sich selbst treu bleiben wollten, aber Sie hatten Angst davor. Falls Sie mich für grausam halten, seien Sie unbesorgt: ich werde gleich nachher und im selben Ton auch auf meine eigene Person zu sprechen kommen. Sie sollen vergeblich versuchen, mich anzugreifen, sie dürfen versichert sein, daß ich für alles Gesagte auch einstehe. Denn Sie sind zwar höchst unausstehlich, aber doch nach Lage der Dinge mein «Nächster».

Obwohl ich wie Sie in die Geschichte verwickelt bin, sehe ich sie anders als Sie. Ich bezweifle nicht, daß sie für diejenigen, die sie aus der Perspektive der Hölle sehen, ein absurdes und schreckliches Antlitz zeigt, denn diese haben nichts mehr gemein mit jenen, die Geschichte machen. Und wenn es eine Geschichte der Ameisen oder Bienen gäbe, so würden wir sie bestimmt auch als eine komische oder makabre Folge von Schandtaten, Verspottungen und Morden sehen. Wären wir jedoch Ameisen, so fiele unser Urteil vielleicht anders aus. Ihr Dilemma «Entweder hat die Geschichte einen Sinn, oder sie hat keinen ...» wurde mir erst deutlich, als ich Ihre *Briefe an einen deutschen Freund* noch einmal las. Bei dem Satz, den Sie dem Nazisoldaten entgegenhalten: «Seit Jahren versuchen Sie, mich zum Eintritt in die Geschichte zu bewegen», ging mir plötzlich ein Licht auf. «Aber klar», sagte ich mir, «wenn er sich für einen *Außenstehenden* hält, ist es verständlich, daß er Bedingungen stellt, ehe er mitmacht.» Genau wie ein kleines Mädchen die große Zehe ins Wasser streckt und fragt: «Ist es auch warm?», so betrachten

Sie mißtrauisch die Geschichte, strecken den Finger hinein und ziehen ihn schnell wieder zurück mit der Frage: «Hat sie auch einen Sinn?» 1941 gab es für Sie kein Zögern, aber damals verlangte man von Ihnen auch ein Opfer. Es ging ganz einfach darum, den Wahnsinn Hitlers daran zu hindern, eine Welt zu zerbrechen, in der für einige wenige noch einsame Begeisterung möglich war, und Sie willigten darein, den Preis für all Ihre zukünftige Begeisterung zu bezahlen. Heute ist das anders. Es handelt sich nicht mehr darum, den Status quo zu *verteidigen*, sondern ihn zu *verändern* – das aber wollen Sie nur gegen eine ausdrückliche Garantie. Wenn ich dächte, die Geschichte sei ein Schwimmbecken voll Dreck und Blut, dann würde ich wahrscheinlich genauso handeln wie Sie und es mir lieber zweimal überlegen, ehe ich hineinspringen würde. Nehmen wir aber einmal an, ich sei schon drin, nehmen wir an, von meinem Standpunkt aus sei allein schon Ihre Zurückhaltung ein Beweis für Ihre Historizität. Nehmen wir zudem an, man würde Ihnen mit Marx entgegenhalten: «Die Geschichte an sich vollbringt nichts ... Der Mensch, der wirkliche, lebendige Mensch ist es, der alles vollbringt; die Geschichte ist nur die Tätigkeit des Menschen, der seine eigenen Ziele verfolgt.» Wenn das stimmt, hört der, der sich von ihr zu entfernen glaubt, auf, die Ziele seiner Zeitgenossen zu teilen, und sieht nur noch das Absurde des menschlichen Tuns. Wettert er jedoch gegen sie, so kehrt er eben dadurch ungewollt wieder in den Kreis der Geschichte zurück, denn er liefert, ohne es zu beabsichtigen, demjenigen der beiden Lager, das sich in der ideologischen Verteidigung befindet (das heißt, dessen Kultur im Todeskampf liegt), Argumente, die geeignet sind, das andere zu entmutigen. Wer sich dagegen für die Ziele der konkreten Menschen einsetzt, ist gezwungen, sich Freunde zu wählen, denn in einer vom Bürgerkrieg zerrissenen Gesellschaft ist es ebenso unmöglich, sich die Ziele aller zu eigen zu machen, wie alle zugleich zurückzuweisen. Sobald er nun aber wählt, bekommt alles einen Sinn: da weiß er auf einmal, weshalb die Gegner ihn anfeinden und warum er kämpft. Denn das Verständnis der Geschichte ergibt sich erst aus der Betätigung innerhalb der Geschichte. Hat die Geschichte einen Sinn, fragen Sie, hat sie einen Zweck? Für mich ist es eben diese Frage, die keinen Sinn hat: denn die Geschichte ist, losgelöst vom Menschen, der sie macht, nur ein abstrakter, lebloser Begriff, von dem man weder sagen kann, er habe einen Sinn, noch er habe keinen. Und das

Problem heißt nicht, ihren Zweck zu *erkennen*, sondern ihr einen zu *geben*. Im übrigen handelt niemand *einzig* im Hinblick auf die Geschichte. Die Menschen verfolgen vielmehr meist kurzfristige Pläne, die nur ihr Licht von fernen Hoffnungen beziehen. Und diese Pläne haben durchaus nichts Absurdes: hier revoltieren die Tunesier gegen die Kolonialherren, anderswo streiken die Bergarbeiter, um eine Forderung durchzudrücken oder ihre Solidarität zu bekunden. Es geht gar nicht darum, ob es geschichtstranszendierende Werte gibt: es wird ganz einfach festgestellt, daß, *wenn* es solche gibt, sie sich in menschlichem Tun offenbaren, das rein seiner Definition nach geschichtlich ist. Und für den Menschen gilt nun einmal dieser Widerspruch: er begibt sich in die Geschichte, um Ewiges zu erreichen, und entdeckt universal gültige Werte im konkreten, auf ein Einzelziel hin unternommenen Tun. Wenn Sie sagen, diese Welt sei ungerecht, haben Sie schon verloren: dann stehen Sie schon draußen und vergleichen eine Welt ohne Gerechtigkeit mit einer Gerechtigkeit ohne Inhalt. In jeder Bemühung hingegen, Ihr Unternehmen zu fördern, Aufgaben unter Ihre Kameraden zu verteilen, sich der Disziplin zu unterwerfen oder sie durchzusetzen, werden Sie die Gerechtigkeit entdecken. Marx hat nie gesagt, die Geschichte habe ein Ziel – wie hätte er das auch gekonnt? Das käme der Behauptung gleich, der Mensch werde eines Tages keine Pläne mehr haben. Er sprach lediglich von einem Ziel der Vorgeschichte, das heißt einem Ziel, das mitten in der Geschichte selber erreicht und dann wie alle Ziele überholt sein wird. Es geht nicht darum, zu wissen, ob die Geschichte einen Sinn hat und ob wir geruhen, an ihr teilzunehmen, sondern wichtig ist allein, daß wir von dem Augenblick an, wo wir bis über beide Ohren in ihr stecken, versuchen, ihr den Sinn zu geben, der uns der beste erscheint, und unsere Mithilfe, so schwach sie auch sei, keiner der auf sie angewiesenen konkreten Bemühungen versagen.

Der Schrecken ist eine abstrakte Gewalt. Sie wurden zum Terroristen und Gewalttätigen, als die Geschichte – die Sie verwarfen – Sie Ihrerseits verwarf; denn Sie waren nur noch die Abstraktion eines Revolutionärs. Ihr Mißtrauen gegen die Menschen verführte Sie zu der Annahme, jeder Angeklagte sei *von vornherein* schuldig: daher Ihre Gestapomethoden bei Jeanson. Ihre Moral wurde zuerst zu Moralismus, heute ist sie nur noch Literatur, und morgen wird sie vielleicht Immoralismus sein. Ich weiß nicht, was die Zukunft uns noch alles bringt: vielleicht finden wir uns im gleichen Lager wieder, vielleicht auch nicht. Die Zeiten sind hart und wirr. Auf jeden Fall hat es gut getan, Ihnen meine Meinung zu sagen. Die Zeitschrift steht Ihnen jederzeit für eine Erwiderung offen, aber von mir bekommen Sie keine Antwort mehr. Ich habe gesagt, was Sie mir einst bedeuteten und was Sie jetzt für mich sind. Wie immer Sie mir auch in Wort oder Tat entgegentreten wollen, ich lehne es ab, mit Ihnen zu kämpfen. Ich hoffe, unser Schweigen läßt diesen Streit in Vergessenheit geraten.

Les Temps Modernes, Nr. 82, August 1952

Albert Camus

Noch vor einem halben Jahr, noch gestern fragten wir uns: *«Was wird er tun?»* Von Widersprüchen hin und her gerissen, denen unsere Achtung gebührt, hatte er sich vorübergehend in Schweigen gehüllt. Aber er gehörte zu jenen seltenen Menschen, auf die leicht zu warten ist, weil sie zwar langsam wählen, aber ihrer Wahl treu bleiben. Eines Tages würde er sprechen. Wir hätten nicht einmal eine Vermutung darüber zu äußern gewagt, was er sagen würde. Wir dachten nur, er wandle sich mit der Welt, wie wir alle: das genügte, um seine Gegenwart lebendig zu erhalten.

Wir hatten uns überworfen, er und ich: aber ein Zerwürfnis – selbst wenn man sich nie mehr sehen sollte – bedeutet nichts, ist lediglich eine andere Art, *miteinander* und ohne sich aus den Augen zu verlieren in dieser engen kleinen Welt zu leben, in die wir gestellt sind. Es hinderte mich nicht daran, an ihn zu denken, mir vorzustellen, wie sein Blick auf der Buchseite oder der Zeitung ruhte, die er gerade las, und mich zu fragen: «Was sagt er dazu? Was sagt er dazu *in diesem Augenblick?»*

Sein Schweigen, das ich je nach den Ereignissen und meiner Laune manchmal als zu vorsichtig, manchmal als schmerzlich empfand, war ein Bestandteil meines täglichen Lebens, gleich wie Wärme oder Licht, nur daß es ein *menschlicher* war. Wir lebten alle teils in Übereinstimmung mit seiner Gedankenwelt – wie sie uns in seinen Büchern, vor allem in dem vielleicht schönsten, aber am wenigsten verstandenen, *Der Fall*, entgegentrat –, teils im Widerspruch zu ihr, auf jeden Fall jedoch immer in engster Verbindung damit. Sie stellte ein einzigartiges Ereignis unserer Kultur, eine Bewegung dar, deren Entwicklungsphasen und Endpunkt wir zu ergründen versuchten.

Er verkörperte innerhalb dieses Jahrhunderts, und zwar gegen die Geschichte, den lebenden Erben jener langen Reihe von Moralisten, deren Werke vielleicht das Originellste darstellen, was die französische Literatur hervorgebracht hat. Sein hartnäckiger, zugleich enger und reiner, zugleich strenger und sinnlicher Humanismus stand in einem ungleichen Kampf gegen die gewaltigen, ungestalten Ereignisse unserer Zeit. Aber eben durch seine beharrliche Weigerung legte er mitten in dieser Epoche, den Machiavellisten und dem Goldenen Kalb des Realismus zum Trotz, Zeugnis ab von der Existenz des moralischen Gesetzes.

Er *war* gewissermaßen dieses unerschütterliche Zeugnis. Man brauchte nur etwas zu lesen oder über etwas nachzusinnen, und schon stieß man auf die menschlichen Werte, die er in seiner geballten Faust verwahrte: jedes politische Handeln wurde durch ihn in Frage gestellt. Man mußte ihn umgehen oder sich ihm stellen: kurz, er war unentbehrlich für die Spannung, die das Leben des Geistes ausmacht. Selbst sein Schweigen in den letzten Jahren besaß einen positiven Aspekt: dieser Cartesianer des Absurden weigerte sich, den sicheren Boden des Moralischen zu verlassen und sich auf die ungewissen Pfade der *Praxis* zu begeben. Wir ahnten es, ahnten auch die Konflikte, die er verschwieg: denn die Moral, für sich genommen, fordert die Revolte und verdammt sie zugleich.

Wir warteten, mußten warten, aber eines war uns gewiß: was immer Camus in der Folgezeit auch hätte tun oder beschließen können, er hätte nicht aufgehört, eine der Hauptkräfte unserer geistigen Welt zu sein und auf seine Weise die Geschichte Frankreichs und unseres Jahrhunderts zu verkörpern. Vielleicht jedoch hätten wir dann seinen Weg erkannt und verstanden. Er hatte alles vollbracht – ein ganzes Werk –, und doch blieb, wie immer, noch alles zu tun. Er selbst hat es gesagt: *«Mein Werk liegt noch vor mir.»* Nun ist es vorbei. Und das besondere Skandalon dieses Todes ist, daß die menschliche Ordnung durch etwas Unmenschliches ausgelöscht wurde.

Die menschliche Ordnung ist bis jetzt erst eine Unordnung, sie ist ungerecht, gefährdet, umfaßt Mord und Hungertod: aber sie ist wenigstens von Menschen gesetzt, wird von ihnen aufrechterhalten und bekämpft. Diese Ordnung sollte Camus' Lebensraum sein: mit seinem Vorwärtsstürmen stellte er uns in Frage, war selbst eine Frage, die Antwort erheischte; er lebte *inmitten eines langen Lebens*; für uns, für ihn selbst, für die Menschen, die diese

Ordnung tragen, und für die, die sie ablehnen, war es wichtig, daß er aus seinem Schweigen hervortrat, daß er beschloß und bestimmte. Manche sterben alt, andere können – gleichsam auf Abruf lebend – von einer Minute zur andern sterben, ohne daß der Sinn ihres Lebens, *des* Lebens dadurch verändert würde. Für uns aber, die Unsicheren, Kompaßlosen, war es *notwendig*, daß unsere Besten das Ende des Tunnels erreichten. Selten haben die Anlage eines Werks und die Erfordernisse des geschichtlichen Augenblicks so eindeutig verlangt, daß ein Schriftsteller am Leben bleibe.

Ich nenne den Unfall, der ihn das Leben gekostet hat, ein Skandalon, weil er uns mitten in der menschlichen Welt vor Augen führt, wie absurd unsere dringendsten Forderungen sind. Mit zwanzig Jahren von einer Krankheit heimgesucht, die sein ganzes Leben umformte, entdeckte Camus das Absurde – die sinnlose Negation des Menschen. Er hat sich damit abgefunden, er hat sein fast unerträgliches Los *gedacht*, er hat sich aus der Affäre gezogen. Und doch möchte es scheinen, als sprächen allein seine ersten Werke die Wahrheit seines Lebens aus, denn nun wurde dieser geheilte Kranke von einem unvorhergesehenen und aus einer ganz anderen Richtung kommenden Tod dahingerafft. Das Absurde wäre in diesem Fall jene Frage, die ihm nun niemand mehr stellt, die er selbst niemand mehr stellt, und jenes Schweigen, das nicht einmal mehr ein Schweigen ist, das absolut *nichts* mehr ist.

Ich glaube es nicht. Das Unmenschliche wird, sobald es in Erscheinung tritt, zu einem Teil des Menschlichen. Jedes zum Stillstand gebrachte Leben – selbst das eines so jungen Menschen – ist *zugleich* eine zerbrochene Platte und ein vollständiges Leben. Für alle, die ihn liebten, liegt in diesem Tod etwas unerträglich Absurdes. Aber wir werden lernen müssen, dieses verstümmelte Werk als ein Ganzes zu sehen. In demselben Maß, wie der Humanismus Camus' eine *menschliche* Haltung gegenüber dem Tod einschließt, der ihn nun eingeholt hat, in demselben Maß, wie seine stolze Suche nach dem Glück auch die *unmenschliche* Notwendigkeit des Sterbens enthielt und voraussetzte, werden wir in diesem Werk und in dem Leben, das unzertrennbar damit verbunden ist, den reinen, siegreichen Versuch eines Menschen erkennen, jeden Augenblick seines Lebens seinem künftigen Tod abzuringen.

France-Observateur, Nr. 505, 7. Jan. 1960

Paul Nizan

I

Valéry trat eines Tages gelangweilt ans Fenster und fragte, den Blick in der Transparenz einer Scheibe verloren: «Das Mittel, einen Menschen zu verbergen?» Gide war anwesend: verblüfft von diesem gesuchten Lakonismus, schwieg er. Dabei fehlte es nicht an Antworten: alle Mittel sind tauglich, von Armut und Hunger bis zu offiziellen Diners, vom Zuchthaus bis zur Académie. Aber diese beiden allzu berühmten Bourgeois waren sehr von sich eingenommen: Tag für Tag putzten sie öffentlich ihre Zwillingsseelen und glaubten sich in ihrer nackten Wahrheit zu enthüllen; als sie lange Zeit darauf starben, der eine griesgrämig, der andere zufrieden, beide in Unwissenheit, hatten sie die junge Stimme nicht einmal gehört, die für uns alle, ihre Großneffen, rief: «Wo hat sich der Mensch verborgen? Wir ersticken; von Kindheit an werden wir verstümmelt: es gibt nur Monstren!»

Es wäre zu wenig, wenn man sagte, derjenige, der so unsere wirkliche Situation brandmarke, habe darunter gelitten: zu seinen Lebzeiten war er stündlich in Gefahr, in die Irre zu gehen; nach seinem Tode drohte ihm etwas noch Schlimmeres: um ihn für seine Klarsichtigkeit zu strafen, trachtete eine Verschwörung von Krüppeln danach, ihn verschwinden zu lassen.

Er war seit zwölf Jahren in der Partei, als er im September 1939 seinen Austritt erklärte. Das war das unsühnbare Vergehen, die Sünde der Verzweiflung, die der Gott der Christen mit Verdammnis bestraft. Die Kommunisten glauben nicht an die Hölle: sie glauben an das Nichts. Sie beschlossen, den Genossen Nizan zu vernichten. Inzwischen hatte ihn eine Kugel im Genick getroffen, aber diese Liquidierung stellte niemanden zufrieden: es genügte nicht, daß er aufgehört hatte zu leben, er durfte überhaupt nicht existiert haben. Man überredete seine

Bekannten, daß sie ihn nicht wirklich gekannt hatten; er war ein Verräter, er hatte sich verkauft; er bezog Geld vom Innenministerium, und man hatte dort Quittungen gefunden, die seine Unterschrift trugen. Ein Genosse machte sich zum wohlwollenden Exegeten der Arbeiten, die er hinterlassen hatte: er entdeckte darin den inneren Zwang zum Verrat: woher sollte, sagte dieser Philosoph, ein Autor, der in seinen Romanen Spitzel auftreten läßt, deren Gewohnheiten kennen, wenn nicht daher, daß er selbst Spitzeldienste leistete? Ein schwerwiegendes Argument, wie man sieht, aber ein gefährliches: tatsächlich ist der Exeget zum Verräter geworden; soeben hat man ihn ausgeschlossen; soll man ihm einen Vorwurf daraus machen, daß er seine eigenen Obsessionen auf sein Opfer übertragen hat? Auf jeden Fall war das Manöver erfolgreich: die verdächtigen Bücher verschwanden; man schüchterte die Verleger ein, die sie in ihren Kellern verschimmeln ließen, und die Leser, die nicht mehr nach ihnen zu fragen wagten. Diese Saat des Schweigens würde aufgehen; binnen zehn Jahren würde sie die radikalste Negation hervorbringen: dieser Tote würde aus der Geschichte verschwinden, sein Name würde zu Staub zerfallen, man würde die Tatsache seiner Geburt aus der gemeinsamen Vergangenheit streichen.

Sie mußten es schaffen: eine nächtliche Grabschändung auf einem schlecht bewachten Friedhof ist nur ein Kinderspiel; wenn sie die erste Runde verloren haben, so deshalb, weil sie uns unterschätzten. Geblendet durch Trauer und Ruhm, betrachteten die Intellektuellen der Partei sich als einen Ritterorden, sie nannten sich untereinander die «permanenten Helden unserer Epoche», und um dieselbe Zeit war es, glaube ich, daß einer meiner ehemaligen Schüler mir mit milder Ironie sagte: «Sehen Sie, wir kommunistischen Intellektuellen leiden an einem Überlegenheitskomplex!» Mit einem Wort, Untermenschen, die sich ihres Untermenschentums nicht bewußt waren. Folglich trieben sie ihren Hochmut so weit, ihre Verleumdungen an Nizans besten Freunden zu erproben: ein Test sozusagen. Der Versuch gab den Ausschlag: öffentlich aufgefordert, den Beweis für ihre Behauptungen anzutreten, nahmen sie Reißaus mit dem Vorwurf, wir schenkten ihnen kein Vertrauen und seien einfach nicht nett zu ihnen.

Die zweite Runde haben *wir* verloren: in Verwirrung bringen ist nichts; wir mußten überzeugen, unseren Vorteil ausnutzen, dem Feind den Rückzug abschneiden. Unser Sieg machte uns

Angst: wir konnten sie im Grunde gut leiden, diese ungerechten Soldaten der Gerechtigkeit; irgend jemand sagte: «Lassen wir es gut sein, sonst werden sie noch böse.» Wir hörten nichts mehr von der Geschichte, aber innerhalb der KP machte sie heimlich die Runde, und die neuen Mitglieder in Bergerac, in Mazamet hörten ungerührt, aber ohne den Schatten eines Zweifels von den längstvergangenen Schandtaten eines Unbekannten namens Nizan.

Wenn ich darüber nachdenke, kommt mir unsere Sorglosigkeit verdächtig vor; daß wir aufrichtig geglaubt haben, der Mensch sei rehabilitiert, gebe ich äußerstenfalls zu. Aber das Werk? Ist es entschuldbar, daß wir nichts unternommen haben, um es vor der Vergessenheit zu bewahren? Es hatte mißfallen wollen: das ist sein größtes Verdienst; und ich bin heute sicher, daß es uns mißfiel. Allerdings muß ich daran erinnern, daß wir neue, schöne Seelen erworben hatten: so schön, daß ich noch jetzt darüber erröte. Die Nation will nichts verlorengehen lassen; sie beschloß, uns die unersättlichen und leeren Lagunen anzuvertrauen, mit denen sie nichts anfangen konnte: die heruntergeschluckten Schmerzen, die unbefriedigten Forderungen der Hingeschiedenen, kurz, alles, was nicht erfaßbar ist. Man übertrug auf unsere Häupter die Verdienste dieser Märtyrer, man dekorierte uns bei Lebzeiten postum. Tote ehrenhalber, alles in allem: jedermann flüsterte, wir seien Gerechte; lächelnd, leichtfertig, düster hielten wir diese edle Leere für eine Fülle und versteckten unseren Aufstieg ohnegleichen hinter der Schlichtheit unserer Manieren. Die Tugend wurde, neben dem Whisky, unser Hauptvergnügen. Befreundet mit jedermann! Der Feind hatte die Klassen erfunden, um uns zugrunde zu richten: geschlagen, nahm er sie mit sich fort. Arbeiter, Bürger, Bauern fühlten sich eins in der heiligen Liebe zum Vaterland. In den maßgebenden Kreisen glaubte man zu wissen, daß die Opferbereitschaft sich in bar bezahlt mache, daß das Verbrechen sich nicht auszahle, daß das Schlimmste niemals feststehe und daß der Fortschritt der Moral die Technik fördere. Wir bewiesen schon durch unsere Existenz und durch unseren Dünkel, daß die Bösen stets bestraft und die Guten stets belohnt werden. Ruhmreich und versöhnt, war die Linke in die starre Agonie gefallen, die sie dreizehn Jahre später unter kriegerischem Fanfarengeschmetter ins Grab bringen sollte, und wir armen Dummköpfe fanden, sie sei gesund. Soldaten und Politiker aus England und Algerien zertraten unter unseren Augen die Résistance, verwässerten die Revolution, und wir schrieben in den Zeitungen, in unseren Büchern, daß alles zum besten stehe: unsere Seelen hatten die erlesene Essenz dieser vernichteten Bewegungen übernommen.

Nizan war ein Spielverderber. Er rief zu den Waffen, rief zum Haß auf: Klasse gegen Klasse; mit einem ausdauernden, tödlichen Feind kann man keine Vergleiche schließen; töten oder getötet werden: kein Mittelweg. Und niemals schlafen. Er hatte sein Leben lang mit seiner graziösen Unverschämtheit, den Blick auf die Fingernägel gesenkt, wiederholt: glaubt nicht an den Weihnachtsmann. Er war tot, der Krieg war soeben zu Ende gegangen: in alle französischen Kamine wurden Schuhe und Stiefel gestellt, und der Weihnachtsmann füllte sie mit amerikanischen Konserven. Ich bin sicher, daß diejenigen, die damals in *Aden*, in *Antoine Bloyé* blätterten, die Lektüre, von edlem Mitleid ergriffen, rasch unterbrachen: «Vorkriegsliteratur; einseitig und entschieden veraltet.» Was brauchten wir eine Kassandra? Wenn er noch am Leben wäre, dachten wir, hätte er unsere neue Subtilität geteilt, oder, was dasselbe sagt, unsere Kompromisse. Was hatte ihm seine leidenschaftliche Reinheit bewahrt? Eine verirrte Kugel, nichts anderes; kein Grund, sich zu rühmen. Dieser niederträchtige Tote lachte sich im stillen einen Ast: er hatte in seinen Büchern geschrieben, ein französischer Bourgeois über Vierzig sei nur noch ein Gerippe. Und dann hatte er sich davongemacht. Mit fünfunddreißig Jahren. Jetzt liefen wir, seine Mitschüler, seine Genossen, aufgetrieben von der Blähung, die wir unsere Seele nannten, auf den öffentlichen Plätzen herum und verteilten an all und jeden unsere Lamourette-Küsse[1]. Und wir waren vierzig Jahre alt. Die Unschuld zu beschützen war unser Geschäft; als Gerechte sprachen wir Recht. Aber wir ließen *Aden* in den Händen der Kommunisten, weil wir diejenigen verabscheuten, die unsere Verdienste leugneten.

Nach dem Gesetz ist ein solches Verhalten strafbar: Verweigerung der Hilfeleistung für einen Menschen in Gefahr. Wenn wir diesen Kollegen nicht moralisch liquidiert haben, so deshalb,

---

1 Adrien Lamourette (1742–1794) hielt in der Gesetzgebenden Nationalversammlung eine zur Eintracht zwischen der Linken und der Rechten mahnende Rede, die so überzeugend wirkte, daß die politischen Gegner einander umarmten. Die Eintracht dauerte aber nur bis zum Abend desselben Tages. Anm. d. Übers.

weil uns die Mittel dazu fehlten. Die Rehabilitation war eine Farce. «Du quasselst, du quasselst, das ist alles, was du kannst.» Wir redeten: unsere schöne Seele, das war der Tod der anderen; unsere Tugenden, das war unsere völlige Ohnmacht. Tatsächlich wäre es Sache der Jugend gewesen, den Schriftsteller Nizan wieder zum Leben zu erwecken. Aber die jungen Leute von damals – heute vierzigjährige Gerippe – dachten nicht daran. Was bedeutete ihnen, die gerade einer Epidemie entronnen waren, jenes endemische Übel, der bürgerliche Tod? Nizan verlangte von ihnen, daß sie in sich selbst zurückkehrten, als sie glaubten, endlich aus sich herausgehen zu können. Oh, natürlich, sie würden sterben. Sokrates ist sterblich, Madame liegt im Sterben, Madame ist tot: man hatte sie auf der Schule berühmte Texte auswendig lernen lassen, Le Lac[1], eine Predigt von Bossuet. Aber alles zu seiner Zeit: und jetzt wollten sie leben, da sie fünf Jahre lang geglaubt hatten, sterben zu müssen. Als Jugendliche waren sie von der Niederlage betäubt worden: sie waren niedergeschlagen, daß sie niemanden mehr respektieren konnten, weder ihre Väter noch die beste Armee der Welt, die sich getrollt hatte, ohne zu kämpfen. Die Besten hatten sich der Partei ergeben, die ihnen alles wiedergegeben hatte: eine Familie, eine Ordensregel, einen friedlichen Chauvinismus, Respektabilität. Kurz nach dem Krieg geriet jene Jugend außer sich vor Stolz und Demut; sie fand ihr Vergnügen in einem leidenschaftlichen Gehorsam; ich habe gesagt, daß sie uns allesamt verachtete: zum Ausgleich. Sie kniff die Zukunft, bis sie blutete, um sie zum Singen zu zwingen; man kann sich vorstellen, daß das schreckenerregende Signalhorn dieser Vögel die dünne, kalte Stimme Nizans übertonte, die zukunftslose Stimme des Todes und der Ewigkeit. Andere Jugendliche befreiten sich in Nachtklubs sacht von dem Druck, der auf ihnen lastete: sie tanzten, sie liebten, sie besuchten einander, und bei wilden Gelagen warfen sie die Möbel ihrer Eltern aus den Fenstern: kurz, sie taten alles, was ein junger Mensch tun kann. Einige lasen sogar. Verzweifelt natürlich. Alle: es war Mode. Und an allem: außer an dem derben Vergnügen, verzweifelt zu sein. Außer am Leben. Nach fünf Jahren taute ihre Zukunft auf: sie hatten Pläne, die treuherzige Hoffnung, die Literatur aus der Verzweiflung heraus zu erneuern, die Widerwärtigkeiten ausgedehnter Weltreisen kennenzulernen, die unerträg-

1 Von Lamartine. Anm. d. Übers.

liche Langeweile des Geldverdienens oder des Verführens von Frauen, oder ganz einfach ein verzweifelter Apotheker oder Zahnarzt zu werden und es eine lange, eine sehr lange Zeit zu bleiben, ohne Sorgen, bis auf die um die Menschheit ganz allgemein. Wie fröhlich sie waren! Nizan hatte ihnen nichts zu sagen: er sprach kaum von der Menschheit im allgemeinen, häufig von sozialen Angelegenheiten und von den Formen unserer Selbstentfremdung; ihm waren eher der Schrecken und die Gehässigkeit vertraut als die Annehmlichkeiten der Verzweiflung; in den jungen Bourgeois, mit denen er verkehrte, haßte er sein Spiegelbild, und ob sie verzweifelt waren oder nicht, er fand sie zum Verzweifeln. Man hob seine Bücher für die sieben mageren Jahre auf, und man tat gut daran.

Schließlich kam der Marshall-Plan: der Kalte Krieg traf diese Generation von Tänzern und Getreuen mitten ins Herz. Wir anderen, die Alten, verloren dabei ein paar Federn und all unsere Tugenden. «Das Verbrechen macht sich bezahlt; man bezahlt für das Verbrechen.» Bei der Rückkehr dieser goldenen Sprüche verreckten unsere schönen Seelen unter Verbreitung ekelhafter Gerüche: fort mit Schaden. Aber die Jüngeren zahlten für alle. Die Kellerratten wurden bestürzte alte junge Leute. Die einen ergrauen, andere bekommen die Gicht, wieder andere einen Schmerbauch. In geronnenem Zustand ist ihre Freiheit von Druck nur noch ein toter Hohlraum. Sie tun bescheiden, was nötig ist, verdienen ihr Brot, besitzen einen Peugeot, ein Haus auf dem Lande, eine Frau, Kinder. Aber mit ein und demselben Flügelschlag haben Hoffnung und Verzweiflung sie verlassen. Diese Jungen schickten sich an zu leben, sie «fuhren ab»: ihr Zug ist auf freier Strecke stehengeblieben. Sie werden nirgends hinkommen und nichts unternehmen. Gelegentlich kommt ihnen eine undeutliche Erinnerung an ihre prachtvolle Ausgelassenheit; dann fragen sie sich: «Was wollten wir denn eigentlich?», und es fällt ihnen nicht ein. Diese Angepaßten leiden an chronischen Anpassungsschwierigkeiten, sie werden daran sterben: Clochards ohne Armut; man mästet sie, sie sind zu nichts zu gebrauchen. Ich erinnere mich noch, wie sie mit zwanzig waren, so lebhaft, so fröhlich, beflissen, uns abzulösen. Wenn ich heute ihre vom Krebs der Befremdung zerfressenen Augen betrachte, sage ich mir, daß sie das nicht verdient haben. Was die ergebenen Vasallen betrifft, so haben die einen ihre Huldigung nicht erneuert, und die anderen sind auf das Niveau von Hintersassen abgesunken. Alle hilfsbedürftig: die einen torkeln dicht über der Erde herum, aber ohne zu Boden kommen zu können; diese niedergeschlagenen Moskitos haben alles verloren, als erstes die Schwerkraft; die anderen haben ihre Fortbewegungsorgane geopfert und im Sand Wurzel geschlagen, der kleinste Windstoß kann diese Pflanzen in einen Schwarm verwandeln. Dieselbe Bestürzung vereint Nomaden und Seßhafte: wo ist bloß ihr Leben geblieben? Nizan kann antworten. Den Verzweifelten wie den Getreuen. Nur glaube ich kaum, daß sie ihn lesen wollen oder können: für diese verlorene, hinters Licht geführte Generation läutet dieser kraftvolle Tote die Totenglocke.

Aber sie haben Söhne von zwanzig Jahren, unsere Enkel, die den Tatbestand ihrer und unserer Niederlagen aufnehmen. Bis vor kurzem sagten die Wunderkinder «Scheiße» zu ihren Vätern und gingen mit Sack und Pack zur Linken; der Aufrührer, das war klassisch, wurde Militant. Aber wenn die Väter links stehen? Was dann? Ein junger Mann suchte mich auf: er liebte seine Eltern, aber, sagte er streng: «Es sind Reaktionäre!» Ich bin älter geworden, und die Wörter mit mir; ich war verwirrt, ich glaubte es mit dem Sproß einer wohlhabenden, ein wenig bigotten, vielleicht liberalen und Pinay wählenden Familie zu tun zu haben. Er belehrte mich eines Besseren: «Mein Vater ist Kommunist seit dem Parteitag von Tours.» Ein anderer, Sohn eines Sozialisten, lehnte zugleich die S.F.I.O.[1] und die KP ab: «Die einen verraten, die andern verknöchern.» Und wenn die Väter konservativ wären, wenn sie Bidault unterstützten? Glaubt jemand, daß sie die Söhne anziehen könnte, die Linke, dieser am Boden liegende große Kadaver, in dem die Würmer sitzen? Es stinkt, dieses Aas; Militärregimes, Diktatur und Faschismus erwachsen aus seiner Verwesung oder werden daraus erwachsen; um sich nicht davon abzuwenden, muß man sehr daran hängen. Uns, die Großväter, hat sie hervorgebracht: wir haben von ihr gelebt; in ihr und durch sie werden wir sterben. Aber wir haben den jungen Leuten nichts mehr zu sagen: fünfzig Jahre in der zurückgebliebenen Provinz zu leben, zu der Frankreich geworden ist, das entwürdigt einen. Wir haben geschrien, protestiert, unterzeichnet und mitunterzeichnet; wir haben, unseren Denkgewohnheiten entsprechend, erklärt: «Es ist unzulässig ...» oder:

[1] Section Française de l'Internationale Ouvrière; französische sozialistische Partei. Anm. d. Übers.

«Das Proletariat wird es nicht zulassen . . .» Und heute schließ-lich sind wir immer noch da: wir haben also alles hingenommen. Diesen jungen Unbekannten unsere Weisheit und die schönen Früchte unserer Erfahrung vermitteln? Von Niederlage zu Nie-derlage haben wir nur eins eingesehen: unsere völlige Ohnmacht. Ich gebe zu: das ist der Anfang der Vernunft, des Kampfes ums Leben. Aber wir haben alte Knochen: und wir entdecken, daß wir nichts erreicht haben, in einem Alter, in dem man daran denkt, sein Testament zu machen. Sollen wir ihnen sagen: «Wer-det Kubaner, werdet Russen oder Chinesen, wie ihr wollt, wer-det Afrikaner»? Sie werden uns antworten, daß es ein wenig spät ist, die Herkunft zu wechseln. Kurz, Buchhalter oder Schlä-ger, Halbstarke oder Techniker, sie kämpfen, ohne Hoffnung und ohne Hilfe, gegen den Erstickungstod. Man glaube nicht, daß diejenigen, die sich für eine Familie und einen Beruf entscheiden, resignieren: sie haben ihre Gewalttätigkeit gegen sich selbst ge-kehrt und zerstören sich; von ihren Vätern kaltgestellt, machen sie sich aus Rache zu Krüppeln. Die anderen schlagen alles kurz und klein, gehen auf jeden beliebigen mit allem beliebigen los, einem Messer, einer Fahrradkette: um ihrer Malaise zu entfliehen, werden sie alles in die Luft sprengen. Nichts fliegt in die Luft, sie finden sich auf der Wache wieder, blutbedeckt: es war ein schöner Sonntag, am nächsten Sonntag werden sie es besser machen. Ob man die Schläge austeilt oder einsteckt, ist gleichgül-tig: Hauptsache, es fließt Blut; in der Benommenheit, die diesen Schlägereien folgt, leidet man nur an den Verletzungen, man hat das traurige Vergnügen, an nichts zu denken.

Wer soll mit diesen *angry young men* sprechen? Wer kann Licht in ihre Gewalttätigkeit bringen? Nizan: er ist ihr Mann. Von Jahr zu Jahr hat ihn sein Winterschlaf jünger gemacht. Gestern war er unser Zeitgenosse, heute ist er der der jungen Leute. Zu seinen Lebzeiten teilten wir seinen Zorn, aber schließ-lich hat keiner von uns «die einfachste surrealistische Tat» voll-bracht, und heute sind wir alt; wir haben unsere Jugend so oft verraten, daß es sich für uns einfach gehört, sie mit Stillschwei-gen zu übergehen. Unsere alten Erinnerungen haben ihre Kral-len und ihre Zähne verloren; zwanzig – ja, ich muß einmal zwanzig gewesen sein, aber ich bin fünfundfünfzig, und ich würde nicht wagen zu schreiben: «Ich war zwanzig. Niemand soll sagen, das sei die schönste Zeit des Lebens.» Soviel Leidenschaft – und soviel Hochmut – aus meiner Feder wäre

Demagogie. Außerdem würde ich lügen: das Unglück der Jüngeren ist total, ich weiß es, ich habe es vielleicht früher selbst empfunden, aber es ist noch menschlich, weil es von Menschen herrührt, von der Generation ihrer Eltern; unser Unglück rührt von unseren Arterien her; seltsame Gebilde, halb zerfressen von der Natur, von Vegetationen, bedeckt mit Ameisen, gleichen wir den lauwarmen Getränken, den idiotischen Malereien, die Rimbaud amüsierten. Jung und gewalttätig, eines gewaltsamen Todes gestorben, kann Nizan vortreten und mit unseren jungen Leuten von der Jugend sprechen: «Ich werde niemandem erlauben ...» Sie werden ihre eigene Stimme wiedererkennen. Er kann den einen sagen: «Ihr sterbt vor Bescheidenheit, wagt es, zu verlangen, seid unersättlich, setzt die furchtbaren Kräfte frei, die sich unter eurer Haut im Kreise drehen, scheut euch nicht, den Mond zu fordern: wir brauchen ihn.» Und den anderen: «Richtet euren Zorn gegen die, die ihn hervorgerufen haben, versucht nicht, eurem Unheil zu entwischen, findet seine Ursachen und zerschlagt sie.» Er kann ihnen alles sagen, denn er ist ein junges Ungeheuer, ein prachtvolles junges Ungeheuer wie sie, das ihr Entsetzen vor dem Sterben und ihren Abscheu vor dem Leben in der Welt, die wir ihnen zurechtgezimmert haben, teilt. Er war allein, er wurde Kommunist, hörte auf, es zu sein, und starb allein, in der Nähe eines Fensters, auf den Stufen einer Treppe. Dies Leben erklärt sich aus seiner Unbeugsamkeit: aus Empörung wurde er zum Revolutionär, und als die Revolution dem Krieg weichen mußte, fand er zu seiner gewalttätigen Jugend zurück und endete als Empörer.

Wir wollten beide schreiben. Er veröffentlichte sein erstes Buch, lange bevor ich von meinem auch nur eine Zeile geschrieben hatte. Wenn wir zu der Zeit, als *Der Ekel* erschien, Wert auf feierliche Einführungen gelegt hätten, hätte er das Vorwort dazu geschrieben. Der Tod hat die Rollen vertauscht. Der Tod und die systematische Diffamierung. Er wird ohne meine Hilfe seine Leser finden: ich habe gesagt, wer sein natürliches Publikum sein wird. Aber ich war der Meinung, es bedürfe dieses Vorwortes aus zwei wichtigen Gründen: um die wissenschaftliche Niederträchtigkeit seiner Verleumder für jedermann sichtbar zu machen; um die jungen Leute zu ermahnen, seine Worte tiefernst zu nehmen. Sie waren jung und hart, diese Worte; es liegt an uns, daß sie gealtert sind. Wenn ich ihnen die Frische zurückgeben will, die sie vor dem Krieg hatten, muß ich mir die schöne Zeit unserer Weigerungen ins Gedächtnis zurückrufen und sie mit Nizan wiedererstehen lassen, dem Mann, der bis zum Schluß Nein gesagt hat. Sein Tod bedeutete das Ende einer Welt: nach ihm wurde die Revolution konstruktiv, die Linke erhob die Zustimmung zu ihrem Prinzip, so daß sie schließlich, an einem Herbsttag des Jahres 1958, ein letztes Ja auf den Lippen, den Geist aufgab. Versuchen wir, die Zeit des Hasses, des ungestillten Verlangens, der Destruktion wiederzufinden, die Zeit, in der André Breton, der kaum älter war als wir, den Wunsch äußerte, die Kosaken ihre Pferde am Bassin auf der Place de la Concorde tränken zu sehen.

II

Den Fehler, vor dem ich die Leser bewahren möchte, habe ich selbst gemacht, und zwar zu seinen Lebzeiten. Dabei waren wir eng befreundet: so eng, daß man uns miteinander verwechselte; im Juni 1939 begegnete Léon Brunschvicg uns beiden bei dem Verleger Gallimard und gratulierte mir zu *Les Chiens de garde*: «... obwohl Sie mich kaum geschont haben», wie er ohne Groll hinzufügte. Ich lächelte ihn schweigend an; Nizan, der neben mir stand, lächelte: der große Idealist ging von dannen, ohne eines Besseren belehrt worden zu sein. Dieser Konfusionismus war in den achtzehn Jahren, die er schon andauerte, zu unserem sozialen Status geworden, und wir hatten uns schließlich damit abgefunden. Von 1920 bis 1930 vor allem, als Gymnasiasten und dann als Studenten, waren wir ununterscheidbar. Dennoch sah ich ihn nicht so, wie er war.

Porträtieren hätte ich ihn können: mittelgroß, schwarze Haare. Er schielte, wie ich, aber in der entgegengesetzten Richtung, das heißt, auf eine angenehme Art. Mein Schielen nach außen machte aus meinem Gesicht ein Brachfeld; er schielte nach innen, und das gab ihm einen Anschein von spöttischer Geistesabwesenheit, selbst wenn er uns zuhörte. Er gehorchte der Mode streng, auf eine insolente Art: als er siebzehn war, ließ er sich Hosen machen, die an den Knöcheln so eng waren, daß er Mühe hatte, hineinzukommen; wenig später erweiterten sie sich zu *Elefantenbeinen*, die seine Schuhe bedeckten; dann verwandelten sie sich auf einmal in Golfhosen, die nur bis zu den Knien gingen und sich wie Röcke bauschten. Er schaffte sich einen Spazierstock aus spanischem Rohr, ein Monokel, kleine Kragen mit runden Ecken, spitz abgeknipste Stehkragen an; er vertauschte seine Stahlbrille mit einer riesigen Hornbrille; angesteckt von dem angelsächsischen Snobismus, der unter der Jugend wütete, nannte er sie seine «guggles». Ich versuchte, es ihm nachzutun; aber meine Familie leistete dem erfolgreich Widerstand, ging sogar so weit, den Schneider zu bestechen, und außerdem mußte ein Fluch auf mir liegen: wenn ich sie anzog, verwandelten sich die schönen Kleidungsstücke in Lumpen. Ich begnügte mich damit, Nizan zu betrachten. Mit einem Staunen voller Bewunderung. Auf der École Normale legte niemand Wert auf gepflegte Kleidung, abgesehen von ein paar Jungen aus der Provinz, die stolz Gamaschen trugen und sich seidene Tücher ins Kavalierstäschchen steckten; trotzdem kann ich mich nicht erinnern, daß jemand an Nizans Aufmachung etwas auszusetzen gehabt hätte: wir waren stolz, einen Dandy unter uns zu haben. Er gefiel übrigens den Frauen, hielt sie aber von sich fern. Einer, die ihm bis in unsere Bude folgte, um sich ihm anzubieten, antwortete er: «Madame, wir würden uns schmutzig machen.» In Wirklichkeit fand er nur an jungen Mädchen Geschmack: er bevorzugte sie dumm und jungfräulich, ihn faszinierte das schwindelerregende Geheimnis der Dummheit, unsere einzige Tiefe, und das perlmutterne Schimmern eines Fleischs ohne Erinnerungen. Tatsächlich wurde er während des einzigen Verhältnisses, das er meines Wissens jemals einging, ununterbrochen von einer völlig unbegründeten Eifersucht gequält; er ertrug den Gedanken nicht, daß seine Geliebte eine Vergangenheit hatte. Ich verstand dies Verhalten nicht, obwohl es doch ziemlich klar war. Ich versteifte mich darauf, nur einen Charakterzug darin zu sehen. Charakterzüge auch sein charmanter Zynismus, sein «schwarzer Humor», seine erbarmungslose und sanfte Aggressivität: er erhob niemals die Stimme; ich habe ihn niemals die Stirn runzeln sehen, niemals schreien hören: er faltete die Hände, vertiefte sich, wie ich schon sagte, in die Betrachtung seiner Fingernägel und ließ mit einer hinterlistigen und trügerischen Ruhe seine Brutalitäten los. Wir waren zusammen auf jeden Leim gegangen: mit sechzehn Jahren hatte er mir vorgeschlagen, Übermensch zu werden, und ich war sehr gern darauf eingegangen. Wir würden zwei sein; als Bretone gab er uns gälische Namen; wir bedeckten alle Wandtafeln mit diesen fremdartigen Wörtern: R'hâ und Bor'hou. Er war R'hâ. Einer unserer Kommilitonen wollte an unserer neuen Würde teilhaben. Wir erlegten ihm Prüfungen auf. Er mußte zum Beispiel mit lauter Stimme erklären, daß er auf die französische Armee und auf die Fahne scheiße; diese Äußerungen waren nicht so verwegen, wie wir glaubten: sie waren damals geläufig und spiegelten den Internationalismus, den Antimilitarismus der Zeit vor dem Ersten Weltkrieg wider. Dennoch kniff der Kandidat, die beiden Übermenschen blieben allein und vergaßen ihr Übermenschentum schließlich. Wir liefen in Paris herum, stundenlang, tagelang: wir entdeckten seine Fauna und seine Flora, die Steine, zu Tränen gerührt, wenn die ersten Leuchtreklamen angingen; wir glaubten, die Welt sei neu, weil wir neu in der Welt waren; Paris wurde das Bindeglied zwischen uns, wir liebten uns selbst in den Menschenmengen dieser grauen Stadt, unter dem milden Himmel seiner Frühlinge. Wir gingen, wir redeten, wir dachten uns unsere eigene Sprache aus, einen intellektuellen Jargon, wie ihn alle Studenten sich schaffen. Eines Nachts stiegen die Übermenschen zur besonderen Verwendung den Sacré-Cœur-Hügel hinauf und sahen zu ihren Füßen einen Juwelierladen in völliger Unordnung. Nizan klemmte seine Zigarette in den linken Mundwinkel, verzog sein Gesicht zu einer fürchterlichen Grimasse und sagte nur: «He! He! Rastignac.» Ich wiederholte: «He! He!», wie es sich gehörte, und wir stiegen wieder hinunter, befriedigt darüber, daß wir den Umfang unserer literarischen Kenntnisse und das Ausmaß unseres Ehrgeizes so diskret zu erkennen gegeben hatten. Von diesen Spaziergängen, von diesem Paris hat niemand besser gesprochen als mein Freund: man lese noch einmal *La Conspiration*, man wird darin den frischen und ältlichen Charme dieser Hauptstadt der Welt wiederfinden, die noch nicht wußte, daß sie eine Kreishauptstadt werden würde. Der Ehrgeiz, der Wechsel der Stimmungen, der helle und der sanfte Zorn: ich nahm alles, wie es kam; so war Nizan, gelassen und hinterlistig, bezaubernd; so liebte ich ihn. Er hat sich in *Antoine Bloyé* selbst beschrieben als «einen schweigsamen Jungen, der bereits tief in den Abenteuern der Jugend steckte und die Kindheit mit einer Art gieriger Überspanntheit verließ». Und so sah ich ihn. Seine Schweigsamkeit erfuhr ich am eigenen Leibe. In der *hypokhâgne*[1] waren wir sechs Monate lang verkracht, ich

---

1 Das erste der beiden Vorbereitungsjahre für die École Normale. Anm. d. Übers.

litt darunter. Auf der École Normale, wo wir in derselben Bude wohnten, sprach er manchmal tagelang nicht mit mir; im zweiten Jahr wurde er noch trübsinniger, er machte eine Krise durch, deren Ende er nicht absah; er verschwand, man fand ihn drei Tage später wieder, betrunken und in Gesellschaft von Unbekannten. Und als meine Kommilitonen mich nach dem Grund seiner «Eskapaden» fragten, konnte ich ihnen nur antworten, er habe «eine Hundelaune». Immerhin hatte er mir gesagt, er habe Angst vor dem Sterben, aber da ich verrückt genug war, mich für unsterblich zu halten, verwies ich ihm das, gab ihm Unrecht: der Tod war keinen Gedanken wert; Nizans Angst glich seiner retrospektiven Eifersucht: das waren Sonderbarkeiten, gegen die eine gesunde Moral ankämpfen mußte. Als er es nicht mehr aushalten konnte, ging er auf und davon: er wurde Hauslehrer in einer englischen Familie in Aden. Uns andere, die wir in der École Wurzel geschlagen hatten, schockierte diese Abreise, aber da Nizan uns einschüchterte, fanden wir eine harmlose Erklärung: Reiselust. Als er im Jahr darauf zurückkam, war es Nacht, niemand erwartete ihn, ich war allein in meiner Bude, die Liederlichkeit einer jungen Frau aus der Provinz hatte mich am Tage vorher in einen Zustand mißmutiger Empörung versetzt. Er kam herein, ohne anzuklopfen; er war bleich, etwas außer Atem, finster. Er sagte zu mir: «Du siehst aber gar nicht munter aus.» Ich antwortete ihm: «Du auch nicht.» Dann gingen wir, um bei einem Glas der Welt den Prozeß zu machen, überglücklich über unser wiedergefundenes Einvernehmen. Aber das war nur ein Mißverständnis: mein Zorn war nur eine Seifenblase, seiner war echt; das Entsetzen, seinen Käfig wiederzufinden und geschlagen in ihn zurückzukehren, verbrannte ihm den Rachen; er suchte einen Beistand, den niemand ihm leisten konnte; seine Worte des Hasses waren reines Gold; meine Falschgeld. Schon am nächsten Tag floh er. Er lebte bei seiner Verlobten, trat in die KP ein, heiratete, wurde Vater einer Tochter, glaubte, an Blinddarmentzündung sterben zu müssen, gab dann, als Studienrat, Philosophieunterricht in Bourg und kandidierte bei den Wahlen zur Nationalversammlung. Ich sah ihn seltener: ich war Studienrat in Le Havre, außerdem hatte er eine Familie, seine Frau hatte ihm ein zweites Kind geschenkt, einen Sohn, aber vor allem brachte uns die Partei auseinander: ich sympathisierte mit ihr, gehörte aber nicht zu den Eingeweihten. Ich blieb sein Jugendfreund, den er gut leiden konnte. Warum habe ich ihn nicht verstanden? Es fehlte nicht an Zeichen: warum habe ich sie nicht sehen wollen? Aus Eifersucht, glaube ich: ich leugnete die Gefühle, die ich nicht teilen konnte. Ich ahnte sehr bald, daß er unmittelbare Leidenschaften hatte, ein Schicksal, das uns auseinanderbringen würde; ich bekam Angst und schloß die Augen vor den Tatsachen. Mit fünfzehn Jahren wollte dieser Sohn einer frommen Mutter Mönch werden: ich habe es erst sehr viel später erfahren. Aber ich erinnere mich noch an meine verärgerte Verwirrung, als er mir beim Spaziergang auf dem Hof des Gymnasiums sagte: «Ich habe beim Pastor zu Mittag gegessen.» Er sah meine Bestürzung und erklärte mir in gleichgültigem Ton: «Es könnte sein, daß ich zum Protestantismus konvertiere.» – «Du», sagte ich empört. «Aber ... du glaubst doch gar nicht an Gott.» – «Natürlich nicht», antwortete er, «aber ihre Moral gefällt mir.» Madame Nizan drohte, ihm den Wechsel zu entziehen, und der Plan wurde aufgegeben: aber ein Augenblick hatte genügt, mich hinter dieser «Kinderei» die Ungeduld eines Kranken erkennen zu lassen, der sich hin und her wälzt, um seiner Qual zu entrinnen. Ich aber wollte nicht, daß er diese unerreichbare Qual empfand: wir hatten oberflächliche Melancholien miteinander gemein, das genügte; im übrigen versuchte ich, ihm meinen Optimismus aufzudrängen. Ich sagte ihm immer wieder, wir seien frei: er gab keine Antwort, aber das dünne Lächeln in seinen Mundwinkeln sprach Bände. Dann wieder sagte er, er sei Materialist – wir waren knapp siebzehn Jahre alt –, und dann war ich es, der verächtlich lächelte; Materialist, Determinist: er spürte das physische Gewicht seiner Ketten; ich wollte meine nicht spüren. Ich verabscheute es, daß er sich mit Politik abgab, weil ich kein Bedürfnis dazu verspürte. Es war leicht, sich über ihn, der erst Kommunist, dann Radikalsozialist, dann wieder Kommunist wurde, lustig zu machen, und das tat ich denn auch: in Wirklichkeit waren diese starken Oszillationen ein Zeichen seiner Hartnäckigkeit: nichts ist bei einem Achtzehnjährigen leichter zu entschuldigen, als daß er zwischen zwei extremen Positionen schwankt. Was sich nicht veränderte, war sein Extremismus: auf jeden Fall mußte die bestehende Ordnung vernichtet werden. Was mich betraf, so fand ich es schön, daß diese Ordnung existierte und daß ich Bomben dagegen werfen konnte: meine Worte. In diesem wirklichen Bedürfnis, sich mit Menschen zusammenzutun, um gemeinsam die Steine wegzuheben, die sie erstickten, wollte ich nichts anderes sehen als die Extravaganz eines Dandys: er war Kommunist, wie er ein Monokel trug, aus einer gewissen Lust daran, Anstoß zu erregen. Auf der École litt er, ich machte ihm einen Vorwurf daraus: wir würden schreiben, wir würden schöne Bücher veröffentlichen, die unsere Existenz rechtfertigen würden, worüber beklagte er sich, da ich mich doch auch nicht beklagte? In der Mitte des zweiten Jahres erklärte er plötzlich, die Literatur langweile ihn, er wolle Kameramann werden, ein Freund gab ihm ein paar Stunden Unterricht. Ich nahm ihm das übel; damit, daß er mir auseinandersetzte, er habe einen Abscheu gegen die Worte gefaßt, weil er zu viele gelesen, zu viele geschrieben habe, und wolle Wirkungen auf die Dinge ausüben, sie mit seinen Händen schweigend verändern, machte er die Sache nur noch schlimmer: dieser Renegat des Worts konnte das Schreiben nicht verdammen, ohne das Urteil über mich zu fällen. Es kam mir nicht in den Sinn, daß Nizan, wie man damals sagte, auf der Suche nach der Seligkeit war und daß «geschriebene Schreie» nicht selig machen.

Er wurde nicht Kameramann, und ich frohlockte. Aber nicht lange: sein Weggang nach Aden ärgerte mich; für ihn war es eine Frage von Leben oder Tod, ich ahnte es; um mich zu beruhigen, machte ich eine neue Exzentrizität daraus. Ich mußte mir eingestehen, daß er mich kaum für voll nahm; aber ich frage mich heute: An wem lag es? Wo fände sich eine hartnäckigere Weigerung, zu verstehen, und also auch, zu helfen? Wenn er von seinen Sauftouren, seinen panischen Fluchten zurückkam, empfing ich ihn schweigend, die Lippen zusammengekniffen, in der würdevollen Haltung einer alten Ehefrau, die ihre Schmach gern erträgt, wenn sie nur zeigen kann, wie sehr sie darunter leidet. Es stimmt, daß er mir kaum entgegenkam: er setzte sich an seinen Tisch, finster, zerzaust, die Augen blutunterlaufen, und wenn ich dann doch sprach, starrte er mich nur haßerfüllt an. Gleichviel: ich mache mir Vorwürfe, nur die fünf Worte: «Was für ein schmutziger Charakter!» im Kopf gehabt und niemals versucht zu haben, und sei es auch nur aus Neugierde, mir seine Eskapaden zu erklären. Seine Heirat habe ich völlig mißverstanden: ich mochte seine Frau, aber für mich war die Ehelosigkeit ein moralisches Prinzip, eine Lebensregel; also mußte sie das auch für Nizan sein: ich verfügte, er habe Rirette geheiratet, weil er sie nicht anders habe bekommen können; ich wußte wahrhaftig nicht, daß ein junger Mann, der einer gräßlichen

Familie ausgeliefert ist, sich nur dadurch von ihr befreien kann, daß er eine Familie gründet. Ich war ein geborener Junggeselle, aber ich habe nicht begriffen, daß die Ehelosigkeit auf dem Junggesellen, der an meiner Seite lebte, schwer lastete, daß er Abenteuer verabscheute – weil sie nach Tod schmecken –, wie er das Reisen verabscheut hat, und daß er, wenn er sagte: «Die Menschen sind seßhaft» oder «Gebt mir mein Feld ... meine Bedürfnisse, meine Leute», ganz einfach seinen Glücksanteil forderte: ein Haus, eine Frau, Kinder.

Als er *Aden, Arabie* veröffentlichte, fand ich das Buch gut und freute mich darüber. Aber ich sah darin nur ein loses Pamphlet, einen Wirbelsturm von lockeren Worten; viele seiner Kameraden machten denselben Fehler: wir waren voreingenommen. Die École Normale war für die meisten von uns, für mich, vom ersten Tag an der Beginn der Unabhängigkeit. Viele können wie ich sagen, daß sie dort vier glückliche Jahre verbracht haben. Und hier sprang uns nun ein Rasender an die Kehle: «Die École Normale, ein komisches, häufiger unausstehliches Objekt, beherrscht von einem kleinen patriotischen, scheinheiligen und mächtigen Greis, der das Militär verehrte ...» Wir waren «Halbwüchsige, erschöpft durch die Jahre auf dem Gymnasium, korrumpiert durch die Humaniora, durch die bürgerliche Moral und Küche». Wir beschlossen, darüber zu lachen: «Als er hier war, hatte er nichts gegen die École; der Junge amüsierte sich ganz gut mit den erschöpften Halbwüchsigen.» Und uns all unsere braven Streiche zu vergegenwärtigen: er hatte gern daran teilgenommen. Wir vergaßen sein häufiges Ausreißen, seine Mißfallenskundgebungen, die lange Flucht, die ihn bis nach Arabien führte, und sahen in seiner Heftigkeit nur eine aus den Fugen geratene Rhetorik. Was mich betrifft, so war ich dummerweise bekümmert, das Buch nahm meinen Erinnerungen den Glanz: da Nizan mein Leben auf der École geteilt hatte, mußte er glücklich oder unsere Freundschaft mußte damals schon tot gewesen sein. Ich zog es vor, die Vergangenheit zu retten; ich sagte mir: «Er übertreibt!» Heute glaube ich, daß sie schon tot war, diese Freundschaft, ohne daß es an uns gelegen hätte, und daß Nizan, von Einsamkeit zerfressen, das Bedürfnis verspürte, inmitten der Menschen zu kämpfen, statt mit seinem ungenauen und allzu vertrauten Spiegelbild zu plaudern. Ich bin es, der unsere Freundschaft aufrechterhalten und einbalsamiert hat, mit Hilfe von wohlüberlegter Ignoranz, mit Hilfe von Lügen.

Unsere Wege gingen in Wirklichkeit ständig weiter auseinander; es sollten viele Jahre vergehen, und ich mußte erst begreifen, welchen Weg ich selbst ging, ehe ich Nizans Weg zutreffend beurteilen konnte.

Je grausiger das Leben ist, desto absurder der Tod. Ich behaupte nicht, daß nicht jemand, der im Vollbesitz seiner Kräfte und voller Vertrauen auf die Zukunft ist, plötzlich durch das Aufblitzen einer schauerlichen Evidenz geblendet werden kann. Ich sage, daß ein junger Mann sich vor dem Sterben fürchtet, wenn er mit seinem Schicksal unzufrieden ist. Ein Student ist, bevor man ihn an der Hand zu dem für ihn reservierten Klappsitz führt, das Unendliche, das Unbestimmte: er geht ungezwungen von einem System zum nächsten über, keins hält ihn zurück, er empfindet alle Gedanken als gleichwertig. Tatsächlich ist das, was man in den Lehrplänen als «Humaniora» bezeichnet, nichts als eine Unterweisung in den großen Irrtümern der Vergangenheit. Die jungen Leute, durch unsere Republiken nach dem Bilde von Herrn Teste geformt, diesem idealen Bürger, der nichts sagt und nichts tut, aber gleichwohl denkt, brauchen zwanzig Jahre, um zu begreifen, daß die Ideen Steine sind, daß sie sich in einer starren Ordnung befinden und daß man sich ihrer zum Bauen bedienen muß. Solange erschöpfte Männer, diskret bis zur Transparenz, die bourgeoise Objektivität so weit treiben, von ihnen zu verlangen, daß sie die Ansichten von Nero, Loyola, Thiers teilen, wird jeder dieser Neulinge sich für den Geist selbst halten, ein farb- und geruchloses Gas, das sich bald bis zu den Milchstraßen ausdehnt und sich bald zu Formeln verdichtet; die junge Elite ist alles, sie ist nichts: das will sagen, daß sie vom Staat, von den Familien unterhalten wird; unter diesem nebelhaften Ungefähr brennt ihr Leben ab; plötzlich trifft der Reine Geist auf einen Prellbock: den Tod. Vergebens versucht er, ihn zu umschließen, um ihn aufzulösen: der Tod kann nicht gedacht werden. Ein Unglück fällt einen Körper; eine nackte Tatsache muß der funkelnden Unbestimmtheit der Ideen ein Ende setzen. Dieser Skandal reißt mehr als einen verschreckten Halbwüchsigen nachts aus dem Schlaf: gegen die Todesstrafe und ihre unbegreifliche Einmaligkeit ist Universale Bildung keine Hilfe. Später, wenn die Individualität seines Körpers sich in der Individualität seines Tuns spiegelt, kann ein junger Mann seinen Tod seinem Leben integrieren, kann darin nur noch eine Gefahr unter anderen sehen – unter all den Gefahren, die seine Arbeit und seine Familie bedrohen. Bei den Menschen, die das seltene Glück haben, schätzen zu können, was sie tun, münzt sich der endliche Schiffbruch, an Schrecken verlierend, je näher er rückt, in kleinen Sorgen aus.

Ich habe das Durchschnittsschicksal beschrieben. Das ist gar nichts; aber wenn die Angst die Jugend überlebt, wenn sie das tiefe Geheimnis des Erwachsenen und die Triebfeder seiner Entscheidungen wird, dann kennt der Krüppel seine Wunden: sein Entsetzen davor, daß er bald nicht mehr leben wird, spiegelt nur sein Grauen bei dem Gedanken, noch länger leben zu müssen. Der Tod ist das unwiderrufliche Urteil; er verdammt die Elenden für alle Ewigkeit, nichts als das gewesen zu sein: anstößige Häufchen Unglück. Nizan fürchtete dies Los: dies Monstrum schlich ziellos zwischen Monstren herum; er fürchtete, eines Tages zu explodieren, und nichts bliebe übrig. Daß der Tod die endgültige Erhellung des Lebens ist, wußte er längst, als er einer seiner Personen die Worte in den Mund legte: «Wenn ich an meinen Tod denke, geschieht mir ganz recht. Es liegt daran, daß mein Leben leer ist, nichts verdient als den Tod.» In demselben Buch erschrickt Bloyé «vor dem einförmigen Aussehen seines Lebens ... und (dieser Schreck) kommt aus einer Region, die tiefer liegt als die blutigen Stellen des Körpers, an denen die Vorzeichen der Krankheiten entstehen».

Woran litt er, letzten Endes? Warum erschien ich ihm, mehr als allen anderen, lächerlich, wenn ich von unserer Freiheit sprach? Wenn er schon mit sechzehn Jahren an die unerbittliche Verkettung der Ursachen glaubte, so deshalb, weil er fand, daß man ihm Zwang antat und daß er gegängelt wurde: «Es gibt in uns Spaltungen, Entfremdungen, Kriege und Palaver ...» – «Jeder Mensch wird hin und her gerissen zwischen den Menschen, die er sein kann ...» Als Einzelkind war er sich seiner Einmaligkeit zu sehr bewußt, als daß er sich, wie ich es tat, auf die allgemeinen Ideen hätte stürzen können: ein Sklave, kam er zur Philosophie, um sich zu befreien, und Spinoza gab ihm sein Modell an die Hand: auf den ersten beiden Stufen der Erkenntnis bleibt der Mensch unfrei, weil er unvollkommen ist; die Erkenntnis der dritten Stufe sprengt die Bande, die negativen Bestimmungen: es läuft für den Modus auf dasselbe hinaus, ob er zur unendlichen Substanz zurückkehrt oder die affirmative Totalität seines partikulären Wesens verwirklicht. Nizan wollte alle Mauern beseitigen: er würde sein Leben durch die Verkün-

digung seiner Verlangen und durch ihre Befriedigung zu einem
einheitlichen Ganzen machen.

Das am leichtesten zu nennende Verlangen geht vom Ge-
schlecht und seinen gehänselten Begierden aus: in einer Gesellschaft, die ihre Frauen für die Greise und die Reichen reserviert,
ist dies das erste Unglück eines mittellosen jungen Mannes und
ein Vorgefühl seiner künftigen Schwierigkeiten. Nizan sprach
mit Bitterkeit von den alten Männern, die mit unseren Frauen
schliefen und uns zu kastrieren trachteten. Aber, um es mit einem
Wort zu sagen, wir lebten in der Zeit des Großen Verlangens:
die Surrealisten wollten die unendliche Begierde wiedererwek-
ken, deren Gegenstand nichts anderes als Alles ist. Nizan suchte
eine Medizin und nahm, was er fand: aus den Werken der Surrealisten lernte er Freud kennen und nahm ihn unter seine Götter auf. Durchgesehen und verbessert von Breton und von einem
gefährdeten jungen Schriftsteller, sah Freud Spinoza ähnlich: er
riß die Spinngewebe, die Hüllen herunter, zwang die Gegner,
die sich in unseren Tunneln massakrierten, zur Eintracht, zog
unsere wütenden Ausgeburten ans Licht, löste sie auf, führte uns
zur Einheit machtvoller Gelüste zurück. Mein Freund versuchte
es einige Zeit mit Freud, nicht ohne einige glückliche Erfolge.
Spuren dieses Einflusses findet man noch in *Antoine Bloyé*, wir
verdanken ihm den so schönen Satz: «Solange die Menschen
nicht vollkommen und nicht frei sind, werden sie nachts träumen.» Antoine träumt: von den Frauen, die er nicht gehabt,
nicht einmal zu begehren gewagt hat. Beim Erwachen weigert er
sich, auf «jene so vernünftige Stimme» zu hören. Weil nämlich
«der Wache und der Schläfer sich kaum je gut vertragen». Antoine ist ein alter Mann, aber Nizan spricht hier aus Erfahrung,
ich weiß es; er träumte unentwegt, er träumte bis zum Tage seines Todes: seine Kriegsbriefe sind voll von seinen Träumen.

Dennoch war das nur eine Arbeitshypothese, ein vorläufiges
Mittel, ein einheitliches Ganzes aus sich zu machen. Er bewunderte die Passantinnen, blasse Erscheinungen, die sich im Licht,
im Dunst von Paris verflüchtigten, vage Andeutungen der Liebe;
aber er liebte es vor allem, daß sie ihm unerreichbar waren: dieser vernünftige und literarische junge Mann berauschte sich an
Privationen; das zahlt sich in den Büchern aus. Aber man glaube
nicht, daß die Enthaltsamkeit schwer auf ihm gelastet hätte: ein
oder zwei Verhältnisse – flüchtige Schmerzen – und, in der übrigen Zeit, hübsche, glatte junge Mädchen, die er streifte. Nur zu

glücklich, wenn er in sich nur den Konflikt zwischen Fleisch und Gesetz gefunden hätte: er hätte geschlichtet, das Gesetz verurteilt: «Morale, c'est trou de balle» [Moral ist ein Loch im Kopf], pflegte er mit zwanzig Jahren zu sagen. In Wirklichkeit sind die Tabus heimtückischer, unsere Körper selbst werden ihre Komplizen: die Moral kam nicht zum Vorschein, aber bei allen Frauen, außer bei unberührten, paarte sich seine Verlegenheit mit einem lebhaften Widerwillen. Später, als er sein Feld und seine Leute hatte, pries er mir mit einem erstaunten, aber präzisen Entzücken die Schönheit des *ganzen* weiblichen Körpers. Damals fragte ich mich, was ihn gehindert habe, eine so allgemeine Entdeckung zur Zeit seiner verheerenden Amouren zu machen. Jetzt weiß ich es: es war der Widerwille, ein kindlicher Ekel vor den Körpern, die seiner Meinung nach durch vorangegangene Zärtlichkeiten schlaff geworden waren. Wenn wir als Jugendliche Frauen betrachteten, wollte ich sie alle, er wollte nur eine, und die sollte ihm gehören. Er begriff nicht, wie man sollte lieben können, ohne das vom Morgengrauen bis in die Nacht zu tun, noch wie es ein Besitzen geben könne, wenn nicht der Mann die Frau, die Frau den Mann besaß. Er glaubte, daß der Mensch seßhaft, daß Abenteuer wie Reisen seien: Abstraktionen; tausendunddrei Frauen sind tausendunddreimal dieselbe, er wollte eine einzige, die tausendunddreimal eine andere war; er würde in ihr, als eine Verheißung gegen den Tod, noch die geheimsten Zeichen der Fruchtbarkeit lieben.

Mit anderen Worten, die Unbefriedigtheit der Sinne war eine Wirkung, keine Ursache. Als er verheiratet war, verschwand sie: das Große Verlangen trat ins Glied zurück, wurde wieder ein Bedürfnis unter so vielen anderen, die man schlecht, zu schnell oder überhaupt nicht befriedigt. Tatsächlich litt Nizan an seinen gegenwärtigen Widersprüchen nur, weil er sie im Licht der Zukunft sah. Wenn er sich einmal umbringen wollte, so deshalb, weil er auf der Stelle dem ein Ende machen wollte, von dem er glaubte, daß es nur ein Wiederbeginn sei. Seit seiner Kindheit war er von der bretonischen Bigotterie gezeichnet; zu sehr oder zu wenig für sein Glück: der Widerspruch hatte sich unter seinem Dach eingenistet. Seine Eltern waren bei seiner Geburt schon alt gewesen: diese Gegner hatten ihn während eines Waffenstillstands gezeugt; als er geboren wurde, hatten sie ihre Fehde wiederaufgenommen. Der Vater, Bahnarbeiter, dann Ingenieur bei der Eisenbahn, gab ihm das Beispiel eines technischen, freigeistigen, erwachsenen Denkens, und seine Äußerungen zeugten von einer schwermütigen Anhänglichkeit an die Klasse, die er verlassen hatte. Diesen stummen Konflikt zwischen einer kindischen alten Angehörigen der Bourgeoisie und einem Renegaten der Arbeiterklasse verinnerte Nizan schon in seiner frühesten Kindheit, er machte daraus das zukünftige Fundament seiner Person. Das Kind einer Putzfrau hat, so klein es auch sein mag, Teil an der Zukunft seiner Familie: der Vater macht Pläne. Die Nizans hatten keine Zukunft: der Depotleiter befand sich fast auf dem Gipfel seiner Laufbahn; worauf sollte er hoffen? Eine routinemäßige Beförderung, ein paar Ehrungen, die Pensionierung und der Tod; Madame Nizan lebte gleichzeitig in dem entscheidenden Augenblick, in dem man die Zwiebel «in die Pfanne gibt», in dem man das Kotelett «anbrät», und dem unveränderlichen Augenblick, den man Ewigkeit nennt. Das Kind war nicht weit von seinem Ausgangspunkt entfernt, die Familie nicht weit von ihrem Aufschlagspunkt: in den Fall hineingerissen, wollte es lernen, bauen, und alles löste sich vor seinen Augen auf, selbst der eheliche Krieg: nach außen hatte er sich in Gleichgültigkeit verwandelt; er existierte nur noch in ihm. Das Kind hörte aus dem Schweigen ihren Dialog heraus: das feierliche und seichte Geschwätz des Glaubens wurde ab und zu von einer rauhen Stimme unterbrochen, die den Pflanzen, den Steinen, den Werkzeugen Namen gab. Die beiden Stimmen zerfleischten einander; das frömmelnde Gerede schien sich anfangs durchzusetzen: es war die Rede von Barmherzigkeit, Paradies, Letzten Dingen, und im Lichte dieser ganzen Eschatologie mußte die präzise Tätigkeit der Techniker sinnlos erscheinen: wozu sollte es gut sein, Lokomotiven zu bauen? Es gibt keine Züge in den Himmel. Der Ingenieur ging aus dem Haus, sooft er konnte; zwischen seinem fünften und seinem zehnten Lebensjahr folgte ihm sein Sohn auf die Felder, faßte ihn an der Hand, lief neben ihm her; mit fünfundzwanzig Jahren erinnerte er sich voller Wehmut an diese Spaziergänge einsamer Männer, die so offensichtlich gegen die Frau, gegen die Mutter gerichtet waren. Doch ist zu bemerken, daß er den exakten Wissenschaften die müde Höflichkeit des Worts vorzog. Ein Arbeiter wird Ingenieur, leidet an seinen Bildungslücken; sein Sohn bereitet sich auf die École Polytechnique vor, das ist der Normalfall. Aber Nizan zeigte eine verdächtige Abneigung gegen die Mathematik: er entschied sich für Griechisch und Latein. Als Stiefsohn eines Absolventen der

École Polytechnique hatte ich, aus anderen Gründen, dieselben Aversionen: wir liebten die verschwommenen, rituellen Wörter, die Mythen. Der Vater bekam dennoch seine Genugtuung: unter dem Einfluß seines Positivismus bemühte sich mein Freund, sich dem Brimborium der Religion zu entwinden. Ich habe die Etappen dieser Befreiung genannt: der mystische Überschwang – eine letzte Aufwallung –, der ihn fast Mönch hätte werden lassen, sein Kokettieren mit Calvin, die Verwandlung seines frömmelnden Katharismus in politischen Manichäismus, der Royalismus, Marx schließlich. Er und ich behielten das christliche Vokabular lange Zeit bei: Atheisten, zweifelten wir nicht daran, daß wir auf die Welt gekommen waren, um darin selig zu werden und, mit ein wenig Glück, die anderen selig zu machen. Ein einziger Unterschied: ich war überzeugt, auserwählt zu sein; Nizan fragte sich oft, ob er nicht verdammt sei. Von seiner Mutter und vom Katholizismus stammte seine grundsätzliche Verachtung für alle weltlichen Güter, seine Angst, im irdischen Leben in die Irre zu gehen, und die Neigung – die ihn nicht verließ –, einen absoluten Zweck zu verfolgen. Man hatte ihm eingeredet, er verberge in sich unter dem Gestrüpp der Alltagssorgen eine schöne Totalität, weiß und ohne Fehl; es gelte zu jäten, das Unkraut auszureißen, das Gestrüpp abzubrennen – und diese ungeschmälerte Ewigkeit werde in ihrer Reinheit zum Vorschein kommen. So hielt er zu dieser Zeit den Beruf seines Vaters für ein manisches, sinnloses Treiben: hier wurde die Ordnung der höchsten Zwecke derjenigen der Mittel, der Mensch der Maschine geopfert. Er hörte bald auf, an die weißen Lebenspillen, an die Seelen, zu glauben, aber er behielt das dumpfe Gefühl, daß sein Vater die seine eingebüßt habe.

Diese veralteten Wahnvorstellungen hindern einen nicht am Leben, *vorausgesetzt, daß man gläubig ist*. Aber die disqualifizierte Technik rächte sich, indem sie der Religion den Hals umdrehte. Nizan blieb unzufrieden, aber seine Unzufriedenheit war jetzt entwurzelt, hing in der Luft: alles irdische Treiben ist lächerlich, aber wenn nichts existiert außer der Erde und den Menschentieren, die darauf herumscharren, dann müssen die Jungen dieser Tiere ihre Eltern ablösen und sich ihrerseits ans Scharren machen: denn eine andere Beschäftigung gibt es nicht, wenn man nicht die alten christlichen Worte verfälschen will. Als er mir den seltsamen Vorschlag machte, Übermensch zu werden, trieb ihn weniger Hochmut als das dumpfe Bedürfnis, einen

Ausweg aus unserer Situation zu finden. Leider hatten wir damit nur den Namen gewechselt. In der Folge zog er bis zu seinem Aufbruch nach Aden seine Ketten unentwegt hinter sich her und prägte ständig neue Ausbruchssymbole.

Aber seine Angst wird einem völlig unverständlich bleiben, wenn man sich nicht an das erinnert, was ich weiter oben gesagt habe: er sah die mühselige, glanzlose, von Augenblicken der Exaltation erhellte Gegenwart in dem unheimlichen Licht einer Zukunft, die nichts anderes war als die Vergangenheit seines Vaters. «Ich hatte Angst. Mein Aufbruch war ein Kind der Angst.» Angst wovor? Er sagt es an derselben Stelle: «Verstümmelungen ... stehen uns bevor. Schließlich wissen wir, wie unsere Eltern leben.» Er hat diesen Satz in einem langen und sehr schönen Roman weiter ausgeführt: *Antoine Bloyé.* Er erzählt darin das Leben und den Tod seines Vaters. Aber er spricht, obwohl er kaum in Erscheinung tritt, unaufhörlich von sich selbst: erstens ist er der Zeuge dieses Verfalls; und dann vertraute Monsieur Nizan sich niemandem an: wir wissen, daß der Autor alles, was er ihn denken und empfinden läßt, aus sich selbst schöpft, um es in dieses unregelmäßig schlagende alte Herz zu projizieren. Diese ständige doppelte Gegenwart ist ein Anzeichen für das, was die Psychoanalytiker als Identifizierung mit dem Vater bezeichnen.

Ich habe gesagt, daß Nizan ihn in seinen ersten Lebensjahren bewunderte, ihn um seine sterile, aber sichtbare Stärke beneidete, um sein Schweigen, um seine Hände, die gearbeitet hatten. Monsieur Nizan sprach oft von seinen ehemaligen Kollegen: fasziniert von diesen Männern, die die Wahrheit des Lebens kannten und die sich zu lieben schienen, sah der kleine Junge in seinem Vater einen Arbeiter und wollte in allem sein wie er; er würde seine weltliche Geduld haben, es würde nichts Geringeres als die geheimnisvolle innere Dichte der Dinge, der Materie nötig sein, um den künftigen Mönch von seiner Mutter, von dem Herrn Pfarrer, von seinem eigenen Gerede zu erlösen. «Antoine», sagt er voller Bewunderung, «war ein Körpermensch, sein Gewissen war nicht rein genug, um gleichgültig gegenüber dem Körper sein zu können, der es ernährte und ihm seit so vielen Jahren den bewundernswürdigen Beweis der Existenz lieferte.»

Aber der bewundernswürdige Mann kam ins Taumeln; plötzlich sah das Kind, wie er sich auflöste. Nizan hatte sich mit Leib und Seele seinem Vater ergeben: «Ich werde sein wie er.» Er mußte den endlosen Zerfall seiner eigenen Zukunft miterleben: «So wird es mir ergehen.» Er sah die Materie zugrunde gehen; das mütterliche Geschwätz triumphierte – und der Geist, diese Gischt nach dem Schiffbruch. Was ist geschehen? Er erzählt es in *Antoine Bloyé*: aus Gründen, die ich nicht kenne, denn Nizan hat in seinem Buch, obwohl er sich recht streng an die Wahrheit hält, die Begleitumstände sicherlich verändert, wollte der Mann, der als Modell für Antoine diente, mit vierzig Jahren die Bilanz ziehen. Alles hatte mit jenem falschen Sieg angefangen, einer Überschreitung der Linie zu der Zeit, als die Bourgeoisie allen «die großartige Zukunft der Chancengleichheit» versprach, als jeder Arbeitersohn «das Blankoformular eines Bourgeois-Diploms» im Tornister hatte. Schon seit seinem fünfzehnten Lebensjahr glich sein Leben den Schnellzügen, die er später fahren sollte und «die fortgerissen werden von einer äußerst zuverlässigen und äußerst beklemmenden Kraft»: und dann, 1883, ging er von der École des Arts et Métiers als achtzehnter von siebenundsiebzig ab. Wenig später, mit siebenundzwanzig Jahren, heiratet er Anne Guyader, die Tochter seines Depotleiters. Von nun an «ist alles für alle Zukunft entschieden, festgelegt. Es gibt keine Berufung.» Er merkt es noch in dem Augenblick, in dem der Pfarrer sie traut, und dann vergißt er seine Befürchtungen: die Jahre gehen dahin, das Ehepaar kommt durch verschiedene Städte, zieht unaufhörlich ein, zieht aus, läßt sich niemals häuslich nieder; die Zeit verrinnt, und das Leben bleibt provisorisch; trotzdem gleicht jeder Tag in seiner Abstraktheit allen anderen. Antoine träumt, ohne allzusehr davon überzeugt zu sein, daß «etwas geschehen wird». Es geschieht nichts. Er tröstet sich, er wird in wirklichen Kämpfen zeigen, was er kann; aber während er auf außergewöhnliche Umstände wartet, streifen ihn die normalen im Vorübergehen und lassen ihn unmerklich welken wie einen Kopf Salat. «Der wahre Mut besteht darin, die kleinen Feinde zu besiegen.» Dennoch arbeitet er sich unaufhaltsam empor; er lernt zunächst «den heimtückischsten Frieden» kennen, er vernimmt den Sirenengesang der Bourgeoisie: er weiß aus den falschen Pflichten, die man ihm auferlegt – gegenüber der Firma, gegenüber der Gesellschaft, *sogar* gegenüber seinen ehemaligen Kollegen –, etwas zu schöpfen, was man als ein Existenzminimum an gutem Gewissen bezeichnen könnte. Unterdessen «wächst der Berg von Jahren»; Jugendwünsche, Jugendhoffnungen, Jugenderinnerungen versinken «in der Finsternis der verworfenen Gedanken, in der die Kräfte des Menschen verkümmern». Die Eisenbahngesellschaft frißt ihre Angestellten: fünfzehn Jahre lang gibt es niemanden, der weniger Selbstbewußtsein besessen hätte als Antoine Bloyé: sein Leben wird bestimmt von «den Erfordernissen, den Gedanken, den Entscheidungen, die die Arbeit mit sich bringt»; kaum überfliegt er die Zeitungen: «die Ereignisse, von denen sie berichten, finden auf einem anderen Planeten statt, betreffen ihn nicht». Er liest mit Begeisterung in den technischen Zeitschriften «Maschinenbeschreibungen». Er lebt, oder vielmehr, sein Körper ahmt die Gebärden des Lebens nach. Aber die Triebfedern seines Lebens, die Beweggründe für sein Handeln liegen nicht in ihm. Tatsächlich «verwehrt ihm eine Vielfalt von Mächten, mit beiden Beinen auf der Erde zu stehen». Man könnte, wenn man ein paar Worte auswechselte, ja ohne etwas zu ändern, auf ihn anwenden, was Nizan von einem reichen Engländer in Aden sagt: «Jedes Wesen wird hin und her gerissen zwischen den Menschen, die es sein kann, er hat denjenigen siegen lassen, für den das Leben darin besteht, den Preis von abessinischen Fellen in die Höhe zu treiben oder sinken zu lassen ... Gegen abstrakte Gebilde wie Firmen, Gewerkschaften, kaufmännische Fachverbände kämpfen: nennen Sie das Taten?» Gewiß, Bloyé hat nicht soviel Macht, aber was tut das? Ist nicht alles abstrakt in seinem Beruf: Konstruktionszeichnungen, Kostenvoranschläge, Papierkram – ist nicht alles *im voraus* anderswo, in weiter Ferne, von anderen entschieden? Dieser Mensch ist nur noch eine Filiale seiner Firma: bei diesem *full employment* seiner selbst ist er gleichzeitig unausgefüllt. Er schläft wenig, schont sich nicht, lädt sich Säcke und Bauholz auf den eigenen Rücken, verläßt als letzter das Büro, aber, wie Nizan sagt, «alles, was er tut, verschleiert, daß er im Grunde nichts tut». Ich kenne das: ich habe zehn Jahre meines Lebens unter der Fuchtel eines Absolventen der Ecole Polytechnique gelebt: er arbeitete sich zu Tode, oder vielmehr hatte irgendwo, in Paris zweifellos, die Arbeit beschlossen, daß sie ihn töten würde. Er war der unbedeutendste Mensch von der Welt: sonntags ging er in sich, fand dort eine Wüste vor und verirrte sich darin; dennoch hielt er sich tapfer, Schläfrigkeit oder Wutanfälle aus Eitelkeit waren seine Rettung. Als er pensioniert wurde, war Krieg, glücklicherweise: er las die Zeitungen, schnitt Artikel aus und klebte sie in ein Heft. Zumindest lag sein Spiel offen zutage: sein Fleisch war abstrakt. Für den kleinen Bloyé entsprang der Skandal einem unerträglichen Widerspruch: Antoine hatte einen wirklichen Körper, abgehärtet und tauglich, begierig früher einmal; und dieser Körper ahmte das Leben nach: in Bewegung gehalten von fernen Abstraktionen, ließ er seine üppigen Leidenschaften sterben und verwandelte sich aus sich selbst in ein abstraktes Gebilde: «Antoine war ein Mann, der einen Beruf und ein Temperament hatte: das war alles. Das ist alles, was ein Mensch in der Welt ist, in der die Antoine Bloyé lebt. Es gibt nervöse Kaufleute, sanguinische Ingenieure, cholerische Arbeiter, jähzornige Notare: die Leute sagen so etwas und glauben, an der Definition eines Menschen gearbeitet zu haben; sie sagen auch: ein schwarzer Hund, eine getigerte Katze. Ein Arzt . . . hatte ihm gesagt: ‹Sie, Sie sind ein nervöser Sanguiniker.› Damit war alles gesagt. Alle Welt konnte mit ihm umgehen wie mit einer Münze, deren Feingehalt allgemein bekannt ist. Er zirkulierte unter anderen Münzen.»

Das Kind bewunderte seinen Vater: ich weiß nicht, ob es dessen inneres Elend von selbst bemerkt hätte. Nizans Unglück bestand darin, daß sein Vater besser als andere war: nachdem er viele Warnungen mißachtet hatte, kam er, zu spät, darauf, was er war, und faßte einen Abscheu gegen sein Leben; das will sagen, daß er seinen Tod sah und ihn haßte. Fast ein halbes Jahrhundert lang hatte er sich selbst belogen, hatte er versucht, sich einzureden, er könne noch «ein anderer Mensch werden, ein Fremder, der wirklich er selbst wäre». Er erkannte plötzlich die Unmöglichkeit, anders zu werden. Diese Unmöglichkeit war der Tod mitten im Leben: der Tod macht Inventur, zieht eine Bilanz; aber für Nizans Vater war die Inventur schon gemacht, die Bilanz schon gezogen. Dieses schematische, zur Hälfte allgemeine Wesen teilte das Bett mit einer Frau, die in ebenso geringem Grade wie er selbst eine einmalige Person war, sondern eher eine Anstalt zur Verbreitung der nützlichen Gedanken, die man in Rom verfertigt; zweifellos hatte sie ebenso wie er einfache und gefräßige Bedürfnisse verdrängt. Er ließ seinen verängstigten Sohn ihr doppeltes Versagen spüren. Nachts stand er auf: «Er trug seine Kleider über dem Arm und zog sich am Fuß der Treppe an . . . Er ging aus dem Haus . . . ‹Ich bin überzählig›, sagte er sich, ‹ich bin überflüssig, ich bin zu nichts nütze, ich existiere schon gar nicht mehr, wenn ich ins Wasser gehe, fällt niemand etwas auf, nur ein paar Anzeigen würden erscheinen. Ich bin gescheitert, ich bin am Ende . . .› Er kam zurück . . . er zitterte vor Kälte, er strich sich mit der Hand über das Gesicht und spürte, daß sein Bart die Nacht über nachgewachsen war. In der Nähe des Hauses suchten ihn seine Frau und sein Sohn, die inzwischen aufgewacht waren, und riefen nach ihm: er hörte ihre hellen Stimmen von fern, aber er antwortete nicht, er ließ sie bis zum letzten Moment in Unsicherheit, wie um sie zu strafen. Sie fürchteten, er habe sich umgebracht . . . Wenn er sie dann sah, sagte er mit unterdrücktem Zorn: ‹Ich habe also nicht mehr das Recht, zu tun, was mir gefällt?› Er ging in sein Zimmer zurück, ohne sich um sie zu kümmern.»

Diese nächtlichen Fluchten sind keine Erfindungen eines Romanciers: Nizan hat mir von seinem Vater erzählt, und ich weiß, daß alles wahr ist. Das Nachdenken über den Tod treibt zum Selbstmord: aus Schwindel, aus Ungeduld. Man stelle sich die Empfindungen eines Halbwüchsigen vor, den seine Mutter nachts mit den Worten weckt: «Dein Vater ist nicht in seinem Zimmer; diesmal bin ich sicher, daß er sich umbringen wird.» Der Tod zieht in ihn ein und läßt sich da nieder, wo sich alle seine Straßen kreuzen, es ist das Ende, und es ist der Anfang: im voraus tot, möchte sein Vater der Abberufung zuvorkommen; das ist der Sinn und der Abschluß eines gestohlenen Lebens. Aber das Leben seines Vaters besetzte Nizan wie eine fremde Macht; sein Vater infizierte ihn mit dem Tod, der den Abschluß bilden sollte. Wenn dieser enttäuschte – die Ärzte sagten: neurasthenische – alte Mann in seiner Angst aus dem Haus floh, dann fürchtete sein Sohn zwei Tode in einem: der erste, nahe bevorstehende kündigte den anderen an, gab ihm seine Entsetzensgestalt. Jede Nacht lief der Vater in seiner Todesfurcht über die Felder, und das Kind starb vor Angst. In dieser Rückkehr eines Lebens, das nichtig gewesen war, ins Nichts glaubte das Kind sein Schicksal zu erkennen; «alles ist für alle Zukunft entschieden, festgelegt, es gibt keine Berufung»: er würde ein überflüssiger junger Mann sein, dann ein Gerippe, dann nichts mehr. Er hatte sich mit der kraftvollen Reife eines anderen identifiziert; und als der andere seine Wunden sehen ließ, identifizierte sich mein Freund mit dieser tödlichen Not. Die anstößigen Streifzüge des Ingenieurs wurden immer häufiger, als Nizan in sein fünfzehntes Lebensjahr eintrat; da, mit fünfzehn oder sechzehn Jahren, schloß der Halbwüchsige eine Versicherung auf sein ewiges Leben ab: in einer letzten Anstrengung bat er die Kirche, ihm die Unsterblichkeit zu verleihen. Zu spät: wenn der Glaube abhanden gekommen ist, reicht der Überdruß an der Welt nicht hin, ihn zurückzubringen. Er lebte seine Selbstentfremdung aus: er hielt sich für einen anderen, sah jede Minute im Lichte einer anderen Existenz. Überall fand er die Fallen wieder, die man seinem Vater gestellt hatte: umgängliche und verschlagene Menschen umgarnten ihn mit Schmeicheleien und Scheinsiegen: schulischen Lorbeeren, kleinen Geschenken, Einladungen. Der Sohn des Ingenieurs würde dem Lehrstand angehören. Und dann? Die Studienräte ziehen wie die Depotleiter unaufhörlich ein und aus, durchqueren die Städte im Laufschritt, heiraten ein Mädchen aus dem Provinzkleinbürgertum und schließen sich aus Eigennutz, aus Schwäche ihren Herren an. Sind sie weniger mit sich selbst zerfallen als die Techniker? Und was ist besser? Zum Nutzen einiger großer Herren und des bürgerlichen Staates Lokomotiven zu bauen oder den Kindern einen Vorgeschmack des Todes zu geben, indem man sie tote Sprachen, eine gefälschte Geschichte, eine verlogene Moral lehrt? Zeigen die Lehrer mehr Nachsicht «mit ihren furchtbaren Schmerzen, mit den Abenteuern, die in den Klüften ihres Körpers zusammengerollt sind»? All diese Kleinbürger sind vom gleichen Schlag: man drängt ihnen eine schwachsinnige Würde auf, sie kastrieren sich, die wahren Zwecke ihrer Arbeit entgehen ihnen, sie erwachen mit fünfzig Jahren, um sich sterben zu sehen.

Ich hatte mit sechzehn Jahren geglaubt, wir seien verbunden durch das gleiche Verlangen zu schreiben; ich täuschte mich. Als ungeschickten Jäger blendeten mich die Wörter, weil ich sie stets verfehlte; Nizan, in der Entwicklung weiter fortgeschritten, hatte davon eine ganze Jagdtasche voll. Er entdeckte überall welche, in Lexika, in Büchern und sogar auf freier Wildbahn, auf Lippen. Ich bewunderte seinen Wortschatz und wie er ungezwungen in seinen ersten Entwürfen die Ausdrücke verwandte, die er sich eben erst angeeignet hatte – unter anderem «Bimetallismus» und «Perkolator». Aber er war weit davon entfernt, sich völlig der Literatur zu widmen: ich meinerseits war drinnen; die Entdeckung eines Adjektivs machte mich selig; er schrieb besser und sah sich beim Schreiben zu: mit den trüben Augen seines Vaters. Die Wörter platzten oder verwandelten sich in welke Blätter: kann man sich mit Wörtern legitimieren? Im Lichte des Todes wurde die Literatur zu einem Gesellschaftsspiel, einer Abart von Canasta: ein Professor schreibt, das ist ganz natür-

lich; man ermutigt ihn dazu; beim Ingenieur und beim Schriftsteller werden dieselben Fallen von Nutzen sein: Schmeicheleien,
Versuchungen. Mit vierzig Jahren sind all diese Knechte Skelette; Valéry ist unter Ehrungen verborgen worden: er verkehrte mit Fürsten, mit Königen, mit mächtigen Industriellen,
er speiste an ihrer Tafel: weil er für sie arbeitete; die Verherrlichung des Wortes kommt geradeswegs den Großen dieser Welt
zugute; man lehrt die Menschen, das Wort für die Sache zu nehmen, das ist weniger kostspielig. Nizan begriff das: er fürchtete,
er werde sein Leben ruinieren, wenn er es damit verbringe,
Stimmhauche zusammenzustellen.

Er machte sich daran, die traurigen Tollheiten seines Vaters
zu *wiederholen*: er begann, wie sein Vater nachts Ausflüge zu
unternehmen, zu fliehen. Er ging durch die Straßen, und plötzlich «spürte er, daß er sterben müsse, und war mit einem Schlag
von allen Passanten isoliert ... Er erkannte das in einem einzigen Erkenntnisschritt, aus einem speziellen, perfekten Wissen
heraus.» Es war keine Idee, sondern «eine vollkommen nackte
Angst ... die jeder Form spottete». Er glaubte damals, sich einer
fundamentalen, materiellen Intuition zu erfreuen, die ungeschmälerte Einheit seines Körpers in der Einheit seiner radikalen Negation zu erfahren. Ich denke, daß es damit nichts war: wir
haben nicht einmal das, wir können nicht einmal unmittelbar mit
unserem Nichtsein in Verbindung treten. Tatsächlich hatte ein
Schock seinen erlernten alten Schmerz wiedererweckt: in ihm
floh das Leben seines Vaters dahin, das Auge des ganz anderen,
des Todes öffnete sich wieder und nahm seinen bescheidenen
Vergnügungen die Farbe: die Straße wurde eine Hölle.

In diesen Augenblicken verabscheute er uns: «die Freunde,
die er traf, die Frauen, die er sah, waren Komplizen des Lebens,
sie stellten gezogene Wechsel auf die Zeit aus». Er hätte nicht
einmal daran gedacht, uns um Hilfe zu bitten: wir waren
ahnungslos, wir hätten ihn nicht einmal verstanden: «Wer von
diesen Narren liebte ihn geschickt genug, um ihn vor dem Tod
zu schützen?» Er floh unsere raubgierigen Gesichter, schlürfen-
den Münder, gefräßigen Nasenlöcher und unsere stets in die
Zukunft gerichteten Augen. Verschwunden. Drei Tage Selbstmord, zum Schluß ein Kater: er *reproduzierte* die nächtlichen
Krisen des Vaters; sie nahmen immer größere Ausmaße an,
endeten im Trunk, in noch mehr Worten: ich glaube, daß er
die Tragik überzog, weil er nicht zu der vollkommenen grausen-

erregenden Rückhaltlosigkeit eines Fünfzigjährigen gelangen konnte. Gleichviel: seine Angst log nicht; und wenn man die tiefste und eigenartigste Wahrheit wissen will, würde ich sagen, daß es *dies* war und nichts anderes: der Todeskampf eines alten Mannes zerfraß das Leben eines sehr jungen. Er war temperamentvoll, leidenschaftlich, und dann ließ dieser unversöhnliche Blick alles erstarren; Nizan stand, weil er sich Tag für Tag selbst das Urteil sprach, jenseits seines Grabes. Tatsächlich drehte er sich im Kreise: da waren natürlich die Hetze und das Entsetzen davor, am Ende zu sein, die Zeit, die verrann, der «Berg von Jahren», die Fallen, denen er mit knapper Not entging, die Menschenjagd, deren Bedeutung er nicht völlig verstand; aber da waren auch, trotz allem, seine Muskeln, sein Blut: wie will man einen wohlgenährten jungen Bourgeois daran hindern, Vertrauen in die Zukunft zu setzen? Es kam vor, daß er einen düsteren Enthusiasmus empfand, aber seine eigene Begeisterung jagte ihm Furcht ein, erregte sein Mißtrauen: wenn das eine Falle wäre, eine der Lügen, die man sich ausdenkt, um die Angst, die Qual zurückzudrängen? Er schätzte an sich selbst nur seine Empörung: sie bewies, daß er noch Widerstand leistete, daß er sich noch nicht auf dem Schienenstrang bewegte, der auf die Abstellgleise führt, unaufhaltsam. Aber wenn er über sie nachdachte, fürchtete er, sie lasse nach: sie haben so viele Decken über mich geworfen, sie hätten mich fast gehabt; sie werden wiederkommen. Wenn ich mich langsam an die Verhältnisse gewöhnte, die sie für mich vorgesehen haben. In den Jahren 1925/26 jagte ihm das einen wahnsinnigen Schrecken ein: die Gewöhnung: «So viele Fesseln, die man sprengen, geheime Ängste, die man überwinden, kleine Kämpfe, die man liefern muß ... Man fürchtet sich davor ... von unerträglicher Einmaligkeit zu sein, nicht mehr zu sein wie alle anderen ... der falsche Mut wartet auf die großen Gelegenheiten; der wirkliche Mut besteht darin, Tag für Tag die kleinen Feinde zu besiegen.» Würde es ihm gelingen, sie zu besiegen, diese Nager; all diese Fesseln, die Tag für Tag zahlreicher wurden – würde er in fünf oder zehn Jahren noch in der Lage sein, sie zu sprengen? Er lebte in Feindesland, umgeben von den vertrauten Symptomen der allgemeinen Selbstentfremdung: «Versuchen Sie einmal, Ihre Erlebnisse als Staatsbürger und als Kind in Ihren Arrondissements und Präfekturen zu vergessen.» Alles lud ihn zu Schlaf, Verzicht, Resignation: er war so weit, daß er seine Abdankungen aufzählte: «die furchtbaren alten Gewohnheiten». Er hatte auch Angst vor einem bei gebildeten Menschen beliebten Alibi: dem leeren Schall von preziösen und abgerissenen Worten in seinem Kopf. Tatsächlich hat das Nachdenken über den Tod andere Folgen, die schwerer wiegen als diese zeitweilig aussetzenden Gespräche: es ernüchtert. Ich lief hinter Funken her, die für ihn nur Asche waren. Er schrieb: «Ich sage Ihnen, daß alle Menschen sich langweilen.» Nun besteht das größte Verbrechen der Langeweile, «dieser steten Warnung vor dem Tod», darin, daß sie ein Abfallprodukt für empfindliche Seelen abwirft: das Innenleben. Nizan fürchtete, seine sehr realen Abneigungen würden am Ende seine Subjektivität zu exquisit werden lassen und seine Beschwerden zum Schnurren «von sinnlosen Gedanken und Ideen, die keine sind» einlullen. Diese verfehlten Ausgeburten unserer Ohnmacht lenken uns von der Betrachtung unserer Wunden, unserer Blutergüsse ab. Man darf niemals schlafen. Aber Nizan fühlte mit weit offenen Augen, wie der Schlaf in ihm aufstieg.

Ich würde sagen, daß diese Empörung für die Söhne der Bourgeoisie exemplarisch ist, weil ihre unmittelbare Ursache weder Hunger noch Ausbeutung ist. Nizan sieht alle Leben durch die kalte Glasscheibe des Todes: sie werden in seinen Augen zu Bilanzen; seine fundamentale Selbstentfremdung ist seine Witterung: er stöbert jede Art von Selbstentfremdung auf. Welcher Ernst, wenn er uns angesichts unseres Todes wie ein gläubiger Christ fragt: «Was hast du aus deiner Jugend gemacht?» Welch tiefes und aufrichtiges Verlangen, unser aller Verzettelung rückgängig zu machen, unsere Verwirrungen in die synthetische Einheit einer Form zu fassen: «Wird der Mensch immer nur ein Fragment des Menschen sein, sich selbst entfremdet, verstümmelt, sich selbst ein Unbekannter; wie viel liegt da brach ... wie vieles kommt nicht zur Reife!»

Diese Forderungen eines «Untermenschen» stellen den Entwurf des Menschen dar, der er sein wollte. Er hat seine mystischen Regungen, seinen Hang zu Abenteuern, seine Wortschlösser beiseite geschoben. Das unerreichbare Bild bleibt schlicht und vertraut: der Mensch, das würde ein harmonischer und freier Körper sein. Es gibt eine körperliche Weisheit – seit Adam unausgesetzt totgeschwiegen, unausgesetzt gegenwärtig; «im verborgensten Teil unseres Wesens stecken unsere authentischsten Bedürfnisse». Es handelt sich nicht mehr um unbändige Liebe noch um Vorhaben, die unsere Kräfte übersteigen: der

Mensch ist seßhaft, er liebt die Erde, weil er sie berühren kann; es macht ihm Spaß, das, was er zum Leben bedarf, selbst zu erzeugen. Das Große Verlangen war nur ein leeres Wort; es bleiben die einzelnen Wünsche – bescheiden, aber konkret –, die einander das Gleichgewicht halten; Nizan empfand Sympathie für Epikur, über den er sich später sehr positiv äußerte: der wandte sich an alle, an die Huren wie an die Sklaven, und er belog sie nicht.

Da fällt einem natürlich Rousseau ein, und nicht zu Unrecht: Nizan, dieser Mann der Städte, hatte sich, aus Anhänglichkeit an seine Kindheit, eine Art von ländlichem Naturalismus bewahrt. So mag man sich auch fragen, wie dieser edle Wilde sich wohl in die Notwendigkeiten der sozialistischen Produktion und des interplanetarischen Nomadentums geschickt hätte. Es ist wahr: man findet die verlorene Freiheit nicht wieder, wenn man sie nicht erfindet; sich umdrehen verboten, und sei es auch nur, um unsere «authentischen» Bedürfnisse abzuschätzen.

Aber lassen wir den Epikureismus und Rousseau: wir würden flüchtige, leise Andeutungen überbewerten. Nizan hat mit dem Individualismus begonnen, wie alle Kleinbürger zu seiner Zeit: er wollte *er selbst* sein, und die ganze Welt trennte ihn von ihm selbst; gegen die abstrakten Gebilde, gegen die symbolischen Wesenheiten, die man in sein Herz, seine Muskeln einschmuggeln wollte, verteidigte er sein besonderes Leben. Er hat niemals Mühe darauf verschwendet, die Fülle des Augenblicks oder der Leidenschaft zu beschreiben: sie existiert nicht. Ihrer werden wir beraubt. Aber er hat gesagt, daß es wahre Liebe gebe und daß wir daran gehindert würden, zu lieben; daß das Leben wahr sein könne, daß es einen wahren Tod hervorbringen könne, daß man uns aber umbringe, noch bevor wir geboren seien. Er hat gezeigt, daß wir in dieser verkehrten Welt, in der die endliche Niederlage die Wahrheit eines Lebens darstellt, oft «Begegnungen mit dem Tod» hätten und daß jedesmal undeutliche Zeichen uns «unsere authentischsten Bedürfnisse» bewußt machten: Antoine und Anne Bloyé haben eine kleine Tochter; sie ist unheilbar krank, das wissen sie; der Schmerz läßt diese abstrakten Figuren zusammenrücken, die trotz der gemeinsamen Wohnung, jeder für sich, ein einsames Leben führten. Für kurze Zeit: niemals kann ein einmaliger Unglücksfall Individuen erlösen.

Mit fünfzehn Jahren hatte er das Wesentliche begriffen: das rührte von der Natur seines Leidens her. Gewisse Formen der

Selbstentfremdung sind tatsächlich um so furchtbarer, als sie ihre Opfer in dem abstrakten Gefühl wiegen, frei zu sein. Aber Nizan hat sich niemals frei gefühlt: er war *besessen* gewesen; das «ungeschickte Unglück» seines Vaters hielt ihn wie eine fremde Macht besetzt, zwang sich ihm auf, zerstörte seine Vergnügungen, seinen Elan, herrschte über ihn kraft Diktats[1]; und man konnte nicht einmal sagen, daß der ehemalige Arbeiter dieses elende Los verursacht hätte; es kam aus allen Himmelsrichtungen, aus ganz Frankreich, aus Paris. Nizan hatte eine ganze Weile – zur Zeit des Mystizismus, zur Zeit von R'hâ und Bor'hou – versucht, allein und mit Worten, mit Enthusiasmus seine Abneigungen, seine Zerrissenheit zu bekämpfen. Aber nein: die Verstrickung des sozialen Menschen erdrückt uns. Spinoza kam ihm zu Hilfe: man muß auf die Ursachen einwirken. Aber wenn wir die Ursachen nicht in der Gewalt haben? Er deutete seine Erfahrung: «Welcher Mensch kann seine Zerrissenheit überwinden? Er wird sie nicht ganz allein überwinden, denn die Ursachen seiner Zerrissenheit liegen nicht in ihm.» Jetzt heißt es, den Andachtsübungen ein verächtliches Adieu zuzurufen: «Ich hatte den Eindruck, das menschliche Leben entdecke sich durch Offenbarung: was für eine Mystik!» Es ist sonnenklar, daß wir kämpfen müssen und daß wir als einzelne nichts ausrichten. Da alles von anderswoher kommt, selbst die geheimsten Widersprüche, denen die eigentümlichsten Züge unseres Charakters ihre Entstehung verdanken, wird die Schlacht anderswo und überall geschlagen werden. Andere werden *dort* für ihn kämpfen; *hier* wird Nizan für andere kämpfen: für den Augenblick handelt es sich nur darum, klar zu sehen, seine Bruderschatten zu erkennen.

Während seines zweiten Jahres auf der École war er den Kommunisten nähergetreten: kurz, er hatte einen Entschluß gefaßt. Aber Entscheidungen werden nachts getroffen, und wir kämpfen lange, ohne es zu merken, gegen unseren eigenen Willen. Er hat an alle Türen klopfen, alles versuchen, Lösungen ausprobieren müssen, die er längst verworfen hatte. Er wollte, glaube ich, die Güter dieser Welt kennenlernen, bevor er das Gelübde der Armut ablegte. Er zog aus, sein Junggesellenleben zu Grabe zu tragen. Und dann stieg Angst in ihm auf: er mußte Schluß machen. Aden war seine letzte Versuchung, sein letzter Versuch, einen individuellen Ausweg zu finden. Und seine letzte Flucht:

1 Deutsch im Original. Anm. d. Übers.

Arabien zog ihn an, wie die Seine an bestimmten Abenden seinen Vater angezogen hatte. Hat er nicht später von Antoine Bloyé gesagt, er «hätte diese Existenz gern aufgegeben ... um ein anderer Mensch zu werden, ein Fremder, der wirklich er selbst wäre? Er malte sich aus ... er sei verschollen, wie jemand, der keine Adresse hinterlassen hat und der Dinge tut und atmet.» Er mußte vor uns fliehen und vor sich fliehen.

Wir verloren ihn, er kam nicht von sich los. Er wurde von einer neuen Abstraktion gequält: durch die weite Welt zu ziehen, hinter den Frauen herzulaufen, das bringt nichts ein. Aden ist ein bis zur Weißglut erhitztes Konzentrat von Europa. Nizan tat eines Tages, was sein Vater – der noch lebte – niemals wagte: er fuhr ohne Tropenhelm zur Mittagszeit in einem Auto los. Man fand ihn in einem Graben wieder, ohnmächtig, aber unverletzt. Dieser Selbstmord räumte mit einigen alten Schrecken auf. Neu belebt, sah er sich um und erblickte «die nackteste Wirklichkeit, die es gibt, die wirtschaftliche Wirklichkeit». In den Kolonien wird das Wirtschaftssystem sichtbar, das sich in den Metropolen in Wolken hüllt. Er kam zurück: er hatte die Ursachen unserer Sklaverei erkannt; der Schrecken wurde in ihm zu einer Aggressivkraft: zu Haß. Er schlug sich nicht mehr mit heimtückischen, anonymen Infiltrationen herum, er hatte die nackte Ausbeutung, die nackte Unterdrückung gesehen und begriffen, daß seine Gegner Namen und Gesichter hatten, daß es Menschen waren. Unglücklich zweifellos und sich selbst entfremdet wie sein Vater und wie er selbst. Aber «sie verteidigten und hegten ihr Unglück und seine Ursachen mit List, mit Gewalt, mit Hartnäckigkeit und Klugheit». Als er in der Nacht, in der er zurückkehrte, an meine Tür klopfte, wußte er, daß er alles versucht hatte, daß er in die Enge getrieben war, daß die Auswege sämtlich blinde Fenster sind bis auf einen: den Krieg. Er kehrte zu seinen Feinden zurück, um zu kämpfen: «Ich darf mich nicht mehr davor fürchten, zu hassen. Ich darf mich nicht mehr scheuen, fanatisch zu sein. Ich schulde Ihnen Böses: sie hätten mich fast zugrunde gerichtet.»

Schluß: er fand seine Gemeinschaft, ließ sich darin aufnehmen; sie schützte ihn vor seinen Feinden. Aber da ich ihn den jungen Lesern von heute vorstelle, muß ich auf eine Frage eingehen, die sie sicherlich stellen werden: Hatte er endlich gefunden, was er suchte? Was konnte die Partei diesem lebendig Gehäuteten geben, der bis ins Mark an der Krankheit des Sterbens litt? Wir müssen uns gewissenhaft danach fragen: ich erzähle eine exemplarische Existenz, was das genaue Gegenteil von einer erbaulichen Biographie ist. Nizan mauserte sich, und doch lebte der alte Mensch – der alte junge Mann – fort. Von 1929 bis 1939 habe ich ihn seltener gesehen, aber ich kann erklären, warum diese Begegnungen immer kürzer und um so lebhafter wurden. Soviel ich sehe, wählt man heute die Familie gegen die Politik. Nizan hatte zugleich die eine wie die andere gewählt. Äneas war es leid geworden, so lange den alten, trübsinnigen Anchises zu tragen: mit einem Schulterruck warf er ihn ab, und Anchises streckte alle viere von sich: er wurde Hals über Kopf Ehemann und Vater, um seinen Vater zu töten. Aber die Vaterschaft allein reicht nicht aus, einen von der Kindheit zu heilen; im Gegenteil: die Autorität des jungen Familienoberhaupts verurteilt dieses dazu, die tausendjährigen Kindereien zu wiederholen, die Adam uns durch unsere Eltern vererbt hat. Mein Freund wußte Bescheid: er wollte dem von Generation zu Generation ermordeten, von Generation zu Generation wiederauferstandenen Vater den Garaus machen: er würde *ein anderer* werden und sich vor den Wunderlichkeiten des Familienlebens durch öffentliche Disziplin bewahren. Wir wollen sehen, ob ihm das gelang.

Die Lehre füllte ihn ganz aus. Er haßte Vermittlungen, und mehr als alle anderen Vermittler Leibniz, ihren Großmeister; durch den Lehrplan gezwungen, die *Metaphysische Abhandlung* zu studieren, rächte er sich, indem er auf einer talentierten Zeichnung den Philosophen auf der Flucht zeigte, mit einem Tirolerhut auf dem Kopf, auf der rechten Hinterbacke den Abdruck von Spinozas Schuhsohle. Der Übergang von der *Ethik* zum *Kapital* ging dagegen glatt vonstatten. Nizan machte den Marxismus zu einer zweiten Natur oder, besser gesagt, eine Weltvernunft. Seine Augen wurden marxistisch; und seine Ohren. Und sein Kopf. Endlich konnte er sich sein unfaßbares Elend erklären, seine Mängel, seine Angst: er sah die Welt und sich in ihr. Aber vor allem brachte die Lehre – während sie seinen Haß rechtfertigte – in ihm die sich widersprechenden Reden seiner Eltern miteinander in Einklang. Die Genauigkeit der Technik, die Strenge der Wissenschaft, die Geduld der Vernunft – all das war bewahrt. Aber man war gleichzeitig über die Kleinlichkeit des Positivismus hinaus, über seine absurde Weigerung, «durch die Ursachen zu erkennen»; man überließ den Ingenieuren die traurige Welt der Mittel und der Mittel zu den Mitteln. Der rastlose junge Mann, der seine Seele retten wollte, konnte sich absoluten Zwecken unterordnen: die Geschichte entbinden, die Revolution durchführen, den Menschen und sein Reich vorbereiten. Man sprach nicht von Erlösung noch von persönlicher Unsterblichkeit, aber man räumte ein, daß man, anonym oder glorreich, innerhalb eines gemeinsamen Unternehmens fortleben werde, das erst mit der Spezies zu existieren aufhören würde. Er überließ dem Marxismus alles: die Physik und die Metaphysik, den Tatendrang und den Drang, sich seine Taten wiederanzueignen, seinen Zynismus und seine eschatologischen Träume. Der Mensch wurde seine Zukunft: aber jetzt galt es, zu zerschneiden, das Wiederzusammennähen würden andere besorgen; er hatte das besondere Vergnügen, zum Wohle der Menschheit alles in Stücke schlagen zu dürfen.

Selbst die Wörter gewannen plötzlich Gewicht: er hatte ihnen mißtraut, weil sie schlechten Herren dienten, alles änderte sich, als er sie gegen den Feind kehren konnte. Er bediente sich ihrer Zweideutigkeit zur Irreführung, ihres unbestimmten Zaubers zur Verführung. Im Dienste der Partei durfte die Literatur sogar zum Geschwätz werden, der Schriftsteller würde, wenn er wollte, wie der antike Weise einen dreifachen Purzelbaum schlagen: alle Wörter gehören den Feinden des Menschen, die Revolution gab die Erlaubnis, sie zu rauben, das war alles. Es reichte: Nizan marodierte seit zehn Jahren und legte auf einen Schlag die Summe seiner Diebstähle vor: das Vokabular. Er erkannte seine Rolle als kommunistischer Schriftsteller und daß es für ihn auf dasselbe hinauslaufe, ob er die Feinde des Menschen oder ihre Sprache in Verruf bringe. Alles war erlaubt: der Dschungel. Das Wort der Herrschenden ist Lüge: man muß ihre Sophismen auseinandernehmen und gleichzeitig gegen sie gerichtete Sophismen erfinden, man muß sie belügen. Man kann sogar so weit gehen, den Hanswurst zu spielen: damit beweist man im Sprechen, daß das Wort des Herrn den Hanswurst spielt. Inzwischen sind diese Spiele verdächtig geworden: der Osten ist heute erbaulich, er hat unseren Provinzen neuen Respekt vor den «Nippes tönender Leere»[1] eingeflößt. Wir können uns keine Späße mehr erlauben: wir stecken in der Klemme zwischen zwei

1 Vgl. Anm. S. 37. Anm. d. Übers.

Arten von Falschgeld, einer aus dem Osten, einer aus dem Westen. 1930 gab es erst eine davon, und die Revolution war bei uns noch beim Zerstören: der Intellektuelle hatte die Aufgabe, die Worte der bürgerlichen Ideologie zu verdrehen und ihre Fäden zu verwirren; Freischärler setzten das Gestrüpp in Brand, ganze Bereiche der Sprache zerfielen zu Asche. Nizan spielte selten den Hanswurst, verfiel nicht oft auf Taschenspielerkunststücke; er log, wie alle Welt in diesem Goldenen Zeitalter, wenn er genau wußte, daß man ihm nicht glauben würde: die Verleumdung hatte soeben, flink und lustig, das Licht der Welt erblickt; sie stand der Poesie nahe. Aber diese Methoden gaben ihm neuen Mut: wir wissen, daß er gegen den Tod anschreiben wollte und daß der Tod ihm die Wörter unter der Feder in welke Blätter verwandelt hatte; er hatte Angst gehabt, er mache sich etwas vor, er vertändele sein Leben im Spiel mit Wind. Jetzt sagte man ihm, daß er sich nicht getäuscht habe, daß die Literatur eine Waffe in den Händen unserer Herren sei, aber man gab ihm einen neuen Auftrag: in einer negativen Periode kann ein Buch eine Tat sein, wenn der revolutionäre Schriftsteller sich bemüht, die Sprache zu zertrümmern. Er durfte alles, er durfte sich sogar einen eigenen Stil zulegen: das würde für die Bösen die Versüßung einer bitteren Pille sein; für die Guten ein Aufruf zur Wachsamkeit: wenn das Meer singt, springt nicht hinein. Nizan studierte die negative Ausdrucksweise: sein Haß bildete Perlen; er nahm die Perlen und warf sie uns zu, hoch erfreut, daß er den gemeinsamen Zwecken durch ein so persönliches Werk dienen sollte. Sein Kampf gegen die konkreten Gefahren, die einem jungen Bourgeois drohen, wurde, ohne daß sich sein unmittelbares Ziel geändert hätte, eine Pflicht: er sprach stets aus ohnmächtiger Wut und aus Haß, jetzt schrieb er für die Revolution.

So war es die Partei, die den Schriftsteller gemacht hat. Aber der Mensch? Hatte er endlich «sein Feld»? Seine Fülle? War er glücklich? Ich glaube es nicht. Dieselben Ursachen, die uns das Glück nehmen, machen uns für immer unfähig, es zu genießen. Außerdem war die Lehre deutlich, stimmte mit seiner persönlichen Erfahrung überein: da die Formen seiner Selbstentfremdung mit der augenblicklichen Struktur der Gesellschaft zusammenhingen, würden sie mit der Bourgeoisie verschwinden; aber er glaubte nicht, daß er den Sozialismus noch erleben würde noch daß, falls er in den letzten Tagen seines Lebens seine Anfänge noch miterleben sollte, diese Verwandlung der Welt Zeit hätte, auch die alten Gewohnheiten eines Sterbenden zu ändern. Dennoch hatte er sich geändert: nie wieder verfiel er, wie früher oft, in Trostlosigkeit; nie wieder bekam er Angst, er lasse sein Leben zugrunde richten. Er hatte Anfälle von tonischem Ungestüm, erlebte Freuden: er fügte sich von Herzen gern darein, nur der *negative Mensch* zu sein, der Schriftsteller der Demoralisierung, der Entmystifizierung. Gab es etwas, womit man dies so ernste Kind, das er nach wie vor war, zufriedenstellen konnte? In gewisser Hinsicht ja. Bevor er in die Partei eintrat, klammerte er sich an seine Weigerungen: da er nicht wahr sein konnte, würde er leer sein, seine Bedeutung würde allein auf seiner Unbefriedigtheit beruhen, seinen unerfüllten Wünschen. Aber er spürte Schläfrigkeit in sich aufsteigen und empfand Entsetzen bei dem Gedanken, er könne nachgeben und eines Tages in der Zustimmung versinken. Als Kommunist baute er seinen Widerstand aus: er hatte sich bis dahin stets vor diesem Krebsgeschwür gefürchtet: dem sozialen Menschen. Die Partei sozialisierte ihn schmerzlos: seine Existenz im Kollektiv war nichts anderes als seine individuelle Person; es genügte, daß er den Haß, der ihn erfüllte, *sanktionierte*. Er hielt sich für eine scheußliche Mißgeburt; man holte ihn nach oben auf die Tribüne, er zeigte seine Wunden mit den Worten: «So haben die Bourgeois an ihren eigenen Kindern gehandelt.» Er hatte sein Ungestüm gegen sich selbst gekehrt: er machte Bomben daraus, die er gegen die Paläste der Industrie warf. Diese Gebäude wurden nicht beschädigt, aber Nizan war befreit: er kontrollierte seine geheiligte Gehässigkeit, spürte aber nicht mehr mehr davon, als jemand, der laut singt, von seiner Stimme hört; dieses minderwertige Subjekt wurde ein fürchterliches Objekt.

Er befreite sich nicht so leicht vom Tod oder vielmehr von dem Schatten, den dieser über sein Leben warf. Aber der von einer fremden Angst zerfressene Halbwüchsige erwarb sich als Mann das Recht, auf eigene Rechnung zu sterben. Der Marxismus enthüllte ihm das Geheimnis seines Vaters: die Einsamkeit Antoine Bloyés beruhte auf seinem Verrat. Dieser verbürgerlichte Arbeiter dachte unablässig «an die Kollegen, mit denen er auf den Baustellen an der Loire und in den Depots zusammengearbeitet hatte, die auf der Seite der Dienenden waren, auf der Seite des Lebens ohne Hoffnung. Er sagte ... ein Wort, das er sich zu vergessen bemühen würde, das nur verschwinden würde, um zur Zeit seines Verfalls wiederaufzutauchen, am Vorabend seines eigenen Todes: ‹Ich bin also ein Verräter.› Und er war es.» Er hatte die Linie überschritten und seine Klasse verraten, um sich als simples Molekül in der Molekularwelt der Kleinbürger wiederzufinden. Er empfand seine Verlassenheit bei hundert Gelegenheiten, vor allem einmal, als er während eines Streiks den Vorbeimarsch der Demonstranten sah: «Diese Menschen ohne Bedeutung nahmen die Kraft, die Freundschaft, die Hoffnung, von denen er ausgeschlossen war, immer weiter mit sich fort. An diesem Abend dachte Antoine, er sei ein Mann der Einsamkeit. Ein Mann ohne Gemeinschaft. Die Wahrheit des Lebens war auf der Seite derjenigen, die keinen ‹Erfolg› gehabt hatten. ‹Die sind nicht allein›, dachte er. ‹Sie wissen, wohin sie gehen.›»

Dieser Überläufer hatte sich aufgelöst, jetzt wirbelte er im Staub der Bourgeoisie herum. Er lernte die Selbstentfremdung, das Unglück der Reichen kennen, weil er sich zum Komplizen derjenigen gemacht hatte, die die Armen ausbeuteten. Diese Gemeinschaft der «Menschen ohne Bedeutung» wäre eine Waffe gegen den Tod gewesen. In ihrer Mitte hätte er die Fülle des Unglücks und der Freundschaft kennengelernt. Fern von ihnen war er ohne Deckung: er war im voraus verstorben, ein und derselbe Sensenhieb hatte die Bande zwischen ihm und den Menschen und seinen Lebensfaden zerschnitten.

War Monsieur Nizan wirklich dieser verzweifelte Deserteur? Ich weiß es nicht. Auf jeden Fall sah ihn sein Sohn so: Nizan entdeckte den Grund für die tausenderlei Arten von geringfügigem Widerstand, den er seinem Vater entgegensetzte, oder glaubte, ihn zu entdecken: er liebte in ihm den Menschen, er haßte den Verrat. Die wohlmeinenden Marxisten, die sich des Falls meines Freundes angenommen und ihn mit einem inneren Zwang zum Verrat erklärt haben, bitte ich, seine Werke noch einmal zu lesen, mit offenen Augen, wenn sie das noch können, und sich der offensichtlichen Wahrheit nicht zu verschließen. Es ist wahr, dieser Sohn eines Verräters spricht oft von Verrat; er schreit in *Aden*: «Ich hätte ein Verräter werden können, ich hätte ersticken können.» Und in *Les Chiens de garde*: «Wenn wir die Bourgeoisie um der Menschen willen verraten, wollen wir uns nicht scheuen zu gestehen, daß wir Verräter sind.» Ein Verräter an den Menschen: Antoine Bloyé; ein weiterer Verräter: der trübsinnige Pluvinage, Sohn eines Schupos und selbst ein Schupo, in *La Conspiration*. Aber was bedeutet denn dieses so oft wiederholte Wort? Daß Nizan sich von Daladier kaufen ließ? Die Orthodoxen auf unserer Linken legen oft eine niederträchtige Entrüstung an den Tag, wenn sie von anderen sprechen; ich kenne nichts Kindischeres und Schmutzigeres, außer dem Klatsch «anständiger» Frauen über eine unverheiratete Frau. Nizan wollte schreiben, er wollte leben: was brauchte er dreißig lumpige Silberlinge aus dem Geheimfonds? Aber als Sohn eines Bourgeois gewordenen Arbeiters fragte er sich, was er wohl sein könne: ein Bourgeois oder ein Arbeiter? Seine Hauptsorge war ohne jeden Zweifel dieser Bürgerkrieg in ihm; Monsieur Nizan, der Verräter am Proletariat, hatte seinen Sohn zu einem verräterischen Bourgeois gemacht; dieser Bourgeois wider Willen würde die Linie in umgekehrter Richtung überschreiten: aber das ist gar nicht so leicht; wenn die kommunistischen Intellektuellen zu Scherzen aufgelegt sind, nennen sie sich Proletarier: «Wir verrichten manuelle Heimarbeit.» Klöpplerinnen gewissermaßen. Nizan, der klarer dachte und anspruchsvoller war, sah in ihnen, in sich selbst, Kleinbürger, die die Partei des Volkes ergriffen hatten. Die Kluft zwischen einem marxistischen Romancier und einem Facharbeiter ist nicht überbrückt: man lächelt einander über den Abgrund hinweg freundlich zu, aber wenn der Schriftsteller einen einzigen Schritt tut, stürzt er in die Tiefe. Das mag noch angehen bei einem Bourgeois, der der Sohn und Enkel von Bourgeois ist: gegen die Herkunft vermögen die schönen Gefühle nichts. Aber Nizan? Er war mit seinen neuen Verbündeten blutsverwandt: er erinnerte sich an seinen Großvater, der «auf der Seite der Dienenden, des Lebens ohne Hoffnung blieb»; er war wie die Kinder von Eisenbahnern in Landschaften aus Eisen und Rauch aufgewachsen; dennoch hatte ein Diplom der Gat'zarts[1] genügt, seine Kindheit in Einsamkeit zu tauchen, der ganzen Familie eine nicht rückgängig zu machende Metamorphose aufzuzwingen. Niemals überschritt er die Linie in umgekehrter Richtung: er verriet die Bourgeoisie, ohne sich der feindlichen Armee anschließen zu können, und mußte stehen bleiben wie *Der Pilger*[2], auf jeder Seite der Grenze ein Bein; er war bis zum Schluß der Freund, aber er schaffte es niemals, der Bruder derer zu werden, «die keinen Erfolg gehabt haben». Das war einzig und allein die Schuld der

1 École des Arts et Métiers. Anm. d. Übers.
2 Film von Charlie Chaplin. Anm. d. Übers.

Bourgeois, die seinen Vater zu einem Bourgeois gemacht hatten. Dieser unauffällige Mangel, diese Leere störte ihn immer ein bißchen: er hatte den Sirenengesang der Bourgeoisie vernommen; aus Gewissenhaftigkeit verharrte er in der Unsicherheit: da er nicht zu der «Gemeinschaft der Dienenden, derjenigen, die ohne Hoffnung leben» gehörte, hielt er sich niemals für hinreichend gefeit gegen die Versuchungen, gegen den Tod; er lernte die Kameradschaft unter Militanten kennen, ohne der Einsamkeit zu entkommen, dem Erbteil eines Verrats.

Sein Leben würde ihm nicht gestohlen werden; befreit von einem fremden Tod, betrachtete er seinen Tod: es würde nicht der eines Depotleiters sein. Aber dieser negative Mensch, der bescheidensten Fülle beraubt, erkannte, daß er zum Schluß eine nicht wiedergutzumachende Niederlage erleiden würde. Sein Tod würde nur das Verschwinden einer Weigerung darstellen. Ein sehr hegelianischer Tod, alles in allem: die Negation einer Negation. Ich glaube kaum, daß Nizan in dieser philosophischen Sicht auch nur den geringsten Trost gefunden hat. Er unternahm eine lange Reise in die UdSSR. Bei seiner Abreise hatte er mir seine Hoffnung anvertraut: dort waren die Menschen vielleicht unsterblich. Die Abschaffung der Klassen überbrückte alle Klüfte. Vereint durch ein langfristiges Unternehmen, wurden die Arbeiter durch den Tod zu anderen Arbeitern, die zu wieder anderen, und die Generationen würden aufeinanderfolgen, immer andere und immer die gleiche.

Er kam zurück. Seine freundschaftlichen Beziehungen zu mir hoben den Eifer des Agitators nicht völlig auf: er ließ mich wissen, daß die Wirklichkeit alle Erwartungen übertraf. Außer in einem Punkt: die Revolution befreite die Menschen von der Lebensangst, sie nahm ihnen nicht die Angst vor dem Tode. Er hatte die Besten gefragt: sie hatten alle geantwortet, daß sie an den Tod dächten und daß ihr Eifer für die gemeinsame Arbeit sie nicht vor diesem finsteren persönlichen Unheil bewahre. Enttäuscht verzichtete Nizan für immer auf den alten spinozistischen Traum: er würde niemals die affirmative Fülle des endlichen Modus kennenlernen, der damit seine Schranken zerbricht und zur unendlichen Substanz zurückkehrt. Im Innersten seiner Bindung ans Kollektiv würde er die Einmaligkeit seiner Unruhe bewahren. Er wollte nicht mehr über sich nachdenken, es gelang ihm, er wandte seine ganze Aufmerksamkeit den objektiven Notwendigkeiten zu: er blieb dennoch, wegen dieses unauflöslichen, hohlen Nichts, dieser Blase von Leere in ihm, das anfälligste und das «unersetzlichste» Geschöpf von der Welt. Ein paar verstreute Sätze zeigen, daß er, ein Individuum wider Willen, am Ende die individuellste Lösung wählte: «Es bedarf vieler Kraft und vieler Werke, um dem Nichts zu entkommen ... Antoine sah schließlich ein, daß er nur durch Werke, die er geschaffen hätte, durch Beweise seines Könnens hätte erlöst werden können.» Nizan war kein Ingenieur. Auch kein Politiker. Er schrieb; der Beweis seines Könnens konnte nur eine Stilübung sein. Er vertraute auf seine Bücher: in ihnen würde er fortleben. Im Innersten dieser disziplinierten, täglich militanteren Existenz ließ der Tod das Krebsgeschwür der Anarchie wachsen. Das dauerte, allem zum Trotz, zehn Jahre. Er widmete sich seiner Partei, lebte in der Unbefriedigtheit, schrieb leidenschaftlich. Aus Moskau kam ein Sturm – die Prozesse –, der ihn schüttelte, ohne ihn zu entwurzeln. Er hielt sich gut. Gleichviel: diesem Revolutionär mangelte es an Blindheit. Sein Verdienst und seine Schwäche waren, daß er alles *sofort* verlangte, wie es die Art junger Leute ist. Den Verzicht der Willfährigkeit leistete dieser Mann der Negation nicht. Er schwieg sich über die Prozesse aus: das war alles.

Ich sah ihn als das Musterbeispiel eines Kommunisten an, das war bequem: er wurde in meinen Augen das Sprachrohr des Politbüros. Ich hielt seine Stimmungen, seine Illusionen, seine Frivolitäten, seine Leidenschaften für höheren Orts abgekartet. Im Juli 1939, in Marseille, wo ich ihn zufällig und zum letztenmal traf, war er sehr aufgeräumt: er stand kurz vor der Abfahrt nach Korsika; ich las in seinen Augen die Aufgeräumtheit der Partei; er sprach vom Krieg, er glaubte, wir würden darum herumkommen: das wurde in meinem Kopf augenblicklich übersetzt: «Das Politbüro ist sehr optimistisch, sein Sprachrohr erklärt, daß die Verhandlungen mit der UdSSR zu einem guten Ergebnis führen werden. Vor dem Herbst, sagt es, werden die Nazis in die Knie gezwungen sein.»

Der September belehrte mich, daß es klüger sei, die Ansichten meines Freundes von den Entscheidungen Stalins zu trennen. Ich war davon überrascht. Verärgert: ich mochte unpolitisch sein, jede Bindung entschieden ablehnen, aber mein Herz saß natürlich links, wie bei jedermann; Nizans rascher Aufstieg hatte mir geschmeichelt, mir in meinen eigenen Augen ich weiß nicht was für eine Bedeutung für die Revolution verliehen; unsere Freundschaft war so köstlich gewesen, und man verwechselte uns noch so oft miteinander, daß ebensosehr ich es war, der in *Ce Soir* die außenpolitischen Leitartikel schrieb – und ich war ganz schön im Bilde! Wenn Nizan nichts wußte – welche Erniedrigung: wir wurden, er und ich, wieder arme Teufel. Fußvolk, mit einem Wort. Wenn er mich nicht absichtlich getäuscht hatte. Diese Vermutung amüsierte mich ein paar Tage lang: ich hatte ihm geglaubt, ich war ein Idiot; aber er behielt seine hohen Funktionen, seinen umfassenden Überblick über das, was man damals das «diplomatische Schachbrett» nannte – und im Grunde war mir das auch lieber. Ein paar Tage später erfuhr ich im Elsaß aus den Zeitungen, daß das Sprachrohr des Politbüros soeben aus der Partei ausgetreten war und daß er diesen Bruch zu einem großen Skandal gemacht hatte. Ich hatte mich also getäuscht, in jeder Hinsicht, seit je. Ich weiß nicht, was mich davor bewahrte, in Betäubung zu verfallen: mein Leichtsinn vielleicht; und außerdem entdeckte ich im selben Augenblick den monumentalen Irrtum einer ganzen Generation – unserer Generation –, die im Stehen schlief. Man trieb uns durch eine blutdürstige Vorkriegszeit auf die Massaker zu, und wir glaubten, wir wandelten auf den Rasenteppichen des Friedens. In Brumath erlebte ich unser anonymes großes Erwachen, ich verlor schließlich, und zwar für immer, mein Orientierungsvermögen: das warf mich um.

Heute erinnere ich mich ohne Verdruß meiner Lehrzeit, und ich sage mir, daß Nizan zur selben Zeit *verlernte*. Wie mußte er leiden! Es ist schwer, eine Partei zu verlassen: da ist das Gesetz, das man aus sich herausreißen muß, um es zu zerbrechen, da sind die Männer, deren geliebte, vertraute Gesichter die gemeinen Visagen von Gegnern werden, da ist die graue Masse, die hartnäckig weitermarschieren und die man sich entfernen, verschwinden sehen wird. Mein Freund war Dolmetscher: plötzlich war er allein, im Norden, unter englischen Soldaten. Allein unter den Engländern, so wie in der schlimmsten Zeit seines Lebens, in Arabien, damals, als er, die Faust im Nacken, geflohen, als er ganz auf sich allein gestellt war und Nein sagte.

Natürlich nannte er politische Gründe für seinen Schritt. Seine ehemaligen Freunde beschuldigten ihn des Moralismus; er warf ihnen vor, sie seien keine Machiavellisten; er billigte, sagte er, den souveränen Zynismus der sowjetischen Führer: alle Mittel

147

sind erlaubt, wenn es gilt, das Vaterland des Sozialismus zu retten; aber die französischen Kommunisten waren dem Beispiel dieser chevaleresken Ungezwungenheit nicht gefolgt und hatten nicht begriffen, daß sie sich zum Schein von der UdSSR lossagen mußten; sie würden ihren Einfluß verlieren, weil sie sich nicht rechtzeitig den Anschein der Entrüstung gegeben hatten.

Er war nicht der einzige, der diese Argumente vorbrachte; wie oberflächlich sie uns heute vorkommen! Tatsächlich war dieser Rückgriff auf Machiavelli nicht mehr als eine schlagfertige Antwort: Nizan wollte seinen Realismus beweisen; Taktiker, verurteilte er eine Taktik: weiter nichts – daß nur ja niemand glaubte, er ziehe sich aus einem Affekt heraus zurück oder weil seine Nerven zerrüttet seien! Seine Briefe dagegen beweisen, daß er vor Zorn glühte. Heute kennen wir die Umstände, die Dokumente besser, wir verstehen die Motive der russischen Politik: ich neige zu der Annahme, daß er einen dummen Streich gemacht hat, daß er nicht mit seinen Freunden, seinem wahren Leben hätte brechen müssen; ich sage mir, daß die Résistance, hätte er sie erlebt, ihn wie so viele andere ins Glied zurückgebracht hätte. Aber das ist nicht meine Sache: ich will darlegen, daß er auf den Tod verwundet, daß die Kugel ihm mitten ins Herz gedrungen war, daß diese unerwartete Schwenkung ihm seine Nacktheit enthüllte, ihn in seine Wüste, in ihn selbst zurückwarf.

Er schrieb in *Ce Soir*; man hatte ihm die Außenpolitik übertragen. Ein einziges Thema: sich mit der UdSSR gegen Deutschland verbünden. Er hatte es so oft entwickelt, daß er inzwischen ganz davon durchdrungen war: als Molotow und Ribbentrop letzte Hand an ihren Pakt legten, forderte Nizan, seine rauhe Stimme überanstrengend, auf seine eigene Rechnung, unter Drohungen, die französisch-sowjetische Annäherung. Im Laufe des Herbstes 1939, auf Korsika, besuchte er führende Männer der Partei: sie waren sehr freundlich zu ihm, beglückwünschten ihn zu seinen Artikeln, und wenn er sich abends zurückgezogen hatte, hielten sie ausgedehnte geheime Zusammenkünfte ab. Wußten sie, was uns bevorstand? Nichts ist weniger sicher: die Septemberenthüllung zermalmte eine Partei auf Urlaub. Man sah in Paris Journalisten in der Verwirrung blindlings die schwersten Verantwortungen auf sich nehmen. Auf jeden Fall zweifelte Nizan keinen Augenblick lang daran, daß er belogen worden war. Das verletzte ihn: nicht in seiner Eitelkeit und auch nicht einmal in seinem Stolz, sondern, sehr viel tiefer, in seiner Demut. Er hatte niemals die Klassengrenze überschritten, er wußte es; in seinen eigenen Augen verdächtig, sah er im Schweigen der Parteiführer den Beweis für das Mißtrauen des Volkes. Zehn Jahre Gehorsam hatten es nicht zerstreut: man würde diesem zweifelhaften Verbündeten den Verrat seines Vaters niemals verzeihen.

Dieser Vater hatte für andere gearbeitet, für Herren, die ihm seine Kraft und sein Leben raubten; aus Protest dagegen war Nizan Kommunist geworden. Nun erfuhr er, daß man ihn als Werkzeug benutzte und ihm die wahren Ziele verheimlichte, daß man ihm Lügen soufflierte und daß er sie guten Glaubens wiederholt hatte: auch ihm hatten unsichtbare Menschen von fern die Kraft, das Leben geraubt; er hatte seinen ganzen Starrsinn daran gewendet, die ätzenden und einschmeichelnden Wörter der Bourgeoisie zurückzuweisen, und auf einmal fand er innerhalb der Partei der Revolution selbst wieder, was er am meisten fürchtete: die Selbstentfremdung in der Sprache. Die kommunistischen Wörter, so einfach, fast roh – was war das? Ausgeströmtes Gas. Er hatte von seinem Vater geschrieben: «(Er hatte) einsame Handlungen (ausgeführt), zu denen ihn eine außer ihm liegende, unmenschliche Macht gezwungen hatte ... Handlungen, die nicht Teil einer authentischen menschlichen Existenz waren, die keine wirklichen Folgen gehabt hatten. Es waren Handlungen, die nur in verstaubten, mit Bindfäden verschnürten Akten verzeichnet waren ...» Jetzt fielen ihm seine Handlungen als Aktivist ein, und sie glichen wie Brüder denen des bürgerlichen Ingenieurs: keine «wirklichen Folgen»; in verstaubten Zeitungen verstreute Artikel, hohle Phrasen, diktiert von einer außer ihm liegenden Macht, die Selbstaufgabe eines Menschen gegenüber den Notwendigkeiten einer internationalen Politik, ein unbedeutendes, seiner Substanz beraubtes Leben, «ein eitles Bild dieses enthaupteten Wesens, das sich in der Asche der Zeit bewegte, mit hastigen Schritten, ohne Richtung, ohne Anhaltspunkte».

Er kehrte zu seiner ewigen Sorge zurück: er kämpfte, um sein Leben zu retten, und die Partei raubte es ihm, gegen den Tod, und der Tod kam ihm von der Partei. Er täuschte sich, glaube ich: das Massaker wurde von der Erde hervorgebracht und entstand überall. Aber ich berichte, was er empfand: Hitler hatte die Hände frei, er würde sich auf uns werfen; Nizan stellte sich bestürzt vor, wie unsere Armee von Bauern, von Arbeitern mit

Zustimmung der UdSSR vernichtet würde. Seiner Frau gegenüber sprach er von einer anderen Befürchtung: er würde zu spät, verbraucht, aus einem endlosen Krieg zurückkommen; er würde überleben, um seinen Verdruß, seinen Groll wiederzukäuen, gequält vom Falschgeld der Erinnerungen. Gegen diese von neuem drohenden Gefahren blieb nur die Empörung, die alte anarchische und verzweifelte Empörung: da alles die Menschen verriet, würde er den kleinen verbleibenden Rest von Menschlichkeit dadurch schützen, daß er zu allem Nein sagte.

Ich weiß: der erbitterte Soldat des Jahres 1940 sieht mit seinen vorgefaßten Meinungen, seinen Prinzipien, seiner Erfahrung, all seinem geistigen Werkzeug dem jungen Abenteurer, der nach Aden aufbrach, kaum noch ähnlich. Er wollte vernünftig denken, klar sehen, alles abwägen, bewahren, was ihn verband mit «denjenigen, die keinen Erfolg gehabt haben»; die Bourgeoisie wartete auf ihn, leutselig und verderblich: man mußte ihr einen Strich durch die Rechnung machen; von der Partei, wie er glaubte, verraten, hielt er es von neuem für seine selbstverständliche Pflicht, nicht seinerseits zu verraten; er beharrte darauf, sich als Kommunisten zu bezeichnen. Er überlegte geduldig: wie konnte man die Abweichungen korrigieren, ohne dem Idealismus zu verfallen? Er machte Notizen, er registrierte; er schrieb viel. Aber glaubte er wirklich, ganz allein die unbeugsame Bewegung dieser Millionen von Menschen korrigieren zu können? Ein einsamer Kommunist ist verloren. Die Wahrheit seiner letzten Monate wurde der Haß. «Ich möchte», hatte er geschrieben, «gegen echte Menschen kämpfen.» Er dachte damals an die Bourgeois, aber die Bourgeois haben kein Gesicht: der, den man zu hassen glaubt, löst sich in nichts auf, und man findet sich der Standard Oil, der Börse gegenüber wieder. Nizan hegte bis zu seinem Tode gegen bestimmte Leute Groll: der eine Freund hatte ihn aus Feigheit nicht unterstützt; ein anderer hatte ihn zum Bruch ermutigt und dann verurteilt. Sein Zorn wurde von lebhaften Erinnerungen genährt: vor seinem geistigen Auge erschienen noch einmal Augen, Münder, ein Lächeln, die Farbe einer Haut, eine strenge oder scheinheilige Miene, und er haßte diese allzu menschlichen Gesichter; wenn er jemals die Fülle kennenlernte, dann in diesen Stunden des Rasens, in denen seine Wut in Gedanken Gemetzel veranstaltete und Genuß wurde. Als er völlig einsam, «ohne Richtung, ohne Anhaltspunkte» und nur auf die Unnachgiebigkeit seiner Weigerungen angewiesen war, kam der Tod und holte ihn. *Sein* Tod: sinnlos und barbarisch, so wie er ihn immer gefürchtet und wie er ihn sich immer vorgestellt hatte. Ein englischer Soldat nahm sich die Zeit, seine persönlichen Aufzeichnungen und seinen letzten, fast fertigen Roman, «La Soirée à Somosierra», zu vergraben. Die Erde fraß dieses Testament: als seine Frau 1945 anhand von genauen Angaben versuchte, die Papiere wiederzufinden, die letzten Zeilen, die er über die Partei, über den Krieg oder über sich selbst niedergeschrieben hatte, war nichts mehr erhalten. Ungefähr zu dieser Zeit wurde mit der Verleumdung Ernst gemacht: man verurteilte den Toten wegen Hochverrats. Was für ein seltsames Leben: deformiert, dann geraubt, dann verborgen und gerettet in den Tod, weil es Nein sagte. Exemplarisch auch, weil es ein Skandal war wie alle Leben, die man vorgefertigt hat wie alle die, die man heute den jungen Leuten zurechtzimmert; aber ein bewußter Skandal und einer, der sich öffentlich anprangerte.

Hier sein erstes Buch. Man glaubte, der Erdboden habe es verschluckt, es ersteht auf, weil ein neues Publikum danach verlangt. Ich hoffe, daß man uns bald seine beiden Meisterwerke zurückgibt: *Antoine Bloyé*, die schönste, die lyrischste aller Grabreden, und *La Conspiration*. Aber es ist nicht falsch, mit dieser nackten Empörung zu beginnen: am Anfang aller Dinge steht zunächst die Weigerung. Jetzt mögen die alten Leute sich entfernen und einen Halbwüchsigen zu seinen Brüdern sprechen lassen: «Ich war zwanzig; niemand soll sagen, das sei die schönste Zeit des Lebens.»

(März 1960)

Vorwort zu *Aden, Arabie*
von Paul Nizan, Paris 1960

Merleau-Ponty

Wie viele Freunde habe ich verloren, die noch leben! Niemand war schuld daran: sie waren sie, ich war ich; das Ereignis hatte uns geschaffen und einander nahegebracht, es hat uns getrennt. Und ich weiß, Merleau-Ponty sagte nichts anderes, wenn er an die Menschen dachte, die durch sein Leben geisterten und es wieder verließen. Dennoch hat er mich niemals verloren, er mußte sterben, damit ich ihn verlor. Wir waren einander ebenbürtig, Freunde, aber nicht gleichartig; wir hatten es sofort begriffen, und anfangs amüsierten uns unsere Meinungsverschiedenheiten; dann aber, um 1950, fiel das Barometer: eine kräftige Brise über Europa und über der Welt; die Welle stieß uns beiden die Köpfe zusammen und warf im nächsten Augenblick jeden zu den Antipoden des anderen. Niemals brachen wir die so oft gespannten Beziehungen ab: fragt man mich, weshalb, so werde ich sagen, daß wir viel Glück und manchmal auch etwas Verdienst dabei hatten. Jeder von uns versuchte, sich selbst und dem anderen treu zu bleiben, und einigermaßen gelang uns das auch. Merleau ist noch zu lebendig, als daß man ihn darstellen könnte, es läßt sich ihm – vielleicht ohne daß es mir bewußt wird – besser nahekommen, wenn ich jenes Zerwürfnis, das nie stattgefunden hat, erzähle, unsere Freundschaft.

In der École Normale Supérieure kannten wir uns, ohne uns häufig zu sehen. Er war Externe, ich Interne: jede dieser Gruppen betrachtet sich als eine Ritterschaft, die andere als das Fußvolk. Folgte der Militärdienst; ich war Gefreiter, er wurde Leutnant: wiederum zwei Ritterschaften.[1] Wir verloren uns aus

1 Ich weiß nicht, ob er es nicht bedauerte, nicht nur ein einfacher Soldat zu sein, als er 1939 mit jenen in Berührung kam, die merk-

den Augen. Er bekam ein Lehramt, ich glaube in Beauvais; ich unterrichtete in Le Havre. Dennoch bereiteten wir uns, ohne es zu wissen, darauf vor, uns zu begegnen: jeder von uns versuchte, so gut er es konnte und mit den Mitteln, die ihm zur Hand waren, die Welt zu verstehen. Und wir hatten dieselben Mittel – sie hießen damals Husserl und Heidegger –, weil wir aus dem gleichen Umkreis kamen.

1947 erzählte mir Merleau eines Tages, daß er sich von einer unvergleichlichen Kindheit niemals habe heilen können. Er hatte das tiefste Glück besessen, aus dem er erst durch das Alter verjagt wurde. Seit seiner frühen Jugend ein Anhänger Pascals, lange bevor er Pascal gelesen hatte, erfuhr er die Einmaligkeit seiner Person als die Einmaligkeit eines Abenteuers: jemand, das ist etwas, was sich ereignet und was vergeht, nicht ohne den Grundriß einer immer neuen und immer wieder begonnenen Zukunft gezeichnet zu haben. Was war er, Merleau, wenn nicht das verlorene Paradies: ein verrückter, unverdienter Glücksfall, ein reines Geschenk, verwandelte sich nach dem Sündenfall in Mißgeschick, entvölkerte die Welt und entzauberte sie von vornherein. Diese Geschichte ist außerordentlich und gewöhnlich: unser Glücksvermögen hängt ab von einem gewissen Gleichgewicht zwischen dem, was unsere Kindheit uns versagt, und dem, was sie uns gewährt hat. Bei völligem Entzug und völliger Beglückung sind wir verloren. So gibt es Geschicke in unendlicher Zahl: das seine war, zu früh gewonnen zu haben. Dennoch mußte er leben: bis zum Ende mußte er sich zu dem machen, zu dem das Ereignis ihn gemacht hatte. Zu diesem und einem anderen: auf der Suche nach dem Goldenen Zeitalter; seine archaische Naivität, die von da ausgehend seine Mythen schuf und das, was er später seinen «Lebensstil» nannte, zeitigte Vorlieben – für die Traditionen, die an die Riten der Kindheit erinnern, und zugleich für die «Spontaneität», die an ihre behütete Freiheit erinnert –, entdeckte den Sinn dessen, was von *Geschehenem* aus *geschieht,*

würdigerweise von ihren Vorgesetzten Männer genannt werden. Ich jedenfalls bereute meinen Anarchismus der Vorkriegsjahre, als ich die Unfähigen sah, die meine Offiziere waren: wenn wir uns schon schlagen mußten, hätten wir die Kommandostellen nicht diesen eingebildeten Dummköpfen überlassen sollen. Es ist bekannt, daß es nach dem kurzen Zwischenspiel der Résistance so geblieben ist; daraus erklärt sich ein Teil unseres Unglücks.

und schuf schließlich aus der Bestandsaufnahme und der Tatbe-
standsfeststellung eine Prophetie. Das war es, was er als junger
Mann empfand, ohne es schon ausdrücken zu können; auf diesem
Umweg kam er zur Philosophie. Er staunte, nichts weiter: alles
ist im voraus abgekartet, und doch lebt man weiter; warum?
Warum ein Leben führen, das durch Mängel disqualifiziert ist?
Und was heißt leben?

Unsere Lehrer ignorierten die Geschichte leichtfertig und
ernsthaft. Sie antworteten, daß diese Fragen keine Fragen seien,
daß sie schlecht gestellt seien oder – ein Modewort dieser Zeit –
daß «die Antworten bereits in den Fragen lägen». Denken heiße
messen, sagte einer von ihnen, der weder das eine noch das
andere tat. Und alle: der Mensch und die Natur bilden den Gegenstand allgemeiner Begriffe. Gerade das konnte Merleau-
Ponty nicht zugeben; ihn, den die archaischen Geheimnisse seiner
Vorgeschichte quälten, reizten diese Harmlosen, die sich für
muntere Vögel hielten und das «Überblicksdenken» praktizier-
ten, wobei sie nur unsere naturgegebene Gebundenheit vergaßen.
Sie brüsten sich damit, sagte er später, die Welt als ein Gegenüber
zu betrachten; wissen sie nicht, daß die Welt uns umgibt und hervorbringt? Noch der ungebundenste Geist ist von ihr geprägt, und
man kann keinen einzigen Gedanken bilden, der nicht von Grund
auf, von allem Anfang an, durch das Sein bedingt ist, auf das zu
zielen er vorgibt. Da jeder von uns eine doppelsinnige Geschichte
ist – Glück und Unglück, Vernunft, Unvernunft –, deren Ursprung niemals das Wissen, sondern das Ereignis ist, ist es nicht
einmal vorstellbar, daß wir diese Laufmasche, unser Leben, in
abstrakte Begriffe zu übersetzen vermöchten. Und was kann
menschliches Denken über den Menschen wert sein, wenn der
Mensch selbst darüber richtet und dafür bürgt? So «kaute er sein
Leben wieder». Man denke dabei nicht an Kierkegaard; das wäre
verfrüht. Der Däne floh das Hegelsche Wissen; er erfand Opakes
aus Schrecken vor der Transparenz: wäre das Licht des Tages
durch ihn hindurchgegangen, so wäre Sören nichts mehr gewesen. Merleau ist genau das Gegenteil: er wollte verstehen,
sich verstehen; es war nicht seine Schuld, wenn er im Laufe
der Zeit entdeckte, daß zwischen dem universalistischen Idealismus und dem, was er seine «ursprüngliche Geschichtlichkeit»
nannte, Unverträglichkeit bestand. Er ging niemals darauf aus,
der Unvernunft den Vortritt zu lassen vor der Vernunft: er
wollte nur der Unbeweglichkeit des Kantschen Subjekts die

Geschichte entgegensetzen. Das bedeutet, wie Rouletabille[1] sagte, die Vernunft von der richtigen Seite anpacken: nicht mehr. Kurz, er suchte eine «Verankerung»; man sieht, was ihm fehlte, um am Anfang beginnen zu können: die Intentionalität, die Situation, zwanzig andere Begriffswerkzeuge, die man sich in Deutschland beschaffen konnte. Um die gleiche Zeit bedurfte ich aus anderen Motiven der gleichen Instrumente. Ich kam durch Levinas zur Phänomenologie und reiste nach Berlin, wo ich fast ein Jahr blieb. Als ich zurückkehrte, waren wir, ohne es zu wissen, am gleichen Punkt angekommen; bis zum September 1939 setzten wir unsere Lektüre und unsere Untersuchungen fort; im gleichen Rhythmus, aber getrennt.

Bekanntlich hat die Philosophie keine unmittelbare Wirksamkeit: der Krieg mußte ausbrechen, damit wir uns näherkamen. 1941 bildeten sich überall in unserem Land Gruppen von Intellektuellen, die bestrebt waren, dem siegreichen Feind Widerstand zu leisten. Ich gehörte zu einer dieser Gruppen, «Sozialismus und Freiheit». Merleau-Ponty schloß sich uns an. Diese Begegnung war keine Wirkung des Zufalls: wir stammten beide aus dem republikanischen Kleinbürgertum, und unsere Neigungen, die Tradition und unser Berufsgewissen trieben uns dazu, die Freiheit der Feder zu verteidigen: auf dem Umweg über sie entdeckten wir alle anderen. Abgesehen davon: lauter Naive. Unsere kleine Einheit, aus dem Enthusiasmus geboren, bekam das Fieber und starb ein Jahr später, weil sie nicht wußte, was tun. Die anderen Gruppen der besetzten Zone erlitten, zweifellos aus dem gleichen Grund, das gleiche Schicksal: 1942 bestand keine einzige mehr. Etwas später holten der Gaullismus und die Nationale Front diese Widerstandskämpfer der ersten Stunde zurück. Uns beide hatte «Sozialismus und Freiheit» trotz unseres Versagens zusammengeführt. Die Zeitumstände waren uns günstig: es bestand damals unter Franzosen eine unvergeßliche Transparenz der Herzen, die die andere Seite des Hasses war. Durch jene nationale Freundschaft hindurch, durch die einem von vornherein an jedem alles recht war, sofern er nur die Nazis haßte, erkannten wir uns; die wesentlichen Worte fielen: Phänomenologie, Existenz; wir erkannten, was uns wirklich am Herzen lag. Zu individualistisch, um unsere Forschungen gemeinsam zu betreiben, ergänzten wir uns, getrennt, gegenseitig. Für sich

1 Held mehrerer Detektivromane von Gaston Leroux. Anm. d. Übers.

allein wäre jeder zu leicht davon überzeugt gewesen, die Idee der Phänomenologie begriffen zu haben; zu zweit verkörperten wir, einer für den anderen, ihre Doppelsinnigkeit: jeder faßte die fremde, manchmal gegnerische Arbeit, die sich im anderen vollzog, als einen unerwarteten Umweg seiner eigenen Arbeit auf. Husserl wurde unser Abstand und unsere Freundschaft. Auf diesem Gebiet waren wir nur, wie Merleau-Ponty es im Hinblick auf die Sprache einmal treffend gesagt hat, «Unterschiede, die selbst des zugehörigen sprachlichen Ausdrucks ermangeln, oder vielmehr sprachliche Bedeutungen, die erst durch die zwischen ihnen auftretenden Unterschiede hervorgebracht werden»[1]. Seine Erinnerung an unsere Unterhaltungen war nuanciert. Im Grunde wollte er nur in die Tiefe gehen, und die Diskussionen störten ihn. Dann machte ich ihm auch zu viele Zugeständnisse, und das zu eifrig: später, in den dunklen Stunden, hat er es mir vorgeworfen und auch, daß ich Dritten *unseren* Standpunkt dargelegt hätte, ohne *seinen* Vorbehalten Rechnung zu tragen; wie er mir sagte, schrieb er das dem Stolz, irgendeiner blinden Verachtung für andere zu. Nichts ist ungerechter: ich fand immer und finde heute noch, daß es nur *eine* Wahrheit gibt; in Detailfragen jedoch schien es mir besser, meine Ansichten aufzugeben, wenn ich meinen Gesprächspartner nicht hatte überzeugen können, daß er die seinen aufgeben müsse. Merleau-Ponty hingegen fand seine Sicherheit in der Vielzahl der Perspektiven: er sah darin die Facetten des Seins. Was aber das andere betrifft, daß ich seine Vorbehalte mit Schweigen überging: wenn ich es tat, so tat ich es mit gutem Gewissen. Oder beinahe: weiß man das jemals? Mein Fehler war viel eher, die Dezimalen wegzustreichen, um schneller Einmütigkeit zu erzielen. Jedenfalls zürnte er mir wohl nicht allzusehr, da er sich die freundschaftliche Vorstellung erhalten hat, ich sei ein Vermittler. Ich weiß nicht, ob er aus diesen Diskussionen Nutzen zog; manchmal zweifle ich daran. Ich vergesse aber nicht, was ich ihnen verdanke: ein durchlüftetes Denken. Dies war meiner Ansicht nach der reinste Augenblick unserer Freundschaft.

1 Zitiert nach: *Das Auge und der Geist.* Philosophische Essays. Herausgegeben und übersetzt von Hans Werner Arndt. Rowohlt Verlag, Reinbek bei Hamburg 1967. Zitate aus den in dieser Sammlung enthaltenen Essays sind stets entsprechend der Übersetzung von Hans Werner Arndt wiedergegeben. Anm. d. Übers.

Er sagte mir jedoch nicht alles. Wir sprachen nicht mehr über Politik, es sei denn, um die Nachrichten der BBC zu kommentieren. Ein Abscheu vor der Politik hatte mich überfallen, den ich erst loswurde, als ich mich wieder einer soliden Organisation anschließen konnte. Merleau, der früher unserem Unternehmen zurückhaltender gegenübergestanden hatte, war weniger schnell bereit, es zu vergessen: es stellte für ihn das verkleinerte Abbild eines Ereignisses dar: es bedeutete, den Menschen auf sich selbst zurückzuführen, auf den Zufall, der er war, der er fortfuhr zu sein und den er hervorbrachte. Was hatten sie erlebt, gewollt, und schließlich, was hatten sie getan, diese Lehrer – zu denen wir gehörten –, diese Studenten, diese Ingenieure, die durch einen Sturmwind jäh zusammengeworfen und plötzlich getrennt worden waren? Merleau-Ponty befragte damals die Wahrnehmung; das sei, so dachte er, einer der Anfänge des Anfangs: diese doppelsinnige Erfahrung liefert durch die Welt unseren Körper und durch unseren Körper die Welt; der Angelpunkt und die *Verankerung*. Aber die Welt ist auch die Geschichte, und vielleicht sind wir zuallererst geschichtlich. Während er langsam sein Buch schrieb, dachte er am Rande über das nach, was ihm später als die grundlegende Verankerung erschien. Die *Phänomenologie der Wahrnehmung* trägt die Spuren dieser doppelsinnigen Meditationen, aber ich erkannte sie damals nicht; er brauchte noch zehn Jahre, um auf das zu stoßen, was er seit seiner Jugend suchte, auf jenes *Ereignis-Sein* des Menschen, das man auch Existenz nennen kann. Soll ich sagen, daß in seiner Darstellung die Phänomenologie etwas Statisches blieb und daß er sie erst nach und nach durch eine Vertiefung, deren erste Etappe *Humanismus und Terror* darstellt, zu etwas Dynamischem umformte? Das wäre nicht falsch; zweifellos übertrieben, aber klar. Sagen wir, daß diese vergröbernde Formulierung wenigstens erlaubt, die Bewegung seines Denkens wahrzunehmen: still, besonnen, unbeugsam wandte es sich auf sich selbst zurück, um durch sich hindurch zum Ursprünglichen vorzustoßen. In den Jahren, die der Befreiung vorangingen, war er nicht sehr weit gekommen: er wußte aber schon, daß man die Geschichte sowenig wie die Natur als ein Gegenüber betrachten kann. Denn sie umgibt uns. Wie aber? Wie schloß es uns ein, das Ganze der zukünftigen und der verstrichenen Zeit? Wie sollten wir die anderen als unsere tiefe Wahrheit in uns selbst entdecken? Wie in ihnen uns selbst als den Maßstab ihrer Wahrheit erkennen? Diese

Frage entsteht schon auf der Ebene der Spontaneität der Wahrnehmung und der «Intersubjektivität»; sie wird konkreter und dringender, wenn man den geschichtlich Handelnden wieder in die allgemeine Bewegung zurückversetzt. Aber die Arbeiten und Mühen, die Werkzeuge, Staatsform, Sitte, Kultur – wie soll man die Person in sie «eingliedern»? Umgekehrt: wie kann man sie aus einem Gespinst herausziehen, das sie nicht müde wird zu spinnen und das niemals aufhört, sie hervorzubringen? Merleau hatte geglaubt, aus dem Frieden heraus zu leben; ein Krieg hatte ihn zum Krieger gemacht, und er hatte doch den Krieg mitgemacht. Wie, wenn dieses seltsame Drehkreuz uns die Grenzen und die Tragweite geschichtlichen Handelns bezeichnete? Als Ermittler, als Zeuge, als Angeklagter, als Richter ging er zurück und untersuchte die Geschichte im Licht unserer Niederlage, der zukünftigen deutschen Niederlage – deren wir nach Stalingrad sicher waren –, den falschen Krieg, den er mitgemacht hatte, den falschen Frieden, in dem er zu leben geglaubt hatte, und immer stand er selbst im Angelpunkt als besprengter Rasensprenger, als mystifizierter Mystifikator, als Opfer und Komplize, trotz der Aufrichtigkeit, die außer Zweifel stand und die dennoch in Frage gestellt werden mußte.[1] Das alles geschah in der Stille: er hatte kein Bedürfnis nach einem Partner, um dieses neue Licht auf die Einmaligkeit seiner Epoche, auf seine eigene Einmaligkeit fallen zu lassen. Aber man hat den Beweis dafür, daß er nicht aufhörte, über seine Zeit nachzudenken; schon 1945 schrieb er: «Alles in allem haben wir die Geschichte gelernt, und wir behaupten, daß man sie nicht vergessen darf.»[2]

Es war ein «wir» aus Höflichkeit: um zu lernen, was er wußte, brauchte ich noch ein Lustrum. Von Geburt an mit Gaben überhäuft und dann beraubt, war er durch seine Erfahrung dazu bestimmt, die Kraft der Dinge zu entdecken, die unmenschlichen Mächte, die uns unsere Taten und unsere Gedanken stehlen. Seine ursprüngliche Intuition setzte ihn, der eingefügt, umschlossen, vorherbestimmt, aber frei war, instand, das Ereignis zu ver-

1 Nicht, wie ich es 1942 tat, durch eine Eidetik der Unaufrichtigkeit, sondern durch eine empirische Untersuchung unserer historischen Traditionen und der unmenschlichen Kräfte, die sie pervertieren.

2 Merleau-Ponty: *La guerre a eu lieu* in: *Les Temps Moaernes*, Nr. 1, 1945; auch in: *Sens et Non-Sens* [3]1961.

stehen, dieses überall entspringende Abenteuer, das ohne Konsistenz und Bedeutung ist, solange es uns nicht seinen wagnisreichen Finsternissen erfüllt, solange es uns nicht gezwungen hat, ihm aus freien Stücken und gegen unseren Willen seine eherne Notwendigkeit zu verleihen. Er litt aber auch unter seinen Beziehungen zu den anderen: alles war zu rasch zu schön gewesen; die Natur, die ihn zu Beginn umfing, war die Muttergottheit, seine Mutter, deren Augen ihm zu sehen gaben, was er sah; sie war sein *alter ego*; durch sie, in ihr erlebte er jene «immanente Intersubjektivität», die er oft beschrieben hat und die uns durch den anderen unsere «Spontaneität» entdecken läßt. Nach dem Tod der Kindheit blieb die Liebe zurück, ebenso stark, aber zu Tode betrübt. In der Gewißheit, das zerbrochene Vertrauen niemals wiederzufinden, wußte er nicht, was er von seinen Freunden verlangen konnte: alles und nichts; manchmal zuviel, manchmal nicht genug. Rasch ging er von der Forderung zur Gleichgültigkeit über, nicht ohne unter den Fehlschlägen zu leiden, die sein Ausgestoßensein bekräftigten. Mißverständnis, Abkühlung, Trennung bei gegenseitigem Unrecht: das Privatleben hatte ihn schon gelehrt, daß unsere Handlungen sich anders, als wir es gewollt hatten, in unsere kleine Welt einzeichnen und uns zu anderen machen, als wir waren, da uns nachträglich Absichten unterstellt werden, die wir nicht hatten, aber künftig gehabt haben werden. Nach 1939 lebte er in jenen Fehlrechnungen, jenen Unkosten, die man auf sich nehmen muß, weil man sie nicht hat voraussehen können, und die die Kennzeichen geschichtlichen Handelns sind. Er schrieb 1945: «Wir sind dahin geführt worden, nicht nur unsere Absichten, den Sinn, den unsere Handlungen für uns hatten, auf uns zu nehmen und als unsere eigenen zu betrachten, sondern auch noch die Folgen dieser Handlungen außerhalb unserer selbst, den Sinn, den sie in einem bestimmten geschichtlichen Zusammenhang annehmen.»[1] Er sah «seinen Schatten auf der Geschichte wie auf einer Mauer, die Gestalt, die seine Handlungen außerhalb seiner selbst annahmen, den objektiven Geist, der er selbst war»[2]. Merleau fühlte sich hinreichend eingefügt, um sich unaufhörlich bewußt zu sein, daß er die Welt der Welt zurückgab, und hinreichend frei, um sich durch dies Zurückgeben in der Geschichte zu

1 Ebd.
2 Ebd.

objektivieren. Er vergleicht sich gern mit einer Welle: mit einem Wellenkamm in einem Meer, das, aufschäumend, aus einem einzigen Gischtrand bestünde. Der geschichtliche Mensch, diese Mischung aus besonderen Zufällen und aus Allgemeinheiten, erscheint, wenn seine vom Entferntesten her bis in ihre fremdeste Objektivität vorhergesehene und vollzogene Handlung in die ursprüngliche Unvernunft einen Beginn von Vernunft einführt. Seinen Gegnern antwortete Merleau mit aller Gewißheit, daß seine Auffassung von der Existenz ihn nicht in Gegensatz zum Marxismus bringe, und in der Tat konnte der wohlbekannte Satz: «Der Mensch macht die Geschichte auf der Grundlage der vorangegangenen Umstände» in seinen Augen als eine marxistische Version seines eigenen Denkens gelten.

Die kommunistischen Intellektuellen dachten ähnlich. Sobald die Windstille von 1945 zu Ende war, griffen sie mich an: mein politisches Denken war verworren, meine Ideen konnten schaden. Hingegen schien ihnen, daß Merleau ihnen nahestehe. Ein Flirt bahnte sich an: Merleau sah oft Courtade, Hervé, Desanti; sein Traditionalismus gefiel sich in ihrer Gesellschaft; schließlich ist die Kommunistische Partei eine Tradition. Er zog ihre Riten, ihr in fünfundzwanzig Jahren Geschichte wie in einem Töpferofen gebranntes hartes Denken den Spekulationen der Parteilosen vor.

Indessen war er kein Marxist: nicht die Idee wies er zurück, sondern daß sie ein Dogma bildete. Er gestand nicht zu, daß der historische Materialismus die einzige Erhellung der Geschichte darstelle noch daß diese Erhellung aus einer ewigen Quelle komme, die prinzipiell den Wechselfällen des Ereignisses entzogen sei. Diesen Intellektualismus der Objektivität beschuldigte er ebenso wie den klassischen Rationalismus, die Welt als Gegenüber zu betrachten und zu vergessen, daß sie uns umgibt. Er hätte die Doktrin akzeptiert, wenn er in ihr nur ein Phosphoreszieren, ein über das Meer geworfenes Spitzentuch hätte sehen können, das von der hohen See glattgezogen und gefältelt wird und dessen Wahrheit gerade von seiner dauernden Teilnahme an der Bewegung der aufgeregten Gewässer abhängt. Ein System von Beziehungen: ja, unter der Bedingung, daß man es verändert, indem man sich darauf bezieht; eine Erklärung, wenn man will, die sich aber im Erklären umformt. Darf man von einem «marxistischen Relativismus» sprechen? Ja und nein. Was für eine Lehre es auch immer gewesen wäre, er hätte ihr mißtraut, weil er gefürchtet hätte, darin eine Konstruktion des «Überblicksdenkens» zu entdecken. Ein Relativismus also, aber aus Vorsicht; er glaubte nur an das eine Absolute: unsere Verankerung, das Leben. Was warf er im Grunde der marxistischen Geschichtstheorie vor? Nichts anderes als diesen einen Hauptpunkt: sie ließ der Kontingenz keinen Raum: «Jedes geschichtliche Unternehmen hat etwas von einem Abenteuer an sich, da es niemals durch eine *absolut* rationale Struktur der Dinge garantiert wird; es schließt immer eine Nutzbarmachung des Zufalls ein, man muß immer gegenüber den Dingen (und gegenüber den Menschen) List anwenden, denn man muß aus ihnen eine Ordnung hervorgehen lassen, die nicht mit ihnen gegeben war. Es besteht nach wie vor die Möglichkeit eines ungeheuren Kompromisses, eines Verfaulens der Geschichte, in dem der Klassenkampf, der hinreichend mächtig ist, um zu zerstören, nicht mächtig genug sein würde, um aufzubauen, und in dem die großen Linien der Geschichte, wie sie das *Kommunistische Manifest* vorgezeichnet hatte, wieder ausgelöscht würden.» Kontingenz von jedem und allem, Kontingenz des menschlichen Abenteuers; darin eingeschlossen, Kontingenz des marxistischen Abenteuers: hier finden wir Merleau-Pontys grundlegende Erfahrung wieder. Zunächst hatte er über die Besonderheit seines Lebens nachgedacht, dann sich seiner geschichtlichen Existenz zugewandt und entdeckt, daß beide vom gleichen Stoff waren.

Bis auf diese Vorbehalte akzeptierte er den historischen Materialismus als eine Art Raster, als eine regulative Idee oder, wenn man lieber will, als ein heuristisches Schema. «Es gibt seit fünfzehn Jahren so viele Autoren, die scheinbar über den Marxismus hinausgegangen sind, daß wir darauf bedacht sein müssen, uns von ihnen zu unterscheiden. Um über eine Lehre hinausgehen zu können, muß man zunächst ihr Niveau erreicht haben und, was sie erklärt, besser erklären als sie. Wenn wir angesichts des Marxismus Fragen stellen, dann tun wir es nicht, um ihm eine konservative Geschichtsphilosophie vorzuziehen, die noch viel abstrakter wäre.» Kurz, Marxist in Ermangelung eines Besseren.

Verstehen wir recht: der Marxismus ist im Grunde eine Praxis, deren Ursprung der Klassenkampf ist. Leugnet man diesen Kampf, so bleibt nichts. 1945 – und solange die KP die Macht mit den bürgerlichen Parteien teilte – war der Klassenkampf nicht klar durchschaubar. Die jungen Intellektuellen aus der Partei glaubten ergeben an ihn. Sie hatten nicht unrecht; ich sage, daß sie an ihn *glaubten,* weil sie ihn unter der täuschenden Maske der nationalen Einheit nicht *sehen* konnten; Merleau stieß sie oft vor den Kopf, weil er nur noch zur Hälfte an ihn glaubte. Er hatte über die Folgen des Sieges nachgedacht; keine Verbündeten mehr, zwei Giganten einander gegenüber. Diese, bestrebt, Reibungen zu vermeiden, hatten in Jalta die Weltkarte neu gestaltet: mir den Sonnenuntergang, dir den Sonnenaufgang; um den Frieden kümmerten sie sich nicht; es würde einen dritten Weltkrieg geben, das stand außer Zweifel; jede der beiden Mächte war bestrebt, ihn so schnell wie möglich zu gewinnen, und verständigte sich mit der anderen dahin, ihn aufzuschieben, bis sie die besseren Positionen erlangt hätte. Das Gleichgewicht der Kräfte blieb jedoch vorläufig dem Westen günstig: so wurde in diesem Augenblick der Geschichte die Revolution in Europa unmöglich; weder Churchill noch Roosevelt hätten sie zugelassen, nicht einmal Stalin; es ist bekannt, wie es der griechischen Widerstandsbewegung erging und wie sie liquidiert wurde. Heute ist das alles klar: die Geschichte war für die ganze Erde ein und dieselbe geworden; daraus ergab sich der damals noch nicht zu durchschauende Widerspruch, daß der Klassenkampf sich an einzelnen Stellen in Völkerkonflikte verwandelte – also in aufgeschobene Kriege. Heute klärt uns die Dritte Welt auf; 1945 konnten wir die Metamorphose weder verstehen noch billigen. Kurz, wir waren blind; Merleau-Ponty, der auf einem Auge sah, zog Schlußfolgerungen, die Erstaunen hervorriefen, weil sie sich notwendig zu ergeben schienen: wenn die Revolution aus Sorge um das internationale Gleichgewicht von außen gebremst werden kann, wenn ausländische Mächte sie im Keim vernichten können, wenn die Arbeiter ihre Befreiung nicht mehr von sich selbst, sondern nur noch von einem weltweiten Konflikt erwarten dürfen, dann hat die revolutionäre Klasse ihren Abschied genommen. Die Bourgeoisie bestand weiterhin, umgeben von der ungeheuren Masse der Arbeiter, die sie ausbeutete und die sie atomisierte. Das Proletariat aber, die unüberwindliche Kraft, die das Urteil über den Kapitalismus sprach und die Sendung hatte, ihn zu stürzen – das Proletariat war abgetreten. Es würde wiederkommen, das war wohl möglich; vielleicht morgen, vielleicht in einem halben Jahrhundert; es konnte auch sein, daß es niemals wiederkehrte. Merleau-Ponty stellte diese Abwesenheit fest, er bedauerte sie, wie es sich gehörte, und schlug vor, man solle sich für den Fall, daß sie andauerte, sogleich organisieren. Er ging so weit, die großen Linien eines Programms zu entwerfen, in einem Text, den ich aus dem Gedächtnis, aber, dessen bin ich sicher, ziemlich getreu niederschreibe: «Vorläufig mache man es sich zur Pflicht, nichts zu tun, was die Wiedergeburt des Proletariats verhindern könnte; ja, man tue alles, um ihm zu helfen, sich wieder zu bilden; kurz, man mache die Politik der KP.» Für die letzten Worte stehe ich in jedem Falle ein; sie haben mich erstaunt: die KP, die aus dem Klassenkampf entstanden ist, bestimmt von diesem aus ihre Politik; sie würde in den kapitalistischen Ländern das Verschwinden des Proletariats nicht überleben. Nun, Merleau-Ponty glaubte nicht mehr an den Bürgerkrieg, und damit bestritt er geradezu die Legitimität der kommunistischen Organisation: das Paradoxe ist, daß er uns gleichzeitig vorschlug, wir sollten uns nach der Partei richten.

Es gab ein weiteres Paradox. Man gehe zu einem Bischof und sage ihm zum Beispiel: «Gott ist tot, ich zweifle, daß er wiederauferstehen wird, aber inzwischen schließe ich mich Ihnen an.» Man wird sich für Ihr gütiges Anerbieten bedanken, aber nicht glauben, es annehmen zu können. Die kommunistischen Freunde Merleau-Pontys nahmen genau die gegenteilige Haltung ein: sie schimpften ihn freundlich ein wenig aus, ohne ihn aber abzuweisen. Bedenkt man es recht, so wird man nicht darüber erstaunt sein. Die Partei war als Gewinner aus der Résistance hervorgegangen: sie war weniger streng hinsichtlich der Wahl ihrer Weggefährten. Vor allem aber befanden sich ihre Intellektuellen in einer mißlichen Lage: von Haus aus radikal, hätten sie es gern gesehen, wenn das Proletariat seine Eroberungen organisiert und seinen Vormarsch wiederaufgenommen hätte; die durch die Bekanntgabe ihrer Verrätereien verschreckte Bourgeoisie würde alles haben geschehen lassen. Statt dessen schob man auf. Sie sagten: ergreifen wir die Macht; man antwortete ihnen: die Angelsachsen werden auf der Stelle intervenieren. Ein neuer Widerspruch erschien in der Bewegung des «marschierenden Flügels», da man, um den Frieden und die sozialistischen Länder zu retten, eine im Innern von den Massen geforderte Revolution von außen abblasen konnte. Diese jungen Leute, die während der Résistance zur Partei gestoßen waren, verweigerten dieser nicht ihr Vertrauen. Aber es gab Zweifel, Reibereien. Schließlich war Frankreich eine bürgerliche Demokratie: was tat die KP in der Drei-Parteien-Regierung? War sie nicht die Geisel des Kapitals? Sie gaben treulich die Schlagworte weiter, die sie beunruhigten: man muß einen Streik beenden können; der Wiederaufbau des Landes ist das revolutionäre Ziel. Aber sie konnten nicht verhindern, daß die Schlußfolgerungen Merleaus sie ein wenig verwirrten. Am Rande. Schließlich stimmte er der reformistischen Politik der Partei zu, dieser Politik, zu deren Ausführenden sie sich selbst aus Gehorsam machten. Konnte man ihn dafür tadeln, daß er ganz laut wiederholte, was sie selbst manchmal ganz leise sagten: wo ist das Proletariat? Es war ja da! Aber gezäumt, geknebelt. Und durch wen? Jeden Tag waren sie ein wenig mehr aufgebracht gegen Merleau-Ponty, diese Kassandra; Merleau-Ponty war aufgebracht gegen sie. Alle ungerecht.

Merleau verkannte die Verwurzelung seiner Freunde. Fünfzehn Jahre später ist er auf diese Frage zurückgekommen, im Vorwort zu *Signes*. Hier behandelt er ausführlich nun die Stellung des militanten Kommunisten, der, obgleich eingeschlossen, eingefügt, dennoch durch seine Loyalität und durch sein Handeln selbst dazu beitragen muß, die Partei zu formen, die ihn formt. Zweideutige Reue, die ihn vor allem dazu führt, Austritte zu rechtfertigen: wenn einem der Sinn danach steht, vergnüge man sich immerhin damit, von außen und abgeklärt über eine Politik zu urteilen; wenn diejenigen, die Tag für Tag diese Politik gemacht haben, sei es auch nur durch ihre schweigende Zustimmung, ihren Sinn entdeckten, wenn sie ihren Schatten auf der Mauer sahen, dann blieb ihnen nichts übrig, als mit der Partei zu brechen. Aber man kann dieses Argument umkehren, und ich glaube, er wußte es: für alle diese jungen Leute von 1945, die zwischen ihrer Aufrichtigkeit und ihrer geschworenen Treue schwankten, und von der Perspektive ihres Handelns aus gesehen, das sie Tag für Tag auf sich nahmen und dessen Sinn sie unter ihren Händen sich verändern sahen, war mehr als einmal Merleau-Ponty der «Überblicksdenker».

Sie verkannten ihn ihrerseits: sie kannten den Weg nicht, den er gegangen war. Aus Gesprächen, die wir später führten, habe ich den Eindruck behalten, daß er vor 1939 dem Marxismus näher war als jemals seither. Was entfernte ihn davon? Die Prozesse, denke ich mir; wenn er zehn Jahre später, in *Humanismus und Terror*, so ausführlich davon sprach, muß er davon betroffen geblieben sein. Danach erregte ihn der deutsch-sowjetische Pakt kaum mehr: er zerstreute sich damit, ziemlich «machiavellistische» Briefe zu schreiben und «die Rollen zu verteilen». Freunde und die Schriften von Rosa Luxemburg hatten ihn zu der Idee von der «Spontaneität der Massen» bekehrt, die die allgemeine Bewegung ihrer besonderen Bewegung näherbrachte; als er die Staatsräson dahinter glitzern sah, wandte er sich davon ab.

Mit zwanzig Jahren Christ, hörte er auf, es zu sein, weil, so sagte er, «man glaubt, daß man glaubt, aber man glaubt nicht». Genauer gesagt forderte er von der Katholizität, daß sie ihn wieder in die immanente Einheit einfüge, und gerade das konnte sie nicht leisten: die Christen lieben sich in Gott. Ich will nicht sagen, daß er von da zum Sozialismus überging: das hieße schematisieren. Aber es kam eine Zeit, in der er dem Marxismus begegnete und fragte, was er bot: er fand, daß es die zukünftige Einheit der klassenlosen Gesellschaft sei und bis dahin eine warme Kampfgenossenschaft. Nach 1936 setzte ihn die Partei zweifellos in Verlegenheit. Es war einer seiner unveränderlichsten Charakterzüge, daß er überall die verlorene Immanenz suchte, von der Immanenz aber auf etwas Transzendentes verwiesen wurde und sich sogleich zurückzog. Er blieb jedoch auf dieser Ebene des ursprünglichen Widerspruchs nicht stehen: von 1950 bis 1960 hat er nach und nach die Vorstellung eines neuen Bandes zwischen dem Sein und der Intersubjektivität konzipiert; aber wenn er vielleicht schon 1945 von einer Überwindung des Widerspruchs träumte, so hatte er sie noch nicht gefunden.

Kurz, er kam von weit her, als er trotz des Abscheus, der ihn überkommen hatte, jenen strengen und illusionslosen attentistischen Marxismus vorschlug. Es war wahr, daß er, nicht aus Neigung, sondern aus Berufung und Hartnäckigkeit, «die Geschichte gelernt» hatte; wahr auch, daß er sie niemals mehr vergessen würde. Das haben zu jener Zeit seine kommunistischen Freunde nicht gesehen, die für vorbehaltlose Anhängerschaft empfänglicher waren als für genaue und begrenzte Übereinstimmungen. Seinerseits hätte er, dem einzig und allein daran gelegen war, seine Beziehung zur Geschichte zu vertiefen, ihrer Kritik keine Handhabe geboten, stelle ich mir vor, er hätte eigensinnig in seinem Schweigen beharrt, hätten wir nicht durch Zufall die *Temps Modernes* gegründet. Er hatte das Werkzeug und war fast gezwungen, die Einzelheiten seines Denkens in Worte zu fassen.

Seit 1943 träumten wir von der Zeitschrift. Wenn es nur *eine* Wahrheit gibt, so dachte ich, darf man sie, wie Gide es von Gott gesagt hat, nirgendwo anders suchen als überall. Jedes gesellschaftliche Produkt und jede Haltung – die intimste und die öffentlichste – sind anspielungsreiche Verkörperungen dieser Wahrheit. Eine Anekdote spiegelt ebenso die ganze Epoche wider wie eine politische Verfassung. Wir würden dem Sinn nachjagen, wir würden das Wahre über die Welt und über unser Leben sagen. Merleau fand mich optimistisch: war ich so sicher, daß es überall Sinn gebe? Darauf hätte ich antworten können, daß es selbst einen Sinn der Sinnlosigkeit gebe und daß es unsere Sache sei, ihn zu finden. Und ich weiß, was er seinerseits entgegnet hätte: erhelle die Barbarei, solange du willst, du wirst ihre Dunkelheit nicht zerstreuen. Die Diskussion hat niemals stattgefunden: ich war mehr dogmatisch, er mehr nuanciert, aber das war eine Sache des Temperaments oder, wie man sagt, des Charakters. Wir hatten den gleichen Wunsch: aus dem Tunnel herauskommen, klar sehen. Er schrieb: «Unsere einzige Zuflucht besteht in einer möglichst vollständigen, möglichst getreuen Lektüre der Gegenwart, die über deren Sinn nicht im voraus befindet, die sogar das Chaos und die Sinnlosigkeit in ihr anerkennt, wo sie sich finden, die es sich aber auch nicht versagt, eine Richtung und eine Idee in ihr festzustellen, wo sie sich finden.» Das war unser Programm. Noch heute, nach dem Tod Merleau-Pontys, ist dies das Programm der Zeitschrift. Nein: als die wahre Differenz muß man unsere Unebenbürtigkeit bezeichnen. Seitdem er die Geschichte gelernt hatte, war ich ihm nicht mehr ebenbürtig. Ich befragte noch immer die Tatsachen, als er schon versuchte, die Ereignisse sprechen zu lassen.

Die Tatsachen *wiederholen* sich. Gewiß, sie sind immer neu: nun und? Es ist neu, das jährliche Stück dieses Boulevard-Schriftstellers: er mußte seine Idee erfinden; dann hat er nachgedacht, gearbeitet, jedes Wort ist ein Fund gewesen, und die Schauspieler haben ihrerseits den Ton «gefunden». Einige Tage lang sagten sie: «Ich lebe nicht in der Rolle», und dann plötzlich: «Ich lebe in ihr». Schließlich ist das Unvorhergesehene eingetreten, der Tag der Generalprobe gekommen: das Stück ist geworden, was es war – will sagen: dasselbe wie alle vorangegangenen. Die Tatsache ist Bestätigung und Neubeginn: sie läßt Gewohnheiten zutage treten, alte Widersprüche und manchmal, tiefer unten, Strukturen. Derselbe Ehebruch wird seit fünfzig Jahren jeden Abend vor dem gleichen bürgerlichen Publikum im Herzen von Paris begangen. Indem ich nichts als dieses Bleibende suchte, hoffte ich unbewußt, daß wir die Ethnographen der französischen Gesellschaft würden.

Das Bleibende – Merleau-Ponty haßte es nicht. Ja, er liebte geradezu die kindliche Wiederkehr der Jahreszeiten und Zeremonien. Aber gerade deshalb wußte er, der ohne Hoffnung seiner Kindheit nachtrauerte, daß diese nicht wiederkehren würde; wenn die Erwachsenen in der Welt der Erwachsenen die Gnade der ersten Lebensjahre genießen könnten – es wäre allzu schön, das Leben wäre rund wie die Erde. Merleau, der Vertriebene, hatte frühzeitig *empfunden,* was ich nur *wissen* konnte: man kehrt niemals in die Vergangenheit zurück, man fängt nicht noch einmal an, durch ihre Unumkehrbarkeit verwandelt sich die freundliche Kontingenz der Geburt in Geschick. Ich wußte wohl, daß man dem Fluß der Dinge folgt und niemals stromaufwärts zurückkehrt; aber ich nährte lange Zeit, ein Opfer des bürgerlichen Fortschrittsmythos, die Illusion, jeden Tag ein wenig mehr wert zu sein. Fortschritt: Akkumulation von Kapital und Tugenden; man bewahrt alles. Kurz, ich näherte mich der Vollkommenheit; das war die Maske des Todes, der heute nackt ist. Merleau entfernte sich von der Vollkommenheit: er war geboren, um zu sterben, nichts konnte ihm die Unsterblichkeit des ersten Lebensalters zurückgeben; das war seine ursprüngliche Erfahrung des Ereignisses.

Um die Mitte des vorigen Jahrhunderts hätte er die Zeit «gegen den Strich» gelebt, vergeblich, wie Baudelaire es nach dem «Riß» tat: wenn das Goldene Zeitalter einmal zu Ende ist, ist nur noch Platz für die Entwürdigung. Es ist das Verdienst Merleaus, jenen reaktionären Mythos vermieden zu haben: Entwürdigung – sei's drum: aber es ist *unsere* Entwürdigung, wir können sie nicht erleiden, ohne sie zu bewirken, das heißt, ohne durch sie hindurch den Menschen und seine Werke hervorzubringen. Wie ein Raubvogel stößt das Ereignis auf uns herab, wirft uns in den Graben oder setzt uns hoch auf die Mauer, uns hat es nur vor den Augen geflimmert. Kaum ist es jedoch mit lautem Getöse verschwunden, sind wir so tiefgreifend verändert, daß wir kaum mehr verstehen, wie wir zuvor lieben, handeln, leben konnten. Wer hätte schon 1945 an die dreißiger Jahre zurückgedacht? Sie bereiteten sich vor, stillschweigend in Pension zu gehen, die Besatzung hat sie umgebracht, nur die

Gebeine blieben übrig. Einige träumten noch von einer Rückkehr zur Vorkriegszeit, Merleau wußte, daß das nicht geschehen könnte, daß es verbrecherisch und vergeblich wäre, es zu erhoffen: als er sich 1945 fragte, ob das menschliche Abenteuer in der Barbarei zugrunde gehen oder sich durch den Sozialismus wieder erholen würde, befragte er die Weltgeschichte, als ob sie sein eigenes Leben wäre: verlorene Zeit? wiedergefundene Zeit? Abweg, Umweg, Abtrift: die abgedroschenen Wörter stehen bei ihm dafür, daß man nichts gewinnt, ohne zu verlieren, daß sogar die nächste, die lenkbarste Zukunft unsere Hoffnungen und unsere Berechnungen verrät. Aber am häufigsten verrät sie sie, indem sie sie verwirklicht: unkenntlich und doch als die unseren kommen unsere vergangenen Handlungen aus dem Grund zukünftiger Jahre auf uns zu; man mußte verzweifeln oder den sich verändernden Grund der Veränderungen in ihnen feststellen und die alten Tatsachen, da man sie nicht wiederherstellen konnte, wenigstens im Herzen des Ereignisses, das sie verleugnet, herstellen. Man müßte versuchen, dieses seltsame Gleiten, das man Geschichte nennt, von innen zu regeln, indem man in der Bewegung, die uns fortreißt, nach den impliziten Zielen der Menschen sucht, um sie diesen explizit vorzustellen. Das lief darauf hinaus, das Ereignis auf seine Unvorhersehbarkeit hin zu befragen – ohne irgend etwas im voraus zu bestimmen –, um eine Logik der Zeitlichkeit darin zu finden. Diese Logik könnte man versucht sein «dialektisch» zu nennen, hätte Merleau-Ponty nicht schon damals dieses Wort abgelehnt, das er zehn Jahre später mehr oder weniger verabscheute.[1]

Im großen und ganzen leugnete die Vorkriegszeit die Zeit: wenn ein Zyklon unsere Mauern umgeblasen hatte, so suchten wir die Überlebenden im Schutt und sagten zu ihnen: «Es ist nichts.» Das schönste war, daß sie uns glaubten. Merleau «lernte die Geschichte» schneller als wir, weil er das Verrinnen der Zeit schmerzhaft und voll empfand. Das machte ihn zu unserem politischen Kommentator, ohne daß er es gewünscht und ohne daß jemand es überhaupt gemerkt hätte.

Die *Temps Modernes* hatten damals ein Redaktionskomitee ohne Homogenität: Jean Paulhan, Raymond Aron, Albert Olli-

---

1 1945 äußerte er sich darüber noch nicht: er fand das Wort zu anspruchsvoll, um es auf die bescheidene Tätigkeit der *Temps Modernes* anzuwenden.

vier waren gewiß unsere Freunde. Aber wir teilten – allen und zumal uns selbst unbewußt – ihre Gedanken nicht. Unsere träge Koexistenz war am Tage zuvor eine lebendige Kameradschaft gewesen: die einen waren aus London gekommen, die anderen aus dem Versteck. Aber die Résistance zerbröckelte, jeder kehrte wieder an seinen natürlichen Ort zurück, der eine zum *Figaro,* der andere zum R.P.F.[1], der dritte zur *N.N.R.F.*[2] Selbst die Kommunisten nahmen Abschied, nachdem sie an der ersten Nummer durch die Feder Kanapas mitgearbeitet hatten. Ein harter Schlag für die, die übrigblieben: uns fehlte es an Erfahrung. Merleau rettete die Zeitschrift, indem er sich bereit erklärte, sie zu übernehmen: er wurde Chefredakteur und politischer Leiter. Das ergab sich von selbst. Er bot mir seine Dienste nicht an, und ich hätte mir nicht erlaubt, ihn zu «wählen»: wir stellten nach einiger Zeit gemeinsam fest, daß er dieses doppelte Amt übernommen hatte und daß er sich ihm nicht entziehen konnte, ohne daß die Zeitschrift zugrunde ginge. Wir diskutierten nur über einen Punkt: nachdem das Redaktionskomitee vom Titelblatt verschwunden war, schlug ich Merleau vor, seinen Namen dort neben dem meinen drucken zu lassen: wir wären die beiden Leiter gewesen. Er schlug das rundweg ab. Während der folgenden Jahre kam ich hundertmal auf das Angebot zurück, mit einem einzigen Argument: es wäre wahrhaftiger gewesen. Hundertmal erneuerte er lächelnd und entspannt seine Ablehnung, erklärte sie mit Gelegenheitsgründen, niemals mit denselben. Da sie unaufhörlich wechselten und die Haltung dieselbe blieb, schloß ich daraus, daß er mir seine wahren Motive verbarg. Ich sagte es ihm, er verteidigte sich ohne Nachdruck dagegen: er wollte mich nicht täuschen, sondern das Gespräch abbrechen. Er mochte es überhaupt nicht gern, daß eine Auseinandersetzung bis zum Grund vorstieß, was auch immer der Gegenstand sein mochte. Er hat gewonnen: ich weiß heute nicht mehr darüber als im Jahre 1945. Bescheidenheit? Ich zweifle daran. Es handelte sich nicht darum, Ehren zu teilen, sondern Verantwortlichkeiten. Man hat mir im Gegenteil gesagt: «Sie waren zu dieser Zeit bekannter: er hatte zuviel Stolz, um aus diesem Ruf Nutzen

1 Rassemblement du Peuple Français, 1947 von de Gaulle gegründete Partei. Anm. d. Übers.
2 *Nouvelle Nouvelle Revue Française;* so hieß die *Nouvelle Revue Française* nach dem Kriege eine Zeitlang. Anm. d. Übers.

zu ziehen.» Es stimmt, ich war bekannter, und ich rühmte mich dessen nicht: es war die Zeit der Kellerratten, der existentialistischen Selbstmorde; die ernsthafte Presse bewarf mich mit Schmutz, und die schlechte ebenso: bekannt aus Mißverständnis. Diejenigen aber, die in *Samedi Soir* die aufregende Aussage einer Jungfrau lasen, die ich, so scheint es, in mein Zimmer gelockt hatte, um ihr einen Camembert zu zeigen, die lasen die *Temps Modernes* nicht, sie wußten nicht einmal etwas von ihrer Existenz. Die wirklichen Leser der Zeitschrift hingegen kannten uns beide gleicherweise; sie hatten unsere Essays gelesen, zogen die des einen oder die des anderen vor oder lehnten uns beide gleichermaßen, aber höflich ab. Merleau wußte das ebensogut wie ich: wir hatten Zuschriften erhalten, die wir uns gegenseitig zeigten. Im großen und ganzen war sein Publikum, das meine, das der *Temps Modernes* das gleiche. Und auch das beste, das man sich wünschen konnte: es schoß nicht auf den Pianisten, sondern beurteilte ihn nach seiner Leistung, ohne sich um das übrige zu kümmern. Merleau-Ponty konnte aus meinem zweifelhaften Ruf weder Nutzen ziehen noch unter ihm leiden. Sollte jemand sagen, er hätte Angst gehabt, sich zu kompromittieren? Nichts lag ihm ferner. Den Beweis dafür hat er in der Zeitschrift geliefert, als er unter seinem Namen Artikel veröffentlichte, die Skandale hervorriefen. Warum bestand er dann aber hartnäckig darauf, Leitartikel mit T. M. zu zeichnen, die ich vorbehaltlos akzeptierte, die er aber vom ersten bis zum letzten Wort konzipiert und redigiert hatte? Man schrieb mir unterschiedslos alle seine Schriften zu, zu denen er sich nicht bekannt hatte: das versteht sich von selbst, weil ich vorgab, der alleinige Chef zu sein. Und als ich letztes Jahr einmal in ausländischen Bibliographien blätterte, entdeckte ich, daß ich der Autor seines Artikels über die sowjetischen Arbeitslager war – jenes Artikels, den er in seinem letzten Buch selbst anerkannt und legitimiert hat. Warum hatte er ihn 1950 nicht gezeichnet, wenn er ihn später doch wieder aufgreifen sollte? Warum hat er ihn zehn Jahre später wieder aufgegriffen, wenn er ihn damals nicht zeichnen wollte? Warum alle diese «Bastarde», die er der Zeitschrift machte, wo es doch nur an ihm lag, die Sache «in Ordnung zu bringen»? Das ist die Frage: ich maße mir nicht an, sie zu beantworten. Man mußte schließlich leben; ich fand mich mit der bequemsten Erklärung ab: er war immer gern unabhängig gewesen, und jede Kette hätte ihn belastet, außer jenem stillschweigenden, mit jeder

Nummer erneuerten Bündnis, das niemanden verpflichtete und das jeder von uns auf der Stelle hätte brechen können. Das ist möglich, aber ich glaube heute auch, daß er mir mißtraute: er kannte meine Inkompetenz, er hatte Angst vor meinem Eifer; wenn ich je über Politik sprechen würde – wo kämen wir hin? Ich habe keinen Beweis für diesen Verdacht, außer einem: 1947 ließ ich *Was ist Literatur?* in der Zeitschrift erscheinen. Er las die ersten Korrekturfahnen und glaubte einen Satz darin zu finden, der, wie es damals Mode war, Faschismus und «Stalinismus» unter dem Oberbegriff «totalitäres Regime» gleichsetzte. Ich war in Italien, er schrieb mir auf der Stelle; ich erhielt den Brief in Neapel, und ich erinnere mich noch meiner Verblüffung. «Wenn Du wirklich», schrieb er mir dem Sinn nach, «an den Kommunismus und den Nazismus die gleichen Maßstäbe anlegst, so bitte ich Dich, meine Kündigung anzunehmen.» Es handelte sich glücklicherweise, wie ich ihm beweisen konnte, nur um einen Druckfehler. Die Angelegenheit war damit erledigt. Aber wenn ich darüber nachdenke, so gibt sie mir den Maßstab für seinen Argwohn: zunächst einmal war der Text auf den Korrekturfahnen unverständlich und offensichtlich verstümmelt gewesen; außerdem, Merleau wußte es, hatte ich mich niemals zu solchen Dummheiten verstiegen; schließlich bot er mir seine Kündigung mit etwas zu viel Nachdruck an. Kurz, alles weist darauf hin, daß er auf das Schlimmste gefaßt war. Was mich aber vor allem betroffen macht, ist, daß er Angst hatte, ich könnte mich auf die Seite der *Rechten* schlagen. Warum? Glaubte er, ich sei von Natur aus rechtsgerichtet? Fürchtete er einfach, daß die Füllfederhyäne, von den Schakalen abgewiesen, um Aufnahme in den PEN-Club nachsuchen würde? Wie dem auch sei, er sicherte sich gegen meine Schnitzer: war einer von ihnen unentschuldbar, konnte er sich innerhalb von vierundzwanzig Stunden zurückziehen. Diese Alarmvorrichtung war auch fünf Jahre später noch vorhanden, als eine politische Meinungsverschiedenheit uns trennte: dennoch machte Merleau damals keinen Gebrauch davon; solange er hoffen konnte, daß unsere Widersprüche behoben würden, blieb er. Sein Brief von 1947 beweist, daß er die Zeitschrift augenblicklich verlassen hätte, wenn ich sie ins Fahrwasser der Rechten hätte treiben lassen; als ich mich nach links schlug, war er bereit, sich zu kompromittieren: er hatte schon den Graben, den bevorstehenden Sturz zu sehen geglaubt und war dennoch bei mir geblieben, entschlossen, erst im letzten

Augenblick abzuspringen. Ich habe lange gedacht, daß er unrecht hatte, sich nicht mit mir gemeinsam an den Pranger zu stellen: eine öffentliche Zusammenarbeit, so sagte ich mir, hätte uns gezwungen, einander Konzessionen zu machen, wir hätten einander geschont, um die kollegiale Leitung aufrechtzuerhalten. Seit einiger Zeit bin ich geneigt zu glauben, daß er recht hatte: 1952 ließen sich unsere Meinungsverschiedenheiten nicht mehr verdecken und nicht mehr aufheben, sie entsprangen nicht unseren Stimmungen, sondern der Situation: da aber der Name Merleau-Pontys nicht ausgesprochen war, konnten wir die Sache längere Zeit hinausziehen. Die Heimlichkeit unserer Allianz, die dazu dienen sollte, ihm den Rückzug zu erleichtern, gab uns die Möglichkeit, bis zum letzten Augenblick zusammenzubleiben. Die Trennung fand im guten statt, sie brauchte nicht verkündet zu werden, das heißt, wir brauchten sie nicht in ein öffentliches Zerwürfnis zu verwandeln. Das hat vielleicht unsere Freundschaft gerettet.

Diese Vorsicht trug ihm in den Kreisen, die uns nahestanden, den Ruf einer Grauen Eminenz ein. Das war um so falscher, als er niemandes Berater war: er war Leiter in seinem Ressort wie ich in dem meinen, und es war seine Rolle – wie die meine –, zu entscheiden und zu schreiben.

Dennoch bot er die äußerste Hartnäckigkeit auf, um mich dazu zu bringen, seine Artikel zu lesen, diejenigen, die er mit T. M. zeichnete und die die Zeitschrift verantworten mußte, ebenso wie die anderen, die seinen Namen trugen und die er allein verantworten mußte. Man verstehe mich recht: diese Haltung *scheint* der eines Angestellten, eines Beamten ähnlich, der seine Handlungen durch den «Verantwortlichen» decken läßt. In Wirklichkeit handelt es sich um das genaue Gegenteil: Merleau hatte keinen anderen Chef als sich selbst. Er fand sich in der doppelsinnigen Welt der Politik besser zurecht als ich, ich wußte es; ich sage wenig, wenn ich sage, daß ich ihm Vertrauen schenkte: wenn ich ihn las, schien es mir, als ob er mir meine Gedanken entdeckte. Aber unser Gentlemen's Agreement forderte, daß er mich zu Rate zog; er wollte nicht, daß ich die Verantwortung für etwas auf mich nahm, was ich nicht kannte. Er ging dabei mit seiner ganzen Behutsamkeit zu Werk: ich stammelte noch in dieser neuen Sprache, die er schon beherrschte; er wußte es genau; da es ihm widerstrebte, mich zu zwingen oder zu verführen, brachte er mir seine Manuskripte ohne jeden Kommentar. Er mußte sich in der ersten Zeit viel Mühe geben, um gelesen zu werden; ich verlor mich im Labyrinth der Politik, ich stimmte ihm von vornherein und überstürzt zu, ich floh. Er machte meinen Schlupfwinkel ausfindig und verschaffte sich dort Zutritt; plötzlich stand er vor mir, lächelnd, das Manuskript in der ausgestreckten Hand. «Ich bin einverstanden», stammelte ich. «Ich bin glücklich darüber», sagte er, ohne sich zu rühren. Und indem er mit der linken Hand auf die Blätter wies, die die rechte mir darbot, fügte er geduldig hinzu: «Du solltest es trotzdem lesen.»

Ich las, ich unterrichtete mich, zuletzt begeisterte ich mich für meine Lektüre. Er wurde mein Führer; *Humanismus und Terror* gab mir dann den entscheidenden Anstoß. Dieses kleine, so dichte Buch enthüllte mir die Methode und den Gegenstand: es gab mir den Nasenstüber, der nötig war, um mich aus der Unbeweglichkeit herauszureißen. Es ist bekannt, daß es überall Aufsehen erregte. Kommunisten, die heute nichts Böses mehr darin sehen, wiesen es mit Abscheu von sich. Vor allem unsere Rechte veranstaltete eine prachtvolle Katzenmusik. Ein Satz goß Öl ins Feuer, jener Satz, der den Oppositionellen mit dem Verräter und umgekehrt den Verräter mit dem Oppositionellen gleichsetzt. Im Geiste Merleaus bezog sich dieser Satz auf jene unruhigen und bedrohten Gesellschaften, die sich um eine Revolution herum zusammenschließen. Man wollte darin eine sektiererische Verdammung jeder Opposition gegen Stalin sehen. In wenigen Tagen wurde Merleau der Mann mit dem Messer zwischen den Zähnen. Als Simone de Beauvoir die Redaktion der *Partisan Review* in New York besuchte, verhehlte man ihr nicht, daß man angeekelt war: wir wurden ferngesteuert, die Hand Moskaus führte die Feder unseres Père Joseph[1]. Die armen Leute! An einem Abend bei Boris Vian fiel Camus über Merleau her und warf ihm vor, er rechtfertige die Prozesse. Es war peinlich: ich sehe sie noch vor mir, Camus empört, Merleau-Ponty höflich und bestimmt, ein wenig bleich, der eine gestattete, der andere versagte sich das Gepränge der Heftigkeit. Plötzlich wandte sich Camus ab und ging. Ich lief ihm nach, begleitet von Jacques Bost, wir holten ihn auf der menschenleeren Straße ein; ich versuchte, ihm schlecht und recht den Gedankengang Merleaus zu erklären, wozu dieser sich nicht herabgelassen hatte. Mit

1 Berater Richelieus. Anm. d. Übers.

dem einzigen Ergebnis, daß wir im Streit schieden; es bedurfte mehr als sechs Monate und des Zufalls einer Begegnung, damit wir uns wieder näherkamen. Diese Erinnerung ist mir nicht angenehm; wie dumm, meine guten Dienste anzubieten! Es ist wahr: ich stand rechts von Merleau, links von Camus: welcher schwarze Humor gab mir ein, zwischen zwei Freunden den Vermittler zu spielen, die mir wenig später einer nach dem anderen meine Freundschaft für die Kommunisten vorwerfen sollten und die beide unversöhnt gestorben sind?

Mit diesem kleinen Satz, der so viel Geschrei hervorrief, den heute jedermann als eine Binsenwahrheit akzeptiert und der über die Grenzen hinaus, die sein Verfasser ihm zumaß, allgemein gültig ist, hatte Merleau in Wirklichkeit nichts anderes getan, als auf andere Umstände anzuwenden, was der Krieg ihn gelehrt hatte: man wird uns nicht nach unseren Absichten einschätzen; ebensosehr und mehr als die gewollten Wirkungen unserer Taten werden deren ungewollte Folgen unser Maß abgeben, jene Folgen, die wir geahnt, ausgenutzt, in jedem Fall auf uns genommen haben. «Der handelnde Mensch», hat er später, Hegel zitierend, geschrieben, «hat die Gewißheit, daß die Notwendigkeit durch seine Handlung in Zufälligkeit und die Zufälligkeit in Notwendigkeit umschlägt.» Damit stellte er der Geschichte die wahre philosophische Frage: was ist ein Umweg? Was ist eine Abtrift? Man hat bei stürmischem Wetter und steifem Wind begonnen, stoisch ausgeharrt, ist im Unglück gealtert: hier ist das Werk. Was bleibt von den alten Zielen? Was ist verschwunden? Eine neue Gesellschaft ist unterwegs entstanden, geformt durch das Unternehmen, irregeleitet durch dessen Umwege: was kann sie annehmen? Was muß sie zurückweisen, unter der Gefahr, sich die Knochen zu brechen? Und was auch das Erbteil sei – wer kann sagen, ob man den kürzesten Weg gegangen ist oder ob man die Mäander des Wegs den Unzulänglichkeiten aller zuschreiben muß?

Durch jene strenge Gerechtigkeit der Ungerechtigkeit hindurch, die die Bösen durch ihre Werke rettet und die Menschen guten Willens wegen Handlungen, in aller Reinheit des Herzens begangen, zur Hölle verdammt, entdeckte ich schließlich die Wirklichkeit des Ereignisses. Mit einem Wort: Merleau bekehrte mich: im Grunde meines Herzens war ich ein verspäteter Anarchist, für mich bestand ein Abgrund zwischen den unbestimmten Phantasmen des Kollektiven und der präzisen Ethik meines Privatlebens. Er befreite mich aus dem Irrtum: dieses doppelsinnige Unternehmen, vernünftig und toll, immer unvorhersehbar und stets vorhergesehen, das seine Ziele erreicht, wenn es sie vergißt, sie verfehlt, wenn es ihnen treu bleiben will, zugrunde geht in der falschen Reinheit des Scheiterns und sich im Sieg entwürdigt, sich manchmal des Unternehmenden unterwegs entledigt und ihn manchmal bloßstellt, wenn er sich nicht mehr verantwortlich fühlt – er lehrte mich, daß ich es überall wiederfände, im Geheimsten meines Lebens wie im hellen Licht der Geschichte, und daß es ein und dasselbe ist für alle – das Ereignis, das uns macht, indem es zur Handlung wird, zu einer Handlung, die uns vernichtet, indem sie durch uns Ereignis wird, und daß man es seit Hegel und Marx die *Praxis* nennt. Kurz, er zeigte mir, daß ich die Geschichte machte, wie Monsieur Jourdain Prosa sprach[1]; der Lauf der Dinge ließ die letzten Dämme meines Individualismus zusammenbrechen, und ich befand mich an der Stelle, wo ich mir selbst zu entgleiten begann: ich erkannte mich: im vollen Licht dunkler, als ich geglaubt hatte, und zwei Milliarden Mal reicher. Es war Zeit: unsere Epoche forderte von allen Literaten, daß sie einen Aufsatz über französische Politik schrieben; ich bereitete mich auf die Prüfung vor, Merleau unterrichtete mich, ohne zu dozieren, durch seine Erfahrung, durch die Konsequenzen seiner Schriften; wenn die Philosophie, wie er sagte, eine «lehrende Spontaneität» sein soll, so kann ich sagen, daß er für mich der Philosoph seiner Politik war. Was diese betrifft, so behaupte ich, daß wir keine andere haben konnten und daß sie die rechte war. Um zu dauern, muß man gut anfangen: der Anfang stammte von ihm und war ausgezeichnet: der Beweis dafür ist, daß unsere Leser alle Kurven mit uns gefahren sind; vor bald siebzehn Jahren haben wir die erste Nummer der *Temps Modernes* erscheinen lassen; wir haben regelmäßig neue Abonnenten gewonnen, und höchstens einige Dutzend haben uns verlassen.

1945 war es möglich, zwischen zwei Haltungen zu wählen. Zwei, nicht mehr. Die erste und bessere bestand darin, sich an die Marxisten zu wenden – an sie allein – und ihnen vorzuhalten, daß die Revolution im Keim erstickt, die Résistance ermordet worden, die Linke zusammengebrochen sei. Einige Zeitschriften nahmen mutig diese Haltung ein und verschwanden

1 Molière: *Der Bürger als Edelmann*, II, 4. Anm. d. Übers.

ungehört: es war die glückliche Zeit, in der man Ohren hatte, nicht zu hören, Augen, nicht zu sehen. Weit davon entfernt, zu glauben, daß ihr Scheitern ihrem Versuch das Urteil gesprochen habe, behaupte ich vielmehr, daß wir sie hätten nachahmen können, ohne Schiffbruch zu erleiden: die Stärke und die Schwäche dieser Zeitschriften bestand darin, daß sie sich auf das Gebiet der Politik beschränkten; die unsere veröffentlichte Romane, literarische Essays, Berichte und Dokumente: diese Schwimmkörper hielten sie über Wasser. Um aber auf die verratene Revolution hinweisen zu können, mußte man zunächst Revolutionär sein: Merleau war es nicht, ich war es noch nicht. Wir hatten nicht einmal das Recht, uns als Marxisten zu bezeichnen, trotz unserer Sympathien für Marx. Die Revolution ist kein Seelenzustand: sie ist eine tägliche, durch eine Theorie erhellte Praxis. Und wenn es auch nicht genügt, Marx gelesen zu haben, um Revolutionär zu sein, so schließt man sich ihm doch früher oder später an, wenn man für die Revolution kämpft. Daraus folgt, daß nur Menschen, die durch diese Disziplin geformt waren, die Linke wirksam kritisieren konnten; sie mußten also in jener Zeit mehr oder weniger eng mit den Kreisen der Trotzkisten verbunden sein; sie wurden jedoch sogleich durch diese Zugehörigkeit disqualifiziert, ohne daß es ihre Schuld gewesen wäre: in der irregeleiteten Linken, die von Einheit träumte, spielten sie die Rolle von «Spaltern». Auch Merleau-Ponty sah klar die Gefahren, er stellte fest, daß die Arbeiterklasse niedergestampft worden war, er kannte die Gründe dafür. Hätte er aber gezeigt, wie die Arbeiter geknebelt, gekettet, irregeführt, um den Sieg gebracht worden waren, so hätte dieser kleinbürgerliche Intellektuelle – hätte er Tränen vergossen, Tränen seinen Lesern entlockt – sich demagogisch überboten. Als er hingegen die Schlußfolgerung zog, daß das Proletariat auf Urlaub gegangen war, war er aufrichtig und blieb sich selbst treu, ich blieb mir treu, wenn ich seinen Schlußfolgerungen zustimmte. Wir und Revolutionäre? Was nicht gar! Die Revolution schien damals nur der liebenswürdigste aller Mythen zu sein: eine kantische Idee gewissermaßen; ich wiederholte das Wort voll Achtung, ich verstand nichts von der Sache. Wir waren gemäßigte Intellektuelle gewesen, die Résistance hatte uns auf die Seite der Linken gezogen; nicht weit genug; und nun war sie tot; was hätten wir, uns selbst überlassen, anderes sein können als Reformisten?

Blieb die zweite Verhaltensweise. Wir brauchten sie nicht zu wählen, sie zwang sich auf. Selbst den Mittelklassen entstammend, versuchten wir, die Verbindung zwischen dem intellektuellen Kleinbürgertum und den intellektuellen Kommunisten herzustellen. Dieses Bürgertum hatte uns hervorgebracht: wir hatten seine Kultur und seine Werte als Erbteil erhalten; aber die Besatzungszeit und der Marxismus hatten uns gelehrt, daß weder jene Kultur noch diese Werte selbstverständlich waren. Wir verlangten von unseren Freunden in der Kommunistischen Partei die Werkzeuge, die notwendig waren, um der Bourgeoisie den Humanismus zu entreißen. Alle Freunde der Linken baten wir, mit uns diese Arbeit zu leisten. Merleau schrieb: «Wir hatten 1939 nicht unrecht, die Freiheit, die Wahrheit, das Glück und durchsichtige Beziehungen zwischen den Menschen zu fordern, und wir verzichten nicht auf den Humanismus. (Aber) der Krieg ... hat uns gelehrt, daß die Werte bloße Wörter bleiben ... wenn ihnen nicht durch eine wirtschaftliche und politische Infrastruktur zur Wirklichkeit verholfen wird.» Ich sehe wohl, daß diese Einstellung, die man eklektisch nennen kann, auf die Dauer nicht haltbar war, ich sehe aber auch, daß die Situation in Frankreich und in der Welt sie zu der einzig möglichen machte. Warum hätten wir uns päpstlicher als der Papst geben sollen? Wir hatten in der Tat den Klassenkampf vergessen, aber wir waren nicht die einzigen. Wir waren vom Ereignis ausersehen, zu bezeugen, was 1945 die kleinbürgerliche *Intelligentsia* wollte, als die Kommunisten die Mittel und die Absicht verloren hatten, das Regime zu stürzen. Mir scheint, sie wünschte paradoxerweise, daß die Kommunistische Partei reformistische Zugeständnisse machte und daß das französische Proletariat seine revolutionäre Aggressivität wiederfände. Das Paradox besteht nur scheinbar; diese chauvinistische Klasse, die durch fünf Jahre Besatzung erbittert war, hatte Angst vor der Sowjetunion, würde sich aber einer Revolution «ganz unter uns» angepaßt haben. Es gibt jedoch Gradunterschiede im Sein und im Denken: welches aber auch immer die Forderungen dieses revolutionären und nationalistischen Reformismus waren, Merleau strebte nicht danach, der Verkünder eines Proletariats unter der Trikolore zu werden. Wie andere in anderen Ländern zur gleichen Zeit hatte er für sein Teil eine weitgespannte Arbeit der Konfrontation in Angriff genommen: er gab unsere abstrakten Begriffe dem Marxismus zu beißen, der sich in sich selbst veränderte, sobald er sie assimiliert hatte.

Heute ist die Aufgabe leichter: die Marxisten – Kommunisten oder nicht – haben sie wieder selbst übernommen. 1948 war sie sehr schwierig, zumal sich die Intellektuellen der Kommunistischen Partei nicht scheuten, die beiden verdächtigen Bürger mit den leeren Händen, die sich da ungebeten zu Marschgenossen erklärt hatten, zum Teufel zu jagen. Wir mußten die marxistische Ideologie verteidigen, ohne unsere Vorbehalte und unser Zögern zu verbergen, ein Stück Wegs mit Burschen zurücklegen, die wir unserer Sympathie versicherten und die uns zum Dank als intellektuelle Polizisten behandelten, widersprechen, ohne zu beleidigen und ohne den Kontakt abzubrechen, diese Geschundenen, die keine Einschränkung duldeten, gemäßigt, aber freimütig kritisieren, trotz unseres Alleingangs behaupten, daß wir an ihrer Seite, an der Seite der Arbeiterklasse marschierten – die Bürger, die uns lasen, schlugen sich auf die Schenkel –, ohne es uns zu versagen, der Kommunistischen Partei nötigenfalls zuvorzukommen, wie wir es zu Beginn des Indochinakriegs taten, für die Entspannung und den Frieden in unserer kleinen Zeitschrift kämpfen, als ob wir eine Tageszeitung mit hoher Auflage leiteten, uns vor allem tugendhaften Eifern hüten, vor allem vor Großspurigkeit und Zorn, in der Wüste wie vor einer Volksversammlung sprechen, ohne jedoch unsere Winzigkeit aus dem Auge zu verlieren, uns in jedem Augenblick in Erinnerung rufen, daß das Gelingen nicht notwendig ist, um standhaft zu sein, daß aber die Standhaftigkeit das Gelingen zum Ziel hat. Allen Anzüglichkeiten und Tiefschlägen zum Trotz verrichtete Merleau seine Arbeit ordentlich, mit Geschmack, ohne jede Schwäche: es war sein Job. Er hat die Wirklichkeit der Jahre nach 1945 nicht enthüllt – wer hat es getan? –, aber er hat die illusorische Einheit Frankreichs genutzt, um sich so eng wie möglich an die Kommunisten anzuschließen, um mit ihnen unmögliche und notwendige Gespräche anzuknüpfen und um über Marx hinaus die Grundlagen dessen zu legen, was er manchmal «ein linkes Denken» nannte. In gewissem Sinne scheiterte er: das linke Denken ist der Marxismus, nicht mehr, nicht weniger. Aber die Geschichte verwertet alles, außer dem Tod: wenn der Marxismus heute im Begriff ist, *das linke Denken schlechthin* zu werden, so verdanken wir das in erster Linie den Bemühungen einer Handvoll Männer, deren einer er war; die Kleinbürger rutschten, wie gesagt, nach links hinüber; diese Bewegung wurde von allen Seiten abgeriegelt, aber sie endete auf vorgeschobenen Positionen:

Merleau verlieh dem gemeinsamen Wunsch nach demokratischer Einheit und nach Reformen am radikalsten Ausdruck.

Zwei Jahre Windstille und dann die Erklärung des Kalten Krieges. Hinter den Homilien Marshalls vermochte Merleau sofort die Großzügigkeit eines Menschenfressers zu sehen und aufzuzeigen. Es war die Zeit der Umgruppierungen. Die Kommunistische Partei verhärtete sich, unsere Rechte flog zur Mitte; zur gleichen Zeit begann man die Klapper des R.P.F. zu hören. Die Bourgeoisie erhob das Haupt, taufte sich «dritte Kraft» und arbeitete die Politik des Cordon sanitaire aus. Man drängte uns zur Entscheidung, Merleau wollte davon nichts wissen. Manchmal mußte er sich am Steuer anklammern: Prager Staatsstreich, wilde Streiks, Ende der Drei-Parteien-Regierung, gaullistische Springflut bei den Gemeindewahlen. Er hatte geschrieben: «Der Klassenkampf trägt eine Maske», er demaskierte sich. Wir beharrten indessen auf unseren Vermittlungsangeboten, die keiner ernst nahm, und waren um so mehr davon überzeugt, wir beiden verkörperten die Einheit der Linken, als sie zu dieser Zeit keinen anderen Vertreter mehr hatte. Das R.D.R.[1] entstand, ein vermittelnder Neutralismus zwischen den Blöcken, zwischen der fortschrittlichen Fraktion des reformistischen Kleinbürgertums und den revolutionären Arbeitern. Man schlug mir vor beizutreten, ich ließ mich überzeugen, daß die Bewegung unsere Ziele habe, ich nahm an. Merleau, von anderer Seite aufgefordert, erklärte seinen Beitritt, um mich nicht bloßzustellen. Ich sah bald ein, daß ich mich getäuscht hatte. Wenn wir möglichst nahe bei der Kommunistischen Partei leben, sie dazu bringen wollten, eine gewisse Kritik anzunehmen, mußten wir vor allem politisch unwirksam sein, man mußte eine andere Wirksamkeit in uns spüren. So aber war Merleau-Ponty, allein, ohne Parteigänger und Eiferer; sein stets originelles, stets neu ansetzendes Denken gewann seine Glaubwürdigkeit nur aus sich selbst. Das R.D.R. dagegen, so klein es war und zu sein bereit war, baute auf die Stärke der Zahl. So eröffnete es die Feindseligkeiten, die es zunächst gern aufgeschoben hätte: woher sollte die Bewegung ihre revolutionären Parteigänger nehmen, wenn nicht aus dem Kreis der Kommunisten oder Kommunistenfreunde; die Partei wurde widerborstig und behandelte die Bewegung vom ersten Tag an als Feind, zu deren großer Verwunderung. Die Doppelsinnig-

---

1 Rassemblement Démocratique Révolutionnaire. Anm. d. Übers.

keit dieser Situation bildete den Ursprung unserer internen Spaltungen: die einen ließen sich, angewidert, von der Rechten gewinnen; im allgemeinen waren das die «Verantwortlichen»; die anderen – und das war die Mehrheit – wollten unerschütterlich bleiben und sich den sozialen Aktionen der KPF anschließen. Die zuletzt genannten, zu denen wir gehörten, warfen den anderen vor, das ursprüngliche Programm aufgegeben zu haben: «Wo ist der Neutralismus?»; die anderen gaben unverzüglich die Frage zurück: «Und euer Neutralismus, wo bleibt der?»

Entdeckte Merleau vor mir unseren Irrtum und die Tatsache, daß ein politisches Denken sich nicht so leicht verkörpern läßt, es sei denn, daß es sich bis zu Ende denkt und irgendwo von denen wiederaufgenommen wird, die seiner bedürfen? War es nicht vielmehr so, daß er sich nicht enthalten konnte, 1948 nicht mehr als 1941, ein wenig die zu jungen Gruppierungen zu verachten, die keine Wurzeln und keine Traditionen hatten? Tatsache ist, daß er niemals zum Direktionskomitee kam, dem er doch als Gründungsmitglied angehörte: man berichtete mir das jedenfalls, denn ich ging auch nicht oft hin. Er hätte zu Recht fürchten können, daß wir sein Unternehmen verfälschen würden und daß die *Temps Modernes* als Monatsblatt des R.D.R. gelten könnten: er hat mir nichts darüber gesagt, sei es, daß er meine Unvorsichtigkeit teilte, sei es, daß er sie mir nicht zum Vorwurf machen wollte und damit rechnete, das Ereignis werde mir die Augen öffnen. Kurz, er leitete die Zeitschrift wie gewöhnlich und ließ mich allein und mit Unterbrechung unter dem Banner der Neutralität Krieg führen. Im Frühjahr 1949 wurden wir uns jedoch einig: das R.D.R. war nicht lebensfähig. Die Friedensbewegung, die damals von Yves Farge geleitet wurde, sollte einen Kongreß in Paris abhalten. Sobald man davon erfuhr, hieß es im R.D.R. Hals über Kopf, man wolle amerikanische Persönlichkeiten einladen und einige Tage nach dem Kongreß eine «Studientagung» über den Frieden abhalten: man konnte sich, das war klar, darauf verlassen, daß die rechte Presse diese Neuigkeiten verbreiten würde; kurz, diese pazifistische Tagung war nur ein Manöver, das von den Amerikanern wenn nicht angeregt, so doch gefördert wurde; von der Amerikanischen Botschaft etwas zu dringlich gebeten, dort zu sprechen, suchte Richard Wright beunruhigt mich auf: wohin gingen wir? Merleau gesellte sich zu uns: wir beschlossen, alle drei bei den Kundgebungen nicht zu erscheinen, und schrieben einen von uns dreien unterschriebenen

Brief, in dem wir unser Fernbleiben begründeten; der Krieg der beiden Frieden fand ohne uns statt; man konnte im Vél d'Hiv' einen Amerikaner die Atombombe rühmen hören, uns konnte man dort nicht sehen. Die militanten Parteimitglieder waren empört; im Juni 1949 sagten sie der Leitung, was sie von ihr hielten, ich vereinigte meine Stimme mit den ihren: wir mordeten das R.D.R., und ich reiste nach Mexiko ab, enttäuscht, aber mit wiedergewonnener Heiterkeit. Merleau war bei dem Kongreß nicht erschienen, aber über seine Meinung bestand sowieso kein Zweifel: ich mußte diese unerfreuliche Erfahrung machen, dachte ich, um mir sein Denken völlig zu eigen zu machen. In der Tat, um Haaresbreite hätte uns die so wohlbegründete Unvernunft der Politik einem Antikommunismus verfallen lassen, den wir verabscheuten und den wir doch hätten auf uns nehmen müssen.

Ich sah ihn im Herbst wieder: ich sagte ihm, daß ich ihn verstanden hätte. Keine aktive Politik mehr: die Zeitschrift und nur die Zeitschrift. Ich unterbreitete ihm Vorschläge: warum nicht eine Nummer der Sowjetunion widmen? Unser Einvernehmen war, so schien es mir, vollkommen: wir wurden auswechselbar. Um so erstaunter war ich, daß meine Vorschläge so wenig Echo fanden. Hätte er mir wenigstens ihre Unsinnigkeit bewiesen! Aber nein; er ließ sie unter den Tisch fallen, schweigsam und düster. Es lag daran, daß man von den sowjetischen Lagern Wind bekommen hatte. Wir waren zu gleicher Zeit wie Rousset, aber aus anderer Quelle, davon unterrichtet worden. Der Leitartikel Merleaus erschien in der Januar-Nummer 1950; man kann ihn in *Signes* nachlesen; diesmal trieb ich den Eifer so weit, zu verlangen, daß er mir davon Kenntnis gebe, noch bevor er es mir vorgeschlagen hatte. Ich übersprang kein einziges Wort, ich billigte alles, und zwar vor allem, daß der Autor sich selbst treu geblieben war. Er legte die Tatsachen dar und schloß seinen ersten Absatz folgendermaßen: «Wenn sich zehn Millionen Menschen in Konzentrationslagern befinden, während auf der anderen Seite der sowjetischen Hierarchie Einkommen und Lebensniveau fünfzehn- bis zwanzigmal höher sind als das der freien Arbeiter – dann ... dreht sich das ganze System und erfährt einen Bedeutungswandel, und wir fragen uns, aus welchem Grund wir in bezug auf die UdSSR noch von Sozialismus sprechen, trotz der Verstaatlichung der Produktionsmittel und obwohl die private Ausbeutung des Menschen durch den Menschen und die Arbeitslosigkeit dort unmöglich sind.» Wie konnten die sowjetischen Arbeiter auf ihrem eigenen Boden diese offensive Rückkehr der Sklaverei dulden? Merleau antwortete, das komme daher, daß man nach und nach «ohne feste Absicht, von Krise zu Krise, von Verlegenheitslösung zu Verlegenheitslösung» dahin gelangt sei. Die sowjetischen Staatsbürger kennen das Gesetzbuch, sie wissen von den Lagern: was sie vielleicht nicht kennen, ist das Ausmaß der Unterdrückung; wenn sie es entdecken, ist es bereits zu spät: mit der Zeit haben sie sich daran gewöhnt. «Eine große Zahl junger Helden ... begabter Funktionäre, die niemals kritisches Denken und Diskussionen im Sinne des Jahres 1917 gekannt haben, denken immer noch, die Sträflinge seien überspannte oder asoziale Elemente, Menschen bösen Willens ... Die Kommunisten der ganzen Welt erwarten, daß durch eine Art magischer Ausstrahlung alle die vielen Fabriken und Reichtümer eines Tages den integralen Menschen hervorbringen, selbst wenn man zu diesem Zweck zehn Millionen Russen in die Sklaverei schicken muß.» Die Existenz der Lager, sagte er, erlaube es, die Verblendung der heutigen Kommunisten abzuschätzen. Aber er fügte sogleich hinzu: «Eben diese Verblendung verbietet es, den Kommunismus mit dem Faschismus zu vermengen. Wenn unsere Kommunisten die Lager und die Unterdrückung hinnehmen, so deshalb, weil sie die klassenlose Gesellschaft erwarten ... Kein Nazi hat sich jemals mit Ideen abgegeben wie: Anerkennung des Menschen durch den Menschen, Internationalismus, klassenlose Gesellschaft. Zwar finden diese Ideen im Kommunismus heute nur einen ungetreuen Vertreter ... aber immerhin haben sie sich in ihm erhalten.» Und noch deutlicher fügte er hinzu: «Wir haben die gleichen Werte wie ein Kommunist ... Wir mögen denken, daß dieser sie kompromittiert, indem er sie im Rahmen des heutigen Kommunismus verkörpert. Sie sind dennoch die unseren, und wir haben mit einer großen Zahl von Gegnern des Kommunismus nichts gemein ... Im großen und ganzen steht die UdSSR ... auf der Seite jener Kräfte, die gegen die uns bekannten Formen der Ausbeutung kämpfen ... Man darf keine Nachsicht gegenüber dem Kommunismus zeigen, aber man kann in keinem Fall mit seinen Gegnern paktieren. Die einzige gesunde Kritik ist folglich diejenige, die sich gegen die Ausbeutung und Unterdrückung innerhalb der UdSSR und außerhalb der UdSSR richtet.»

Nichts klarer als das; wie groß auch ihre Verbrechen sein mögen, die UdSSR hat gegenüber den bürgerlichen Demokratien den nicht zu unterschätzenden Vorzug des revolutionären Ziels. Ein Engländer sagte über die Lager: «Das sind ihre Kolonien.» Darauf Merleau: «Dann sind unsere Kolonien – *mutatis mutandis* – unsere Arbeitslager.» Diese Lager aber haben keinen anderen Zweck, als die privilegierten Klassen zu bereichern; die der Russen sind vielleicht noch verbrecherischer, weil sie die Revolution verraten; fest steht, daß man sie eingerichtet hat, weil man glaubte, dadurch der Revolution zu dienen. Es kann sein, daß der Marxismus entartet ist, daß die inneren Schwierigkeiten und der äußere Druck das Regime verfälscht, die Institutionen auf Abwege geführt, den Sozialismus von seinem Weg abgebracht haben: Rußland bleibt den anderen Staaten unvergleichbar; man darf über dieses Land nur richten, wenn man sein Unternehmen bejaht und in dessen Namen urteilt.

Kurz, fünf Jahre nach seinem ersten Artikel kehrte Merleau in einem äußerst kritischen Augenblick zu den Prinzipien seiner Politik zurück: an der Seite der Partei, ganz dicht an ihr, aber niemals in ihr. Die Partei war unser einziger Pol, die Opposition von außen unsere einzige Haltung ihr gegenüber. Nur die UdSSR angreifen hieß dem Westen Absolution erteilen. In diesem festen Grundsatz kann man einen Widerhall trotzkistischen Denkens finden: wenn die UdSSR angegriffen wird, sagte Trotzki, muß man die Grundlagen des Sozialismus verteidigen; was die stalinistische Bürokratie betrifft, so ist es nicht Sache des Kapitalismus, mit ihr abzurechnen, das russische Proletariat wird das übernehmen.

Aber die Stimme Merleaus hat sich verdüstert; er spricht gelassen, selbst sein Zorn ist ohne Heftigkeit, fast ohne Leben: als habe er den ersten Anfall jener seelischen Mattigkeit verspürt, die unser aller Übel ist. Man nehme sich die Texte des Jahres 1945 wieder vor, man stelle einen Vergleich an, und man wird seine Enttäuschung, den Verschleiß seiner Hoffnungen ermessen. 1945: «Ohne Illusionen machen wir die Politik der KP.» In seinem Artikel von 1950: «Wir haben die gleichen Werte wie ein Kommunist.» Und, wie um die Schwäche dieses rein moralischen Bandes deutlicher zu zeigen: «Man wird mir sagen, die Kommunisten hätten keine Werte … Sie haben sie *gegen ihren Willen*.» Mit ihnen übereinzustimmen bedeutet für ihn, ihnen unsere Maximen zu unterstellen, obwohl er weiß, daß sie sie zurückweisen; und von der politischen Übereinstimmung ist überhaupt nicht mehr die Rede. 1945 verbot er sich jedes Denken, jede Handlung, die dem Wiedererstarken des Proletariats vielleicht hätten schaden können. 1950 lehnt er es nur ab, die Unterdrückung einzig und allein in der Sowjetunion anzugreifen: man weise sie überall auf oder nirgends. Die UdSSR von 1945 erschien ihm «doppelsinnig». Man traf dort auf «Zeichen des Fortschritts und Symptome des Rückschritts». Dieses Volk hatte eine furchtbare Prüfung hinter sich, man durfte hoffen. 1950, nach der Enthüllung des Systems der Konzentrationslager: «Man fragt sich, welchen Grund wir noch haben, von Sozialismus zu sprechen.» Ein einziges Zugeständnis: im großen und ganzen steht die UdSSR auf der richtigen Seite der Schranke, auf der Seite der Kräfte, die gegen die Ausbeutung kämpfen. Nicht mehr. Das revolutionäre Ziel, «den integralen Menschen zu schaffen», wird unter den 1950 herrschenden Umständen zu einer puren Illusion der kommunistischen Parteien. Es scheint, daß sich Merleau um diese Zeit an einem Kreuzweg befand und daß es ihm noch widerstrebte, eine Wahl zu treffen: würde er fortfahren, der Sowjetunion den Vorrang zu geben, um sich selbst und den benachteiligten Klassen treu zu bleiben? Würde er sein Interesse von dieser Gesellschaft der Konzentrationslager abwenden? Wenn es erwiesen war, daß sie aus dem gleichen Stoff gemacht ist, warum sollte man dann mehr von ihr fordern als von den Ausbeutermächten? Ein letzter Skrupel hält ihn zurück: «Der Verfall des russischen Kommunismus besagt nicht, daß der Klassenkampf nur ein Mythos ist ... noch besagt er im allgemeinen, daß die marxistische Kritik hinfällig wird.»

Waren wir so sicher, daß man das stalinistische Regime ablehnen konnte, ohne den Marxismus zu verdammen? Ich erhielt von Bloch-Michel einen entrüsteten Brief; er schrieb: «Warum wollen Sie nur nicht verstehen, daß die sowjetische Wirtschaft der Sklavenarbeit bedarf und daß sie jedes Jahr systematisch Millionen von unterernährten und überausgebeuteten Arbeitern rekrutiert?» Wenn er recht hatte, dann hatte Marx uns aus einer Barbarei in eine andere geworfen. Ich gab den Brief Merleau zu lesen, der ihn nicht überzeugend fand; wir fanden darin eine berechtigte Leidenschaft, Gründe des Herzens und keinen Verstand. Aber das besagte nichts: wie konnten wir wissen, ob sein Brief nicht unsere Einstellung völlig verändert hätte, wäre er besser durchdacht, von erwiesenen Tatsachen und Argumenten gestützt gewesen? Schwierigkeiten bei der Industrialisierung während der Periode der sozialistischen Akkumulation, Einkreisung, bäuerlicher Widerstand, die Notwendigkeit, die Versorgung mit Lebensmitteln sicherzustellen, demographische Probleme, Mißtrauen, Terror und Polizeidiktatur – diese Summe von Tatsachen und Konsequenzen war mehr als genug, um uns zu erdrücken; was aber hätten wir gesagt, was hätten wir getan, wenn man uns bewiesen hätte, daß die Infrastruktur ein Regime der Konzentrationslager notwendig machte? Man hätte die UdSSR und ihr Produktionssystem besser kennen müssen: ich kam einige Jahre später dahin und wurde in dem Augenblick von meinen Ängsten befreit, in dem die Lager sich öffneten. Während des Winters 1950 blieben wir in einer dumpfen Ungewißheit: die Stärke der Kommunisten liegt darin, daß man nicht über sie beunruhigt sein kann, ohne sich über sich selbst zu beunruhigen; wie unannehmbar ihre Politik auch sein mag, man kann sich – wenigstens in unseren alten kapitalistischen Ländern – nicht von ihnen entfernen, ohne sich zu einem Verrat zu entschließen. Und die Frage: «Wie weit können sie gehen?» ist gleichbedeutend mit der Frage: «Wie weit kann ich ihnen folgen?» Es gibt eine Moral der Politik – ein schwieriges, niemals klar behandeltes Problem –, und wenn die Politik ihre Moral verraten muß, so heißt es die Politik verraten, wenn man die Moral wählt. Versuche einer, das zu entwirren: vor allem dann, wenn sich die Politik die Herrschaft des Menschlichen zum Ziel gesetzt hat. In dem Augenblick, in dem Europa die Lager entdeckte, sah Merleau endlich den Klassenkampf ohne Maske: Streiks und ihre Niederwerfung, die Massaker von Madagaskar, der Krieg in Vietnam, McCarthy und die große amerikanische Angst, das Wiedererstarken der Nazis, überall die Kirche an der Macht, die salbungsvoll ihre Stola über den neu erstehenden Faschismus breitete: wie sollte man nicht den Aasgestank der Bourgeoisie riechen? Und wie konnte man öffentlich die Sklaverei im Osten verdammen, ohne bei uns die Ausgebeuteten der Ausbeutung zu überlassen? Konnten wir es aber annehmen, mit der Partei zusammenzuarbeiten, wenn das bedeutete, Frankreich in Ketten zu legen und mit Stacheldrahtzäunen zu bedecken? Was tun? Blind nach rechts und links drauflosschlagen, auf zwei Riesen, die unsere Streiche nicht einmal spüren würden? Das war die Notlösung: Merleau schlug sie in Ermangelung eines Besseren vor. Ich sah keine andere, aber ich war unruhig: wir hatten uns nicht ein Haarbreit von der Stelle gerührt; das Ja hatte sich ganz einfach in ein Nein verwandelt. Wir sagten 1945: «Meine Herren, Freunde aus aller Welt und vor allem aus unserer lieben KP.» Und fünf Jahre später: «Wir sind die Feinde aller, das einzige Vorrecht der Partei ist es, daß sie noch ein Recht auf unsere ganze Strenge hat.» Ohne daß wir auch nur davon sprachen, hatten wir beide das Gefühl, daß diese «Überblicksobjektivität» uns nicht weit führen würde. Wir hatten uns nicht entschieden, als die Entscheidung allen aufgenötigt wurde, und vielleicht hatten wir recht gehabt; für den Augenblick konnte unser Grimm gegen alle Welt die Entscheidung noch einige Monate hinausschieben. Aber als Leiter einer Tageszeitung oder einer Wochenzeitung hätten wir schon längst, wir wußten es, eine Wahl treffen oder krepieren müssen. Der mehr private Charakter unserer Zeitschrift gewährte uns eine Frist, aber unsere anfangs politische Position lief Gefahr, sich allmählich in Moralismus zu verwandeln. Wir sanken niemals auf das Niveau der schönen Seele herab, aber die musterhaften Gefühle sprossen in unserer Umgebung hervor, während die Manuskripte seltener wurden: wir verloren an Höhe, die Leute hatten keine Lust mehr, bei uns zu schreiben.

Man hat mir in China die Statuen zweier Verräter auf dem Boden eines Grabens gezeigt; seit einem Jahrtausend spuckt man auf sie, sie sind ganz glänzend geworden, erodiert vom menschlichen Speichel. Wir glänzten noch nicht, Merleau und ich, aber das Werk der Erosion hatte begonnen. Man vergab uns nicht, daß wir den Manichäismus ablehnten. Auf der Rechten hatte man Schlachtergesellen angestellt, um uns zu beschimpfen: alles war ihnen erlaubt; den Kritikern, die sich offen äußerten, zeigten sie den Hintern; das war die «neue Generation». Alle Feen hatten an ihrer Wiege gestanden, alle, außer einer; sie verschwanden aus Mangel an Talent: ein Minimum an Talent hätten sie gebraucht, nicht mehr, aber das war ihnen von Geburt an versagt. Sie würden heute elendiglich zugrunde gehen, wenn nicht der Algerienkrieg sie ernährte: Verbrechen macht sich bezahlt. Sie machten damals viel Lärm, richteten aber wenig Unheil an. Auf der anderen Seite war es ernster: unsere Freunde von der KP hatten den Artikel über die Lager nicht verwunden. Wir hatten ein Recht auf ihren Grimm, das war unser Fest. Mich kümmerte das alles nicht; Ratte, Hyäne, Viper: ich mochte dieses Bestiarium gern, es versetzte mich in ein anderes Reich. Merleau griff es mehr an: er dachte noch an die Kameradschaft von

1945. Es gab zwei Perioden: anfangs wurde er am frühen Morgen in den öffentlichen Blättern beleidigt und erhielt am späten Abend die heimlichen Entschuldigungen seiner kommunistischen Vertrauten. Bis zu dem Tag, wo man es der Einfachheit halber für gut befand, daß diese Vertrauten beide Aufgaben übernahmen: sie verfaßten im Morgengrauen die Artikel und entschuldigten sich in der Abenddämmerung. Merleau litt weniger darunter, daß er von Menschen, die ihm nahestanden, beleidigt wurde, als darunter, daß er sie nicht mehr achten konnte. Heute würde ich sagen, daß ihnen eine buchstäblich irrsinnige Gewaltsamkeit innewohnte, erwachsen aus einem Abnützungskrieg, der sich anderswo abspielte und dessen Wirkungen sich bis in unsere Provinz bemerkbar machten: sie versuchten sich für andere zu halten, und es gelang ihnen nicht ganz. Merleau sah, glaube ich, ihre Fehler, aber nicht ihr Leiden, diesen Provinzialismus; das ist verständlich, weil er sie in ihrem Alltagsleben kannte. Kurz, er distanzierte sich, weil man wollte, daß er sich distanzierte: jene Bordüren einer kritischen Sympathie hatte die KP geduldet, ohne sie zu schätzen; 1949 entschloß sie sich, diese Kritik auszumerzen; die Freunde außerhalb der Partei wurden gebeten, das Maul zu halten; wenn einer von ihnen öffentlich Vorbehalte machte, ekelte man ihn so lange an, bis er zum Feind wurde: so bewies die Partei den Mitkämpfern, und so glaubte jeder Mitkämpfer sich selbst zu beweisen, daß die unvoreingenommene Prüfung des Dogmas der Anfang des Verrats sei. Was die Freunde Merleaus an ihm haßten, waren *sie selbst*. Wieviel Angst lag in all dem, und wie sehr kam sie zum Vorschein nach dem Elektroschock des XX. Parteitags! Merleau kannte die Musik: der Unmut der Kommunisten machte ihn nicht zum Antikommunisten. Er empfing Schläge, ohne zurückzuschlagen: recht tun und reden lassen. Kurz, das Unternehmen fortführen. Gleichviel: man verwehrte ihm den Sauerstoff, man vertrieb ihn wieder einmal in die dünne Luft des einsamen Lebens. Die KP, aus einer geschichtlichen Umwälzung entstanden, mit ihren Traditionen und ihrem Zwang, war ihm einst, selbst aus der Ferne, als eine mögliche Gesellschaft erschienen: er verlor sie. Gewiß, er hatte zahlreiche Freunde, die nicht Kommunisten waren und die ihm treu blieben: aber was fand er in ihnen und für sie wieder außer der milden Gleichgültigkeit der Vorkriegszeit? Man setzte sich an einen Tisch, man aß zusammen, um sich einen Augenblick lang vorzuspiegeln, man habe ein gemeinsames Ziel:

zwischen diesen so verschiedenartigen Menschen, die durch den Einbruch der Geschichte in ihre Privatsphäre noch wie in Trance versetzt waren, gab es nichts Gemeinsames als den Whisky oder die Hammelkeule. Gewiß, das lief darauf hinaus, einen Tod zu konstatieren: die Résistance war zerkrümelt, er begriff es endlich: aber solche Erkenntnisse besitzen eine tiefe Wahrheit nur dann, wenn wir sie als ein Fortschreiten unseres eigenen Todes empfinden. Während des Winters und des Frühlings sah ich Merleau oft; er schien kaum nervös, aber von einer äußersten Empfindlichkeit: ohne es ganz zu begreifen, fühlte ich, daß ein Stück von ihm starb. Fünf Jahre später sollte er schreiben: «Der Schriftsteller weiß wohl, daß dieses ewige Grübeln über sein Leben in keinem Verhältnis steht zu dem, was es an vergleichsweise Klarem und Genauem (in seinem Werk) hat hervorbringen können.» Das ist wahr: jedermann grübelt; man wälzt die Beleidigungen im Kopf herum, die einem zugefügt wurden, den Ekel, den man ausgestanden hat, die Anklagen, die Beschuldigungen, die Verteidigungsreden – und dann versucht man, zerrissene Erfahrungen ohne Kopf und Schwanz Stück für Stück wieder zusammenzusetzen. Merleau kannte wie jedermann diese mühsamen Wiederholungen, denen manchmal ein Funke entspringt. In diesem Jahr zuckte kein Blitz, kein Licht auf. Er versuchte den Weg zu überblicken, den er durchlaufen hatte, sich an den Scheideweg zurückzuversetzen, an dem seine eigene Geschichte mit der Frankreichs und der Welt sich überschnitt, an dem der Lauf seiner Gedanken aus dem Lauf der Dinge entstand: das hatte er, ich sagte es bereits, schon zwischen 1939 und 1945 versucht, und es war ihm gelungen. Aber 1950 war es dazu zu spät und zu früh. «Ich würde gern», sagte er mir eines Tages, «einen Roman über mich schreiben.» – «Warum nicht eine Autobiographie?» fragte ich. – «Es gibt zu viele Fragen ohne Antworten. In einem Roman könnte ich ihnen imaginäre Lösungen geben.» Man täusche sich nicht über diesen Rückgriff auf die Einbildungskraft: ich erinnere hier nur an die Rolle, die die Phänomenologie ihr bei dem komplexen Vorgang zuschreibt, der in der Wesensschau zum Abschluß kommt. Sicher ist aber, daß dieses Leben sich entglitt, daß es beim Nachdenken Schattenräume, Auflösungen der Kontinuität entdeckte. Er hatte sich gegen seinen Willen in den offenen Konflikt mit seinen alten Freunden gestürzt: mußte er da nicht am Anfang einen Irrtum begangen haben? Oder: war er nicht gezwungen, auf die Gefahr hin, sich selbst zu zerreißen, die Abweichungen und Seitensprünge einer ungeheuren Bewegung auf sich zu nehmen, die ihn erzeugt hatte und deren Kraftquellen außerhalb seiner Einflußsphäre lagen? Oder: waren wir nicht – wie er es 1945 als eine einfache Vermutung ausgesprochen hatte – für eine mehr oder minder lange Zeit der Sinnlosigkeit verfallen? Vielleicht hatten wir nichts anderes mehr zu tun, als *auszuharren* und dabei einige wenige Werte aufrechtzuerhalten? Er behielt sein Amt in den *Temps Modernes* bei und verbot es sich, seine Tätigkeit im geringsten zu verändern; aber das «Grübeln über sein Leben», das ihn seinen Ursprüngen wieder näherbrachte, lenkte ihn langsam von der Tagespolitik ab. Das war sein Glück; wenn man die Randzone der Kommunistischen Partei verläßt, muß man irgendwohin gehen: man marschiert eine Weile herum, und dann findet man sich auf der Seite der Rechten wieder; Merleau wurde niemals zum Verräter: abgewiesen, zog er sich in die Tiefe seines Lebens zurück.

Der Sommer kam. Die Koreaner führten Bürgerkrieg. Wir waren getrennt, als die Nachricht uns erreichte: jeder von uns machte allein die Kommentare, die er für richtig hielt. Wir trafen uns im August für einen Tag in Saint-Raphaël: zu spät. Wir freuten uns, unsere Gesten, unsere Stimmen, alle die vertrauten Einzelheiten wiederzufinden, die alle Freunde an ihren Freunden lieben. Ein einziger Mißklang: unsere Gedanken hatten sich schon verfestigt und kamen nicht mehr zusammen. Vom Morgen bis zum Abend sprachen wir nur vom Krieg, unbeweglich am Ufer des Wassers sitzend, dann bei Tisch, dann auf der Terrasse eines Cafés, inmitten halbnackter Sommerfrischler; wir diskutierten beim Spazierengehen, wir diskutierten noch am Bahnhof, wo wir auf meinen Zug warteten. Verlorene Mühe: zwei Taube. Ich hatte mehr gesprochen als er, ich fürchte, nicht ohne Heftigkeit. Er antwortete ruhig, kurz: der Schwung seines schmalen Mundes, sein kindlich spitzbübisches Lächeln ließen mich hoffen, daß er noch zögerte. Aber nein: er hat niemals seine Stellungnahme an die große Glocke gehängt; ich mußte zur Kenntnis nehmen, daß seine Meinung feststand. Er wiederholte leise: «Es bleibt uns nichts mehr übrig als zu schweigen.» – «Wer, wir?» sagte ich, indem ich vorgab, ihn nicht zu verstehen. «Nun, wir: die *Temps Modernes*.» – «Du willst, daß wir den Schlüssel unter die Tür legen?» – «Nein, aber daß wir kein Wort mehr über Politik reden.» – «Und warum?» – «Es ist Krieg.» – «Nun ja, in Korea.» – «Morgen wird überall Krieg sein.» – «Und selbst wenn hier Krieg wäre, warum sollten wir schweigen?» – «Darum. Die rohe Gewalt allein wird entscheiden: warum reden, wenn es keine Ohren gibt?» Ich bestieg den Zug; aus der Tür gelehnt, winkte ich mit der Hand, wie es sich gehört, ich sah, wie er zurückwinkte, aber ich war verstört bis ans Ende der Reise.

Ich war ungerecht, als ich ihm vorwarf, er wolle die Kritik in dem Augenblick knebeln, in dem die Kanonen zu schießen begannen. Davon war er weit entfernt; er war einfach auf eine erdrückende Evidenz gestoßen: die UdSSR, dachte er, hatte ihre waffentechnische Unterlegenheit dadurch ausgleichen wollen, daß sie sich eine bessere strategische Position sicherte. Das bedeutete zunächst, daß Stalin den Krieg für unvermeidlich hielt: es handelte sich nicht mehr darum, ihm vorzubeugen, sondern ihn zu gewinnen. Also genügte es, daß er einem der beiden Blöcke unvermeidlich erschien, damit er es tatsächlich würde. Wenn es noch die kapitalistische Welt gewesen wäre, die als erste angegriffen hätte: die Welt wäre in Stücke gegangen, aber das menschliche Abenteuer hätte, selbst zerbrochen, einen Sinn bewahrt, etwas wäre gestorben, das zum mindesten versucht hätte, geboren zu werden. Da aber der Präventivangriff von sozialistischen Ländern ausging, würde die Geschichte nur das Leichentuch unserer Spezies gewesen sein. Schluß. Für Merleau-Ponty wie für viele andere war 1950 das entscheidende Jahr: er glaubte, die stalinistische Doktrin ohne Maske zu sehen, und er hielt sie für eine Art Bonapartismus. Entweder war die Sowjetunion nicht das Vaterland des Sozialismus: dann existierte dieser nirgendwo und war zweifellos nicht lebensfähig; oder aber, der Sozialismus war *das*, dieses verabscheuenswerte Ungeheuer, dieses Polizeiregime, dieser Raubstaat. Kurz, Bloch-Michel hatte Merleau nicht überzeugen können, daß die sozialistische Gesellschaft auf der Leibeigenschaft beruhe; aber Merleau überzeugte sich selbst, daß sie – Zufall oder Notwendigkeit oder beides zusammen – einen Imperialismus gezeitigt hatte. Das bedeutete natürlich nicht, daß er für das andere Ungeheuer, den kapitalistischen Imperialismus, Partei ergriff. «Was denn?» sagte er sich. «Die beiden haben einander nichts vorzuwerfen.» So vollzog sich seine Wandlung: er wollte sich nicht gegen die UdSSR entrüsten. «In wessen Namen? Überall auf der Erde wird ausgebeutet, totgeschlagen, geraubt. Also verdammen wir niemanden!» Nur verlor die UdSSR in seinen Augen jedes Vorrecht, sie war nicht mehr und nicht weniger als die anderen ein Raubstaat.

Er glaubte zu jener Zeit, die Geschichte sei durch die ihr innewohnenden Mechanismen ein für allemal vom richtigen Kurs
abgebracht worden, die Geschichte werde, durch ihren eigenen
Schutt gehemmt und fehlgeleitet, einen falschen Kurs verfolgen,
bis zur Katastrophe. So konnte jedes sinnvolle Wort nur eine
Lüge sein: blieb nur die Weigerung, zum Komplizen zu werden, das Schweigen. Zuerst hatte er zurückbehalten wollen, was
er in beiden Systemen für gültig hielt; dem besseren von beiden
wollte er zum Geschenk machen, was das andere errungen hatte.
Enttäuscht hatte er sich dann entschlossen, die Ausbeutung überall anzuklagen. Nach einer neuen Enttäuschung entschied er sich
in der Stille dafür, nichts und nirgends mehr anzuklagen, bis eine
Bombe, von Osten oder Westen kommend, unserem unwichtigen
Treiben ein Ende setzen würde. Erst bejahend, dann ablehnend,
dann schweigend: er hatte sich nicht ein Haarbreit von der Stelle
gerührt. Man würde aber diese Mäßigung mißverstehen, wenn
man nicht die äußeren Merkmale eines Selbstmords in ihr sähe;
seine schlimmsten Ausbrüche, ich sagte es schon, waren wie Un-
terwassertorpedos, die nur ihm selbst Schaden zufügten. Im irr-
sinnigen Zorn bleibt noch Hoffnung: in der Totenstille seiner
Weigerung gab es keine mehr.

Ich dachte nicht so weit, das rettete mich vor der Melancholie.
Merleau ließ die Koreaner Koreaner sein, ich sah nur sie. Er ging
zu schnell zur Weltstrategie über, ich starrte fasziniert auf das
Blut: die Schuld, dachte ich, liegt bei dem Kuhhandel von Jalta,
durch den dieses Land gespalten wurde. Wir täuschten uns beide,
aus Unkenntnis, aber das war durchaus erklärlich: woher hätten
wir auch zu jener Zeit unser Wissen holen sollen? Wer hätte uns
enthüllen sollen, daß ein militärisches Krebsgeschwür die USA
zerfraß und daß die Zivilisten zur Zeit Trumans schon mit dem
Rücken zur Wand kämpften? Wie hätten wir im August 1950
etwas von dem Plan MacArthurs ahnen können, von seiner Absicht, einen Konflikt dazu zu benützen, China der China-Lobby
auszuliefern? Kannten wir Syngman Rhee, den Feudalfürsten
eines verelendeten Landes, und die Absichten des bäuerlichen Südens auf die Industrie des Nordens? Von all dem sprach die
kommunistische Presse kaum: sie wußte davon nicht mehr als
wir und entlarvte die Verbrechen der imperialistischen Mächte,
das heißt, der Amerikaner, ohne die Analyse weiterzutreiben.
Im übrigen brachte sie sich gleich zu Anfang durch eine Lüge um
jede Glaubwürdigkeit: die einzige Tatsache, die feststand, war

die, daß die Truppen des Nordens als erste die Demarkations-
linie überschritten hatten; die Kommunisten versteiften sich darauf, das Gegenteil zu behaupten. Man kennt heute die Wahrheit und weiß, daß die Militärs der Vereinigten Staaten, die mit
den Feudalherren von Seoul verbündet waren, die Kommunisten
in eine Falle hatten laufen lassen: täglich waren Grenzzwischen-
fälle vorgekommen, man machte sich das zunutze; die Truppen
des Südens unternahmen so offenkundige Bewegungen, daß der
getäuschte Norden den ungeheuren Fehler beging, zuerst loszu-
schlagen, um einem Streich zuvorzukommen, den man ihm nicht
versetzen wollte. Es ist der Fehler der Massenparteien, daß sie
glauben, das volkstümliche Denken – das einzig tiefe, das einzig
wahre – anzusprechen, indem sie ihm frisierte Wahrheiten anbieten. Ja, ich zweifle nicht mehr daran: die Kriegsschuldigen in
dieser unglückseligen Geschichte sind die Feudalherren des Südens und die Imperialisten der USA. Aber ich zweifle nicht weniger daran, daß der Norden den ersten Angriff unternommen
hat. Die Aufgabe der Kommunistischen Partei war nicht leicht:
erkannte sie die Tatsachen an, und wäre es nur, um deren Sinn
herauszuarbeiten, so hätten ihre Feinde überall geschrien, daß sie
endlich geständig würde. Leugnete sie die Tatsachen, so würden
ihre Freunde den Betrug entdecken und sich von ihr entfernen.
Sie entschloß sich zu leugnen, um in der Offensive zu bleiben.
Nun, es war gerade erst ein Jahr her, daß man die Existenz der
sowjetischen Lager entdeckt hatte; wir blieben mißtrauisch, bereit, das Schlimmste zu glauben. In Wahrheit beklagte die
UdSSR diesen Konflikt, der sie in die Gefahr brachte, in einen
Krieg verwickelt zu werden, den zu gewinnen sie nicht vorbereitet war: sie mußte jedoch die Nordkoreaner unterstützen, wollte
sie nicht ihren Einfluß in Asien verlieren. Das junge China hingegen mischte sich in die Schlägerei ein: es wußte, daß es Gegenstand der amerikanischen Gelüste war; und außerdem forderte
alles, seine revolutionäre Verbundenheit, seine dauernden Interessen, seine internationale Politik, die Intervention. Unsere
Kenntnis der Lage im Sommer 1950 erlaubte uns indessen nicht,
die Rollen zu verteilen: Merleau glaubte an die Schuld Stalins,
weil er daran glauben mußte. Ich glaubte an gar nichts, ich
schwamm im ungewissen. Das war mein Glück: ich kam gar
nicht erst in Versuchung, zu denken, daß dies die Mitternachts-
stunde des Jahrhunderts sein könnte, weder daß wir im Jahre
Tausend lebten noch daß der Vorhang über der Apokalypse

aufgehen würde; ich betrachtete aus der Ferne die Brandstätte und sah nur Feuer.

In Paris traf ich Merleau wieder. Kälter, düsterer. Einige unserer Freunde, erzählte mir seine Frau, hofften fest, daß ich mir an dem Tage, an dem die Kosaken unsere Grenzen überschreiten würden, eine Kugel durch den Kopf jagen würde. Selbstverständlich wünschte man sich auch im Kopf Merleaus eine Kugel. Der Selbstmord reizte mich nicht, ich lachte; Merleau beobachtete mich, ohne zu lachen. Er stellte sich den Krieg vor, das Exil. Obenhin, mit jenem Anflug von Knabenhaftigkeit, den ich jedesmal an ihm wahrgenommen habe, wenn das Gespräch ernsthaft zu werden drohte, sagte er, er würde Liftboy in New York werden. Ein peinlicher Scherz: das war eine andere Form des Selbstmords; wenn der Konflikt ausbrechen würde, wäre es nicht damit getan, nicht mehr zu schreiben, man müßte es auch ablehnen zu lehren; eingeschlossen in einem Käfig, würde er nur noch Knöpfe bedienen und sich durch Schweigen martern. Solchen Ernst trifft man selten, er wird überraschen. Dennoch: das war seine Haltung, die unsere, es ist noch heute die meine. In einem Punkt waren wir mit den braven Leuten, die unseren Tod herbeiwünschten, einig: in der Politik muß man seine Zeche bezahlen. Wir waren keine Menschen der Tat, aber falsche Ideen sind ebensosehr Verbrechen wie falsche Handlungen. Wie urteilte er selbst über sich? Er sagte es nicht, aber er schien mir unruhig, beunruhigend. Wenn er jemals, sagte ich mir, ein Urteil über sich selbst fällen sollte, so würde er in seinem geheimen Jähzorn sofort zur Exekution schreiten. Ich habe mich später oft gefragt, wie sein kalter Zorn gegen die UdSSR sich in Mißmut gegen ihn selbst hatte verwandeln können. Wenn wir in die Barbarei verfallen wären, hätte man weder ein Wort sagen noch auch nur schweigen können, ohne sich barbarisch zu verhalten; warum klagte er sich für aufrichtige und durchdachte Artikel an? Die Absurdität der Welt hatte ihm sein Denken geraubt, das war alles. Darauf hat er in *Signes* mit einer Erläuterung zu Nizan geantwortet, die auch für ihn gilt: «Man versteht die Einwände, die Sartre heute gegen den Nizan von 1939 vorbringt und warum sie ihm nichts anhaben können. Nizan, sagt er, war zornig. Aber beruhte dieser Zorn auf einer Laune? Er ist eine Erkenntnisweise, die nicht unangemessen ist, wenn es sich um Grundlegendes handelt. Für den, der Kommunist geworden ist und der Tag für Tag in der Partei wirkt, hat das, was sie sagt

und tut, ein besonderes Gewicht, weil auch er es gesagt und getan hat. Um die Wendung von 1939 angemessen aufzunehmen,
hätte Nizan eine Gliederpuppe, hätte er gebrochen sein müssen
... Ich erinnere mich, im Oktober 1939 prophetische Briefe geschrieben zu haben, die auf machiavellistische Weise die Rollen
zwischen der Sowjetunion und uns verteilten. Aber ich hatte
auch nicht jahrelang das Bündnis mit der Sowjetunion gepredigt.
Wie Sartre war ich ohne Partei: eine gute Position, um gelassen
über die härteste aller Parteien zu Gericht zu sitzen.» Merleau-
Ponty ist immer weit davon entfernt gewesen, Kommunist zu
sein, ja, ist niemals in Versuchung gewesen, es zu werden. Es
war keine Rede davon, daß er «in der Partei gewirkt hätte»,
aber er lebte ihr tägliches Leben durch die Freunde, die er sich
ausgesucht hatte. Er warf sich nicht vor, «was sie gesagt und
getan hatte», sondern die Kommentare, die er darüber geschrieben hatte, seine Entscheidung, niemals eine Kritik vorzutragen,
bevor er nicht versucht hatte, zu verstehen und zu rechtfertigen. Er hatte dennoch recht gehabt, und man erkennt nur, wenn
man gibt. Die Folge daraus war aber, daß er darunter litt, um-
sonst gegeben zu haben. Er hatte gesagt: «Nur auf eine Weise
kann der geschichtliche Mensch der Barbarei verfallen: indem er
sie begeht.» Er war das Opfer derer geworden, die er so geduldig verteidigt hatte, weil er sich zu ihrem Komplizen gemacht
hatte. Kurz, er gab die Politik in dem Augenblick auf, in dem
er meinte, sich in ihr verrannt zu haben. Würdig, aber schuldbe-
wußt: er hatte gewagt zu leben, er mauerte sich ein. Gewiß, er
würde später auf all das zurückkommen, andere Schlußfolgerungen ziehen; aber das war 1955: fünf Jahre lang hatte er diesen
Gram auf dem Herzen gehabt.

Es fehlte nicht an Leuten, die seinen Stellungswechsel aus seiner Klassenzugehörigkeit erklärten: er war ein liberaler Kleinbürger, er ging, so weit er konnte, und blieb dann stehen. Wie
einfach ist das! Und die das sagen, sind Kleinbürger, die im Liberalismus aufgewachsen sind und dennoch für den Manichäismus optierten, den er ablehnte. In Wirklichkeit lag es an der
Geschichte, daß der Faden abriß: sie nützt die Menschen aus,
deren sie sich bedient, und reitet sie tot wie Pferde. Sie wählt
die Schauspieler aus und formt sie durch die Rolle, die sie
ihnen auferlegt, bis ins Mark um; bei der geringsten Veränderung
entläßt sie sie, um andere, ganz neue aufzunehmen, die sie ins
Kampfgewühl wirft, ohne sie vorher belehrt zu haben. Merleau

hatte sich in einem Milieu an die Arbeit gemacht, das von der Résistance geprägt war: als es diese nicht mehr gab, dachte er, daß die durch sie bewirkte Einheit in einem zukünftigen Humanismus überleben würde, den die Klassen, selbst in ihrem Kampf gegeneinander, gemeinsam aufbauen könnten. Er «machte die Politik der Kommunistischen Partei» und weigerte sich doch, das kulturelle Erbe der Bourgeoisie in Bausch und Bogen zu verdammen. Dank dieser Bemühung, die beiden Extreme miteinander zu verbinden, hörte der Ideenaustausch in Frankreich niemals ganz auf: man haßte hier wie überall die Intelligenz, aber vor 1958 kannte man dort niemals einen intellektuellen McCarthyismus. Auf der anderen Seite verdammten die offiziellen Denker der Kommunistischen Partei seine Ideen, aber die besten von ihnen wußten immer, daß man sie wiederaufnehmen müsse und daß die marxistische Anthropologie die Pflicht habe, sie zu assimilieren. Glaubt man, daß Tran Duc Tao ohne Merleau seine Arbeit geschrieben und versucht hätte, Husserl dem Marxismus einzuverleiben? Es gibt in vielen archaischen Religionen heilige Personen, die die Funktion des *Mittlers* ausüben: alles muß sich durch sie miteinander verbinden und verknüpfen. Merleau-Ponty hat in der Politik diese Rolle gespielt. Aus der Einheit hervorgegangen, weigerte er sich, sie zu zerbrechen, und sein Amt war es, zu verbinden. Die Doppelsinnigkeit seines heuristischen Marxismus, von dem er in einem Atemzug sagte, daß er nicht genüge und daß wir nichts anderes hätten – sie hat, glaube ich, Begegnungen und Diskussionen gefördert, die nicht aufhören werden. So hat er für sein Teil die Geschichte dieser Nachkriegszeit geprägt, soweit ein Intellektueller sie überhaupt prägen kann. Umgekehrt hat die Geschichte, die durch ihn geprägt wurde, ihn selbst geprägt. Indem er sich weigerte, den Bruch einfach hinzunehmen, indem er mit seinen Händen auseinanderstrebende Kontinente festzuhalten suchte, fand er, jetzt ohne Illusionen, schließlich zu seiner alten Idee von Katholizität zurück: auf beiden Seiten der Barrikade sind nur Menschen; überall sind also Menschen am Werk, und man sollte ihr Wirken nicht nach seinem Ursprung, sondern nach seinem Gehalt beurteilen. Es genügt, wenn der Mittler sich bemüht, die beiden Pole des Widerspruchs beieinanderzuhalten und die Explosion, solange er kann, zu verhindern: die geistigen Schöpfungen, diese Töchter des Zufalls und der Vernunft, werden bezeugen, daß das Reich des Menschen möglich ist. Ich will nicht entscheiden, ob diese

Idee im Oktober 1950 verspätet oder verfrüht war. Eins ist sicher: sie kam nicht zur rechten Zeit. Der Erdball wurde rissig. Kein Gedanke, der nicht eine vorgefaßte Meinung ausdrückte, der nicht eine Waffe sein sollte, kein Band, das sich knüpfte, ohne daß andere zerrissen; um seinen Freunden zu dienen, mußte jeder das Blut seiner Feinde vergießen. Verstehen wir uns recht: auch andere als der Mittler verdammten den Manichäismus und die Gewalttätigkeit. Aber sie taten es, weil sie selbst manichäisch und gewalttätig waren: mit einem Wort, um der Bourgeoisie zu dienen. Merleau-Ponty war der einzige, der nicht den Triumph der Zwietracht feierte, der einzige, der es nicht ertrug, daß – im Namen unserer «katholischen» Berufung – die Liebe wieder überall als Kehrseite des Hasses auftrat. Die Geschichte hatte ihn uns gegeben; lange vor seinem Tode nahm sie ihn uns.

Bei den *Temps Modernes* hatten wir die Politik abgeschrieben. Man muß zugeben, daß unsere Leser das nicht sofort merkten: wir erlaubten uns manchmal solche Verzögerungen, daß wir von den Dingen erst sprachen, wenn jedermann sie vergessen hatte. Mit der Zeit wurden die Leute jedoch ärgerlich: unsicher geworden, verlangten sie Aufklärung, und es war unsere Pflicht und Schuldigkeit, sie ihnen zu geben oder zu bekennen, daß wir genausowenig wußten wie sie. Wir erhielten aufgebrachte Briefe; die Kritiker mischten sich ein; ich habe kürzlich wieder in einer alten Nummer des *Observateur* eine «Zeitschriftenschau» gefunden, in der man kräftig über uns herfiel. Beide hatten wir, einer durch den anderen, Kenntnis von diesen Beschwerden, verloren aber kein Wort darüber: das hätte bedeutet, die Diskussion wiederaufzunehmen. Ich ärgerte mich etwas: war sich Merleau klar darüber, daß er uns sein Schweigen *aufzwang*? Dann bemühte ich mich, vernünftig zu sein: die Zeitschrift gehörte ihm, er hatte ihre politische Richtung festgelegt, und ich war ihm gefolgt; war unser Schweigen deren letzte Konsequenz, so mußte ich ihm auch jetzt noch folgen. Sein lächelnder Mißmut war schwerer für mich zu ertragen: er schien uns vorzuwerfen, daß wir ihn auf dieser Galeere begleitet hätten, und manchmal auch, daß wir ihn überhaupt auf die Galeere gebracht hätten. Die Wahrheit ist, daß er unsere Unstimmigkeiten wachsen fühlte und darunter litt.

Wir kamen aus der Sackgasse heraus, ohne etwas zu entscheiden, ohne zu sprechen. Dzelepy, Stone schickten uns gute, wohlunterrichtete Artikel, die das Einerlei des Krieges von einem Tag auf den anderen in einem neuen Licht zeigten. Ich fand meine Überzeugungen in ihnen bestätigt, Merleau die seinen nicht widerlegt: die Artikel gingen nicht mehr auf die Ursprünge des Konflikts ein. Merleau schätzte sie zwar nicht sehr, aber er war zu anständig, um sie abzulehnen; ich wagte nicht, darauf zu bestehen, daß wir sie annahmen. Ich behaupte nicht, daß wir sie veröffentlichten: sie veröffentlichten sich von selbst; wir fanden sie in der Zeitschrift wieder. Andere folgten und gingen von selbst den Weg zur Druckerei. Das war der Beginn einer überraschenden Wandlung: die *Temps Modernes*, die ihren politischen Leiter verloren hatten, versteiften sich darauf, ihm gegen seinen Willen zu gehorchen. Das heißt, die *Temps Modernes* arbeiteten von sich aus an ihrer Radikalisierung. Wir hatten langjährige Mitarbeiter, von denen die meisten uns nicht oft sahen: sie wandelten sich, um der Kommunistischen Partei so nahe wie möglich zu bleiben, und glaubten dabei, uns zu folgen, während sie uns in Wirklichkeit hinter sich herzogen. Junge Leute kamen zur Zeitschrift auf Grund des Rufes, den Merleau ihr gegeben hatte: sie war, so dachten sie, das einzige Organ, das in diesem Eisernen Zeitalter zugleich seine Vorlieben und seine Klarheit bewahrte. Keiner von diesen Hinzugekommenen war Kommunist, keiner wollte sich aber auch von der Partei entfernen; so gaben sie unter anderen, brutaleren Umständen den *Temps Modernes* wieder die Stellung, die Merleau der Zeitschrift 1945 zugewiesen hatte. Aber das lief auf eine Verkehrung der Dinge hinaus: um unsere Distanz von den Kommunisten zu bewahren, mußten wir 1951 mit allem brechen, was sich noch «die Linke» nannte. Merleau schwieg zu alledem: ja, er knebelte sich mit ein wenig Sadismus, er zwang sich, aus Berufsethos und um seine Freunde nicht vor den Kopf zu stoßen, diese Reihe von tendenziösen Artikeln durchgehen zu lassen, die sich über seinen Kopf hinweg an den Leser wandten und die hintenherum bei jedem x-beliebigen Thema, und sei es in einer Filmkritik, eine unklare, verworrene, unpersönliche Meinung darlegten, die nicht mehr die seine war, ohne bereits die meine zu sein. So entdeckten wir beide, daß die Zeitschrift im Laufe dieser sechs Jahre eine Art Eigendasein gewonnen hatte und daß sie ebenso uns leitete wie wir sie. Kurz, während des Interregnums, zwischen 1950 und 1952, rekrutierte ein Schiff ohne Kapitän selbst Offiziere, die seinen Untergang verhinderten. Wenn Merleau sich damals angesichts dieser winzigen Sardine, die im Kielwasser eines Pottwals schwamm, noch sagte: «Das ist mein Werk ...», so mußte er schon eine Menge Galle hinunterschlucken. Denn ganz sicher hing er an der Zeitschrift, diesem von ihm hervorgebrachten Stück Leben, das er Tag um Tag am Leben erhielt; ich denke, daß er sich plötzlich in die Lage eines Vaters versetzt fand, der noch am Tag zuvor seinen Sohn als Kind behandelte und der auf einmal in ihm einen widerborstigen, fast feindseligen, «durch schlechte Einflüsse verdorbenen» jungen Mann entdeckt. Ich sage mir manchmal, daß wir beide unrecht hatten, *selbst dann noch* zu schweigen, daß wir unsicher und noch nicht festgelegt waren ... Aber nein: das Spiel war aus.

Die Welt machte eine Kriegspsychose durch, und ich hatte ein schlechtes Gewissen. Überall im Westen fragte man sich mit kühler Stimme, aber flackernden Augen, was die Russen wohl mit Europa anstellen würden, wenn sie es vollständig besetzt hätten. «Denn das werden sie tun», sagten die Stammtischstrategen. Selbstgefällig redeten sie von der «Bastion Bretagne», jenem Brückenkopf, den die USA im Finistère halten würden, um zukünftige Landungen zu erleichtern. Gut; wenn auf unserem Boden Krieg geführt würde, so gab es keine Probleme: wir würden alle dabei umkommen. Aber andere Auguren vermuteten, daß die Vereinigten Staaten das eigentliche Schlachtfeld in anderen Erdteilen suchen und uns aus Bequemlichkeit der UdSSR überlassen würden. Was dann? Eine Antwort wurde von jungen bürgerlichen Jungfrauen gegeben: in Paris legte in einem Mädchengymnasium eine ganze Klasse den Schwur ab, im kollektiven Selbstmord Zuflucht zu suchen. Der düstere Heroismus dieser armen Kinder sprach Bände über die Angst ihrer Eltern. Ich hörte sehr gute Freunde, ehemalige Widerstandskämpfer, kaltblütig erklären, sie würden in den Maquis gehen. «Diesmal», sagte ich ihnen, «werdet ihr Gefahr laufen, auf Franzosen zu schießen.» Ich las in ihren Augen, daß sie sich darum nicht kümmern würden, oder vielmehr, daß sie sich aus Hysterie in diese irreale Entscheidung verrannt hatten. Andere waren realistischer: sie würden ein Flugzeug nach der Neuen Welt nehmen. In diesen Jahren war ich etwas weniger verrückt: ich glaubte nicht an die Apokalypse, vielleicht aus keinem anderen Grund als einer Trägheit der Phantasie. Dennoch wurde ich trübsinnig; in der Metro schrie ein Mann: «Es leben die Russen!» Ich betrachtete ihn: sein Leben stand ihm im Gesicht geschrieben; an seiner Stelle hätte ich vielleicht genauso gehandelt wie er. Ich dachte:

Und wenn dieser Krieg trotz allem stattfände? Die Leute sagten mir oft: «Man müßte fortgehen. Wenn Sie bleiben, werden Sie im sowjetischen Rundfunk sprechen, oder Sie werden in einem Lager für immer schweigen.» Diese Prophezeiungen ängstigten mich nicht allzusehr, denn ich glaubte nicht an die Invasion. Und doch beeindruckten sie mich: in meinen Augen waren es Denkspiele, die die Dinge bis zum Äußersten trieben und die jeden die Notwendigkeit, sich zu entscheiden, und die Folgen seiner Entscheidung erkennen ließen. Bleiben, sagte man mir, heißt Zusammenarbeit oder Tod. Und fortgehen? In Buenos Aires unter reichen Franzosen leben und meine Landsleute ihrem Schicksal überlassen hieße ebenfalls Zusammenarbeit: mit der feindlichen Klasse. Es ist Ihre eigene Klasse, wird man sagen. Na und? Beweist das, daß sie nicht der Feind der Menschen ist? Wenn man Verrat üben muß, so soll man die kleinere Zahl zugunsten der größeren verraten, wie Nizan in *Les Chiens de garde* gesagt hat. Ich fühlte mich durch diese trüben Wahnbilder in die Enge getrieben. Jedermann hatte sich entschieden; ich meinerseits versuchte eine Zeitlang, neutral zu bleiben: wir unterstützten zu mehreren die Kandidatur von Rivet; aber die Kommunistische Partei hatte ihre Hand von ihm abgezogen: er stürzte.

Einige Kommunisten suchten mich wegen der Affäre Henri Martin auf. Sie versuchten, Intellektuelle aller Art zusammenzuscharen – gleichviel, ob sie eine weiße, eine schmierige oder eine schmutzige Weste hatten –, um die Sache in die breite Öffentlichkeit zu tragen. Sobald ich meine Nase in die Geschichte gesteckt hatte, schien sie mir so stupid, daß ich mich den Protestierenden vorbehaltlos anschloß. Wir beschlossen, ein Buch über die Angelegenheit zu schreiben, und ich fuhr nach Italien; es war Frühling. Die italienischen Zeitungen unterrichteten mich über die Verhaftung von Duclos, den Diebstahl seiner Notizbücher, die Farce mit den Brieftauben. Mir wurde übel von diesen schmutzigen Kindereien: es gab gemeinere, aber keine bezeichnenderen. Die letzten Bande zerrissen, meine Perspektive wandelte sich: ein Antikommunist ist ein Hund, davon gehe ich nicht ab, davon werde ich nie mehr abgehen. Man wird mich für einfältig halten, und ich hatte tatsächlich schon manches erlebt, ohne mich aufzuregen. Aber nach zehn Jahren des Grübelns hatte ich einen Punkt erreicht, an dem es nur noch eines winzigen Anstoßes bedurfte. In der Sprache der Kirche war das eine Konversion.

Auch Merleau war konvertiert: im Jahre 1950. Wir waren beide durch äußere Ereignisse beeinflußt worden, aber in entgegengesetztem Sinn. Langsam angewachsener Ekel hatte plötzlich im einen den Abscheu vor dem Stalinismus, im anderen den vor seiner eigenen Klasse gezeitigt. Im Namen der Prinzipien, die sie mir eingeimpft hatte, im Namen ihres Humanismus und ihrer «Humaniora», im Namen der Freiheit, der Gleichheit, der Brüderlichkeit schwor ich der Bourgeoisie einen Haß, der erst mit meinem Leben enden wird. Als ich Hals über Kopf nach Paris zurückkehrte, mußte ich schreiben, oder ich wäre erstickt. Ich schrieb Tag und Nacht den ersten Teil des Essays *Les Communistes et la paix*.

Merleau war nicht verdächtig, das Polizeiwesen eines sterbenden Regimes mit Nachsicht zu behandeln: er schien erstaunt über meinen Eifer, aber er ermunterte mich lebhaft, diesen Essay zu veröffentlichen, der zunächst nur den Umfang eines Artikels haben sollte. Als er ihn las, genügte ihm ein kurzer Blick. «Die Sowjetunion will den Frieden», sagte ich darin, «sie braucht ihn, die Kriegsgefahr droht allein vom Westen.» Über den Koreakonflikt verlor ich kein Wort, aber trotz dieser Vorsicht schien es, als hätte ich mir vorgenommen, unseren politischen Leiter systematisch zu widerlegen, meine Ansichten den seinen Punkt für Punkt entgegenzusetzen. Tatsächlich hatte ich im Galopp geschrieben, das Herz voll Wut, frisch von der Leber weg und ohne Takt: wenn Konversionen, auch von langer Hand vorbereitete, sich vollziehen, so ist es immer ein Freudengewitter, und überall ist stockdunkle Nacht, außer dort, wo der Blitz einschlägt. In keinem Augenblick war mir der Gedanke gekommen, ich müsse ihn schonen. Was ihn betrifft, so zog er es aus Freundschaft vor, sich über mein Ungestüm zu amüsieren und sich nicht zu ärgern. Einige Zeit später teilte er mir jedoch mit, daß einige unserer Leser mir nicht folgten: sie teilten meine Meinung über das Vorgehen der Regierung, das versteht sich von selbst, aber in ihren Augen ließ ich die Kommunisten zu gut wegkommen. «Was antwortest du ihnen?» fragte ich ihn. Es fügte sich, daß man unter diese erste Studie «Fortsetzung folgt» gesetzt hatte. «Ich antworte ihnen», sagte er: «Fortsetzung in der nächsten Nummer.» Um 1948 hatte die nicht-kommunistische Linke in der Tat eine Gliederung für politische Aufsätze entworfen, die klassisch wurde: 1. These: man zeige die Niederträchtigkeit der Regierung, ihr Unrecht gegenüber den arbeitenden Klassen, man

gebe der KP recht; 2. Antithese: man beleuchte die Unwürdig-
keit des Politbüros und seine Irrtümer; es hatte ebenfalls die
Interessen der Massen verletzt; 3. Schluß: man jage sie beide
zum Teufel, zeige einen Mittelweg auf und versäume niemals,
zur Bekräftigung auf die skandinavischen Länder hinzuweisen.
In den Augen Merleaus hatte ich nur die These entwickelt; er
hoffte noch – ohne allzu viele Illusionen –, daß die Antithese
folgen würde.

Sie kam nicht. Auch nicht die Fortsetzung in der nächsten
Nummer. In Wahrheit war mir die Luft ausgegangen, ich erkannte, daß ich nichts wußte. Es genügt nicht, einen Polizeiprä-
fekten anzuschnauzen, um Aufklärung über das Jahrhundert zu
gewinnen. Ich hatte alles gelesen; alles mußte von neuem gelesen
werden; ich hatte nur einen Ariadnefaden, aber der genügte:
die unerschöpfliche und schwierige Erfahrung des Klassenkampf-
es. Ich las von neuem; ich hatte einige harte Knochen im Hirn,
ich knackte sie, nicht ohne Mühe; ich begegnete Farge, ich wurde
Anhänger der Friedensbewegung, ich ging nach Wien. Eines Tages gab ich dem Drucker meinen zweiten Artikel, der in Wahrheit nur ein Entwurf war. Der Plan für eine Reihe von Abhandlungen mit dem Titel «Dritte Kraft» war endgültig
abgeschrieben: weit entfernt davon, die Kommunisten anzugreifen, erklärte ich mich zu ihrem Weggefährten. Am Ende
hatte ich wiederum «Fortsetzung folgt» vermerkt, aber es
war kein Zweifel mehr erlaubt. Merleau bekam erst die zweite
Korrektur zu Gesicht, und – was schlimmer war – ich gab sie ihm
nicht selbst: er las sie, als er die Nummer zusammenstellen
mußte. Warum hatte ich ihm mein Manuskript nicht vorgelegt,
wo er doch niemals verfehlte, mir seine Texte vorzulegen?
Nahm ich mich wirklich ernst? Ich glaube es nicht. Und ich
glaube auch nicht, daß ich seinem Tadel und seinen Einwänden
ausweichen wollte. Ich würde eher jenem unbesonnenen Ungestüm die Schuld geben, das geradewegs zum Ziel will und sich
nicht mit Vorsichtsmaßregeln abgibt. Ich glaubte, ich wußte, die
Augen waren mir aufgegangen: folglich würde ich nichts zu-
rücknehmen: in unserer Zeitschrift mit ihrem fast privaten Charakter mußte man schreien, um gehört zu werden, und ich würde
schreien, ich würde mich an die Seite der Kommunisten stellen
und es öffentlich erklären. Ich gebe jetzt nicht die objektiven
Gründe für meine Haltung an: sie tun hier nichts zur Sache;
ich sage nur, daß sie allein zählten, daß ich sie für dringend hielt

und immer noch dafür halte. Was die Gründe des Herzens betrifft, so sah ich deren zwei: ich war gedrängt worden durch die neue Mannschaft, die erwartete, daß wir uns endlich entscheiden würden, ich konnte auf ihre Zustimmung rechnen; und dann – heute sehe ich es ein – nahm ich es Merleau ein wenig übel, daß er mir 1950 sein Schweigen aufgezwungen hatte. Die Zeitschrift trieb seit zwei Jahren ziellos dahin, ich ertrug das nicht; jeder möge selbst darüber urteilen: ich habe keine Entschuldigung, ich will keine haben. Was an diesem Abenteuer – das durchzustehen uns beide schwer ankam – interessieren kann, ist, daß es zeigt, aus welchen Beweggründen die Zwietracht im Kern der treuesten Freundschaft und des engsten Bündnisses entstehen kann. Neue Umstände, eine baufällige Institution: unser Konflikt hatte keine anderen Gründe. Die Institution war unsere stillschweigende Übereinkunft: aber in dieser Übereinkunft, die gültig war, wenn Merleau sprach und ich schwieg, waren unsere jeweiligen Kompetenzen niemals klar festgelegt worden. Jeder von uns hatte sich, stillschweigend, sogar sich selbst gegenüber, die Zeitschrift angeeignet. Wie im *Kaukasischen Kreidekreis* bestand einerseits eine offizielle und nominelle Vaterschaft, nämlich meine – und in allem, was Politik betraf, war sie auch nur nominell[1] –, und andererseits eine Adoptivvaterschaft, fünf Jahre eifersüchtiger Sorge. All das kam plötzlich in der Erbitterung zum Vorschein. Wir erkannten, daß einer den anderen durch sein Schweigen wie durch sein Reden kompromittierte. Wir hätten nur ein Denken haben dürfen; das war, solange ich nicht selbst dachte, der Fall gewesen. Sobald aber zwei Köpfe unter demselben Hut steckten – wie sollte man den richtigen herausfinden? Betrachtet man die Sache von außen, so kann man sagen, daß der Lauf der Dinge entschieden hat: das ist richtig, aber die Erklärung ist ein wenig zu einfach. Es stimmt wohl, daß Reiche einstürzen und Parteien sterben, wenn sie nicht mit der Geschichte gehen. Dabei ist festzuhalten, daß diese Idee, vielleicht die schwierigste überhaupt, von den meisten Autoren sehr unklug gehandhabt wird. Wie aber soll man sich dessen, was sich, nicht ohne Vorsicht, auf die großen sozialen Mächte anwenden läßt, bedienen, um Wachstum, Leben und Tod von Mikroorganismen wie den *Temps Modernes* zu erklären? Bei

---

1 In bezug auf andere Gebiete würde ich nicht sagen, daß das Verhältnis umgekehrt war, sondern daß wir zusammenarbeiteten.

der Bewegung des Ganzen geht es nicht ohne Katastrophen im einzelnen ab. Wie dem auch sei, wir mußten das Abenteuer selbst durchleben, den über uns verhängten Urteilsspruch annehmen, ihn ausführen und, wie er später gesagt hat, ihn herstellen. Mit Schuld auf beiden Seiten und vergeblichem guten Willen beim einen wie beim anderen.

Merleau hätte einfach mit mir brechen können, er hätte einen Streit provozieren, er hätte gegen mich schreiben können. Auf beredte Weise enthielt er sich aller dieser Möglichkeiten. Eine Zeitlang blieben wir dieses seltsame Paar: zwei Freunde, die sich immer noch gern hatten, von denen jeder sich auf seine Opposition gegen den anderen versteifte und die zu zweit nur über eine Stimme verfügten. Ich bewundere seine Mäßigung um so mehr, als wir zu jener Zeit aufsehenerregende Ausfälle hatten: einer unserer ältesten Mitarbeiter verließ uns in aller Eile, um sich der N.N.R.F. anzuschließen, wo er den «Hitlerostalinisten» den Prozeß zu machen begann und für Louis Rebatet Kränze flocht. Ich frage mich, was von ihm übriggeblieben ist: vielleicht in der Provinz ein seiner selbst zu sehr bewußter Staub von Langeweile, sonst nichts.

Im Laufe der folgenden Jahre hatte ich das Vergnügen, mehrere solcher Ausfälle mitzuerleben. Um die Lücken zu füllen und zu Artikeln anzuregen, versammelte ich ein über den anderen Sonntag unsere Mitarbeiter bei mir. Merleau erschien fleißig; er war der letzte, der kam, der erste, der ging, er unterhielt sich halblaut mit jedem über alles, außer über die Zeitschrift. Dennoch hatte er Bundesgenossen in der Festung: Claude Lefort, der meine Einstellung mißbilligte, Lefèvre-Pontalis, der sich nicht um Politik kümmerte. Colette Audry, die meine Exzesse fürchtete, Erval; Merleau hätte keine Mühe gehabt, sich zum Haupt einer starken Opposition zu machen: er lehnte es ab, aus Prinzip – eine Zeitschrift ist keine parlamentarische Versammlung – und aus Freundschaft. Er versagte es sich, die Gruppe zu beeinflussen, sondern stellte nur – ohne Freude – fest, daß die Gruppe mich beeinflußte. In der Tat steuerte die Mehrheit unter seinen Augen auf jene kritische Weggenossenschaft mit den Kommunisten zu, die er gerade aufgegeben hatte, und nahm sich angesichts der Virulenz des Antikommunismus sogar vor, die Kritik zu dämpfen und den Nachdruck auf die Weggenossenschaft zu legen. Ich glaube vor allem, daß Merleau diese Treffen lächerlich und absolut nutzlos fand.

Sie wurden es auch mit der Zeit, und sein Schweigen trug dazu bei. Aber was hätte er sagen sollen? Ich unterließ es nie, ihn nach seiner Meinung zu fragen, er äußerte sich nicht. Als ob er mir zu verstehen geben wollte, daß ich ihn über Einzelheiten nicht zu befragen brauchte, da ich ihn über das Grundsätzliche nicht zu fragen geruht hatte. Er dachte wahrscheinlich, daß ich mein Gewissen leicht beruhigen würde, und wünschte nicht, mir dabei zu helfen. Mein Gewissen war in der Tat ganz ruhig, und ich machte es Merleau zum Vorwurf, daß er uns seine Mitwirkung verweigerte. Das mag übertrieben erscheinen, denn letzten Endes hieß das, ihn um seine Mitwirkung an einem Vorhaben zu bitten, das er offen mißbilligte. Ich gebe es zu: aber schließlich war er nach wie vor einer der unseren, und außerdem konnte er sich von Zeit zu Zeit doch nicht enthalten, eine – meistens wertvolle – Anregung zu geben; hatte er auch ab 1950 sein Amt als politischer Leiter aufgegeben, so war er doch Chefredakteur geblieben. In einer solchen zweideutigen Situation, die man hinauszieht, um den Bruch zu vermeiden, wendet sich alles, was man tut, zum Schlechten.

Aber das Mißverständnis hatte schwerwiegendere Motive, Motive anderer Art. Ich glaubte, ich bliebe seinem Denken von 1945 treu, und nur er hätte es aufgegeben; er glaubte, er sei sich selbst treu geblieben und ich hätte ihn verraten; ich behauptete, sein Werk fortzuführen, er klagte mich an, es zugrunde zu richten. Dieser Konflikt stammte nicht aus uns selbst, sondern aus der Welt, und wir hatten alle beide recht. Sein politisches Denken war aus der Résistance entstanden, das heißt aus der vereinigten Linken; innerhalb dieser Vereinigung hätte er bis zum äußersten Radikalismus gehen können, aber dazu brauchte er das Milieu jenes Dreibunds: die KP garantierte die politische Wirksamkeit der gemeinsamen Aktion; die verbündeten Parteien stellten sicher, daß sie den Humanismus und gewisse traditionelle Werte bewahrte, und gaben ihr einen wirklichen Inhalt. Als all das um 1950 scheiterte, sah er nur noch einzelne Planken; meine Torheit bestand in seinen Augen darin, daß ich mich an eine von ihnen anklammerte in der Erwartung, sie würden das verlorene Schiff von sich aus wiederherstellen. Ich meinerseits hatte Partei ergriffen, als die Linke schon in Trümmern lag. Meine Meinung war, daß man sie wiederherstellen müsse. Nicht von oben natürlich, sondern von unten her. Gewiß, wir waren ohne Verbindung zu den Massen und folglich ohne Macht.

Unser Ziel blieb deshalb aber nicht weniger klar: angesichts der geheiligten Union der Bourgeoisie und der sozialistischen Parteiführer gab es kein anderes Hilfsmittel, als sich so eng wie möglich an die Kommunistische Partei anzuschließen und die anderen aufzufordern, sich mit uns zu vereinigen. Man mußte die Bourgeoisie pausenlos angreifen, ihre Politik bloßstellen, ihre armseligen Argumente entkräften. Natürlich würde man sich nicht des Rechtes berauben, die KP und die UdSSR zu kritisieren. Aber es handelte sich nicht darum, sie zu ändern, das wäre eine unmögliche Aufgabe gewesen; wir wollten vor den Augen unserer Leser die zukünftige Verständigung vorzeichnen, indem wir ihnen dieses Beispiel im kleinen gaben: ein Bündnis mit den Kommunisten, das unsere Urteilsfreiheit nicht geschmälert hatte. So konnte ich mir, ohne unaufrichtig zu sein, vorstellen, daß ich die ursprüngliche Haltung Merleau-Pontys wiederaufnahm.

In der Tat lag der Widerspruch nicht in uns, sondern, bereits seit 1945, in unserer Einstellung. Für das Ganze zu sein bedeutet sich zu weigern, zwischen seinen Teilen zu wählen. Wenn Merleau den Kommunisten eine Sonderstellung einräumte, so hatte er sich damit nicht endgültig für sie entschieden: er zog sie ganz einfach allem anderen vor. Als der Augenblick der Wahl kam, blieb er sich selbst treu und versenkte sein eigenes Schiff, um die zerbrochene Einheit nicht zu überleben. Ich aber, der Neuankömmling, entschied mich im Namen der Einheit für die Kommunistische Partei: die Einheit konnte nicht wiederhergestellt werden, dachte ich, es sei denn mit der Partei als Zentrum. So hatte die gleiche Idee der Einheit mit einigen Jahren Abstand den einen dahin geführt, eine Wahl abzulehnen, die sie dem anderen auferlegte. Alles entspringt zugleich der Struktur und dem Ereignis; Frankreich ist so beschaffen, daß die Partei dort die Macht nicht allein ergreifen wird: also muß man zunächst an Bündnisse denken. Merleau konnte in der Drei-Parteien-Regierung noch ein Nachspiel der Volksfront sehen. Aber 1952 konnte ich, ohne daß die demographische Struktur des Landes sich geändert hätte, die Dritte Kraft – die einfach eine Maskierung der Rechten war – nicht länger mehr mit der Einheit der Massen verwechseln. Dennoch würde man der Rechten die Macht nicht entziehen können, ohne alle Kräfte der Linken zusammenzuschließen: die Volksfront blieb genau in dem Augenblick, in dem der Kalte Krieg sie unmöglich machte, das einzige

Mittel, um zu siegen. Während man auf eine Umgruppierung wartete, die in weiter Ferne zu liegen schien, mußte Tag für Tag die Möglichkeit dazu dadurch aufrechterhalten werden, daß man mit der Partei örtliche Bündnisse schloß. Sich nicht entscheiden; sich entscheiden: ungefähr fünf Jahre lang verfolgten diese beiden Einstellungen das gleiche Ziel. Zwei Einstellungen? Wohl eher eine einzige, die uns als Gegner einander gegenüberstellte und jeden von uns zwang, auf der einen der beiden gegensätzlichen Komponenten zu beharren. Merleau vergaß seinen Willen zur Einheit, um seiner Absage treu zu bleiben. Und ich vergaß, um der zukünftigen Einheit eine Chance zu bewahren, meinen Universalismus und entschloß mich, damit anzufangen, die Uneinigkeit zu vergrößern. Diese Worte mögen abstrakt erscheinen; in der Tat mußte man diese geschichtlichen Entscheidungen durchlebt haben: das will sagen, daß wir mit unserem Leben, unseren Leidenschaften, unserer Haut bei der Sache waren. Ich machte mich über seine «Spontaneität» lustig: 1945 schien, zum Teufel, die Einheit geschaffen, er hatte leichtes Spiel gehabt, sich von ihr tragen zu lassen; er machte sich über meine Naivität, über meinen Voluntarismus lustig: 1952 gab es keine Einheit mehr; genügte es, sie einfach zu wollen, um sie herzustellen? Die Wahrheit ist, daß wir nach unseren Fähigkeiten rekrutiert wurden: Merleau, als Zeit für Nuancen war, ich, als die Zeit der Mörder kam.

Lefort und ich hatten lebhafte Auseinandersetzungen: ich schlug ihm vor, seine Kritik an mir in der Zeitschrift selbst vorzutragen, er nahm an, schickte mir einen ziemlich bösartigen Artikel, ich ärgerte mich, ich schrieb eine Antwort im gleichen Ton. Mit beiden befreundet, sah sich Merleau wider Willen mit einer neuen Pflicht beladen: er mußte seine Vermittlung anbieten. Lefort hatte die Höflichkeit besessen, ihm seinen Artikel vorzulegen, ich tat das gleiche mit meinem. Dieser erbitterte ihn: er ließ mich mit seiner gewohnten Milde wissen, daß er sich endgültig zurückziehen würde, wenn ich nicht einen Absatz darin streichen würde, der mir in der Tat unnötig heftig erschien. Ich glaube mich zu erinnern, daß Lefort seinerseits gewisse Opfer brachte. Das hinderte nicht, daß unsere beiden Artikel sich bitterböse anhörten. Merleau hing an jedem von uns: jeden Streich, den wir uns versetzten, empfing er. Ohne gänzlich mit Lefort übereinzustimmen, fühlte er sich ihm näher als mir: plötzlich löste sich seine Zunge. Und meine auch. Wir stürzten uns auf

einen Schlag in eine langwierige und vergebliche Auseinandersetzung, die von einem Gegenstand zum anderen und von einem
Gespräch zum anderen übersprang. Gibt es eine Spontaneität
der Massen? Können Gruppen von sich aus zusammenhalten?
Doppelsinnige Fragen, die uns bald auf die Politik, auf die Rolle
der KP, auf Rosa Luxemburg, auf Lenin, bald auf die Soziolo-
gie, auf die Existenz selbst, das heißt: auf die Philosophie,
auf unseren «Lebensstil», auf unsere «Verankerungen», auf
uns selbst brachten. Jedes Wort führte uns vom Lauf der Welt
auf den unserer Stimmungen und umgekehrt. Unter unseren geistigen Divergenzen des Jahres 1941, die wir so heiter hingenommen hatten, solange es nur um Husserl ging, entdeckten wir voll
Verblüffung bald Konflikte, die in unserer Kindheit, ja sogar in
den elementaren Rhythmen unseres Organismus ihre Wurzeln
hatten, bald, wenn man unter die Haut sah, beim einen Duck-
mäusereien, Willfährigkeiten, einen törichten Aktivismus, der
seine Niederlagen verbergen sollte, beim anderen eine Neigung
zur Zurückhaltung und einen hartnäckigen Quietismus. Selbstverständlich war nichts von all dem ganz wahr oder ganz falsch:
wir kamen durcheinander, weil wir das gleiche Feuer darauf
verwandten, uns zu überzeugen, uns zu verstehen und uns anzuklagen. In meinem Büro begonnen, setzte sich dieser zwischen
Aufrichtigkeit und Unaufrichtigkeit schwankende, leidenschaftliche Dialog in Saint-Tropez fort, wurde in Paris auf den Bän-
ken des Café Procope und dann bei mir zu Hause wiederaufgenommen; ich ging auf Reisen, er schrieb mir einen sehr langen
Brief, ich antwortete bei 40° im Schatten, was die Sache nicht
besser machte. Was erhofften wir uns? Im Grunde nichts. Wir
vollbrachten die «Arbeit des Bruchs», in dem gleichen Sinne, in
dem, wie Freud so schön gezeigt hat, die Trauer eine Arbeit ist.
Dieses trübsinnige Grübeln zu zweit, dieses Immer-wieder-dar-
auf-Zurückkommen, das uns ganz wirr machte, hatte, glaube ich,
das Ziel, allmählich unsere Geduld zu ermüden, die Bande zwischen uns durch kleine zornige Erschütterungen eines nach dem
anderen zu zerreißen, die Durchsichtigkeit unserer Freundschaft
zu verdunkeln, bis wir wieder zwei Unbekannte füreinander
würden. Hätte sich der Vorgang zu Ende entwickelt, es wäre
zum Zerwürfnis gekommen. Da ereignete sich glücklicherweise
ein Zwischenfall, der ihn unterbrach.

Bei einem zufälligen Zusammentreffen schlug ein Marxist
mir vor, für uns über «die Widersprüche des Kapitalismus» zu

schreiben. Ein bekanntes, aber kaum begriffenes Problem, sagte er, zu dem er einiges Neue beitragen würde. Er gehörte nicht der Partei an, er war für sich allein eine Partei, und eine sehr wakkere sogar; er war so fest davon überzeugt, mir einen Gefallen zu tun, daß er mich überredete. Ich unterrichtete Merleau davon, der den Mann kannte, aber kein Sterbenswörtchen davon sagte. Ich mußte Paris verlassen; der Artikel wurde in meiner Abwesenheit abgeliefert; er taugte nichts. Merleau-Ponty, der Chefredakteur, konnte sich nicht entschließen, ihn ohne einen Vorspann erscheinen zu lassen, den er selbst schrieb und der letzten Endes eine Entschuldigung an unsere Leser war; Merleau nahm die Gelegenheit wahr, dem Autor in zwei Zeilen vorzuwerfen, daß er die Widersprüche des Sozialismus nicht einmal erwähnt habe: das habe er sich wohl für ein andermal aufgespart, nicht wahr? Bei meiner Rückkehr sagte er mir nichts: von einem Mitarbeiter unterrichtet, ließ ich mir einen Fahnenabzug geben, las den Artikel mit seinem Vorspann und war um so ärgerlicher über diesen, je unhaltbarer ich jenen fand. Merleau, der die Nummer, wie man sagt, gemacht hatte, hatte seinerseits Paris verlassen, ich konnte ihn nicht erreichen. Allein und in frischfröhlicher Wut spannte ich den Vorspann einfach aus, der Artikel erschien ohne ihn. Man ahnt, was kommen mußte: Merleau, der einige Tage später die Belegexemplare erhielt und sah, daß man seinen Text gestrichen hatte, nahm die Sache von der schlechtesten Seite. Er griff zum Telefon und teilte mir, diesmal endgültig, seine Kündigung mit: wir telefonierten länger als zwei Stunden miteinander. Von einem Sessel am Fenster aus hörte Jean Cau finster die eine Hälfte dieser Unterhaltung mit an und glaubte den letzten Zuckungen der Zeitschrift beizuwohnen. Wir klagten uns gegenseitig des Machtmißbrauchs an, ich schlug ein sofortiges Treffen vor, ich versuchte mit allen Mitteln, ihn von seiner Entscheidung abzubringen: er blieb unerschütterlich. Ich sah ihn einige Monate lang nicht mehr; er erschien nicht mehr in den *Temps Modernes* und befaßte sich niemals wieder mit der Zeitschrift.

Wenn ich diese idiotische Geschichte erzählt habe, so vor allem wegen ihrer Nichtigkeit; sooft ich daran zurückdenke, sage ich mir: «Es ist niederschmetternd», und zugleich: «Es mußte so kommen». So: schlimm, dumm, unausweichlich; der Plan des Stückes war fertig, das Ende stand fest: es war wie in der Commedia dell'arte, wir hatten nur noch den Bruch zu improvisieren;

wir zogen uns schlecht aus der Affäre, aber, gut oder schlecht, wir spielten unsere Szene, man ging zu den folgenden über. Ich weiß nicht, wer von uns beiden der Schuldigere ist, mich interessiert diese Frage nicht besonders; tatsächlich war es in den beiden Rollen bereits angelegt, daß wir schließlich schuldig werden mußten, es stand seit langem fest, daß wir uns durch beiderseitiges Verschulden und unter einem kindischen Vorwand trennen sollten. Da wir nicht weiter zusammenarbeiten konnten, mußten wir uns trennen, oder die Zeitschrift mußte eingehen.

Ohne sie hätten die Ereignisse des Jahres 1950 auf unsere Freundschaft keinen großen Einfluß gehabt: wir hätten häufiger über Politik debattiert oder uns mehr Mühe gegeben, nicht darüber zu sprechen. Gewöhnlich streift das Ereignis die Menschen nur, die Menschen spüren davon nichts als eine dumpfe Erschütterung, eine rätselhafte Angst; es sei denn, daß es ihnen an die Gurgel springt und sie im Vorbeiziehen umwirft: auf keinen Fall begreifen sie, was ihnen zugestoßen ist. Kaum hat aber der Zufall das kleinste Mittel in ihre Hand gelegt, die geschichtliche Bewegung zu beeinflussen oder auszudrücken, so geben sich die Kräfte, die uns treiben, sogleich in aller Deutlichkeit zu erkennen und lassen uns auf der Mauer der strahlend hellen Objektivität unsere Schatten entdecken. Die Zeitschrift war nichts: ein Zeichen der Zeit wie hunderttausend andere; gleichviel, sie gehörte zur Geschichte; durch sie haben wir beide unsere Konsistenz als historische Objekte bewiesen. Sie war unsere Objektivation; durch sie hindurch erteilte uns der Lauf der Dinge unseren Auftrag und gab uns unsere doppelte Rolle: zuerst enger verbunden, als wir es ohne sie gewesen wären, und dann weiter getrennt. Es versteht sich von selbst: wenn das Räderwerk uns faßt, müssen wir ganz und gar hindurch; das bißchen Freiheit, das wir noch haben, liegt in der Entscheidung, ob wir den Finger hineinstecken oder nicht. Mit einem Wort: der Anfang gehört uns; später müssen wir unser Schicksal wollen.

Der Anfang war nicht schlecht. Aus jenem einzigen, mir noch heute unverständlichen Grund: gegen den Wunsch aller unserer Mitarbeiter und gegen den meinen hatte Merleau vom ersten Tag an die schwächste Stellung beansprucht. Alles tun und seinen Namen nicht nennen, ablehnen, daß ein Statut ihn gegen meine Launen oder Gewaltstreiche schützte: als ob er seine Macht nur von einer lebendigen Übereinstimmung hätte herleiten wollen, als ob seine wirksamste Waffe seine Schwäche gewesen wäre, als ob allein seine moralische Autorität seine Funktionen hätte garantieren sollen. Nichts schützte ihn: deshalb war er durch nichts und niemanden engagiert. Er war in unserer Mitte und ebenso verantwortlich wie ich. Und unbeschwert. Frei wie die Luft. Hätte er es akzeptiert, daß sein Name auf das Titelblatt der Zeitschrift gesetzt würde, hätte er gegen mich kämpfen, mich vielleicht stürzen müssen: aber er hatte diesen Fall vom ersten Tag an ins Auge gefaßt und aus Prinzip eine Schlacht verweigert, die uns beide nutzlos in Verruf gebracht hätte. Als es soweit war, brauchte er nur anzurufen: er hatte seine Entscheidung getroffen, er setzte mich davon in Kenntnis und verschwand. Dennoch gab es Opfer: ihn, mich, die *Temps Modernes*. Wir waren alle Opfer dieses reinigenden Mordes: Merleau verstümmelte sich und ließ mich im Handgemenge mit jenen fürchterlichen Verbündeten zurück, die mich, wie er dachte, bis auf die Knochen abnagen oder mich zurückstoßen würden, wie sie ihn zurückgestoßen hatten; er überließ *seine* Zeitschrift meiner Unfähigkeit. Diese aggressive Buße hat wohl den größten Teil seines Grolls aufgesaugt: jedenfalls erlaubte sie uns, die «Arbeit des Bruchs» zu unterbrechen und unsere Freundschaft zu retten.

Zunächst mied er mich. Fürchtete er, mein Anblick würde seinen Ärger wieder wecken? Vielleicht; aber eher scheint es, als hätte er unserer gemeinsamen Zukunft eine Chance bewahren wollen. Ich traf ihn manchmal, wir blieben einen Augenblick stehen, um miteinander zu sprechen; wenn wir uns schon verabschiedeten, schlug ich ihm vor, daß wir uns tags darauf oder die folgende Woche wiedersehen sollten, worauf er mit zurückhaltender Höflichkeit antwortete: «Ich werde dich anrufen» und niemals anrief. Und dennoch hatte eine andere Arbeit begonnen: der Abbau des Ärgers, die Wiederannäherung. Sie wurde durch das Unglück gestoppt: 1953 verlor Merleau seine Mutter.

Er hing an ihr wie an seinem eigenen Leben; genauer, sie *war* sein Leben. Er verdankte das Glück seiner Kindheit der Sorge, die sie an ihn verschwendet hatte; sie war die klarsichtige Zeugin seiner Kindheit: deshalb blieb sie deren Wächterin, als er daraus vertrieben wurde. Ohne sie wäre die Vergangenheit im Sand versunken; durch sie blieb die Vergangenheit bewahrt, unerreichbar zwar, aber lebendig; bis zum Tage seiner Trauer erlebte Merleau-Ponty jenes Goldene Zeitalter als ein Paradies, das sich jeden Tag ein wenig mehr entfernte, als die tägliche körperliche Gegenwart der Frau, die es ihm geschenkt hatte. Ständig führte das stillschweigende Einverständnis zwischen Mutter und Sohn sie auf die frühen Erinnerungen zurück; und so trug, solange sie am Leben war, die Verbannung Merleaus noch milde Züge und ließ sich bisweilen auf den bloßen Unterschied reduzieren, der zwischen zwei unzertrennlichen Existenzen besteht. Solange sie zu zweit die lange Vorgeschichte seiner Gesten, seiner Leidenschaften und seiner Neigungen rekonstruieren konnten und manchmal wiedererstehen ließen, bewahrte er die Hoffnung, jene unmittelbare Eintracht mit allem wiederzugewinnen, die das Glücksgeschenk des geliebten Kindes ist. Als seine Mutter starb, schlug der Wind alle Türen zu, und er wußte, daß sie sich nicht wieder öffnen würden. Erinnerungen zu zweit sind Riten: der Überlebende findet nur noch welke Blätter, nur noch Wörter. Als Merleau-Ponty etwas später einmal Simone de Beauvoir traf, sagte er ihr ohne jede Emphase mit jener traurigen Heiterkeit, hinter der er seine Aufrichtigkeit verbarg: «Ich bin mehr als zur Hälfte tot.» Seiner Kindheit gestorben, zum zweiten Mal. Er hatte davon geträumt, sein Heil zu gewinnen: als er jung war, durch die christliche Gemeinschaft; als er erwachsen war, durch seine politischen Kameradschaften. Zweimal enttäuscht, entdeckte er mit einem Schlage den Grund dieser Niederlagen: sich «retten», auf allen Ebenen, «in allen Ordnungen», das hieße, das erste Lebensalter wieder von vorn zu beginnen. Man wiederholt sich ohne Unterlaß, man fängt niemals wieder von vorn an. Als er seine Kindheit versinken sah, begriff er sich: er hatte niemals etwas anderes gewünscht, als wieder zu ihr zurückzukehren, und dieses unmögliche Begehren war seine besondere Berufung, sein Schicksal. Was blieb ihm? Nichts. Seit einiger Zeit schon schwieg er: als das Schweigen nicht mehr genügte, wurde er Eremit und verließ sein Arbeitszimmer nur noch, um zum Collège de France zu gehen. Bis 1956 sah ich ihn nicht mehr, seine besten Freunde sahen ihn seltener.

Dennoch muß ich andeuten, was in den drei Jahren, in denen wir getrennt waren, in ihm vorging. Aber ich habe den Leser schon darauf aufmerksam gemacht, daß meine Absicht nur ist, das Abenteuer einer Freundschaft zu erzählen: deshalb interessiert mich hier die Geschichte seines Denkens mehr als dieses Denken selbst: andere werden es im einzelnen darstellen, und besser, als ich es tun könnte. Ich möchte den Menschen wiederherstellen, nicht den Menschen, der er für sich selbst war, sondern den Menschen, so wie er in meinem Leben gelebt hat, so wie ich ihn in seinem Leben erlebt habe. Ich weiß nicht, bis zu welchem Grade ich wahrheitsgetreu sein werde. Man wird an meinem Vorgehen manches auszusetzen haben und finden, daß ich durch die Art, wie ich ihn zeichne, mich selbst spiegelbildlich darstelle: zugegeben. Aber jedenfalls bin ich aufrichtig: ich schildere es, wie ich es verstanden zu haben glaube.

Schmerz ist Leere: andere wären hohle Schaubilder von Einsiedlern geblieben. Aber sein Schmerz, der ihn von uns abschnitt, führte ihn zugleich auf seine frühere Meditation zurück, auf das Glück, das ihn so glücklos gemacht hatte. Ich bin erstaunt über die Einheit dieses Lebens. Seit der Vorkriegszeit will dieser junge, seinen Ursprüngen zugewandte Ödipus die vernünftige Unvernunft verstehen, die ihn erzeugt hat; als er sich ihr nähert und die *Phänomenologie der Wahrnehmung* schreibt, packt uns die Geschichte an der Gurgel, er setzt sich dagegen zur Wehr, ohne seine Forschungen zu unterbrechen. Bezeichnen wir diese als die erste Periode seiner Reflexion. Die zweite beginnt während der letzten Jahre der Okkupation und reicht bis 1950. Nachdem er seine Habilitationsschrift abgeschlossen hat, scheint er die Untersuchung aufzugeben und die Geschichte, die Politik unserer Zeit zu befragen. Aber sein Ziel hat sich nur scheinbar geändert: alles hängt zusammen, da die Geschichte eine Art Umschließung ist, da wir in ihr «verankert» sind, da man sich geschichtlich definieren muß, nicht a priori, auch nicht durch irgendein «Überblicksdenken», sondern durch die konkrete Erfahrung der Bewegung, die uns mit sich zieht: richtig gelesen, sind die politischen Kommentare Merleaus nur eine politische Erfahrung, die aus sich selbst heraus und in jeder Bedeutung des Wortes *Subjekt* des Nachdenkens wird; wenn Schriften Handlungen sind, so können wir sagen, daß er handelte, um sich sein Handeln anzueignen und sich vertieft darin wiederzufinden. Aus einer allgemeinen geschichtlichen Perspektive gesehen ist Merleau ein den Mittelklassen entstammender Intellektueller, der durch die Résistance radikalisiert und durch die Zersplitterung der Linken heimatlos wurde.[1] Gemessen an ihm selbst, ist es ein Leben, das sich auf sich selbst zurückwendet, um die Ankunft des Menschlichen in ihrer Einmaligkeit

[1] Selbstverständlich könnte man uns alle auf diese Weise definieren, nur daß die Abtriften variabel sind und manchmal in entgegengesetzte Richtungen führen.

zu erfassen. So grausam seine Enttäuschung von 1950 auch gewesen ist, es ist klar, daß sie ihm nützte: sie entfernte ihn von unseren traurigen Kampfarenen, aber im gleichen Augenblick gab sie ihm dieses Rätsel auf, nicht ganz und gar dasselbe, nicht ganz und gar ein anderes: sich. Nicht daß er wie Stendhal versucht hätte, das Individuum zu verstehen, das er selbst war, sondern eher, nach Art Montaignes, die Person, diese unvergleichliche Mischung von Besonderem und Allgemeinem. Das genügte indessen nicht: es blieben Knoten zu lösen; er versuchte sich daran, als der Tod seiner Mutter sie plötzlich durchschnitt. Man wird bewundern, wie er sich diesen bösen Zufall durch seinen Kummer aneignete und wie er daraus seine strengste Notwendigkeit gemacht hat. Die dritte Periode seiner Meditation, wenn sie sich auch schon seit einigen Jahren ankündigte, beginnt 1953.

Zu Anfang war sie zugleich eine wiederaufgenommene Untersuchung und eine Totenwache. Durch diesen Tod zum dritten Mal auf sich selbst zurückgeworfen, wollte er durch ihn seine eigene Geburt erklären. Dem Neugeborenen, diesem Sehend-Sichtbaren, der in der Welt der Wahrnehmung erscheint, muß irgend etwas *zustoßen*, gleichviel was, und wäre es nur das Sterben. Diese erste Spannung zwischen Erscheinen und Verschwinden nennt er die «ursprüngliche Geschichtlichkeit»: in ihr und durch sie ereignet sich alles; sie stürzt uns vom ersten Augenblick an in eine unerbittliche Unumkehrbarkeit. Die Geburt zu überleben, und sei es nur einen Augenblick, ist ein Abenteuer; und es ist auch ein Abenteuer, sie nicht zu überleben: man entgeht dieser Unvernunft nicht, die er unsere Kontingenz nennt. Es genügt nicht, zu sagen, daß man geboren wird, um zu sterben: man wird zum Tode geboren.

Aber im gleichen Augenblick hinderte er, der Lebende, seine Mutter daran, gänzlich zu verschwinden. Er glaubte nicht mehr an ein Leben nach dem Tode; wenn er es jedoch in den letzten Jahren gelegentlich ablehnte, zu den Atheisten gerechnet zu werden, so geschah das nicht wegen einer neu aufflammenden Christlichkeit, sondern um den Verstorbenen eine Chance zu geben. Diese Vorsicht genügte nicht: wenn er eine Tote durch einen Kult wiederbeseelte, bedeutete das, sie im Traum auferstehen zu lassen oder sie *herzustellen*?

Leben und Tod; Existenz und Sein: an diesem Kreuzweg wollte er sich festsetzen, um seine doppelte Untersuchung durchzuführen. In einem Sinne hat sich nichts an den Ideen geändert, die er in seiner Habilitationsschrift verfocht; in einem anderen Sinne ist alles unkenntlich geworden: er versenkte sich in die Nacht des Nicht-Wissens auf der Suche nach dem, was er damals das «Fundamentale» nannte. Wir lesen zum Beispiel in *Signes*[1]: «Was (in der Anthropologie) das Interesse des Philosophen erweckt, ist eben dies, daß sie den Menschen so nimmt, wie er ist, in der tatsächlichen Situation seines Lebens und seiner Erkenntnis. Sie interessiert nicht den Philosophen, der die Welt erklären oder konstruieren will, sondern den, der unsere Verwurzelung im Sein vertiefen will.»

Auf der Ebene der Anwesenheit und der Abwesenheit erscheint, blind und hellsichtig, der Philosoph: wenn die *Erkenntnis* mit dem Anspruch auftritt, zu erklären oder zu konstruieren, so will er nicht einmal *erkennen*. Er lebt in jenem Gemisch aus Sauerstoff, Stickstoff und Kohlenoxyd, das man das Wahre nennt, aber er läßt sich nicht dazu herab, die einzelnen Wahrheiten herauszustellen, sei es auch nur, um sie an unsere Schulen oder an unsere Handbücher weiterzugeben. Er geht nur noch in die eigene Tiefe: ohne seine Arbeiten zu unterbrechen, läßt er sich lebend in den einzigen, armseligen Abgrund sinken, der ihm zugänglich ist, um in sich selbst das Tor zu suchen, das in die Nacht dessen führt, was noch kein Selbst ist. Das heißt, die Philosophie als eine Meditation im kartesischen Sinne des Wortes definieren, das will sagen: als eine bis ins Unendliche aufrechterhaltene Spannung zwischen Existenz und Sein. Diese doppelsinnige Struktur ist der Ursprung: um zu denken, muß man sein; der geringste Gedanke überschreitet das Sein und stellt es zugleich für den anderen her; das geschieht im Handumdrehen: es ist die endgültige und sinnlose Geburt, das unzerstörbare Ereignis [*événement*], das sich in Auftreten [*avènement*] verwandelt und die Besonderheit eines Lebens durch seine Bestimmung zum Tode definiert; es ist das undurchsichtige und ungestüme Werk, das in seinen Falten das Sein zurückhält; es ist das Unternehmen, eine Vernunftwidrigkeit, die in der Gemeinschaft fortbesteht als deren künftige Daseinsberechtigung; es ist vor allem die Sprache, dieses «Fundamentale», denn das Wort ist nur das Sein im Herzen des Menschen, ausgesprochen, um sich in einem *Sinn* zu entkräften; kurz, es ist der Mensch, hervorgetreten auf einen Schlag, der seine Anwesenheit beim Sein auf seine An-

1 *De Mauss à Lévi-Strauss.*

214

wesenheit beim Anderen hin überschreitet, die Vergangenheit auf die Zukunft hin, alles und sich selbst auf das Zeichen hin: aus diesem Grunde neigte Merleau gegen Ende seines Lebens dazu, dem Unbewußten einen immer bedeutenderen Platz einzuräumen; er stimmte zweifellos der Formel von Lacan zu: «Das Unbewußte ist strukturiert wie eine Sprache.» Aber als Philosoph hatte er sich auf den Gegenpol zur Psychoanalyse gestellt: das Unbewußte faszinierte ihn als gebundenes Wort und zugleich als der Angelpunkt von Sein und Existenz.

Merleau-Ponty wurde eines Tages auf die Dialektik böse und mißhandelte sie. Nicht daß er ihren Ausgangspunkt nicht anerkannt hätte; er erklärt in *Signes*, daß das Positive immer sein Negatives an sich hat und umgekehrt: folglich gehen sie in alle Ewigkeit ineinander über; überhaupt wendet sich alles, auch der Philosoph wendet sich: ob er nun sorgfältig und mit Entdeckergeist dem Kreislauf seines Gegenstandes folgt oder ob er den Spiralenweg in seine eigene Nacht hinabsteigt. Merleau-Ponty nimmt die Gewohnheit an, jedes Nein so lange zu verfolgen, bis er es in ein Ja umschlagen sieht, und jedes Ja so lange, bis es sich in ein Nein verwandelt. Er wird in den letzten Jahren in diesem Ringlein-du-mußt-wandern-Spiel so geschickt, daß er daraus eine veritable Methode macht; ich nenne sie: die Umkehrung. Er springt von einem Gesichtspunkt zum anderen über, verneint, bejaht, verwandelt das Mehr in ein Weniger und das Weniger in ein Mehr; alles steht zueinander in Gegensatz, und alles ist auch wahr. Ich gebe davon nur ein Beispiel: «Mindestens ebensosehr, wie Freud das Erwachsenenverhalten durch eine aus der Kindheit ererbte Fatalität erklärt, weist er in der Kindheit ein *vorzeitiges* Erwachsenenleben nach, zum Beispiel ... eine erste Entscheidung darüber, ob es in seinen Beziehungen zum anderen freigebig oder geizig sein wird.»[1] *«Mindestens ebensosehr»*: die sich widersprechenden Wahrheiten liegen bei ihm niemals im Kampf miteinander; es besteht keine Gefahr, daß sie die Bewegung blockieren, einen Bruch provozieren könnten. Widersprechen sie sich, im eigentlichen Sinne gesprochen, überhaupt? Selbst wenn man es annähme, müßte man zugeben, daß der Widerspruch, durch diesen Drehimpuls geschwächt, seine Funktion als «Motor der Geschichte» verliert, daß er in den Augen Merleau-Pontys vielmehr den Beweis des Paradoxes darstellt, das

1 *Das Auge und der Geist,* p. 120.

lebendige Zeichen der grundlegenden Zweideutigkeit. Kurz, Merleau will sehr wohl These und Antithese; aber die Synthese lehnt er ab: er beschuldigt sie, die Dialektik in ein Spiel mit Bauklötzen zu verwandeln. Die Umkehrungen hingegen berechtigen niemals zu einem Schluß, sondern jede bekundet auf ihre Weise den Kreislauf von Sein und Existenz. Aus dem Staub geboren, würden wir uns darauf beschränken, Spuren im Staub zu sein, begännen wir nicht damit, diesen Staub zu negieren; kehren wir das um: wir, deren unmittelbarste Existenz die Negation dessen ist, was ist – was tun wir vom ersten bis zum letzten Augenblick anderes, als das Sein durch und für die anderen auf dem Boden der Intersubjektivität anzukündigen, herzustellen und wiederherzustellen? Herstellen, ankündigen: sehr gut. Aber es vor uns, uns gegenüber zu sehen, darauf dürfen wir nicht zählen: wir kennen nur seine Zeichen. So wird der Philosoph niemals aufhören, im Kreise herumzulaufen, und das Karussell niemals aufhören, sich zu drehen: «Dieses durch das, was sich in der Zeit bewegt, durchschimmernde, von unserer Wahrnehmung, von unserem körperlichen Sein immer erstrebte Sein, in das wir uns aber unmöglich versetzen können, weil der aufgehobene Abstand ihm seine Seinskonsistenz rauben würde, dieses ‹Sein der Ferne›, wie Heidegger sagt, das immer unserer Transzendenz aufgegeben ist – das ist die dialektische Idee des Seins, wie Parmenides sie definierte, des Seins, das jenseits der Vielheit der Dinge ist und grundsätzlich durch diese hindurch angestrebt wird, weil es, getrennt von ihnen, nur Blitz und Nacht wäre.»[1]

Merleau behält seine Koketterie: in diesem Text spricht er noch von Dialektik. Aber nicht auf Hegel bezieht er sich: er bezieht sich auf Parmenides, auf Platon. Die Meditation soll einen Kreis um ihren Gegenstand ziehen und immer wieder an die gleichen Stellen zurückkehren: was aber erspäht sie dann? eine Abwesenheit? eine Anwesenheit? Beides: durch ein Prisma ge-

1 *Signes*, p. 197. Es handelte sich damals darum, den *gegenwärtigen Stand* der Philosophie zu charakterisieren. Merleau bezeichnete ihn durch: Existenz und Dialektik; aber einige Monate zuvor hatte er bei den Rencontres Internationales de Genève einen Vortrag über das Denken unserer Zeit gehalten. Es ist bemerkenswert, daß er dabei kein Wort über die Dialektik fallenließ: er vermied sogar das Wort *Widerspruch* bei der Kennzeichnung unserer Probleme und schrieb: «Die Körperlichkeit und der andere Mensch sind bei den Zeitgenossen das *Labyrinth* der Reflexion und der Sensibilität.»

brochen, zerstreut sich das äußere Sein, schon ist es vielfältig, außer Reichweite; aber durch die gleiche Bewegung verinnerlicht es sich, wird ein inneres Sein, ganz und immer anwesend, ohne seine Unberührbarkeit zu verlieren. Und natürlich ist auch das Umgekehrte wahr: das innere Sein, das Sein in uns, dieses geizige und ernsthafte Sich-Sammeln, hört niemals auf, seine Anpassung an die Natur, jene unbegrenzte Entfaltung des äußeren Seins, zu bekunden. So bleibt Merleau, kreisend und meditierend, seiner ursprünglichen Denkart treu, jenem langsamen, von Blitzen aufgehellten Grübeln: sie erhebt er still zur Methode, in Form einer enthaupteten Dialektik.

Dieser Abstieg in die Unterwelt erlaubte ihm schließlich, den tiefsten Kreislauf zu finden. Es war eine Entdeckung des Herzens: daß sie uns durch ihre dunkle Dichte erschreckt, beweist es. Ich werde erzählen, wie er sie mir vor fast zwei Jahren mitteilte: in diesen subtilen und lakonischen Worten spiegelt sich der Mensch Merleau-Ponty wider, wie er geradewegs auf die Probleme zuging, während er sie nur zu streifen schien. Ich fragte ihn, ob er gearbeitet habe. Er zögerte: «Vielleicht werde ich über die Natur schreiben», sagte er. Und er fügte hinzu, um mir auf die Sprünge zu helfen: «Ich habe bei Whitehead einen Satz gelesen, der mir aufgefallen ist: die Natur geht in Lumpen.» Wie man sich denken kann, fügte er dem kein Wort hinzu. Ich verließ ihn, ohne ihn verstanden zu haben: zu jener Zeit studierte ich den «dialektischen Materialismus», und das Wort «Natur» rief in mir den Gedanken an die Gesamtheit unseres physikalisch-chemischen Wissens hervor. Wieder ein Mißverständnis: ich hatte vergessen, daß die Natur in seinen Augen die sinnliche Welt war, diese «entschieden allgemeine» Welt, in der wir die Dinge und die Tiere, unseren eigenen Körper und die anderen finden. Um ihn zu verstehen, mußte ich das Erscheinen seines letzten Aufsatzes abwarten: *Das Auge und der Geist*. Dieser lange Essay sollte, glaube ich, einen Teil des Buches bilden, an dem er schrieb: jedenfalls bezieht er sich darin dauernd auf einen größeren Zusammenhang, auf eine Idee, die ausgesprochen werden sollte und die unformuliert blieb.

Mehr als je dem Intellektualismus feind, befragt Merleau den Maler und sein ungestümes manuelles Denken: an den Werken versucht er den Sinn der Malerei zu erfassen. Bei dieser Gelegenheit enthüllt ihm die Natur ihre Lumpen. Wie, so sagt er, kündigt dieser Berg in der Ferne sich an? Durch diskontinuierliche, manchmal intermittierende Signale, feine, spärliche Phantasmen, Spiegelungen, Schattenspiele; dieser Staub fällt durch seine Zusammenhanglosigkeit auf. Aber unser Auge ist ja gerade «Computer des Seins»; mit diesen luftigen Zeichen wird es die schwerste Erdmasse zum Einsturz bringen. Der Blick begnügt sich nicht mehr damit, «das Sein durch das hindurch, was sich in der Zeit bewegt, wahrzunehmen»: er scheint jetzt vielmehr die Aufgabe zu haben, dessen immer abwesende Einheit von der Vielfalt aus herzustellen. «So gibt es diese Einheit also nicht?» wird man fragen. Es gibt sie, es gibt sie nicht: wie das ehemalige Kleid, das noch durch die Lumpen geistert, wie die Rose Mallarmés, «fern jedem Strauß». Das Sein ist durch uns, die wir durch das Sein sind. All das ist natürlich nicht möglich ohne den Anderen; so jedenfalls faßt Merleau die «schwierige» Behauptung Husserls auf: «Das transzendentale Bewußtsein ist Intersubjektivität.» Niemand kann sehen, so denkt er, ohne zugleich gesehen zu werden: wie könnten wir das, was ist, erfassen, wenn wir nicht *wären*? Hier handelt es sich nicht um eine einfache «Noesis», die durch Erscheinungen hindurch ihr noematisches Korrelat hervorbringt. Wiederum: um denken zu können, muß man sein: die durch alle hindurch von jedem einzelnen konstituierte Sache, die immer eine einzige ist, aber unendlich viele Facetten hat, verweist durch alle anderen jeden von uns auf seine ontologische Verfassung zurück. Wir sind das Meer: jedes Wrack ist, sobald es auftaucht, unzählbar wie die Wogen, ist durch sie und wie sie absolut. Der Maler ist der bevorzugte Künstler, der beste Zeuge dieser vermittelten Reziprozität. «Der Körper ist dem Gewebe der Welt verhaftet, aber die Welt ist aus eben dem Stoff meines Körpers gemacht.» Ein neues Drehkreuz, aber tiefsinniger als die anderen, denn es berührt das «Labyrinth der Körperlichkeit». Durch mein Fleisch wird die Natur Fleisch; wenn aber, umgekehrt, die Malerei möglich ist, dann müssen die Strukturen des Seins, die der Maler in der Sache wahrnimmt und auf der Leinwand festhält, auf dem Grunde seiner selbst die «Flexionen» seines Seins bezeichnen. «Das Gemälde . . . bezieht sich nur dann auf irgend etwas unter den empirischen Dingen, wenn es autofigurativ ist; es ist nur insofern Schauspiel der Dinge, als es Schauspiel von nichts ist . . . und zeigt, wie Dinge zu Dingen und die Welt zur Welt wird.» Und gerade das verleiht «der Betätigung des Malers eine Dringlichkeit, die jede andere Dringlichkeit überbietet». Durch die Gestaltung des äußeren Seins stellt er für die anderen das innere Sein vor, *sein* Fleisch und das ihre. Vorstellen besagt zu wenig: «Die Kultur», sagt Merleau, «ist ‹Auftreten›.» So hat der Künstler die geheiligte Funktion, das Sein inmitten der Menschen herzustellen, das heißt, die «Schichten unverarbeiteten Seins, von dem der Aktivist nichts weiß», auf jenes überragende Sein hin zu überschreiten, welches der *Sinn* ist. Der Künstler, aber auch jeder von uns: «Der Ausdruck», sagt er, «ist das Fundamentale des Körpers.» Und was gäbe es auszudrücken, wenn nicht das Sein: wir machen keine Bewegung, ohne es wiederherzustellen, es herzustellen und vorzustellen. Die ursprüngliche Geschichtlichkeit, unsere Geburt zum Tode, ist jenes Hervorkommen aus der Tiefe, durch welches das Ereignis Mensch wird und sein Wesen ausweist, indem es die Dinge benennt. So ist, in ihrem radikalsten Ausdruck, auch die Geschichte der Gruppe beschaffen: «Wie anders als Geschichte sollte man dieses (Medium) nennen, in dem eine mit Kontingenz belastete Form plötzlich einen Umkreis an Zukunft erschließt und mit der Autorität des Hergestellten befehligt?»

Das sind die Ansätze seiner letzten Gedanken: seine letzte Philosophie, «belastet mit Kontingenz», sich geduldig abmühend mit ihrem Zufall und vom Zufall unterbrochen – ich sagte, ich hätte sie mit einer Entdeckung des Herzens beginnen sehen. In Abwehr gegen die Trauer und die Abwesenheit entdeckt er nun sich selbst: wenn einer, so ist er der «Computer des Seins». Es bleibt ihm eine Handvoll Erinnerungen und Reliquien – unser Blick hat deren nicht so viele, um das Sein des Berges zu enthüllen: das Herz entreißt den Lumpen der Erinnerung das Sein der Toten; aus dem Ereignis, das sie tötete, macht er ihr Auftreten; es handelt sich nicht allein darum, dem verschwundenen Lächeln und den Worten ihre Ewigkeit wiederzugeben: leben heißt, sie zu vertiefen, sie durch unsere Worte und unser Lächeln in sie selbst zu verwandeln, jeden Tag ein wenig mehr, bis ins Unendliche; es gibt einen Fortschritt der Toten, und er ist unsere Geschichte. So machte Merleau sich zum Hüter seiner Mutter, wie sie die Hüterin seiner Kindheit gewesen war; durch sie zum Tode geboren, wollte er, daß der Tod für sie zur Wiedergeburt würde. Aus diesem Grunde fand er in der Abwesenheit mehr wirkliche Kräfte als in der Anwesenheit. *Das Auge und der Geist* enthält ein merkwürdiges Zitat: Marivaux denkt in *Marianne* über die Kraft und die Würde der Leidenschaften nach und preist dabei die Menschen, die sich lieber das Leben nehmen, als daß sie ihr Wesen verleugnen. Was Merleau an diesen Zeilen gefiel, war, daß sie einen unzerstörbaren Trittstein unter der Durchsichtigkeit dieses wenig tiefen Baches, des Lebens, entdeckten. Aber wir dürfen nicht glauben, daß er zur kartesischen Substanz zurückkehrte: kaum hat er die Ausführungszeichen gesetzt und schreibt wieder auf eigene Rechnung, zerstiebt der Trittstein in unzusammenhängende Fünkchen und wird wieder dieses zerfetzte Sein, das wir zu sein haben, das vielleicht nur ein ordnungsloser Imperativ ist und das ein Selbstmord manchmal besser zusammenfügt als ein lebendiger Sieg. Durch ein und dieselbe Bewegung — das ist unsere Regel — stellen wir in der menschlichen Gemeinschaft das Sein der Toten durch unser Sein her und unser Sein durch das der Toten.

Bis wohin mag er gegangen sein in jenen düsteren Jahren, die ihn in sich selbst veränderten? Wenn man ihn liest, möchte man manchmal meinen, daß das Sein den Menschen erfindet, damit er von ihm *Kunde gebe*. Ist es nicht von Zeit zu Zeit vorgekommen, daß Merleau, die Begriffe wendend und in ihr Gegenteil verkehrend, irgendeinen transzendenten, «in der Immanenz nicht zu erfassenden» Auftrag in uns zu erkennen glaubte? In einem seiner Aufsätze beglückwünscht er einen Mystiker, der geschrieben hatte, Gott stehe unterhalb von uns. Er fügt hinzu: Warum nicht? Er träumt von diesem Allmächtigen, der der Menschen bedürfte, der im Innern jedes Menschen in Frage gestellt wäre und der das ganze Sein bliebe, dem, den herzustellen die Intersubjektivität niemals aufhörte, dem einzigen, den wir bis zum Ende seines Seins führen würden und der alle Unsicherheit des menschlichen Abenteuers mit uns teilte. Es handelt sich offensichtlich nur um eine metaphorische Angabe. Aber man darf es nicht für gleichgültig halten, daß er sie gewählt hat. Alles ist da: der Fund und das Wagnis; wenn das Sein, eine gigantische, zerlumpte Armut, unterhalb von uns steht, dann bedarf es nur einer kaum wahrnehmbaren Veränderung, damit es *unsere Aufgabe* werde. Gott die Aufgabe des Menschen? Merleau hat das niemals geschrieben, und er hat sich verboten, es zu denken: nichts besagt, daß er sich nicht manchmal darin gefiel, davon zu träumen, aber sein Denken war viel zu streng, als daß er etwas vorgetragen hätte, was er nicht nachgewiesen hatte. Er arbeitete ohne Hast; er wartete.

Man hat behauptet, er hätte sich Heidegger genähert. Darüber besteht kein Zweifel, aber man muß es recht verstehen. Solange seine Kindheit ihm bewahrt blieb, brauchte Merleau seine Forschungen nicht zu radikalisieren. Als seine Mutter gestorben und seine Kindheit mit ihr zerstört war, gingen Abwesenheit und Anwesenheit, Sein und Nichtsein ineinander über; Merleau wollte durch die Phänomenologie hindurch und ohne sie je zu verlassen zu den Imperativen der Ontologie vorstoßen; was ist, ist nicht mehr, ist noch nicht, wird niemals sein: dem Menschen ist es aufgegeben, dem Seienden das Sein zu geben. Diese Aufgabe ergab sich aus seinem Leben, aus seiner Trauer; er nahm das zum Anlaß, Heidegger wiederzulesen, ihn besser zu verstehen, aber nicht, seinem Einfluß zu erliegen: ihre Wege kreuzten sich, das ist alles. Das Sein ist die einzige Sorge des deutschen Philosophen; trotz mancher gemeinsamer Vokabeln bleibt für Merleau der Mensch die Hauptsorge. Wenn Heidegger von der «Offenheit zum Sein» spricht, wittere ich Entfremdung. Gewiß, man darf sich nicht darüber hinwegtäuschen, daß die Feder Merleaus manchmal beunruhigende Worte aufgezeichnet hat. Zum Beispiel die folgenden: «Das Irrelative ist nun nicht die Natur an sich noch das System der Inhalte des absoluten Bewußtseins und ebensowenig der Mensch, sondern jene ‹Teleologie›, die in Anführungszeichen geschrieben und gedacht wird – als ein Gefüge und Gliederbau des Seins, das sich im Menschen erfüllt.» Die Anführungszeichen ändern nichts an der Sache. Gleichviel: das ist nebenhin gesagt. Es bleibt ein Ärgernis, daß heutzutage ein Mensch schreiben konnte, das Absolute sei nicht der Mensch; aber was er unserer Herrschaft verweigert, gesteht er auch keiner anderen zu. Sein Irrelatives ist in Wirklichkeit eine in sich geschlossene reziproke Beziehung: der Mensch ist bezeichnet durch seine grundlegende Berufung, die darin besteht, das Sein herzustellen, aber ebenso ist das Sein durch seine Bestimmung bezeichnet, die darin besteht, sich vermittels des Menschen zu vollziehen. Ich sagte schon, wie Merleau wenigstens zweimal, in der christlichen Gemeinschaft und in der Brüderlichkeit des politischen Kampfes, die Einfügung in die Immanenz gesucht hatte und wie er dabei jedesmal auf die Transzendenz gestoßen war. Indem es mehr denn je den Rückgang auf die Hegelsche Synthese vermeidet, versucht sein letztes Denken den Widerspruch zu lösen, in dem er gelebt hat: man wird das Transzendente in die Immanenz gießen, wird es darin gänzlich auflösen, wobei man es durch seine eigene Unberührbarkeit gegen die Vernichtung schützt; es ist nur noch Abwesenheit und inständige Bitte und zieht aus seiner unendlichen Schwäche seine Allmacht. Ist das nicht in gewisser Weise der grundlegende Widerspruch jeglichen Humanismus? Und kann der dialektische Materialismus – in dessen Namen viele diese Gedanken kritisieren werden – auf eine Ontologie verzichten? Wird man nicht vielmehr, bei näherem Hinsehen, und wenn man die absurde Theorie der Widerspiegelung aufgibt, in ihr die Idee eines Bezirks unbearbeiteten Seins finden, das Handeln und Denken erzeugt und aufrechterhält?

Nein; er hat niemals aufgehört, Humanist zu sein, er, der noch wenige Monate vor seinem Tode schrieb: «Wenn der Blitz ‹Mensch› aufflammt, ist alles im Nu gegeben.» Was weiter? Das Sein vollziehen heißt: es konsekrieren, gewiß; aber das heißt: es vermenschlichen. Merleau behauptet nicht, daß wir zugrunde gehen sollen, damit das Sein sei, sondern ganz im Gegenteil, daß wir das Sein durch eben den Akt herstellen, der uns zu Menschen werden läßt. Mehr denn je Anhänger Pascals, wiederholt er noch einmal: «Der Mensch ist von den Tierarten absolut unterschieden gerade darin, daß er über keine ursprüngliche Ausrüstung für seine Existenz verfügt und daß er der Ort des Zufalls ist, der bald in der Gestalt einer Art Wunder auftritt, bald in der einer ungezielten widersetzlichen Kraft.» Das genügt, damit der Mensch niemals ein Tier irgendeiner Art noch auch Gegenstand eines allgemeinen Begriffes sei, sondern, sobald er hervortritt, das Eintreten eines Ereignisses. Aber er zieht die gleiche Lehre aus dem Werk des Humanisten Montaigne: «Montaigne weist von Anfang an die Erklärungen zurück, die uns eine Metaphysik oder eine Physik geben könnten, weil es der Mensch ist, der die Philosophien und Wissenschaften ‹beweist› und weil diese sich eher durch ihn erklären, als er sich durch sie erklärt.» Der Mensch wird niemals den Menschen denken: er *macht* ihn in jedem Augenblick. Ist das nicht der wahre Humanismus: der Mensch wird niemals vollständig Gegenstand der Erkenntnis; er ist das Subjekt der Geschichte.

Es ist nicht schwer, in den letzten Werken des verdüsterten Philosophen einen gewissen Optimismus wiederzufinden: nichts kommt ans Ende, nichts ist verloren. Ein Ziel entsteht, schafft sich mit einem Schlage *seinen* Menschen – blitzartig, den ganzen Menschen –, geht mit ihm zugrunde oder überlebt ihn, toll geworden, um in jedem Fall in einem Zusammenbruch zu enden, und öffnet im gleichen Augenblick des Unglücks ein Tor in die Zukunft. Spartakus, der kämpft und stirbt, ist die ganze Menschheit: wer sagt Besseres? Ein Wort ist die ganze Sprache, in einigen Lauten versammelt, ein Bild ist die ganze Malerei. «In diesem Sinne», sagt er, «gibt es einen Fortschritt, und es gibt ihn nicht.» Die Geschichte setzt sich ohne Unterlaß in unserem vorgeschichtlichen Milieu ins Werk; durch jeden Blitz wird das Ganze erleuchtet, stellt sich her, franst aus und verschwindet, unsterblich. Apelles, Rembrandt, Klee haben nacheinander, jeweils in einer bestimmten Kultur und mit den Mitteln, die ihnen zur Hand waren, das Sein sichtbar gemacht. Und bevor der erste von ihnen geboren wurde, war schon die ganze Malerei in den Höhlen von Lascaux offenbart.

Gerade weil er aus diesem immer neuen Aufblitzen besteht, hat der Mensch eine Zukunft. Kontingenz des Guten, Kontingenz des Bösen: Merleau zeichnete niemanden mehr aus und verdammte niemanden mehr. Die Ungunst der Zeit hatte uns bis kurz vor die Barbarei gebracht; durch das Wunder, das immer und überall möglich ist, würden wir aus ihr herauskommen. Da «jede Geste unseres Körpers oder unserer Sprache, jeder Akt des politischen Lebens spontan ... mit dem anderen rechnet und in dem, was ihm eigentümlich, über sich hinaus auf einen universellen Sinn hinweist», muß, obwohl er auf keine Weise notwendig oder verheißen ist, obwohl man nicht so sehr von ihm verlangt, uns in unserem Sein zu verbessern, als die Abfallprodukte unseres Lebens zu beseitigen, ein *relativer* Fortschritt die wahrscheinlichste Vermutung sein: «Sehr wahrscheinlich wird die Erfahrung schließlich die falschen Lösungen ausscheiden.» In dieser Hoffnung, glaube ich, willigte er ein, dem *Express* einige politische Kommentare zu geben. Ost und West: zwei Volkswirtschaften im Wachstum, zwei Industriegesellschaften, beide von inneren Widersprüchen zerrissen. Er hätte gern jenseits der Regierungsformen die gemeinsamen Erfordernisse auf der Ebene der Infrastruktur freigelegt oder wenigstens konvergierende Linien aufgezeigt: das war eine Weise, sich selbst treu zu bleiben; es handelte sich in der Tat darum, wieder einmal die Option für den Manichäismus zurückzuweisen. Die Einheit hatte bestanden; nach dem Untergang dieses kleineren Paradieses hatte er überall die Ausbeutung anklagen wollen, dann hatte er sich in sein Schweigen eingeschlossen: er kam daraus hervor, um überall Grund zur Hoffnung zu entdecken. Ohne jegliche Illusion: «die *virtù*», nichts weiter. Wir sind verkrümmt; die Bande, die uns mit den anderen verbinden, sind verknäult; keine Regierungsform würde allein ausreichen, um sie zu entwirren, vielleicht aber werden die Menschen, die nach uns kommen, alle Menschen zusammen, die Kraft und die Geduld haben, die Arbeit in Angriff zu nehmen.

Der Lauf unseres Denkens entfernte uns jeden Tag ein wenig mehr voneinander. Seine Trauer, seine freiwillige Absonderung machten unsere Wiederannäherung noch schwieriger. 1955 hätten wir uns beinahe gänzlich verloren: aus Abstraktion; er veröffentlichte ein Buch über die Dialektik und griff mich darin heftig an. Simone de Beauvoir antwortete ihm nicht weniger heftig in den *Temps Modernes*: es war das erste und das letzte Mal, daß wir uns schriftlich stritten. Es könnte scheinen, daß unsere Meinungsverschiedenheiten dadurch, daß wir sie publizierten, unaufhebbar geworden wären. Das Gegenteil war der Fall: in dem Augenblick, in dem unsere Freundschaft zu sterben schien, begann sie unmerklich wieder aufzublühen. Zweifellos hatten wir früher zuviel Sorgfalt darauf verwandt, uns jeder Heftigkeit zu enthalten: es hatte deren aber ein weniges bedurft, damit der letzte Groll beseitigt würde und damit Merleau mir ein für allemal sagen konnte, was er noch auf dem Herzen hatte. Kurz, die Angelegenheit war damit erledigt, und bald darauf sahen wir uns wieder.

Das geschah in Venedig, während der ersten Monate des Jahres 1956: die Société Européenne de Culture hatte dort Gespräche zwischen den Schriftstellern aus Ost und West organisiert. Ich war da. Als ich mich setzte, sah ich, daß der Nachbarstuhl leer geblieben war; ich beugte mich hinüber und las auf einer Karte den Namen Merleau-Pontys: man hatte geglaubt, uns einen Gefallen zu tun, indem man uns nebeneinander placierte. Das Gespräch begann, ich hörte nur mit einem Ohr hin, ich wartete auf Merleau – nicht ohne Furcht. Er kam. Zu spät, wie gewöhnlich. Irgend jemand sprach, er ging auf Zehenspitzen hinter mir vorbei, berührte mich leicht an der Schulter, und als ich mich umdrehte, lächelte er mir zu. Die Kolloquien zogen sich über mehrere Tage hin: er und ich, wir waren nicht gänzlich einer Meinung, es sei denn, daß wir uns gemeinsam darüber aufregten, wenn ein zu beredter Italiener oder ein zu naiver Engländer das Wort ergriff, denen es offenbar oblag, das Unternehmen scheitern zu lassen. Aber unter so vielen verschiedenen Menschen, die einen älter als wir, die anderen jünger, aus allen vier Ecken Europas zusammengekommen, fühlten wir, daß eine und dieselbe Kultur, eine und dieselbe für uns allein gültige Erfahrung uns verbanden. Wir verbrachten mehrere Abende zusammen, ein wenig befangen und niemals allein: das war gut; die Anwesenheit unserer Freunde schützte uns gegen uns selbst, gegen die Versuchung, unser vertrautes Verhältnis wiederherzustellen, ehe die Zeit dafür reif war; also redeten wir eben nur miteinander. Wir machten uns alle beide keine Illusionen über die Tragweite des Treffens, aber wir wünschten beide – er, weil er ein Mittler war, ich, um die Linke zu «privilegieren» –, daß es im folgenden Jahr wiederholt werden sollte: als es sich darum handelte, das Schlußkommuniqué zu redigieren, stellten wir fest, daß wir einer Ansicht waren. Das bedeutete nichts, aber es war ein Beweis dafür, daß eine gemeinsame Arbeit uns einander näherbringen konnte.

Wir trafen uns in Paris, in Rom und noch einmal in Paris wieder. Allein: das war die zweite Etappe. Die Befangenheit bestand weiter, sie begann zu schwinden; ein anderes Gefühl entstand, die Milde: eine solche verzweifelte, zart traurige Zuneigung führt zwei erschöpfte Freunde wieder zusammen, die sich gegenseitig zerrissen haben, bis ihnen nichts Gemeinsames mehr geblieben ist als ihr Streit, und deren Streit eines schönen Tages zu Ende ist mangels eines Gegenstandes. Der Gegenstand war die Zeitschrift gewesen: sie hatte uns erst vereint, dann getrennt: sie trennte uns nicht einmal mehr. Unsere Vorsichtigkeit hätte uns früher beinahe zum Zerwürfnis geführt: gewarnt, trugen wir Sorge, uns niemals mehr zu schonen: zu spät; was immer jeder von uns sagte, es betraf eigentlich nur noch ihn selbst; wenn wir die letzten Ereignisse besprachen, schien es mir fast, als tauschten wir Familiengeschichten aus – Tante Marie will sich operieren lassen, der Neffe Karl hat sein Abitur bestanden – und als säßen wir beide Seite an Seite auf einer Bank, Decken über die Knie gebreitet, und zeichneten mit dem Ende unseres Spazierstocks Zeichen in den Staub. Was fehlte? Weder die Zuneigung noch die Achtung: das Unternehmen. Verschüttet, ohne daß sie uns hätte trennen können, rächte sich unsere vergangene Tätigkeit an uns, indem sie Pensionäre der Freundschaft aus uns machte.

Man mußte die dritte Etappe abwarten, ohne etwas zu überstürzen; ich wartete, sicher, daß ich ihn wiederfinden würde: wir

waren uns einig in der vorbehaltlosen Verdammung des Algerien-
krieges; er hatte der Regierung Mollet das Kreuz der Ehrenlegion
zurückgeschickt; beide widersetzten wir uns der verworrenen
Diktatur des Gaullismus; vielleicht waren wir nicht derselben
Ansicht über die Mittel, mit denen sie zu bekämpfen wäre; aber
das käme schon noch; wenn der Faschismus anschwillt, vereinigt
er aufs neue die getrennten Freunde. Im gleichen Jahr sah ich
ihn wieder, im März: ich hielt einen Vortrag in der École Normale Supérieure, er kam hin. Das rührte mich: seit Jahren war
immer ich es gewesen, der um eine Begegnung bat, eine Verabre-
dung vorschlug; zum ersten Mal war er von sich aus gekommen.
Nicht, um mich Ideen entwickeln zu hören, die er auswendig
kannte: um mich zu sehen. Nach dem Vortrag trafen wir uns
mit Hippolyte und Canguilhem: für mich war es ein glücklicher
Augenblick. Später habe ich erfahren, daß er glaubte, ein Unbehagen zwischen uns fortdauern zu spüren. Es war nicht eine
Spur mehr davon vorhanden, nur hatte ich unglücklicherweise
die Grippe und war erschöpft. Als wir uns trennten, verlor er
kein Wort über seine Enttäuschung, aber ich hatte einen Augenblick lang den Eindruck, daß er wieder finsterer geworden war.
Ich achtete nicht darauf: «Alles ist wiederhergestellt», sagte ich
mir, «alles wird wieder beginnen.» Wenige Tage danach erfuhr
ich seinen Tod, und so endete unsere Freundschaft mit diesem
letzten Mißverständnis. Wäre er am Leben geblieben, wir hätten es nach meiner Rückkehr zerstreut. Vielleicht. Da er nun ab-
wesend ist, werden wir immer füreinander bleiben, was wir
immer gewesen sind: Unbekannte.

Kein Zweifel, seine Leser können ihn kennenlernen, er wird
ihnen in seinem Werk begegnen; jedesmal, wenn ich ihn lesen
werde, werde ich ihn wiedererkennen, werde ich mich besser
erkennen. Einhundertfünfzig Seiten seines letzten Buches sind
aus dem Schiffbruch gerettet, und dann ist der Aufsatz *Das Auge
und der Geist* da, der alles sagt, wenn man ihn nur zu entziff-
fern versteht: wir werden alle zusammen dieses Denken in
Lumpen «herstellen», es wird eines der Prismen unserer «Intersubjektivität» sein. In dem Augenblick, in dem M. Papon, der
Polizeipräfekt, die allgemeine Meinung zusammenfaßt, indem
er erklärt, daß er sich über nichts mehr wundere, gibt Merleau
das Gegengift, indem er sich über alles wundert: er ist das Kind,
das an unseren, der Erwachsenen, eitlen Gewißheiten Anstoß
nimmt und das die anstößigen Fragen stellt, auf die die Erwach-

senen niemals antworten: warum lebt man? warum stirbt man? Nichts scheint ihm natürlich: weder daß es eine Geschichte gibt noch daß es eine Natur gibt; er versteht nicht, wie es geschehen kann, daß jede Notwendigkeit sich in Kontingenz verwandelt und daß jede Kontingenz schließlich zu einer Notwendigkeit wird; er sagt es, und wir sind, wenn wir ihn lesen, in dieses Drehkreuz hineingezogen, aus dem wir nicht mehr herauskommen werden. Dennoch sind nicht wir es, die er befragt: er fürchtet zu sehr, daß wir uns auf die beruhigenden Dogmatismen versteifen könnten. Er ist selbst diese ständige Frage an sich selbst geworden, weil «der Schriftsteller die Unsicherheit gewählt hat». Die Unsicherheit: unsere Grundsituation und, in einem damit, die schwierige Haltung, die uns diese Situation enthüllt; wir sollen keine Antworten von ihm verlangen: das, was er uns lehrt, ist die Vertiefung einer ersten Untersuchung; wie vor ihm Platon erinnert er daran, daß der Philosoph der Mensch ist, der staunt, aber er fügt, strenger als sein griechischer Lehrer, hinzu, daß die philosophische Haltung verschwindet, sobald das Staunen aufhört. Denen hingegen, die das «Welt-Werden» der Philosophie voraussagen, antwortet er: wenn der Mensch eines Tages glücklich, frei und für den Mitmenschen durchsichtig sein würde, müsse man über dieses verdächtige Glück ebensosehr staunen, wie wir gegenwärtig über unser Unglück staunen. Wenn ihm das Wort nicht zu zweifelhaft erschienen wäre, weil es zu oft gebraucht wird, so würde ich gern sagen, daß es ihm gelungen ist, die innere Dialektik des Fragenden und des Befragten wiederzufinden, und daß er sie bis zu jener Grundfrage weitergeführt hat, die wir durch alle unsere vorgeblichen Antworten vermeiden. Um ihm zu folgen, muß man auf zwei einander entgegengesetzte Sicherheiten verzichten, zwischen denen wir ständig hin und her schwanken, weil wir uns für gewöhnlich durch den Gebrauch zweier einander entgegengesetzter, aber gleich allgemeiner Begriffe beruhigen, die uns beide als Gegenstände nehmen und von denen der erste jedem von uns sagt, er sei ein Mensch unter Menschen, und der zweite, er sei ein anderer unter anderen. Der erste Begriff aber taugt nichts, denn der Mensch hört nie auf, sich zu machen, und kann sich niemals gänzlich denken. Und der zweite täuscht uns, denn wir sind gerade darin gleich, daß jeder sich von allen unterscheidet. Von einer zur anderen Idee springend, wie die Affen von einem Ast zum anderen, vermeiden wir die Einmaligkeit, die weniger eine

Tatsache ist als eine dauernde Forderung. Indem sie unsere Verbindung zu unseren Zeitgenossen abschneidet, schließt uns die Bourgeoisie in den Kokon des Privatlebens ein und definiert uns wie mit einer Schere als *Individuen*. Das will sagen: als Moleküle ohne Geschichte, die sich von einem Augenblick zum anderen fortschleppen. Bei Merleau finden wir uns als Einmalige vermöge der Kontingenz unserer Verankerung in der Natur und in der Geschichte, das heißt, durch das zeitliche Abenteuer, das wir im Rahmen des menschlichen Abenteuers sind. So macht uns die Geschichte allgemein in genau dem Maße, in dem wir sie zu einer besonderen machen. Das ist das große Geschenk, das Merleau dank seiner Verbissenheit, immer an der gleichen Stelle zu graben, uns anbietet: ausgehend von der wohlbekannten Allgemeinheit des Einmaligen, gelangt er zur Einmaligkeit des Allgemeinen. Er hat den Hauptwiderspruch zutage gefördert: jede Geschichte ist die ganze Geschichte; wenn der Blitz «Mensch» aufflammt, ist alles gesagt; jedes Leben, jeder Augenblick, jede Epoche – kontingente Wunder oder Fehlschläge – sind *Inkarnationen*: das Wort wird Fleisch, das Allgemeine setzt sich nur durch die lebendige Einmaligkeit ins Werk, die es entstellt, indem sie es zu einem Einmaligen macht. Sehen wir hier nicht einen neuen Aufguß des «unglücklichen Bewußtseins»: genau das Gegenteil liegt vor. Hegel beschreibt den tragischen Gegensatz zweier abstrakter Begriffe, eben jener, von denen ich sagte, daß sie die Pole unserer Sicherheit sind. Für Merleau ist aber die Allgemeinheit niemals allgemein, es sei denn für das Überblicksdenken; sie entsteht nach den Gesetzen des Fleisches; Fleisch von unserem Fleisch, bewahrt sie unsere Einmaligkeit noch auf ihrer höchsten Ebene. Das ist eine Mahnung, die die Anthropologie – ob sie analytisch oder marxistisch ist – nicht mehr vergessen sollte: weder wie es die Freudianer zu oft tun, daß jeder Mensch der Mensch schlechthin ist und daß man bei allen jenem *Blitz* Rechnung tragen muß, der einmaligen Verallgemeinerung des Allgemeinen, noch, wie die Novizen der Dialektik, daß die UdSSR nicht einfach der Anfang der allgemeinen Revolution ist, sondern auch ihre Inkarnation, und daß das Jahr 1917 dem zukünftigen Sozialismus unauslöschliche Züge aufprägen wird. Dieses Problem ist schwierig: weder die banale Anthropologie noch der historische Materialismus werden sich davon befreien. Merleaus Absicht war es nicht, Lösungen zu liefern, im Gegenteil: wenn er weitergelebt hätte, so wäre er unaufhörlich kreisend noch tiefer hinabgestiegen, bis er die Voraussetzungen der Frage radikalisiert hätte, wie er es in *Das Auge und der Geist* tut, wenn er von der ursprünglichen Geschichtlichkeit spricht. Er ist nicht bis ans Ende seines Denkens gekommen, oder wenigstens hat er nicht die Zeit gehabt, es vollständig niederzulegen. Ist das ein Scheitern? Nein: es ist gleichsam eine Wiederholung der Kontingenz der Geburt durch die Kontingenz des Endes: einmalig durch diese doppelte Absurdität und von Anfang an bis zum Tode über die Einmaligkeit nachdenkend, gewinnt dieses Leben einen unnachahmlichen «Stil» und rechtfertigt durch sich selbst die Mahnung, die das Werk enthält. Was dieses von seinem Leben nicht abzutrennende Werk selbst betrifft, diesen Blitz zwischen zwei Zufällen, der unsere tiefe Nacht erleuchtet, so könnte man Wort für Wort darauf anwenden, was Merleau zu Anfang dieses Jahres schrieb:

«Wenn wir weder in der Malerei noch anderswo eine Hierarchie der Zivilisation feststellen noch überhaupt von Fortschritt sprechen können, so nicht darum, weil uns irgendein Schicksal zurückhielte, sondern weil gewissermaßen die erste aller Malereien bis auf den Grund der Zukunft reichte. Wenn keine Malerei die Malerei vollendet, wenn sogar kein Werk sich absolut vollendet, dann verändert, verwandelt, erhellt, vertieft, bestätigt und erhöht jede Schöpfung alle anderen, erschafft sie wieder oder läßt sie im voraus entstehen. Wenn die Schöpfungen kein ein für allemal erworbener Besitz sind, so nicht nur darum, weil sie wie alle Dinge vergänglich sind, sondern auch, weil sie fast ihr ganzes Leben noch vor sich haben.» Eine Frage ohne Antwort, *virtù* ohne Illusionen, so tritt er als Einmaliger in die allgemeine Kultur, so haust er als etwas Allgemeines in der Einmaligkeit der Geschichte. Indem er, wie Hegel gesagt hat, Zufälliges in Notwendiges und Notwendiges in Zufälliges verwandelt, ist es seine Aufgabe geworden, das Problem der Körperlichkeit zu verkörpern. In seinem Werk werden Sie ihm begegnen.

Was mich betrifft, der mit ihm andere Begegnungen gehabt hat, so will ich über unsere Beziehungen nicht lügen noch mit einem so schönen Optimismus schließen. Ich erinnere mich an meinen letzten Eindruck von ihm – wir trennten uns nachts in der Rue Claude-Bernard –: sein Gesicht war enttäuscht, plötzlich verschlossen; es bleibt in mir, eine schmerzliche Wunde, infiziert durch Bedauern, Gewissensbisse und ein wenig Groll; in sich selbst verändert, wird unsere Freundschaft für immer darin ausgedrückt bleiben. Nicht daß ich dem letzten Augenblick eine große Bedeutung beimäße noch daß ich ihn für beauftragt hielte, die Wahrheit über ein Leben zu sagen. Aber in diesem, ja, in ihm hat alles sich versammelt: alles Schweigen, das er mir seit 1950 entgegensetzte, ist in diesem schweigenden Gesicht geronnen, und umgekehrt geschieht es mir noch heute, daß ich die Ewigkeit seiner Abwesenheit wie ein vorsätzliches Schweigen empfinde; unser letztes Mißverständnis – das nichts bedeutet hätte, wenn ich ihn noch einmal lebend wiedergesehen hätte – ist aus dem gleichen Stoff gemacht wie die anderen, das sehe ich wohl: es hat nichts verdorben, es läßt unsere gegenseitige Zuneigung durchscheinen, unseren gemeinsamen Wunsch, unsere Beziehungen nicht zu gefährden, aber auch die unterschiedlichen Gezeiten unseres Lebens, durch die wir immer zur Unzeit die Initiative ergriffen; und dann vertagte der Tod, der dazwischentrat, ohne Heftigkeit unseren Verkehr, *sine die*. Der Tod ist eine Inkarnation wie die Geburt: sein Tod, Sinnlosigkeit voll eines dunklen Sinns, stellt, was uns betrifft, die Kontingenz und die Notwendigkeit einer Freundschaft ohne Glück dar. Es hatte jedoch etwas zu versuchen gegeben: mit unseren guten Eigenschaften und unseren Mängeln, der offenkundigen Heftigkeit des einen und des anderen geheimer Neigung, bis zum Äußersten zu gehen, paßten wir nicht schlecht zueinander. Und was haben wir daraus gemacht? Nichts, als daß wir das Zerwürfnis vermieden haben. Jeder kann die Schuld aufteilen, wie er will; jedenfalls waren wir nicht recht schuldig, ja, so wenig waren wir es, daß ich manchmal in unserem Abenteuer nur noch seine Notwendigkeit sehe: so leben die Menschen in unserem Zeitalter, so lieben sie sich: schlecht. Das ist wahr; aber es ist auch wahr, daß wir es waren, wir zwei, die sich schlecht liebten. Man kann daraus nichts schließen, es sei denn, daß diese lange, nie besiegelte und nie aufgekündigte Freundschaft, die ausgelöscht wurde, als sie wiedergeboren werden oder zerbrechen sollte, in mir als eine nie vernarbende Wunde zurückbleibt.

Les Temps Modernes, Oktober 1961
(Sondernummer Merleau-Ponty)

III

Der Eingeschlossene von Venedig

Die Betrügereien Jacopos

Nichts. Ein Abgrund hat dieses Leben verschlungen. Ein paar Daten, ein paar Tatsachen, und dazu das Geschwätz alter Autoren. Aber lassen wir den Mut nicht sinken, *Venedig spricht zu uns*; jene verleumderische, bald aufdringliche, dann wieder flüsternde, von Schweigen unterbrochene Stimme, das ist die der Stadt. Die Geschichte Tintorettos, das schon zu Lebzeiten des Künstlers von seiner Vaterstadt gemalte Porträt, läßt einen Groll erkennen, der uns auf der Hut bleiben heißt. Die Stadt der Dogen verrät, daß sie gegen den berühmtesten ihrer Söhne eingenommen ist. Nichts wird ausdrücklich gesagt: nur heimlich schleicht sich's herbei, flüstert uns zu und verschwindet wieder. Dieser unerbittliche Haß ist so wenig faßbar wie Sand; stärker als eine erklärte Abneigung, ist er voll Kälte, mürrischer Ablehnung, hinterlistig zerstückelter Verweigerung. Uns genügt jedoch zu wissen: Jacopo kämpft einen zweifelhaften Kampf mit einem Feind ohne Zahl, ermattet, wird besiegt, stirbt – das ist, grob gesagt, sein Leben. Wir werden es ganz und in all seiner düsteren Nacktheit überblicken, wenn wir nur einen Augenblick lang das Gestrüpp aus Geschwätz zur Seite biegen, das den Eingang überdeckt.

Jacopo kommt 1518 zur Welt; sein Vater ist Färber. Schon flüstert uns Venedig ins Ohr, gleich zu Anfang sei alles schiefgegangen: *um 1530 tritt der Knabe als Lehrling in die Werkstatt Tizians ein, aber nach ein paar Tagen entdeckt der erlauchte Fünfziger, daß in dem Jungen Genie steckt, und setzt ihn vor die Tür.* Kein Wort mehr. Diese Anekdote wiederholt sich bei jedem Schreiber mit einer Beständigkeit, die schließlich auffällt. Sie gereicht Tizian nicht gerade zur Ehre, wird man sagen. Nein, in der Tat nicht; wenigstens nicht *heute*, nicht in unseren

Augen. Aber als Vasari sie 1567 erzählt, herrscht Tizian seit einem halben Jahrhundert; nichts ist achtunggebietender als eine lange Straflosigkeit. Außerdem ist er nach den Grundsätzen seiner Epoche nächst Gott unumschränkter Herr in seiner Werkstatt: niemand wird ihm das Recht absprechen, einen Gehilfen hinauszuwerfen. Im Gegenteil, man gibt noch dem Opfer die Schuld: es ist vom Unglück gezeichnet, vielleicht sogar ansteckend, mit dem bösen Blick behaftet. Kurz, hier taucht zum erstenmal in der Legenda aurea der italienischen Maler eine fluchbeladene Kindheit auf. Sicher ist diese Stelle noch eine Nachlese wert: davon jedoch später. Die Stimme Venedigs lügt nie, man muß sie nur richtig zu verstehen wissen; wir werden auf sie hören, sobald wir besser unterrichtet sind. Vorderhand können wir, wie immer auch die eigentliche Wahrheit aussieht, nur darauf hinweisen, daß die Tatsachen unwahrscheinlich sind.

Daß mit Tizian nicht besonders gut auszukommen war, ist bekannt. Aber Jacopo war zwölf Jahre alt. Mit zwölf ist die Begabung nichts, ein Nichts löscht sie aus; es erfordert Geduld und Zeit, eine zarte Geschicklichkeit zu festigen, sie in Talent zu verwandeln; der hochmütigste Künstler wird sich auf der Höhe seines Ruhmes nicht von einem kleinen Jungen bedroht fühlen. Aber nehmen wir immerhin an, der Meister habe aus Eifersucht den Lehrling fortgejagt. Das kommt einem Mord an ihm gleich. Schwer, unendlich schwer lastet der Fluch eines nationalen Ruhms. Um so mehr, als Tizian nicht die Offenheit besaß, seine wahren Beweggründe kundzutun; er war König, er hatte die Brauen gerunzelt: dem räudigen Schaf verschlossen sich alle Türen; der ganze Beruf war ihm versagt.

Ein Kind auf einer Schwarzen Liste, das kommt nicht alle Tage vor. Man horcht auf, möchte gern erfahren, wie es sich aus der Klemme geholfen hat. Vergeblicher Wunsch: an dieser Stelle bricht in allen Büchern gleichzeitig der Faden der Erzählung ab; man steht vor einer Verschwörung des Schweigens: niemand will uns sagen, was der Junge zwischen dem zwölften und dem zwanzigsten Lebensjahr gemacht hat. Man hat diese Lücke mit der Vermutung ausfüllen zu können geglaubt, er habe sich selbst ausgebildet. Aber das, so wissen wir, war unmöglich, und die alten Autoren wußten es noch besser: am Anfang des 16. Jahrhunderts ist die Kunst des Malens eine höchst komplizierte, geradezu zeremonielle, durch eine Vielfalt von Rezepten und Riten beschwerte Technik, mehr Geschicklichkeit als Können, eher eine

Summe verschiedener Verfahren als eine Methode; Berufsregeln, Traditionen, Werkstattgeheimnisse, alles trägt dazu bei, die Lehrzeit zu einer gesellschaftlichen Pflicht, einer Notwendigkeit zu machen. Aus der Stummheit der Biographen spricht ihre Verlegenheit: unfähig, die frühe Berühmtheit des jungen Robusti mit seiner Exkommunikation zu vereinbaren, breiten sie über die acht Jahre, die den einen Zeitpunkt vom andern trennen, einen Schleier der Nacht. Das kann als Geständnis ausgelegt werden: niemand hat Jacopo fortgejagt; da er nicht an Niedergeschlagenheit und Trotz in der Färberei seines Vaters zugrunde gegangen ist, muß er notwendigerweise als regulärer, normaler Schüler im Atelier eines Malers gearbeitet haben, von dem wir nichts wissen, als daß es *nicht* Tizian war. In einer mißtrauischen, engherzigen Gesellschaft wirkt der Haß noch auf Vergangenes zurück; wenn der geheimnisvolle Anfang dieses Lebens eine Vorahnung seines geheimnisvollen Endes zu sein scheint, wenn der Vorhang, nachdem er über einem wunderbarerweise abgewendeten Schiffbruch aufgegangen ist, über einem Schiffbruch ohne Wunder fällt, dann deshalb, weil Venedig hinterher alles unternommen hat, einem Kind den Stempel seines späteren Alters aufzudrücken. Nichts geschieht und nichts besitzt Dauer, die Geburt ist das Spiegelbild des Todes; dazwischen liegt nur verbranntes Land; alles ist zerfressen vom Unglück.

Lassen wir jedoch diese Luftspiegelungen hinter uns; jenseits ist der Blick wieder frei, das Auge schweift bis zum Horizont: ein Jüngling erscheint, startet im vierten Gang und eilt dem Ruhme zu. Schon 1539 hat Jacopo seinen Lehrherrn verlassen und sich selbständig gemacht: er ist *Meister geworden.* Der junge Arbeitgeber hat sich Unabhängigkeit, Berühmtheit, eine Kundschaft erworben und stellt nun seinerseits Arbeiter und Lehrlinge ein. Vergessen wir nicht: in einer von Malern überquellenden Stadt, deren Markt unter der Wirtschaftskrise zu ersticken droht, bedeutet die Meisterwürde mit zwanzig Jahren eine Ausnahme; sie zu erreichen, genügt nicht allein Verdienst oder Arbeit oder Fingerspitzengefühl; dazu gehört Glück. Alles lächelt Robusti zu: Paolo Caliari ist zehn Jahre alt, Tizian zweiundsechzig; zwischen dem unbekannten Kind und dem Greis, dessen Verschwinden sicherlich nicht mehr allzulange auf sich warten läßt, wären zwar viele gute Maler zu finden, aber allein Tintoretto verspricht, ein erstklassiger zu werden; innerhalb seiner Generation jedenfalls besitzt er keinen Rivalen – der Weg ist frei.

In der Tat trägt ihn sein Schwung noch einige Jahre weiter: die Aufträge häufen sich, die Gunst der Öffentlichkeit, der Patrizier und Kunstliebhaber wendet sich ihm zu; Aretino persönlich geruht, ihn zu beglückwünschen; der junge Mann genießt die übernatürliche Leichtigkeit, die das Schicksal denen aufspart, die jung sterben.

Er stirbt nicht, und die Schwierigkeiten beginnen: Tizian beweist eine geradezu niederschmetternde Lebenskraft und bezeugt seinem jungen Herausforderer alle Aufmerksamkeiten des Hasses; der alte Monarch ist so boshaft, öffentlich seinen Nachfolger zu bestimmen, und das ist, wie erwartet, Veronese; die Leutseligkeit Aretinos verwandelt sich in grollende Abneigung; die Kritik zwickt, beißt, kratzt, keift; kurz, sie wird modern. All das wäre indes noch nichts, wenn Jacopo wenigstens die Gunst des Publikums bewahrte. Aber plötzlich wendet sich das Blatt. Mit dreißig Jahren malt er, im Vollbesitz seiner Mittel und seiner Kraft, zum erstenmal sich selbst ganz enthüllend, die *Befreiung des Sklaven durch den hl. Markus.* In Erstaunen versetzen, vor den Kopf stoßen, durch Überraschung wirken: das war von jeher seine Technik gewesen. Diesmal ist er selbst jedoch der erste, der die Fassung verliert: seine Zeitgenossen stehen zwar sprachlos, zugleich aber auch entrüstet vor dem Werk. Er findet erbitterte Verleumder und keine erbitterten Verteidiger; vielleicht spielt eine Intrige mit: seine Erfolgsserie bricht ab.[1] Auge in Auge, durch ein und dasselbe Unbehagen vereint und getrennt, schauen Venedig und sein Maler sich an und verstehen sich nicht mehr. «Jacopo hat», so sagt die Stadt, «die Versprechungen seiner Jugend nicht erfüllt.» Und der Künstler: «Kaum zeige ich mich, da sind sie enttäuscht. Nicht *ich* war es also, den sie liebten!» Das Mißverständnis wächst sich zu gegenseitigem Groll aus: im Gewebe Venedigs ist eine Masche gerissen.

Das Jahr 1548 ist der Wendepunkt: *vorher* sind die Götter für ihn, *nachher* gegen ihn. Keine großen Unglücksfälle, sondern nur Pech: durch Überdruß soll er in die Knie gezwungen werden; nur deshalb haben die Götter dem Kind zugelächelt, um den Mann desto sicherer zu verderben. Nun plötzlich wandelt sich Jacopo zu sich selbst, wird zu dem hektischen, gehetzten Vogelfreien, zu Tintoretto. *Vorher* wissen wir nichts von ihm,

1 Ridolfi erzählt sogar, die Scuola di San Marco habe das Gemälde abgelehnt, und Tintoretto habe es wieder mit heimnehmen müssen.

außer daß er wie rasend drauflosarbeitete; denn um sich schon mit zwanzig einen Namen zu machen, dazu gehört Verbissenheit. *Nachher* verwandelt sich diese Verbissenheit in Wut: er möchte produzieren, unaufhörlich schaffen, verkaufen, seine Rivalen durch Anzahl und Ausmaße seiner Gemälde zermalmen. Etwas wie ein Außer-sich-Sein liegt in diesem Hang zum *forcing*: bis zu seinem Tod läuft Robusti mit der Zeit um die Wette, und man weiß nicht recht, ob er sich in der Arbeit sucht oder sich in die Überarbeitung flüchtet. Der Blitzteufel Tintoretto segelt unter schwarzer Flagge; diesem gerissenen Piraten sind alle Mittel recht. Dabei hat er allerdings eine ausgesprochene Vorliebe für Tiefschläge. Uneigennützig jedesmal, wenn Uneigennützigkeit von Vorteil ist, schlägt er die Augen nieder, weigert sich, eine Summe zu nennen, und wiederholt wie ein Schurke: «Den Preis bestimmt Ihr selbst.» Aber die Schurken wissen besser als jeder andere, daß Gepäcktransport einem Tarif unterliegt: sie rechnen damit, daß der Kunde aus lauter Freigebigkeit sich selber schröpft.

Ein anderes Mal bietet er, um etwas flott durchzusetzen, die Ware zum Selbstkostenpreis an: der erbärmliche Handel wird ihm andere, vorteilhaftere einbringen. Er erfährt, daß die *Crociferi* einen Auftrag an Paolo Caliari vergeben wollen, stellt sich unwissend und bietet ihnen seine Dienste an. Man versucht, ihn hinauszukomplimentieren: «Wir würden gerne annehmen, aber wir möchten einen Veronese.» – «Einen Veronese? Schön!» sagt er. «Aber wer übernimmt es, euch einen zu liefern?» – «Nun», erwidern sie, ein wenig überrascht, «wir dachten, Paolo Caliari selbst sei doch wohl am besten . . .» Und Tintoretto, nun seinerseits erstaunt: «Caliari? Was für eine seltsame Idee! Ich male euch einen besseren Veronese als er. Und billiger.» Der Handel wird geschlossen, Tintoretto hält Wort. Zwanzigmal wiederholt er das, produziert Pordenones, Tizians: immer mit Rabatt.

Wie die Kosten senken? Das ist die Frage, die ihn quält. Eines Tages findet er die schäbig-geniale Antwort, die in der Folge eine ganze Tradition über den Haufen werfen wird: die Meister haben die Gewohnheit, ihre Gemälde kopieren zu lassen; die Werkstatt fertigt Duplikate an und verkauft sie zu genau durchkalkulierten Preisen; das heißt, die Malerei besitzt einen zweiten Markt. Um dessen Kundschaft an sich zu ziehen, bietet Jacopo *Besseres* für *weniger Geld* an: er schafft die Originale ab; seine eigenen Gemälde dienen als Ausgangspunkt, aber er verbietet, sie *abzumalen*; seine Gehilfen sollen auf einfache, immer wieder gleiche Weise Neues hervorbringen, ohne zu erfinden, es genügt, daß sie die Komposition umdrehen, die linke Seite nach rechts und die rechte nach links verlegen, irgendwo einen Greis nehmen und ihn an Stelle einer Frau einsetzen, die, überflüssig geworden, anderswo wieder verwendet werden kann. Diese Manipulationen verlangen zwar ein wenig Übung, nehmen jedoch nicht mehr Zeit in Anspruch als eine einfache Reproduktionsarbeit; Tintoretto verkündet ganz wahrheitsgemäß: «Bei mir gibt es Originalwerke zum Preis einer Kopie.»

Will man seine Bilder nicht, so stiftet er sie. Am 31. Mai 1564 beschließen die Häupter der Bruderschaft der Scuola di San Rocco, den Ort ihrer Zusammenkünfte zu verschönern: das mittlere Oval an der Decke soll durch ein Gemälde geschmückt werden. Paolo Caliari, Jacopo Robusti, Schiavone, Salviati und Zuccaro werden gebeten, Skizzen vorzulegen. Tintoretto besticht ein paar Diener und erhält die genauen Maße. Er hat schon früher einmal für die Bruderschaft gearbeitet, und die Hypothese ist nicht ganz auszuschließen, daß er sogar unter den Mitgliedern der Banca e Zonta Begünstigung gefunden hat. Am festgesetzten Tag legt jeder seine Zeichnung vor; als die Reihe an Robusti kommt, sperrt alles Mund und Augen auf: Jacopo steigt auf eine Leiter, nimmt einen Karton ab und enthüllt über den Köpfen ein blendendes, fix und fertig ausgeführtes Gemälde. Raunen. Er erklärt: «Eine Skizze kann zu Mißverständnissen führen; da ich schon einmal dabei war, habe ich das Werk gleich ausgeführt. Wenn es den Herren nicht gefällt, stifte ich es. Nicht euch, sondern dem heiligen Rochus, eurem Schutzpatron, der mir so viel Güte erwiesen hat.» Das war ein Gewaltstreich, und er, der Verräter, wußte es wohl: die Satzung verbot der Bruderschaft, fromme Stiftungen auszuschlagen. Es blieb nichts anderes übrig, als das Ereignis in die Register der Scuola einzutragen: «Heute hat der nachstehend unterzeichnete Jacopo Tintoretto, Maler, uns ein Bild geschenkt; er verlangt keinerlei Entschädigung, verpflichtet sich, das Werk nötigenfalls zu vollenden, und erklärt sich zufrieden.» Und der Unterzeichnete seinerseits schreibt: *Io Jachomo Tentoretto pitor contento et prometo ut supra.*

Contento? Das will ich meinen! Diese Spende stürzt seine Konkurrenten in panischen Schrecken, öffnet ihm in der Scuola Tür und Tor, liefert riesige, öde Wände dem Ungestüm seines

Pinsels aus und trägt ihm schließlich eine jährliche Pension von hundert Dukaten ein. Er ist sogar, um nichts zu verschweigen, dermaßen zufrieden, daß er 1571 den Streich wiederholt. Diesmal im Dogenpalast. Die Signoria will eine Erinnerung an die Schlacht bei Lepanto haben und schreibt einen Entwurfswettbewerb aus. Tintoretto bringt ein fertiges Bild mit und stiftet es. Man nimmt dankbar an; kurz darauf schickt er die Rechnung.

Man ist geneigt, in dieser liebenswürdig-unverschämten Gerissenheit eher ein Merkmal damaliger Sitten als einen Zug seines Charakters zu sehen. Nicht er ist der Betrüger, so möchte man sagen, sondern sein Jahrhundert; und in gewissem Sinn geht man damit nicht einmal fehl. Wollte jemand ihn auf Grund dieser Anekdoten verdammen, so wüßte ich genau, was zu seiner Verteidigung vorzubringen wäre. Zunächst einmal als schwerwiegendstes Argument: niemand konnte damals *für sich selbst arbeiten*. Heutzutage ist die Malerei ein Jahrmarkt der Bilder; damals war sie ein Jahrmarkt der Maler. Wie die *braccianti* in den Dörfern des Südens, so standen die Künstler auf dem Marktplatz; die Käufer kamen, sahen sie sich der Reihe nach an, wählten einen einzigen von ihnen aus und nahmen ihn mit in ihre Kirche, ihre Scuola, ihren Palazzo. Man mußte sich anbieten, zur Schau stellen, genau wie unsere Regisseure es heute tun, mußte irgendeine Arbeit annehmen, wie sie irgendein Drehbuch annehmen in der verrückten Hoffnung, daran ihre Fähigkeiten beweisen zu können. Alles war vertraglich festgelegt: Thema des Gemäldes, Anzahl der Personen, ihre Eigenschaften, manchmal sogar ihre Stellungen, äußere Maße des Bildes; dazu kam der Zwang religiöser und geschmacklicher Traditionen. Die Auftraggeber hatten genauso ihre Stimmungen und Launen wie unsere heutigen Produzenten; auch sie litten schon – leider – an plötzlichen Eingebungen; ein Wink von ihnen, und alles mußte noch einmal neu gemacht werden. Im Palast der Medici wurde Benozzo Gozzoli von unverständigen Mäzenen mit Ausdauer und Sachkenntnis gequält; was Tintoretto betrifft, so braucht man nur sein *Paradies* im Louvre mit dem im Dogenpalast zu vergleichen, um zu ahnen, unter welchem Druck er gearbeitet hat. Unbeugsamkeit, Härte gegenüber Kompromissen, heroisches Aufsichnehmen des Elends kommen nicht in Frage: eine Familie will ernährt, die Werkstatt in Gang gehalten werden, genau wie heute die Maschinen. Mit einem Wort, man muß aufs

Malen verzichten oder auf Bestellung malen. Niemand kann Tintoretto vorwerfen, er sei auf Reichtum ausgewesen; zweifellos leidet er um die Mitte seines Lebens nicht an Arbeitslosigkeit, und an Bargeld fehlt es auch nicht; aber der Grundsatz dieses Utilitaristen lautet ganz einfach, daß man nichts für nichts tut: wenn die Malerei nichts einbrächte, wäre sie nur ein Zeitvertreib. Später kauft er sich, wie wir sehen werden, eine einfache, bequeme Wohnung in einem schlichten Viertel; jetzt ist er reich, das ist die Krönung seiner Laufbahn. Allerdings: das hat all seine Ersparnisse verschlungen, und den Kindern der Familie Robusti bleibt nur ein lächerliches Erbe: das Werkstattmaterial, eine abnehmende Kundschaft und eben dieses Haus, das dem ältesten Sohn und dann dem Schwiegersohn zufällt. Zwölf Jahre nach dem Tod ihres Mannes erinnert sich Faustina mit Bitterkeit daran, daß er seine Familie in Geldnot zurückgelassen hat; und sie hat recht mit ihren Klagen: der Verstorbene hat immer nur nach seinem Kopf gehandelt. Daß er das Geld liebte, steht außer Zweifel, aber er tat es wie die Amerikaner: er sah in ihm lediglich das äußere Zeichen des Erfolgs. Im Grunde genommen zielt seine ganze Jagd nach Aufträgen nur auf eines ab: seinen Beruf ausüben zu können. Auch seinen Betrügereien mangelt es nicht an einer gewissen Rechtfertigung: sie wären ganz und gar ausgeschlossen, wenn er den andern nicht wenigstens durch berufliche Geschicklichkeit, kraftvolle Arbeit und Schnelligkeit überlegen wäre. Sein Vorteil liegt im *sprint*: in der gleichen Zeit, die andere für schlechte Skizzen brauchen, malt er ein gutes Bild.

Wenn er übrigens Anleihen bei Veronese gemacht hat, so hat dieser es ihm vielfältig wieder heimgezahlt. Wir müssen diese gegenseitigen Plagiate mit den Augen der Zeitgenossen sehen. Für viele von ihnen sind die größten Maler nichts als Firmennamen, juristische Personen, Kollektivbegriffe. Wir Heutigen wollen zunächst einmal *dieses* Bild und kein anderes. Darüber hinaus bedeutet für uns ein Gemälde einen ganzen Menschen: wir behängen unsere Wände mit Matisse. Schauen wir jedoch die Crociferi an: Caliari selbst war ihnen ziemlich gleichgültig; sie wünschten sich lediglich einen bestimmten Stil, der ihnen zusagte, etwas Glücklich-Einfältiges, eine gefällige, problemlose Pracht; sie kannten eine Fabrikmarke, ein Schlagwort: ein mit Veronese signiertes Bild ist ein Bild, das gefällt. Das und nichts anderes wollten sie. Caliari selbst brachte Besseres fertig und hat es bewiesen: er hat eine *Kreuzigung* gemalt, die schrecklich

Er liebte das Geld . . .

... das steht außer Zweifel. Er heiratete Faustina, die Tochter des Bankiers de' Vescovi, er lieferte der Scuola vertraglich drei Bilder pro Jahr für 100 Dukaten und verdiente damit bis zum Lebensende 2500 Dukaten, dem Goldgehalt nach nur knapp 40 000 Mark, der damaligen Kaufkraft nach aber ein Vermögen. (Noch 160 Jahre später lebte Truffaldino, Goldonis «Diener zweier Herren», von «monatlich einem Dukaten und Essen und Trinken»!) Aber warum eigentlich sollte jemand, der seine Unabhängigkeit liebt, nicht auch das Geld, das Mittel zu diesem Zweck, schätzen. Es hat noch nie einen Philosophen gegeben, der Zahnschmerzen geduldig ertragen konnte, meinte Shakespeare; und ebensowenig gab's je einen Künstler, der ganz ohne Geld leben konnte, sei's eigenes oder das andrer Leute. Nur eben: Einem Künstler legt man gern zur Last, was einem Bankier zur Tugend gereichte: die Achtung vor dem Geld.

ist[1]; aber er war ein zu guter Geschäftsmann, als daß er sein Genie über Gebühr in Anspruch genommen hätte. Unter diesen Bedingungen können wir Tintoretto nur schlecht einen Vorwurf daraus machen, daß er sich zuweilen eine Malweise angeeignet hat, die im Grunde genommen niemand gehörte. Schließlich schlug er ja nur in aller Ehrlichkeit vor: «Etwas Temperamentvoll-Albernes wünschen Sie? Das können Sie haben.»

Ich lasse mich jedoch gern eines Besseren belehren. Es handelt sich hier ja nicht darum, ein Urteil über Tintoretto zu fällen, sondern herauszubringen, ob seine Epoche ihn ohne Unbehagen als ihr Spiegelbild sah. In diesem Punkt jedoch stimmen alle Zeugnisse überein: seine Methoden schockierten die Zeitgenossen, man nahm sie ihm übel. Vielleicht hätte man eine gewisse Unredlichkeit geduldet, aber Tintoretto ging zu weit; ein einziger Schrei beherrschte Venedig: «Er übertreibt!» Selbst in dieser Geschäftsstadt galt dieser allzu gerissene Geschäftsmann als Außenseiter. Als er seinen Kollegen in der Scuola di San Rocco den Auftrag wegschnappte, schrien sie so laut, daß er es für rätlich hielt, sie zu beruhigen: das Gebäude habe noch andere Decken und Wände, und die Arbeiten hätten erst angefangen; jetzt, wo sein Geschenk angenommen sei, trete er bescheiden zurück und räume Würdigeren das Feld. Die Unglücklichen brauchten nicht lange, um zu merken, daß er wie gedruckt log: die Scuola wurde sein Lehen; kein anderer Maler hat zu seinen Lebzeiten ihre Schwelle überschritten. Seine Zeitgenossen hatten zwar sicher nicht erst auf diese Gelegenheit gewartet, um ihn zu hassen. Dennoch müssen wir bedenken, daß der Skandal in das Jahr 1561 fällt und die erste Biographie Tintorettos 1567 erscheint: dieser enge zeitliche Zusammenhang gibt uns die letzte Erklärung für den Ursprung und Sinn der böswilligen Gerüchte, die Vasari gesammelt hat. Verleumdung Eifersüchtiger? Aber sie waren ja alle reihum aufeinander eifersüchtig; warum zielten diese Verleumdungen einzig auf Robusti ab, wenn nicht deshalb, weil er der «Gestank» aller Künstler war und in aller Augen die Fehler des Nachbarn, auf eine einzige Person konzentriert und ins Extrem gesteigert, verkörperte? Sogar die Auftraggeber scheinen über seine Methoden entrüstet gewesen zu sein. Nicht alle, das ist wahr. Aber er hatte sich zahlreiche gewichtige Feinde

1 Sie hängt im Louvre. Das Merkwürdige daran ist, daß er sich dabei vom *wahren* Robusti hat inspirieren lassen.

geschaffen. Messire Zammaria de Zigninoni, Mitglied der Bruderschaft von San Rocco, verspricht fünfzehn Dukaten für Verschönerungsarbeiten – unter der ausdrücklichen Bedingung, daß nicht Jacopo damit beauftragt wird. Die Register der Bruderschaft lassen durchblicken, daß die Banca e Zonta nach jenem Gewaltstreich in ebenderselben Scuola unter dem Schimmer der unwillkommenen Schenkung eine Reihe heikler und nicht ganz harmonischer Sitzungen abgehalten hat; man einigt sich, aber Messire de Zigninoni behält seine Dukaten. Auch die Behörden scheinen dem Maler nicht immer gewogen gewesen zu sein. 1571 schenkt Tintoretto ihnen seine *Schlacht bei Lepanto*; 1577 wird das Bild bei einem Brand zerstört; als es darum geht, einen Ersatz zu schaffen, ist sein Urheber offenbar fest davon überzeugt, die Signoria werde sich wieder an ihn wenden. Keineswegs: sie übergeht ihn mit Bedacht und zieht ihm den mittelmäßigen Vicentino vor. Nun wäre es denkbar, das Gemälde habe mißfallen. Das ist jedoch wenig wahrscheinlich, denn Jacopo nimmt sich sehr in acht, wenn er für amtliche Stellen arbeitet; er malt «à la Tizian», verbirgt sich. Außerdem hat die Regierung seit 1571 mehrere Werke bei ihm in Auftrag gegeben. Nein: die venezianische Stadtverwaltung will sich keineswegs seiner Dienste begeben; sie möchte ihn für seine Gaunereien bestrafen. Kurz, alle Welt ist sich einig: er ist ein unloyaler Kollege, ein Mann der unlauteren Mittel, es muß etwas faul an ihm sein, daß er keinen einzigen Freund besitzt. Wer nun, besorgter Herzensgefühle voll und die Toten zur Erbauung der Lebenden, vor allem zu seiner eigenen, bemühend, in Jacopos Unmäßigkeit den schlagenden Beweis für seine Leidenschaft erblicken will, der möge es ruhig tun. Immerhin bleibt zu bemerken, daß die Leidenschaften so verschieden sind wie die Menschen selbst: es gibt verzehrende und besinnliche, träumerische und zielstrebige, praktische und theoretische, lahme, sich überstürzende und hundert andere. Ich würde die Leidenschaft Tintorettos eine praktische, zielstrebig-anklagende und verzehrend-kopflose nennen. Je länger ich seine lächerlichen Kniffe überdenke, desto mehr komme ich zu der Überzeugung, daß sie in einem Herzen voll Bitterkeit entstanden sind. Was für ein Schlangennest! Alles ist darin enthalten: Hochmutswahn und übermäßige Unterwürfigkeit, beschränkter Ehrgeiz und schrankenlose Verwirrung, Schneid und Pech, der Wille zum Sieg und der Taumel des Scheiterns. Sein Leben ist die Geschichte eines von Angst gepeitschten Strebers;

es beginnt flott und vielversprechend mit einem geschickten Angriff, dann, nach dem schweren Schlag von 1548, beschleunigt sich der Rhythmus zu kopfloser Hast, eine Hölle tut sich auf; bis zu seinem Tode kämpft Jacopo, aber er weiß, daß er nicht siegen wird. Strebertum und Angst: das sind die zwei größten Giftschlangen. Wollen wir den Menschen wirklich kennenlernen, so treten wir näher und betrachten wir sie.

Die Puritaner des Rialto

Niemand ist zynisch. Sich ohne Qual mit Selbstanklagen zu quälen ist das Vergnügen der Heiligen. Aber auch nur bis zu einem gewissen Punkt: als Keusche geißeln sie ihre Lüsternheit, als Freigebige klagen sie ihren Geiz an. Entdecken sie jedoch ihren wahren Krebsschaden, dann rennen sie der Rechtfertigung nach wie alle Schuldigen. Tintoretto ist kein Heiliger; er weiß, daß die ganze Stadt seine Machenschaften verdammt; wenn er sich versteift, dann deshalb, weil er sich selbst ihr gegenüber recht gibt. Nun soll niemand sagen, Tintoretto sei sich seines Genies bewußt: das Genie, diese törichte Wette, weiß zwar, was es wagt, aber nicht, was es wert ist. Nichts Elenderes als jene trübselige Verwegenheit, die den Mond erstrebt und lange vor Erreichung ihres Zieles kläglich zugrunde geht: das Primäre ist immer der Stolz, ohne Beweis und Berechtigungsschein; verliert er den Kopf, dann mag man ihn, wenn man will, Genie nennen, aber ich sehe nicht ein, was dadurch gewonnen wäre. Nein: Tintoretto rechtfertigt seine Piratenstreiche weder durch die kurze Sättigung seiner Geschicklichkeit noch durch seinen niemals gesättigten Tatendrang: er verteidigt ganz einfach seine Rechte; sooft man seinen Kollegen einen Auftrag erteilt, tut man ihm unrecht. Ließe man ihn machen, so würde er alle Wände der Stadt mit Gemälden bedecken, es gäbe keinen *campo*, so groß, keinen *sottoportico*, so dunkel, daß er sie nicht ausmalen würde; er würde die Decken beklecksen, die Straßenpassanten würden über seine schönsten Bilder gehen, sein Pinsel würde weder die Fassaden der Paläste am Canal Grande noch die Gondeln, vielleicht nicht einmal die Gondolieri verschonen. Dieser Mensch glaubt, er sei mit dem Vorrecht zur Welt gekommen, seine Stadt zu seinem Bild umzuformen; und in gewissem Sinn kann man sogar sagen, er habe recht.

Als er seine Lehre beginnt, sieht es mit der Malerei schlimm aus. In Florenz gibt man die Krise öffentlich zu; Venedig bleibt wie gewöhnlich stumm oder lügt; aber wir haben unwiderlegliche Beweise, daß die Quellen der bodenständigen Inspiration am Rialto versiegt sind. Am Ende des 15. Jahrhunderts drückt das Auftauchen des Antonello da Messina der Stadt den Stempel auf; damit ist der entscheidende Wendepunkt erreicht: seit dieser Zeit importiert Venedig seine Maler; damit soll nicht gesagt sein, es hole sie von weit her: dennoch steht fest, daß die berühmtesten unter ihnen von der *terra ferma* kommen: Giorgione aus Castelfranco; Tizian aus Pieve di Cadore; Paolo Caliari und Bonifazio dei Pitati aus Verona; Palma der Ältere aus Bergamo; Girolamo der Ältere und Paris Bordone aus Treviso; Andrea Schiavone aus Zara, und viele andere. Genau genommen ist diese aristokratische Republik in erster Linie eine Technokratie, denn sie hat schon immer den Mut besessen, ihre Spezialisten von überallher zu holen, und ist zugleich geschickt genug gewesen, sie wie ihre eigenen Kinder zu behandeln. Außerdem ist es die Zeit, in der die Serenissima, auf den Meeren in Schach gehalten und auf dem Kontinent von Koalitionen bedrängt, sich dem Hinterland zuwendet und ihre Macht durch Eroberungen zu sichern versucht: die Zuwanderer stammen zum größten Teil aus den eingegliederten Territorien. Dennoch: durch diesen massiven Import von Talenten verrät Venedig seine Besorgnis; wenn man sich daran erinnert, daß die Künstler des Quattrocento zum größten Teil innerhalb seiner Mauern oder in Murano geboren sind, kann man sich des Gedankens nicht erwehren, daß nach dem Aussterben der Familien Vivarini und Bellini und nach dem Tod Carpaccios eine Generationenablösung ohne Blutübertragung gar nicht mehr möglich gewesen wäre.

Wie mit den anderen Handwerkszweigen, so verhält es sich auch mit der Malerei: das Patriziat erleichtert die Zuwanderung guter Handwerker, es sieht – auf Grund seines gewissermaßen weltbürgerlichen Chauvinismus – die Dogenrepublik als eine Art *melting-pot* an; in den Augen dieser mißtrauisch-eifersüchtigen Aristokratie geben die Fremden die besten Venezianer ab; wenn sie Venedig zu ihrer Wahlheimat machen, dann aus Liebe auf den ersten Blick; wenn sie sich einbürgern lassen, dann haben sie bestimmt ein biegsames Rückgrat. Wir dürfen jedoch als sicher annehmen, daß das einheimische Handwerkertum die Neuankömmlinge nicht mit den gleichen Augen sieht; wie sollte es auch? Sie stellen eine fremde Konkurrenz dar. Man ist zwar nicht so unklug zu protestieren, man macht gute Miene, aber ohne Konflikte, ohne eine beständige Spannung, ohne vorwurfsgeladenen Stolz geht es nicht ab. Gezwungen, sich der technischen Überlegenheit der Hergelaufenen zu beugen, verbirgt der Einheimische seine Demütigung unter einer Betonung seiner Vorrechte; er sträubt sich zwar nicht, dem Sachverständigeren, Geschickteren zu weichen, aber er tut es als Opfer für das Vaterland; sein Recht bleibt davon unberührt. Ein Rialtiner ist in Venedig *zu Hause*; wenn die deutschen Arbeiter auch bessere Meister in der Glasbläserkunst sind, so werden sie doch nie die Vorzüge der Einheimischen besitzen. Vor ihrem Ende hatten die großen Maler des Quattrocento voll Bitterkeit noch mit ansehen müssen, wie das Publikum ihnen den Rücken kehrte und seine Gunst jungen Eindringlingen schenkte, die für sie nur Verachtung übrig hatten. Als zum Beispiel Tizian, der Fremde, von Gentile Bellini zu dessen Bruder Giovanni überwechselt, geschieht das nur, weil er hinter einem anderen Fremden, Antonello, herjagt, jenem Meteor, der zwanzig Jahre vorher Himmel und Wasser der Lagune zerrissen hat. Für Giovanni an sich interessiert sich Tiziano Vecellio nicht im geringsten: er sucht in ihm nur einen Widerschein; Beweis: schon bald verläßt er den Meister um des Jüngers willen und schließt sich der Schule Giorgiones an: dieser dritte Hergelaufene erscheint dem zweiten als der wahre Erbe des ersten. Nun gehören Tiziano und Giorgione der gleichen Generation an; vielleicht ist der Schüler sogar älter als der Lehrer. Haben die beiden Bellinis an jenem Tag nicht begriffen, daß ihre Zeit vorüber war? Und die wirklichen Jünger Giovannis? Was haben sie gesagt? Und was dachten die andern, die letzten Vertreter der Schule von Murano? Viele von ihnen waren junge Leute oder noch jugendliche Männer; alle standen sie unter dem Einfluß Antonellos, allerdings mit den Augen der Bellinis gesehen; Farben und Licht stammten aus Messina, aber Giovanni hatte sie akklimatisiert; durch ihn waren sie venezianisch geworden. Diese Leute sahen es als Ehrensache an, treu zu bleiben, aber die Treue erstickte sie; sie glichen sich, so gut es ging, den neuen Forderungen an, ohne die ein wenig primitiven Techniken aufzugeben, die man sie gelehrt hatte; damit verdammten sie sich zur Mittelmäßigkeit; mit welcher Bitternis mögen sie gesehen haben, wie zwei junge Eindringlinge sich verbanden, mit den heimischen Traditionen brachen, die Geheimnisse eines

Sizilianers wiederentdeckten und die Malerei mühelos zum Gipfel der Vollkommenheit führten. Dennoch herrscht Giovanni noch, der Ruhm dieses wunderbaren Künstlers erstreckt sich über ganz Norditalien: während seiner letzten Jahre beginnt der Ansturm der Barbaren; nach seinem Tode – 1516 – bricht die Sturzflut herein.

Nun geschieht es, daß während des ärgsten Ansturms, im Herzen dieser besetzten Stadt, in einem Gäßchen des Rialto der größte Maler des Jahrhunderts das Licht der Welt erblickt. Sofort stürzt sich der düstere Plebejerstolz, der, immer gedemütigt, zurückgedrängt, ständig auf der Lauer liegt, auf die Gelegenheit, schleicht sich in das Herz des einzigen Rialtiners, der noch Talent besitzt, reißt ihn hoch, entfacht in ihm die Glut. Vergessen wir nicht, daß er weder unmittelbar dem niederen Volk noch ganz dem Bürgertum entstammt. Sein Vater gehört dem wohlhabenden Handwerkertum an. Diese Kleinbürger setzen ihren ganzen Stolz darein, keinem andern untertan zu sein: wäre Jacopo ein Arbeitersohn gewesen, so wäre er vielleicht der unbekannte Gehilfe eines Künstlers geblieben; für den Meistersohn jedoch gibt es nur die eigene Meisterwürde oder den Sturz ins Nichts; er durchläuft zwar die niedrigen Stellungen, aber die Ehre seiner Familie und seines Standes verbieten ihm, darin zu verharren. Es ist verständlich, daß er in dem Atelier, in dem er seine Lehre absolviert, keine guten Erinnerungen zurückläßt: er ist ja nur eingetreten, um möglichst rasch wieder fortzukommen und die Stellung zu erringen, die ihm von vornherein in der gesellschaftlichen Hierarchie zugesichert ist. Außerdem: Schiavone (oder Bordone oder Bonifazio dei Pitati, das ist völlig gleichgültig) betrachtete ihn zweifellos als Eindringling; Jacopo wiederum sieht in seinem Meister einen Fremden, anders gesagt, einen Dieb. Ihm, diesem Färberlein, bedeutet Venedig die *Heimat*, er ist blutsverwandt mit der Stadt. Wäre er mittelmäßig gewesen, so hätte er sich in grollender Bescheidenheit zurückgezogen; aber in ihm steckt etwas Höheres, das weiß er, deshalb will er allen andern überlegen sein. In den Augen eines Rialtiners besitzen die Hergelaufenen keinen anderen Schutz als ihre berufliche Tüchtigkeit: wenn Jacopo sie an Geschicklichkeit übertrifft, haben sie zu verschwinden, und müßte er sie ermorden. Niemand malt oder schreibt ohne Auftrag; wer würde es auch wagen, wäre das «*Ich* nicht ein Anderer»? Jacopo ist von einer ganzen arbeitenden Bevölkerung beauftragt, mit Hilfe seiner

Kunst die Vorrechte des reinblütigen Venezianers zurückzuerobern. Darin liegt die Erklärung für sein gutes Gewissen: die Klagen des Volkes werden in seinem Herzen zur unerbittlichen Leidenschaft, mit der er sein Eigentum zurückfordert; man hat ihm zur Pflicht gemacht, seine Rechte durchzusetzen: dem, der eine so gerechte Sache vertritt, sind alle Mittel recht, die zum Sieg führen; er kennt weder Verzeihung noch Gnade. Das Unglück besteht darin, daß sein Kampf gegen die unerwünschten Eindringlinge ihn dazu führt, im Namen des einheimischen Handwerks gegen das Patriziat selbst und seine Assimilationspolitik zu Felde zu ziehen. Wenn er durch die Straßen schreit: «Nach Verona mit dem Veronese!», stellt er die gesamte Regierung in Frage. Sobald er sich dessen bewußt wird, weicht er einen Schritt zurück, um jedoch sogleich seinen hartnäckigen Lauf wiederaufzunehmen. Daher die seltsame Mischung aus Starrheit und Geschmeidigkeit: als vorsichtiger Untertan eines Polizeistaates gibt er immer nach oder tut wenigstens so; als *autochthoner* Bürger der schönsten Stadt macht er wider seinen Willen seiner Arroganz Luft: er kann sich bis zum Kriechertum erniedrigen, ohne damit seiner stolzen Gelenkversteifung Abbruch zu tun. Freilich, nichts verfängt: die Intrigen, die er gegen die Schützlinge der Aristokratie schmiedet, scheitern an seiner Ungeduld, an nicht wiedergutzumachenden Ungeschicklichkeiten, oder sie wenden sich von selbst gegen ihn. Von hier aus fällt neues Licht auf den Groll der Serenissima. Dieser Untertan beansprucht im Grunde genommen nur, was man ihm vielleicht zugestehen würde, aber seine streitsüchtige Unterwerfung reizt die Machthaber: sie sehen in ihm einen Rebellen. Oder mindestens einen Verdächtigen; und so unrecht haben sie nicht einmal. Schauen wir nur, wohin ihn dieses erste Aufbrausen führt.

Zunächst zu jenem betriebsamen, fast sadistisch-heftigen Wesen, das ich die volle Ausschöpfung seiner selbst nennen will. Unter kleinen Leuten geboren, die das Gewicht einer drückend hierarchisierten Gesellschaft tragen, teilt er ihre Befürchtungen und Freuden; noch bis in seine Überheblichkeit hinein ist ihre Vorsicht zu spüren. Seine Nächsten, mit den Schwierigkeiten vertraut, mutig, ein wenig knickerig, haben ihn darüber belehrt, daß alles seinen Preis hat, und ihm gezeigt, welche Gefahren das Leben birgt, welche Hoffnungen erlaubt und welche verboten sind. Genau umgrenzte Möglichkeiten, ein vorherbestimmtes, leicht entzifferbares Schicksal, eine schon halb offene Zukunft,

Gefangener einer Durchsichtigkeit, kleiner, allzu deutlich sichtbarer Strauß im Kristall eines Briefbeschwerers – das tötet die Träume: man will nur noch, was man kann. Diese Mäßigung läßt vor Wut platzen, weckt die rasendsten – und eben deshalb kurzlebigen – Ambitionen: schlagartig, behelmt, mit seinem ganzen Ungestüm und in all seinen Formen taucht Jacopos Ehrgeiz empor, er ist nichts anderes als jener winzige Lichtspalt, das Mögliche. Oder vielmehr, *möglich* ist an sich nichts: nur Ziel und Mittel sind vorhanden, nur die vorgeschriebene Aufgabe steht fest; es gilt, sich über die schwersten, am tiefsten hängenden Wolken zu schwingen, irgendwo stößt die Hand an eine leichte, straffe Haut, die Decke; darüber spannen sich andere Decken, immer hellere und dünnere Membranen, und vielleicht ganz oben das Himmelsblau. Aber darum kümmert sich Tintoretto keinen Pfifferling; die Hauptsache ist, daß keinem der Weg nach oben, der ihm zukommende Platz verwehrt wird. Er weiß, daß er begabt ist, man hat ihm gesagt, das sei ein Kapital. Beweist er seine Fähigkeiten, so wird sein Unternehmen rentabel, wirft den Grundstock für seine Ausrüstung ab. Da hat er sich nun für ein ganzes langes Leben in Fahrt gesetzt, ist unabkömmlich: es gilt, diese Ader auszubeuten, bis Mine und Bergmann erschöpft sind. Um die gleiche Zeit spielt jenes andere Arbeitspferd, Michelangelo, den Angewiderten, beginnt das Werk, flieht, läßt unvollendet. Tintoretto vollendet *immer*, mit der schrecklichen Hingabe eines Menschen, der seine Sätze beendigt, was auch kommen mag; der Tod selbst hat in San Giorgio auf ihn gewartet, hat ihn an seinem letzten Bild den letzten Pinselstrich tun oder wenigstens seinen Gehilfen die letzten Anweisungen geben lassen; das ganze Leben über hat er sich keine Laune, keinen Überdruß, keine Vorliebe, nicht einmal die Ruhepause eines Traums erlaubt; sicherlich hat er sich an Tagen der Müdigkeit den Grundsatz vorgesagt: ein abgelehnter Auftrag ist ein Geschenk an die Konkurrenz.

Es gilt, um jeden Preis zu produzieren. Darin trifft sich der Wille eines Menschen mit dem einer Stadt. Hundert Jahre vorher hatte Donatello dem Uccello vorgeworfen, er opfere das Schöpferische der Forschung und treibe die Liebe zur Malerei so weit, daß er keine Bilder mehr male: aber das war in Florenz gewesen; die florentinischen Künstler hatten sich soeben in das gewagte Abenteuer der *Perspektive* gestürzt, sie versuchten, einen neuen, plastischen Raum zu schaffen, indem sie die Gesetze der geometrischen Optik auf die Gegenstände der Malerei übertrugen. Andere Zeiten, andere Sitten: in Venedig, unter der Herrschaft Tizians, ist jedermann überzeugt, die Malerei habe ihre höchste Vollkommenheit erreicht, und es gebe nichts mehr zu suchen: die Kunst ist tot, es lebe das Leben. Mit den Albernheiten Aretinos beginnt die große Barbarei: «Wie lebendig! Wie wahr! *Kaum zu glauben, daß das nur gemalt ist!*» Kurz, die Malerei hat hinter der *Regie* zu verschwinden: die vom neuen Geist eingenommenen Händler verlangen nach nützlicher Schönheit. Das Werk soll den Liebhabern ein Objekt des Genusses sein, in ganz Europa die Pracht der Serenissima verkünden, das Volk in Schrecken versetzen. Noch heute dauert dieser Schrecken an: vor dem venezianischen Cinemascope-Werk murmeln wir kleines Touristenvolk: das ist ein Film von Tizian, das eine Produktion von Paolo Caliari, eine Pordenone-Aufführung, eine Inszenierung von Vicentino. Jacopo Robusti ist ein Kind seiner Zeit, und das kreiden ihm unsere Schlauköpfe an. Wie oft habe ich nicht gehört: «Tintoretto, ach was, nichts als Kino!» Dennoch hat niemand auf der Welt, weder vor noch nach ihm, leidenschaftlicher nach Neuem gesucht. Bei Tizian erstickt die Malerei unter Blumen, verleugnet sich durch ihre eigene Vollkommenheit; Jacopo sieht in diesem Tod die notwendige Vorbedingung für eine Wiedergeburt: alles fängt von vorne an, alles bleibt zu tun; wir kommen darauf noch zurück. Aber – und darin liegt sein hauptsächlicher Widerspruch – er läßt niemals zu, daß unter seinen Experimenten seine Produktivität leidet. Bliebe in Venedig auch nur eine einzige leere Wand, so wäre es des Malers Pflicht, sie zu füllen: die Moral verbietet, ein Atelier in ein Laboratorium zu verwandeln. Die Kunst ist ein ernstes Handwerk und zugleich ein Kampf bis aufs Messer gegen die Eindringlinge. Wie Tizian, wie Veronese liefert Jacopo herrliche Leichname. Ein einziger Unterschied: in diesen Toten wütet ein Fieber, bei dem man zuerst nicht weiß, ob es ein Wiedererwachen des Lebens oder der Beginn der Verwesung ist. Und wenn man ihn um jeden Preis mit unseren Filmleuten vergleichen will, so liegt die Ähnlichkeit *darin*: er nimmt blödsinnige Drehbücher an und drückt in ihnen insgeheim seine quälenden Gedanken aus. Der Käufer muß hinters Licht geführt werden, einen Gegenwert für sein Geld bekommen: er soll seine Katharina, seine Therese oder seinen Sebastian haben, und man setzt ihn um den gleichen Preis auch selbst auf die Leinwand, mitsamt seiner Frau oder seinen Brüdern, wenn er darauf besteht. Aber insgeheim, hinter der prächtig-banalen Fassade dieser *Regie*, geht Tintoretto seinen Experimenten nach; alle seine großen Werke sind doppeldeutig: unter dem engstirnigen Utilitarismus verbirgt sich ein endloses Fragen; da er seine Suche im Rahmen des bezahlten Auftrags durchführt, ist er gezwungen, mit den alten Gesetzen der Malerei zu brechen und doch zugleich den Bedingungen des Kunden Rechnung zu tragen. Das ist der tiefste Grund seiner Überarbeitung und schließlich seines Untergangs.

Zuerst jedoch muß er sich überhaupt des Marktes bemächtigen. Wir haben gesehen, wie er das anstellt. Schauen wir uns aber noch einmal seine Methoden an; sie werden uns in einem neuen Licht erscheinen. Die Auflehnung Tintorettos wird immer radikaler: nachdem er gegen die Politik des *melting-pot* revoltiert hat, ist er nunmehr gezwungen, sogar gegen die Gesetze und Gebräuche der Innung zu verstoßen. Weil die Regierung den Wettbewerb nicht unterdrücken kann, dessen Vorteile sie übrigens anerkennt, versucht sie, ihn durch Preisausschreiben in die richtige Bahn zu lenken. Wenn wenigstens *ihr* Geschmack in letzter Instanz entscheidet, dann haben die Mächtigen und Reichen immer noch die Ordnung des öffentlichen Lebens in der Gewalt und können jene gemilderte Form des Protektionismus schaffen: den gelenkten Wettbewerb. Meinen sie es ernst? Zweifellos, und es bliebe nichts zu wünschen übrig, wenn wir nur den Beweis hätten, daß sie ihrer Aufgabe auch gewachsen sind. Aber leider haben wir nur ihr Wort. Manchmal tun sie einen glücklichen Griff, und dann wieder wählen sie Vicentino. Tintoretto seinerseits bringt es immer fertig, ihrem Urteil auszuweichen: leugnet er ihre Zuständigkeit? Aber nein! Er verweigert ihnen lediglich das Recht, einen Einheimischen auf die gleiche Art zu behandeln wie die Eindringlinge. Am Vorhandensein dieser Preisausschreiben ändert das jedoch nichts: indem sich unser Rebell ihnen entzieht, arbeitet er mit voller Absicht an der Zerstörung des Protektionssystems. So gerät er in eine Zwangslage: da die Regierung vorgibt, dem Wert nach zu urteilen, er aber ihr Urteil zurückweist, muß er entweder aufs Malen verzichten oder sich den Markt durch qualitativ hervorragende Malerei erobern. Das ficht ihn freilich nicht weiter an; er findet andere Mittel, kommt den Wettbewerbsteilnehmern zuvor, stellt die Preisrichter vor vollendete Tatsachen, organisiert mit Hilfe seiner Geschicklichkeit, seiner Schnelligkeit und der Sorgfalt seiner Gehilfen eine

Massenproduktion, die das ganze Preisgefüge über den Haufen wirft und es ihm ermöglicht, seine Gemälde zu Schleuderpreisen zu verkaufen, ja sie manchmal sogar zu verschenken. In einer Straße in Rom liegen zwei Trödelläden einander gegenüber, deren Inhaber wohl übereingekommen sind, so zu tun, als lägen sie in erbarmungslosem Kampf miteinander, wenn nicht gar die zwei Buden nur einem einzigen Besitzer gehören, einem Tragikomödianten, der sich im ewigen Gegenüber der zwei Seiten seines Wesens gefällt: auf der einen Seite ein Glaskasten voller Trauerkärtchen: *Prezzi disastrosi!*, auf der andern ein mit bunten Karten vollgestopftes Schaufenster: *Prezzi da ridere! da ridere! da ridere!* Das ist schon seit Jahren so, und jedesmal, wenn ich diese beiden Läden sehe, erinnern sie mich an Tintoretto. Hatte er das Lachen oder das Weinen gewählt? Ich glaube, beides: je nach dem Kunden. Es ist sogar zu vermuten, daß er sich im stillen ein wenig ins Fäustchen lachte, wobei er freilich seinen Angehörigen gegenüber bittere Klagen führte, man schneide ihm noch die Gurgel ab; sei's, wie es will: in seinem Atelier dauerte der Schleuderverkauf von Neujahr bis Silvester, und den Kunden waren diese Konkurspreise durchaus nicht unangenehm. Sie waren daheim weggegangen, um ein Medaillon bei ihm zu bestellen, und überließen ihm schließlich alle Wände ihres Hauses. Er hat als erster die schon morschen Bande kollegialer Freundschaft gebrochen: für diesen verfrühten Darwinisten wird der Kollege zum Intimfeind; vor Hobbes hat er das Schlagwort der absoluten Konkurrenz entdeckt: *Homo homini lupus.* Venedig lehnt sich auf. Wenn man keinen Impfstoff gegen den Virus Tintoretto findet, zersetzt er die ganze schöne Innungsordnung und läßt nichts übrig als einen Staub von Antagonismen, einsamen Molekülen. Die Republik verdammt diese neuen Methoden, nennt sie verräterisch, spricht von Pfuscharbeit, unerlaubtem Preisnachlaß, Wucherkäufen. Später, lange Zeit später, werden andere Städte in einer anderen Sprache sie unter den Begriffen *struggle for life, mass production, dumping, trust* usw. zu Ehren bringen. Im Augenblick jedoch verliert dieser übel beleumundete Mann beim einen Bild alles, was er beim andern gewonnen hat. Er reißt die Bestellungen mit Gewalt an sich, aber man hält ihn abseits. In einer seltsamen Verdrehung der Dinge erscheint er, der *Einheimische,* der waschechte Rialtiner, als der Eindringling, fast als ein Unerwünschter in seiner eigenen Stadt. Die notwendige Folge ist, daß er umkommt, wenn er keine

Familie gründet. Erstens, um die Konkurrenz mitten in seinem eigenen Atelier zu ersticken: dieser Vorkämpfer des Liberalismus kehrt das Gebot der Bibel um und wacht darüber, daß andere nie tun können, was er ihnen angetan hat. Zweitens braucht er rückhaltlose Anerkennung; fremde Gehilfen könnten es wegen des Hauchs von Skandal, der ihm anhaftet, mit der Angst zu tun bekommen und entmutigt werden: wieviel verlorene Zeit, wenn er sie erst überzeugen muß. Dieser Donnergott wird nur noch schwache Blitze schleudern. Wozu braucht er überhaupt Schüler? Er will ein paar Hände mehr, ein paar Arme mehr, weiter nichts. Über die absolute Konkurrenz zum Familienunternehmen: das ist sein Weg. Er heiratet 1550 Faustina dei Vescovi und beginnt sofort damit, ihr Kinder zu machen. Genau wie er Bilder macht: in unermüdlichen Blitzschlägen. Die gute Legehenne hat nur einen Fehler: sie ist ein wenig zu sehr auf Mädchen spezialisiert. Sei's drum; sie werden eben ins Kloster geschickt, bis auf zwei: Marietta, die Tintoretto bei sich behält, und Ottavia, die er an einen Maler verheiratet. Der Blitz befruchtet Faustina so oft, als es nötig ist, um ihr zwei Söhne zu entlocken, Domenico und Marco. Übrigens weiht er schon vor ihrer Ankunft seine Älteste, Marietta, in sein Handwerk ein. Eine Malerin in Venedig, das ist nichts Alltägliches: er muß es schon eilig gehabt haben! Endlich, um 1575, scheint das Unternehmen abgeschlossen zu sein: das neue Personal setzt sich aus Sebastiano Casser, seinem Schwiegersohn, Marietta, Domenico und Marco zusammen. Das Symbol seines häuslichen Gewerbevereins ist die *domus*, die ihn schützt und ihn gefangenhält. Um die gleiche Zeit kauft Jacopo ein Haus. Er wird es nie mehr verlassen. In dieser kleinen Quarantäneanstalt lebt der Pestkranke in halber Abgeschlossenheit inmitten der Seinen, die er um so mehr liebt, als die *andern*, die ihn verabscheuen, weit zahlreicher sind. Sehen wir ihn so *daheim*, bei seiner Arbeit, im Zusammenleben mit Frau und Kindern, dann bekommt er plötzlich ein ganz anderes Gesicht: was für eine Sittenstrenge! Wäre er nicht ganz am Rande ein wenig Calvinist? Alle Voraussetzungen sind erfüllt: Pessimismus und Arbeit, Profitgeist und Aufopferung für die Familie. Die menschliche Natur ist durch die Erbsünde verderbt; die Menschheit durch Interessen zerspalten. Den Christen retten seine guten Werke: so kämpfe er denn gegen alle; hart gegen sich selbst und andere, mühe er sich ohne Unterlaß, die Erde zu verschönern, die Gott ihm anvertraut hat; den Beweis der göttlichen Gnade wird er im materiellen Erfolg seiner Taten finden. Was sein überquellendes Herz betrifft: er spare es für das Fleisch aus seinem Fleisch, für seine Söhne auf. Lag Venedig im Einflußbereich der reformierten Religion? Sicher. In der zweiten Hälfte des Jahrhunderts treffen wir hier eine seltsame Gestalt, Fra Paolo Sarpi, von den Patriziern hochgeschätzt, Freund Galileis, Gegner Roms, einen Mann, der vor aller Augen enge Verbindungen mit protestantischen Kreisen des Auslands unterhält. Wenn man jedoch in gewissen Schichten der Gebildeten auch eine der Reformation nicht abgeneigte Strömung feststellen kann, so ist es doch mehr als wahrscheinlich, daß das Kleinbürgertum nichts davon wußte. Eher könnte man sagen, die Serenissima habe sich selber reformiert. Und zwar schon seit langem: diese Händler leben vom Kredit; das von der Kirche über sie gefällte Urteil, das sie hartnäckig Wucherer nennt, ist für sie unannehmbar, sie halten es mit der Wissenschaft, sofern sie praktischen Wert besitzt, und verachten den römischen Obskurantismus; der venezianische Staat hat schon immer den Vorrang der weltlichen Gewalt betont: von diesem Leitsatz geht er auch jetzt nicht ab. Die Geistlichkeit steht praktisch unter seiner Herrschaft, und als Pius V. die Priester der weltlichen Gerichtsbarkeit entziehen will, stößt er beim Senat auf ein kategorisches Nein. Übrigens hält die Regierung aus vielerlei Gründen den Heiligen Stuhl mehr für eine zeitlich-militärische als eine geistliche Macht. Was sie freilich, wenn es um die Interessen der Republik geht, nicht daran hindert, sich mit dem Papst zu verbünden, die Ketzer zu verjagen oder, um dem Allerchristlichsten Monarchen zu gefallen, ein rauschendes Fest zur Erinnerung an die Bartholomäusnacht zu veranstalten. Tintoretto bezieht also seinen Pseudo-Calvinismus von der Stadt selbst: unbewußt nimmt er den versteckten Protestantismus in sich auf, der sich um diese Zeit in allen reichen Großstädten findet.[1] Die Stellung der Künstler ist in diesen Jahren ziemlich unklar, vor allem in Venedig. Aber untersuchen wir sie immerhin; vielleicht verhilft uns sogar eben diese Unklarheit dazu, die düster-puritanische Leidenschaft Jacopos besser zu verstehen.

Man hat gesagt, die Renaissance habe «dem Künstler die Züge

[1] Denselben, der die italienischen Städte gegen die lutherische Krankheit impft und in Italien eine ganz eigene religiöse Revolution zur Folge hat, nämlich die Gegenreformation.

verliehen, die das Altertum dem handelnden Menschen vorbehalten und mit denen das Mittelalter seine Heiligen geschmückt hatte»[1]. Das ist nicht falsch. Indes scheint mir die gegenteilige Feststellung genauso wahr zu sein: «(Im 16. Jahrhundert) sah man Malerei und Skulptur noch als handwerkliche Künste an; alle Ehren waren der Poesie vorbehalten. Daraus erklärt sich die Anstrengung der bildenden Künste, mit der Literatur zu wetteifern.»[2] Es steht in der Tat außer Zweifel, daß Aretino, dieser Petronius der Armen, dieser Malaparte der Reichen, für die Snobs der venezianischen Patrizierkreise Richter in allen Kunst- und Geschmacksdingen war, wie es auch sicher ist, daß Tizian sich durch seinen Umgang geehrt fühlte: so berühmt er auch war, mit dem Ruhm Aretinos konnte sich der seine nicht messen. Und Michelangelo? Er hatte die Schwäche, sich zu den Vornehmen zu zählen, ein Irrtum, der ihm das ganze Leben vergällte. In seiner Jugend hätte er sich gern humanistisch gebildet, geschrieben: ein Adliger, der seines Degens beraubt ist, darf zur Feder greifen, ohne sich zu erniedrigen. Notgedrungen nahm er den Meißel, bis ans Ende mit seinem Schicksal hadernd: er sah Skulptur und Malerei nur von der Höhe seiner Schande aus und genoß einzig die leere, verkrampfte Freude, sich dem, was er tat, überlegen zu fühlen. Zum Schweigen verdammt, wollte er den stummen Künsten eine Stimme verleihen, wollte die Allegorien, die Symbole vervielfachen, schrieb an die Decke der Sixtinischen Kapelle ein ganzes Buch und quälte den Marmor, um ihn zum Sprechen zu zwingen.

Was ersehen wir daraus? Sind sie Halbgötter, die Maler der Renaissance, oder Handarbeiter? Nun, je nachdem. Es kommt ganz auf die Kundschaft und die Art der Vergütung an. Besser gesagt, sie sind *zunächst* Handarbeiter. Dann werden sie Hofbeamte oder bleiben Lokalgrößen. An ihnen ist es zu wählen- oder gewählt zu werden. Raffael und Michelangelo sind Angestellte; sie leben in Abhängigkeit und Pracht: sie brauchen nur vorübergehend in Ungnade zu fallen, und schon stehen sie auf der Straße; als Gegenleistung übernimmt der Herrscher die Propaganda für sie. Diese geweihte Persönlichkeit überträgt einen winzigen Teil ihrer übernatürlichen Kräfte auf die Auserwähl-

1 Vuillemin.
2 Eugenio Battista in einem ausgezeichneten Artikel über Michelangelo, erschienen in *Epoca* (25. August 1957).

ten: der Ruhm des Thrones fällt auf sie wie ein Sonnenstrahl, sie spiegeln ihn wider auf das Volk; die göttliche Gnade der Könige macht sie zu Malern von Gottes Gnaden. Plötzlich verwandeln sich Kleckser zu Übermenschen. Denn was sind sie im Grunde anderes, diese Kleinbürger, die eine Riesenhand aus der Menge gegriffen und zwischen Himmel und Erde aufgehängt hat, diese Satelliten, die mit geliehenem Glanz blenden, als Menschen, die über die Menschheit erhoben sind? Helden, ja, das heißt, Fürsprecher, Vermittler. Noch heute verehren die heimwehkranken Republikaner in ihnen unter der Bezeichnung *Genie* das Licht jenes toten Sterns, der Monarchie.

Tintoretto dagegen ist aus anderem Holz: er arbeitet für Kaufleute, Beamte, Pfarrkirchen. Damit soll nicht etwa gesagt sein, er sei ungebildet: man hat ihn mit sieben Jahren zur Schule geschickt, er wird sie mit zwölf, des Schreibens und Rechnens kundig, verlassen haben; und wie könnte man vor allem jener geduldigen Schulung der Sinne, der Hand und des Geistes, jenem traditionalistischen Empirismus die Bezeichnung Kultur versagen, die um 1530 noch die Ateliermalerei ausmachen? Trotzdem wird er nie das Gepäck der Hofmaler besitzen. Michelangelo schreibt Sonette; von Raffael behauptet man heute, er habe Latein gekonnt; und Tizian selbst hatte vom Verkehr mit den Gebildeten eine Glanzschicht abbekommen. Verglichen mit diesen Weltmännern erscheint Tintoretto ungebildet: es wird ihm immer an Muße und Neigung fehlen, sich im Spiel mit Gedanken und Worten zu üben. Der Humanismus der Gebildeten läßt ihn kalt. Venedig hat wenig Dichter, noch weniger Philosophen: für ihn sind es schon zu viele, er verkehrt mit keinem von ihnen. Nicht als fliehe er sie: er ignoriert sie. Er erkennt ihre gesellschaftliche Überlegenheit an; Aretino hat das Recht, ihn mit Gönnermiene zu beglückwünschen: diese hohe Persönlichkeit hat es «geschafft», gehört zu den oberen Zehntausend von Venedig, wird von Patriziern zu Tisch geladen, die nicht einmal daran denken würden, einen Maler auf der Straße zu grüßen. Aber ist er zudem auch noch beneidenswert? Beneidenswert, *weil er schreibt*? Jacopo findet, daß die Werke des Geistes gefährlich nahe an die Unmoral des Mühelosen heranreichen: Gott hat uns in die Welt gestellt, damit wir unser Brot im Schweiße unseres Angesichts verdienen; und die Dichter schwitzen nicht. Arbeiten sie überhaupt? Jacopo schlägt nie ein Buch auf, ausgenommen sein Meßbuch; er käme nie auf die alberne Idee, sein Talent einzuspannen, um mit der Literatur zu wetteifern: in seinen Bildern ist zwar alles enthalten, aber sie *wollen* nichts aussagen, sie sind stumm wie die Welt. Dieser Handwerkersohn schätzt im Grunde nur die körperliche Anstrengung, das mit der Hand Geschaffene. Was ihn am Malerhandwerk fesselt, ist, daß hier die berufliche Geschicklichkeit bis zur Zauberei, die Feinheit der Ware bis zur Quintessenz gesteigert werden kann. Der Künstler ist der vornehmste Arbeiter: er erschöpft sich und quält die Materie, um Visionen zu erzeugen, die er dann verkauft.

Das würde ihn freilich noch nicht daran hindern, für Fürsten zu arbeiten, wenn er sie liebte. Er liebt sie nicht, das ist das Entscheidende; sie erschrecken ihn, aber sie inspirieren ihn nicht. Nie hat er versucht, in ihre Nähe zu kommen oder sich bei ihnen einen Namen zu machen: es scheint, als bemühe er sich, seinen Ruhm auf Venedig zu begrenzen. Weiß der Leser, daß Tintoretto seine Stadt nie verlassen hat, außer ein einziges Mal, als er, schon ein Sechziger, gar nicht weit, nach Mantua, ging? Und auch darum hat man ihn noch flehentlich bitten müssen: er sollte seine Gemälde selber aufhängen, erklärte jedoch rundweg, er käme nicht ohne seine Frau. Diese Forderung zeugt zum einen für seine ehelichen Gefühle, gleichzeitig aber auch für seine tiefe Abneigung gegen das Reisen. Dabei dürfen wir nicht glauben, seine venezianischen Kollegen glichen ihm darin; auf allen Straßen galoppieren sie; schon hundert Jahre vorher befuhr Gentile Bellini die Meere. Was für Abenteurer! Er dagegen ist ein Maulwurf: nur in den engen Gängen seines Erdhügels fühlt er sich wohl. Bei der Vorstellung der großen Welt befällt ihn Platzangst. Trotzdem, wenn er wählen müßte, würde er eher noch seine Haut aufs Spiel setzen als seine Bilder. Er nimmt Aufträge aus dem Ausland an – und das Ausland beginnt für ihn in Padua –, aber er bewirbt sich nicht darum. Was für ein Gegensatz zwischen seiner Raserei im Dogenpalast, in der Scuola di San Rocco, bei den Crociferi und dieser Gleichgültigkeit! Er überträgt die Ausführung seinen Gehilfen, überwacht aus der Ferne die Massenkonfektion, hütet sich, selbst Hand anzulegen, als empfinde er Scheu davor, auch nur den kleinsten Splitter seines Talents außer Landes zu schicken: Europa hat nur ein Recht auf die *B pictures*. In den Uffizien, im Prado, in der National Gallery, im Louvre, in München, in Wien kann man Raffael, Tizian und hundert andere entdecken. Alle oder fast alle, nur Tintoretto nicht. Er hat sich scheu für seine Mitbürger aufgespart, und wer ihn nicht in seiner Vaterstadt aufsucht, wird nicht viel über ihn erfahren, aus dem einfachen Grund, weil er Venedig nicht verlassen *wollte*.

Schauen wir jedoch genauer hin. Denn sogar in Venedig selbst verfügt er über zwei ganz verschiedene Arten von Kundschaft. Er belagert die Behörden, und wenn der Senat ihm Arbeit gibt, macht sich natürlich das ganze Atelier ans Werk, das Familienoberhaupt eingeschlossen. Im Dogenpalast kann man noch heute – in sehr günstiger Beleuchtung – die Werke einer starken Kollektivpersönlichkeit sehen, die den Namen Tintoretto trug. Wer sich jedoch für Jacopo Robusti interessiert, der verlasse die Piazzetta, überquere den Markusplatz, gehe auf gewölbten Brücken über Kanäle, verliere sich in einem Labyrinth dunkler Gassen und trete in noch dunklere Kirchen ein: da ist er. Er ist greifbar in der Scuola di San Rocco: in Person, ohne Marietta und Domenico und Sebastiano Casser; dort arbeitet er allein. Ein schmutziger Nebel umwölkt die Gemälde – oder ist es die schlechte Beleuchtung, die sie so zernagt? Aber wenn man geduldig wartet, bis die Augen sich an die Dunkelheit gewöhnt haben, erblüht aus der Düsternis eine Rose, aus dem Halbdunkel ein Genie. Und wer hat diese Gemälde bezahlt? Manchmal die Gläubigen der Gemeinde, manchmal die Mitglieder der Bruderschaft: Bürger, Großbürger und Kleinbürger; das ist sein wahres Publikum, das einzige, das er liebt.

Dieser krämerhafte Maler hat nichts von einem Halbgott an sich. Mit ein wenig Glück kann er bekannt, ja berühmt werden – ruhmbeladen nie: seine profane Kundschaft ist nicht befugt, ihn auf den Thron zu erheben. Natürlich hebt der Ruhm seiner erhabenen Kollegen den ganzen Stand: auch er glänzt ein wenig. Beneidet er sie um ihren Ruhm? Vielleicht. Aber er unternimmt nichts, ihn zu erringen; zum Teufel mit der Fürstengunst: sie macht einen zum Sklaven. Jacopo Robusti setzt seinen Stolz darein, ein kleiner Meister, ein von Aufträgen lebender Krämer der schönen Künste und dabei sein eigener Herr zu bleiben. Er unterscheidet nicht zwischen der wirtschaftlichen Unabhängigkeit des Produzenten und der Freiheit des Künstlers; seine Manipulationen beweisen, daß er insgeheim das Marktgefüge erschüttern und die Nachfrage durch das Angebot beleben möchte: hat er nicht bei den Brüdern von San Rocco langsam und geduldig ein Verlangen nach Kunst – einer bestimmten Kunst – geschaffen, das allein er befriedigen konnte? Seine Autonomie ist um so besser gewahrt, als er für Gemeinschaften arbeitet – *consorterie*, Pfarrgemeinden – und als diese großen Körperschaften ihre Entscheidungen nach dem Mehrheitsprinzip fällen.

Michelangelo, der unechte Adlige, und Tizian, der Bauernsohn, stehen unmittelbar unter der Anziehungskraft der Monarchie. Tintoretto dagegen kommt in einem Milieu von Handwerksmeistern zur Welt; der Handwerker ist ein Doppelwesen: als Handarbeiter ist er stolz auf seine Hände; als Kleinbürger fühlt er sich vom Großbürgertum angezogen: dieses bringt schon durch das Spiel der Konkurrenz frischen Wind in die erstickende Atmosphäre des Protektionssystems. Zu jener Zeit keimte eine *bürgerliche Hoffnung* in Venedig. Eine sehr schwache allerdings; die Aristokratie hat seit langem vorgesorgt: in diesem schichtenförmig geordneten Universum ist es erlaubt, reich zu *werden*, zum Patrizier muß man *geboren* sein; übrigens sind sogar dem Reichtum Grenzen gesetzt: nicht nur bleibt der Kaufmann oder Gewerbetreibende auf seine Klasse beschränkt, man hat ihm auch lange Zeit die lukrativsten Berufe versagt; der Staat gesteht den *appalto*, die Vermietung von Galeeren, allein den Aristokraten zu. Verträumtes, düsteres Bürgertum! Überall sonst in Europa verleugnet es sich selbst, kauft, sobald es kann, Titel und Schlösser. In Venedig verweigert man ihm alles, sogar das bescheidene Glück des Verrats. Nichts bleibt ihm übrig als Verrat in Gedanken. Die aus Piacenza stammende Giovita Fontana beginnt einen schwunghaften Handel, gewinnt Gold und gibt es für den Bau eines Palastes am Canal Grande aus; in diesen wenigen Worten ist ein ganzes Leben beschlossen: ein gieriges Streben wird, als es spät seine Erfüllung findet, zu träumerischem Snobismus, eine Großhändlerin stirbt und ersteht auf in Gestalt einer imaginären Patrizierin. Die reichen Bürgerlichen drehen sich im Kreise, verbergen ihre nächtlichen Hirngespinste; zu Bruderschaften gruppiert, verausgaben sie sich in mildtätigen Werken, und ihre melancholische Strenge steht in krassem Gegensatz zu den melancholischen Orgien eines ernüchterten Patriziats.

Denn die Republik besitzt nicht mehr die Oberherrschaft über die Meere; nach und nach verfällt die Aristokratie, die Bankrotte häufen sich, die Zahl der armen Adligen nimmt zu, die andern haben den Unternehmungsgeist verloren: obwohl Söhne von Reedern, kaufen sie Landgüter, werden Privatiers. Schon nehmen einfache «Bürger» ihre Stellen in bestimmten Ämtern ein;

es kommt vor, daß Galeeren dem Befehl Bürgerlicher unterstellt werden. Das Bürgertum ist freilich noch weit davon entfernt, sich als aufsteigende Klasse zu betrachten; es denkt nicht einmal daran, eines Tages den gefallenen Adel zu ersetzen; vielmehr hat eine dunkle Bewegung es ergriffen, die seine Lage noch unerträglicher und seine Resignation noch schwieriger macht.

Tintoretto träumt nicht. Nie. Wenn der Ehrgeiz des Menschen sich nach den Möglichkeiten seiner gesellschaftlichen Zukunft richtet, sind die ehrgeizigsten Nichtadligen von Venedig die Kleinbürger, denn sie haben noch eine Aussicht, sich über ihre Klasse zu erheben. Aber der Maler fühlt sich wesensverwandt mit seinen Kunden: er schätzt ihre Freude an der Arbeit, ihre moralische Einstellung, ihren praktischen Sinn; er liebt ihre Sehnsucht, und vor allem teilt er ihren tiefsten Wunsch: alle brauchen, und sei es nur, um schaffen, um kaufen und verkaufen zu können, die Freiheit. Das ist der Schlüssel zu seinem Strebertum: es ist ein Ruf nach reiner Gipfelluft. Wallendes Gewölk am Himmel, ein fernes, unsichtbares Emporsteigen öffnet ihm den Weg zu einer vertikalen Zukunft; er steigt, dieser kartesische Teufel, ein Sog zieht ihn nach oben, der neue Geist durchdringt ihn: seit seiner Kindheit denkt er als Bürger. Aber die Widersprüche der Klasse, der er entstammt, setzen seinem Ehrgeiz Grenzen: als Kleinkrämer möchte er seine Schranken überwinden; als Arbeiter hält er daran fest, von seiner Hände Arbeit zu leben. Damit ist schon sein Platz bestimmt. Es gibt in Venedig – ungefähr – 7 600 Patrizier, 13 600 Bürger, 127 000 Handwerker, Arbeiter und kleine Kaufleute, 1 500 Juden, 12 900 Bedienstete und 550 Bettler. Juden und Adlige, Bettler und Bedienstete sind Tintoretto gleichgültig; nur die gedachte Trennlinie, die die Nichtadligen in zwei Teile teilt, interessiert ihn. Auf der einen Seite 13 600, auf der andern 127 000; er möchte der erste der einen und der letzte der andern: kurz, der Bescheidenste der Reichen und der Vornehmste ihrer Lieferanten sein. Dadurch wird dieser Handwerker mitten im unruhigen Venedig zu einem unechten Bürger, der echter ist als die echten. In ihm und seinen Bildern lieben die Brüder von San Rocco das verklärte Abbild eines Bürgertums, das nicht verrät.

Selbst wenn Michelangelo für den Papst arbeitet, glaubt er seiner Würde Abbruch zu tun; eine Verachtung, die ihm manchmal zu Abstand verhilft: ein Edelmann voll hochfahrender Ansichten über die Kunst. Tintoretto ist genau das Gegenteil, er ist über sich selbst hinausgewachsen; was wäre er ohne die Kunst? Färber. Sie ist die Kraft, die ihn seinem angeborenen Stand entreißt, das Milieu, das ihn hält, sie ist seine Würde. Für ihn heißt es arbeiten oder in den Brunnenschacht zurückfallen. Abstand? Entfernung? Woher sollte er sie nehmen? Er hat keine Zeit, Fragen über die Malerei zu stellen; wer weiß, vielleicht sieht er sie nicht einmal. Michelangelo denkt zuviel: er ist ein Marquis de Carabas, ein Intellektueller; Tintoretto dagegen weiß nicht, was er tut: er malt.

Soviel zu seinem Strebertum: das Schicksal dieses Künstlers ist es, den bürgerlichen Puritanismus in einer schon zerfallenden aristokratischen Republik zu verkörpern. Andernorts würde dieser düstere Humanismus zum Durchbruch gelangen; in Venedig verschwindet er, ohne sich seiner selbst überhaupt bewußt geworden zu sein, aber nicht ohne das Mißtrauen einer ständig auf der Lauer liegenden Aristokratie geweckt zu haben. Die mürrische Ablehnung, die die oberen Zehntausend von Venedig in Verwaltung und Bürokratie Tintoretto entgegenbringen, ist dieselbe, die das Patriziat der venezianischen Bürgerschaft gegenüber zeigt. Diese streitsüchtigen Händler und ihr Maler bilden eine Gefahr für die Ordnung der Serenissima: man paßt auf sie auf.

Der Gehetzte

Man mag in der hartnäckigen Weigerung, sich an Wettbewerben zu beteiligen, ein Zeichen von Hochmut sehen: «Ich weiß keinen, der mir ebenbürtig wäre, und erkenne keinen Richter an.» Michelangelo würde das vielleicht sagen. Unglücklicherweise sagt Tintoretto es nicht. Ganz im Gegenteil: wenn man ihn auffordert, eine Skizze vorzulegen, hat er nichts Eiligeres zu tun, als anzunehmen. Hinterher schleudert er, wie wir wissen, seine Blitze. Ja: so ähnlich, wie der Tintenfisch seine Tinte ausstößt. Der Blitz blendet, die Betrachter können sein Bild kaum erkennen; zudem ist alles darauf angelegt, daß sie es nie betrachten und vor allem nie bewerten müssen: wenn die Blendung abklingt, ist das Gemälde bereits aufgehängt, die Schenkung besiegelt, man hat nichts als Feuer gesehen. Ich müßte mich sehr täuschen, wenn das kein Ausweichen wäre; es scheint, als habe Tintoretto Angst vor seinen Widersachern. Würde er all diesen

Scharfsinn aufbieten, wenn er sicher wäre, sich auf Grund seines Talents durchsetzen zu können? Würde er sich herbeilassen, seine Zeitgenossen durch die Quantität seiner Produktion in Erstaunen zu setzen, wenn sie rückhaltlos ihre Qualität bewunderten?

Noch mehr fällt die Sucht, durch Kneifen Geltung zu erringen, bei den Wettbewerben auf; aber das ist sein Stil, das kennzeichnet ihn ganz allgemein: der kleinste Vergleich ärgert ihn, eine Nachbarschaft beunruhigt ihn. 1559 bestellt die Kirche San Rocco bei ihm die *Heilung des Gelähmten* als Gegenstück zu einem Bild von Pordenone. Niemand verlangt von ihm, die Art seines Vorgängers nachzuahmen; keinerlei Konkurrenz[1] kann die zwei Maler miteinander in Streit bringen: Antonio di Sacchis ist seit zwanzig Jahren tot; mag er auch einst den Jüngeren beeinflußt haben, jetzt ist die Zeit der Einflüsse vorbei: Jacopo ist Meister in seiner Kunst. Dennoch zwingt ihn eine unwiderstehliche Gewalt, er muß «à la Pordenone» malen; man hat treffend aufgezeigt, wie er die «barocke Heftigkeit der Bewegung ... durch den Widerspruch zwischen den monumentalen Gestalten und der Architektur übertreibt, in die sie sich einzwängen», wie er «diese Wirkung durch ein Senken der Saaldecke erzielte ... und sogar die Säulen (benützte) ... (um) die Bewegungen anzuhalten, ihre Heftigkeit erstarren zu lassen»[2]. Kurz, er zittert bei dem Gedanken, sich für immer in einer leblosen Gegenüberstellung einzukerkern: «Vergleicht bitte Pordenone mit Pordenone; mich, Jacopo Robusti, findet ihr hier nicht.» Selbstverständlich hat er es so angelegt, daß der falsche di Sacchis den echten erdrückt. Sein Rückzug ist keine kopflose Flucht: er geht mit einer Herausforderung ab: «Ob Alte, ob Moderne, ich nehme es mit allen auf und schlage sie auf ihrem eigenen Gebiet.» Aber eben das erregt Verdacht: was braucht er ihr Spiel zu spielen, sich ihren Regeln zu unterwerfen, wo es doch genügen würde, er selbst zu sein, um sie zu zermalmen? Wieviel Groll liegt in seiner Frechheit; dieser Kain ermordet alle Abel, die man ihm vorzieht. «Veronese gefällt euch? Schön, ich übertreffe ihn, wenn es mir beliebt, ihn nachzuahmen; ihr glaubt, er sei ein Mann, und es handelt sich nur um eine Technik.» Wieviel Unterwürfigkeit auch: von Zeit zu Zeit schlüpft

1 Ridolfi sagt, von der Ähnlichkeit des Stils getäuscht, das Bild sei *in concorrenza con il Pordenone* gemalt worden.
2 Vuillemin.

dieser Ausgestoßene in die Haut eines andern, um seinerseits einmal zu erfahren, wie gut es tut, geliebt zu werden. Manchmal sieht es dann wieder so aus, als fehle ihm der Mut, sein anstoß- erregendes Genie zu zeigen; kampfesmüde läßt er es im Halb- schatten liegen und versucht, es *indirekt* zu beweisen: «Ich mache die besten Veroneses und die besten Pordenones, ihr könnt euch also vorstellen, *wessen ich fähig bin,* wenn ich mir erlaube, ich selbst zu sein!» In Wirklichkeit gibt er sich diese Erlaubnis fast nie, außer wenn man ihm bedingungslos vertraut und ihn ganz allein in einem leeren Saale läßt. Der Ursprung all dessen liegt wohlgemerkt in der Feindschaft, die man ihm entgegen- bringt. Aber die Schüchternheit des Malers und die Anschuldi- gungen seiner Mitbürger gehen alle auf das gleiche Übel zurück: 1548 hat in Venedig unter dem Pinsel Tintorettos, vor den Augen der Patrizier, der Kunstliebhaber und Schöngeister *die Malerei vor sich selbst Angst bekommen.*

Eine lange Entwicklung hat begonnen, die mit der Zeit über- all das Profane an Stelle des Heiligen setzt: kalt, schimmernd, mit Rauhreif überzogen, tauchen die verschiedenen Zweige des menschlichen Tuns einer nach dem andern aus der süßen Gemein- schaft mit Gott. Die Kunst ist wund: aus fallenden Nebeln steigt jene prächtige Ernüchterung, die Malerei. Sie erinnert sich noch der Zeiten, als Duccio und Giotto Gott die Schöpfung zeigten, wie sie aus Seiner Hand hervorgegangen war: sobald Er Sein Werk wiedererkannte, war der Zweck erfüllt und die Welt für alle Ewigkeit in einen Rahmen gebannt. Nur manch- mal schoben zwischen das Bild, jenes Lehen der Sonne, und das Auge des Allerhöchsten Mönche und Prälaten ihre Durchsichtig- keit; auf den Zehenspitzen kamen sie und schauten, was Gott schaute, dann stahlen sie sich mit einer Entschuldigung wieder davon. Aus damit: das Auge ist geschlossen, der Himmel blind. Was ist geschehen? Zunächst hatte die Kundschaft gewechselt: solange man für die Geistlichkeit arbeitete, ging alles gut; von dem Tag an, als der Reichste der Florentiner Bankiers auf die verrückte Idee kam, sein Haus mit Fresken zu schmücken, zog sich der Allmächtige angewidert in seine alte Rolle zurück, die des Seelenliebhabers. Dann war da das Florentiner Abenteuer, die Eroberung der Perspektive. Perspektive ist etwas Profanes; manchmal ist sie sogar eine Profanierung: man schaue sich nur den Christus Mantegnas an, diese lang ausgestreckte Gestalt mit den Füßen vorn und dem himmelweit entfernten Kopf; mit einem solch verkürzten Sohn wird der Vater wohl schwerlich zufrieden sein. Gott ist die absolute Nähe, die allumfassende Liebe: darf man Ihm das Universum *von ferne* zeigen, das *Er* geschaffen hat und jeden Augenblick davor bewahrt, in nichts zu zerfallen? Ist es Aufgabe des Seins, das Nicht-Sein zu ersinnen und zu erschaffen? Des Absoluten, das Relative hervorzubringen? Des Lichts, die Finsternis zu beschauen? Der Realität, sich für eine Erscheinung zu halten? Nein; hier fängt wieder einmal die ewig-alte Geschichte an: Unschuld, Baum der Erkenntnis, Sündenfall und Vertreibung. Der Apfel heißt diesmal «Perspektive». Aber anstatt ihn zu essen, knabbern die Adamiten von Florenz nur daran herum, und das erspart ihnen die sofortige Entdeckung ihres Falls: mitten im Quattrocento glaubt sich Uccello noch im Paradies, und der arme Alberti, der Theoretiker der «Perspektivisten», versucht die geometrische Optik noch als eine Ontologie des Sichtbaren darzustellen; er besitzt, kurz gesagt, genügend Unschuld, vom Blick Gottes zu verlangen, daß er die Bürgschaft für die Fluchtlinien übernimmt. Der Himmel hat sein absurdes Ansinnen nicht erfüllt: die Schöpfung wird kurzerhand auf das Nichts zurückverwiesen, das ihr allein zukommt und das sie soeben wieder neu entdeckt hat; Entfernung, Abstand, Trennung: diese negativen Begriffe bezeichnen unsere Grenzen; nur der Mensch kennt einen Horizont. Das Fenster Albertis öffnet sich auf ein meßbares Universum, aber diese peinlich genaue Miniatur hängt ganz und gar von dem Punkt ab, der unseren Standort und unsere Ausstrahlung bestimmt: von unserem Auge. Piero della Francesca zeigt uns in seiner *Verkündigung* die Säulen zwischen dem Engel und der Jungfrau in wilder Flucht: nur zum Schein; in sich selbst und für ihren Schöpfer sind diese reglosen weißen Körper in ihrer ganzen Gleichheit und Unvergleichlichkeit nie aus ihrem Schlummer erwacht: die Perspektive ist lediglich eine der kleinen Welt Gottes durch die menschliche Schwäche angetane Gewalt. Hundert Jahre später wird man in den Niederlanden wieder das Sein auf dem Grund des Scheinens entdecken, und der Schein wird seine Würde als Erscheinung wiedererlangen: die Malerei wird zu neuen Zielen aufbrechen, sich einen neuen Sinn schaffen. Ehe uns jedoch Vermeer Himmel und Sterne, Tag und Nacht, Mond und Erde in Form einer kleinen Backsteinmauer darbieten kann, müssen die Bürger des Nordens ihre größten Siege erringen und ihren Humanismus schmieden.

Im Italien des 16. Jahrhunderts brennt in den Herzen der Künstler noch der Glaube und streitet wider den Atheismus des Auges und der Hand. Im Bestreben, das Absolute besser in den Griff zu bekommen, haben sie Methoden erarbeitet, die sie in einen Relativismus stürzen, denn sie verabscheuen. Diese irregeführten Dogmatiker können weder vor noch zurück. Wenn Gott die Bilder, die sie malen, nicht mehr ansieht, wer soll dann noch für sie zeugen? Sie spiegeln dem Menschen nur noch sein Unvermögen: woher soll er die Kraft nehmen, sich zu ihrem Garanten aufzuschwingen? Wenn aber die Malerei keinen anderen Zweck mehr verfolgt, als Maßstab unserer Kurzsichtigkeit zu sein, ist sie keine Stunde Mühe mehr wert. Den Menschen dem Allmächtigen darzustellen, der ihn aus dem Schlamm gezogen hatte, war verdienstvoll, ein Opfer. Aber wozu ihn dem Menschen zeigen? Wozu ihn zeigen, *wie er nicht ist*? Die Künstler der Jahrhundertwende – die um 1480 Geborenen –, Tizian und Giorgione, Raffael, schließen zwar noch einen Vergleich mit dem Himmel. Davon jedoch später. Außerdem verhüllen Reichtum und Wirkung der Mittel noch die dunkle Unbestimmtheit des Zwecks. Indessen läßt manches darauf schließen, daß Raffael schon eine Vorahnung spürte: ihm war alles egal, er lief liederlichen Frauenzimmern nach, verkaufte schlechte Bilder, stiftete seine Kollegen aus Schadenfreude[1] zur Darstellung von Obszönem an: ein Selbstmord aus Leichtfertigkeit. Auf jeden Fall verschwindet mit diesen Koryphäen auch das Glück des Malens. Im zweiten Viertel des Jahrhunderts verliert die Malerei, durch ihre eigene Perfektion irregeführt, jegliches Maß. Die barbarische Vorliebe der Zeitgenossen für grandiose «Regie» verrät ein Unbehagen: das Publikum möchte, daß die Maler alle Pracht des Realismus aufbieten, um ihm seine Subjektivität zu verhüllen: der Autor soll hinter dem Leben zurücktreten, in Vergessenheit versinken; das Beste wäre, man könnte Bilder ganz zufällig an einem Waldrand entdecken und die Personen auf ihnen würfen sich unter dem Splittern des zerberstenden Rahmens den Vorübergehenden an den Hals. Das Objekt soll seine Sichtbarkeit wieder in sich aufschlucken, tief im Innern bergen und die Aufmerksamkeit davon ablenken, indem es

1 Deutsch im Original. Anm. d. Übers.

beständig alle Sinne und vor allem den Tastsinn anspricht; mit allen Mitteln soll die *Darstellung* durch eine dumpfe Teilnahme des Zuschauers am Schauspiel ersetzt werden, durch Schrecken und Zuneigung sollen die Menschen gegen ihre Abbilder, ja, womöglich mitten in sie hinein geschleudert werden, das Verlangen soll alle Hindernisse der Perspektive überwinden und jenen Ersatz[1] der göttlichen Allgegenwart enthüllen: die unmittelbare Gegenwart des Fleisches; die Vernunft des Auges soll respektiert, aber mit den Vernunftgründen des Herzens bekämpft werden. Man will das *Ding selbst,* es soll erdrücken: man will es größer als in natürlicher Größe, gegenwärtiger und schöner: man will den Schrecken. Aber der Schrecken ist eine Krankheit der Rhetorik. Die Kunst versteckt sich schamvoll, wenn sie ihre Kreditbriefe verloren hat. Zum erstenmal in der Geschichte wird der Künstler – gefesselt, überwacht, dem Zwang des Staates, der Kirche und des Geschmacks unterworfen, vielleicht mehr zum Mittelpunkt geworden, mehr geehrt als je – sich seiner Einsamkeit bewußt. Wer hat ihm Vollmacht erteilt? Woher kommt ihm das Recht zu, das er sich anmaßt? Es ist Nacht, Gott ist erloschen: wie soll er malen, wenn es dunkel ist? Und *für wen?* Und *was?* Und *warum?* Der Gegenstand der Kunst bleibt zwar die *Welt,* jenes Absolute: aber die Wirklichkeit entgleitet, der Bezug zwischen Endlichem und Unendlichem kehrt sich um. Vorher kam eine unermeßliche Fülle dem Elend der Körper und ihrer Hinfälligkeit zu Hilfe; jetzt wird die Hinfälligkeit zur einzigen Fülle, zur alleinigen Sicherheit: das Unendliche ist die Leere, die Schwärze, innerhalb der Schöpfung wie außerhalb; das Absolute ist die Abwesenheit, der Gott, der sich in die Seelen geflüchtet hat: die Wüste. Es ist zu spät, zu *zeigen,* zu früh, zu *erschaffen*; der Maler ist in die Hölle verbannt; es entsteht etwas, eine neue Verdammnis: das Genie, jene Ungewißheit, jenes wilde Verlangen, die Weltnacht zu durchschreiten, sie von außen zu betrachten, sie an Mauern, auf der Leinwand zu zerquetschen und mit nie gekanntem Licht wegzufegen. Das Genie – ein neues Wort in Europa, Konflikt zwischen Relativem und Absolutem, zwischen begrenzter Gegenwart und unendlicher Abwesenheit. Denn der Maler weiß wohl, daß er diese Welt nicht verlassen kann; und selbst wenn er sie verließe, würde er überallhin jenes Nichts mitschleifen, das ihn durchdringt: die Per-

1 Deutsch im Original. Anm. d. Übers.

spektive läßt sich nicht abschütteln, solange man sich nicht das Recht zur Schaffung neuer plastischer Räume erworben hat.

Michelangelo stirbt als ein Gejagter und faßt seine Verzweiflung und Verachtung in dem einzigen Wort zusammen: Erbsünde. Tintoretto sagt gar nichts; er betrügt: gestünde er sich seine Einsamkeit ein, er ertrüge sie nicht. Aber ebendeshalb können wir verstehen, daß er mehr darunter leidet als irgend jemand sonst: dieser unechte Bürger, der für Bürger arbeitet, besitzt nicht einmal das Alibi des Ruhms. Das also ist das Schlangennest: ein kleiner Färber, mit jener Charakterneurose behaftet, die Henri Jeanson treffend «die erschreckende moralische Gesundheit des Ehrgeizigen» genannt hat, zappelt sich ab; er nimmt sich bescheidene Ziele vor: durch kluge Ausnützung seiner Gaben möchte er es weiter bringen als sein Vater, möchte sich den Markt erobern, indem er dem Publikumsgeschmack schmeichelt. Tatkräftiges Strebertum, Geschick, Schnelligkeit, Talent, nichts fehlt, aber eine unendliche Leere zehrt an allem: es ist eine Kunst ohne Gott. Diese Kunst ist häßlich, böse, lichtscheu, sie ist die törichte Leidenschaft des Teils für das Ganze, ein Wind aus Eis und Finsternis, der durch die löchrigen Herzen weht. Von der Leere angezogen, verliert sich Jacopo in eine Reise ohne Bewegung, von der er nie wiederkehren wird.

Genie gibt es nicht: es ist die schamhafte Kühnheit des Nichts; er, der kleine Färber, existiert und kennt seine Grenzen: als vernünftiger Kerl möchte er nur den Riß flicken. Er beansprucht nicht mehr als eine bescheidene Fülle: was würde er auch mit dem Unendlichen anfangen? Und wie sollte er sich eingestehen, daß der kleinste Pinselstrich genügt, seine Richter zurückzuweisen? Sein zäher, kleinlicher Ehrgeiz würde in der Nacht des Nicht-Wissens ausfransen. Es ist ja schließlich nicht seine Schuld, wenn die Malerei ein entlaufener Hund ohne Halsband ist: später werden sich Verrückte finden, die über ihre Verlassenheit frohlocken; in der Mitte des 16. Jahrhunderts sucht das erste Opfer der monokularen Perspektive vor allem seine eigene Verlassenheit zu verdecken. Allein und für nichts zu arbeiten hieße vor Furcht sterben. Er braucht Richter. Um jeden Preis. Ein Ehrengericht. Gott ist verstummt, bleibt Venedig: Venedig, das die Löcher schließt, die Einbrüche abriegelt, die Abflüsse verstopft, die Wunden und Brüche heilt. In der Dogenrepublik schulden die guten Untertanen dem Staat Rechenschaft über all ihr Tun; sind sie Maler, so haben sie die Aufgabe, die Stadt zu verschönern. Jacopo vertraut sich seinen Mitbürgern an; sie haben eine bestimmte, äußerst akademische Vorstellung von der Kunst, die er sich eiligst zu eigen macht. Um so mehr, als er sie von jeher geteilt hat; seit seiner Kindheit hat man es ihm gesagt, er hat es geglaubt: der Wert eines Handwerkers ermißt sich an der Zahl und Bedeutung der ihm erteilten Aufträge und der ihm erwiesenen Ehren. Also verbirgt er sein Genie unter seinem Strebertum und hält den sozialen Erfolg für das einzige offensichtliche Zeichen des mystischen Sieges. Nichts liegt offener zutage als seine Unehrlichkeit: auf der Erde spielt er Karten und betrügt; und dann schleudert er seine Würfel gen Himmel, ohne zu betrügen: wenn er nun hier unten mit all den Assen aus seinem Ärmel gewinnt, wagt er zu behaupten, auch dort oben gewonnen zu haben; wenn er seine Gemälde verkauft, so deshalb, weil er glaubt, damit die Welt in die Falle gelockt zu haben. Wer wollte ihm jedoch aus dieser plumpen Arglist einen Vorwurf machen: erst das 19. Jahrhundert spricht die Scheidung zwischen Künstler und Publikum aus; es ist *richtig,* daß die Malerei im 16. Jahrhundert verrückt wird: sie ist nicht länger mehr religiöse Opferhandlung; aber es ist *nicht weniger richtig,* daß sie sich rationalisiert: sie bleibt ein sozialer Dienst. Wer würde deshalb in Venedig zu sagen wagen: «Ich male allein für mich, ich bin mein eigener Zeuge»? Und ist man bei denen, die es heute sagen, sicher, daß sie nicht lügen? Jeder ist Richter, niemand ist Richter: man entscheide selbst. Tintoretto scheint mehr unglücklich als schuldig zu sein: seine Kunst fegt durch die Epoche wie ein Feuerball, aber er vermag sie nur mit den Augen seiner Zeit zu sehen. Dennoch hat er sich die Hölle erwählt: mit einem Schlag fällt das Endliche über das Unendliche, der Ehrgeiz über das Genie, Venedig über seinen Maler her, der nicht mehr entkommt. Aber das eingeschlossene Unendliche zerfrißt alles: das vernünftige Strebertum Jacopos wird zur Raserei: ging es zuerst nur ums Emporkommen, so heißt es jetzt *beweisen.* Als freiwillig Angeklagter verwickelt sich der Unglückliche in einen endlosen Prozeß; er ist sein eigener Verteidiger, macht aus jedem Gemälde einen Entlastungszeugen, plädiert rastlos, pausenlos: er muß diese Stadt überzeugen, mit ihren Behörden, ihren Bürgern, die allein und unwiderruflich über seine sterbliche Zukunft und seine Unsterblichkeit entscheiden werden. Nun ist er es jedoch selbst, er allein, der diesen seltsamen Wirrwarr gestiftet hat; es galt sich zu entscheiden: seine eigene Zuflucht sein, unwiderrufliche Gesetze erlassen oder die Serenissima zu einem absoluten Gerichtshof machen. So gesehen hat er die einzige Wahl getroffen, die ihm offenstand. Zu seinem Unglück. Wie verständlich erscheint uns von hier aus seine Gleichgültigkeit gegenüber der ganzen übrigen Welt! Was braucht er die Zustimmung der Deutschen oder auch nur der Florentiner? Venedig ist die schönste, die reichste aller Städte, es besitzt die besten Maler, die besten Kritiker, die freisinnigsten Kunstliebhaber: *hier* gilt es die Partie zu vollenden, ohne einen einzigen Wurf zu wiederholen; *hier*, in einem Backsteingang, zwischen einem schmalen Streifen Himmel und dem brackigen Wasser, unter der flammenden Abwesenheit der Sonne wird in einem einzigen Leben die Ewigkeit für immer gewonnen, verspielt.

Schön, wird man sagen. Aber wozu betrügen? Wozu sich mit den Federn des Veronese schmücken? Wenn er mit seinem Genie blenden will, wozu es dann so oft unter den Scheffel stellen? Und wozu sich Richter geben, wenn es nur darum geht, sie zu bestechen und zu hintergehen?

Wozu? Weil das Gericht bereits informiert, die Sache verloren, das Urteil schon gefällt ist, und weil er das weiß. 1548 bittet er Venedig, ihm Garant des Unendlichen zu sein; die Stadt erschrickt und lehnt ab. Welch ein Los! Von Gott verlassen, muß er betrügen, um sich Richter zu verschaffen; als er sie gefunden hat, muß er wieder betrügen, um eine Vertagung des Prozesses zu erreichen. Er verbringt sein Leben damit, die Richter in Atem zu halten, indem er bald die Flucht ergreift, bald sich gegen sie umwendet und sie blendet. Alles ist darin enthalten: Qual und Verbitterung, Arroganz, Geschmeidigkeit, Arbeitswut, Groll, unerbittlicher Hochmut und das demütige Verlangen nach Liebe. Die Malerei Tintorettos ist in erster Linie das leidenschaftliche Verhältnis eines Menschen mit einer Stadt.

Ein Maulwurf in der Sonne

In dieser verrückten Geschichte erscheint die Stadt noch verrückter als der Mensch. Sie hat alle ihre Maler zu ehren gewußt: warum legt sie diesem einen gegenüber, dem größten von allen, ein so mürrisches Mißtrauen, eine solche Griesgrämigkeit an den Tag? Ganz einfach: weil sie einen andern liebt.

Die Serenissima hungert nach Prestige: lange haben ihre

Schiffe ihren Ruhm ausgemacht; jetzt, müde und ein wenig verkommen, ist sie stolz auf einen Künstler. Tizian allein ist soviel wert wie eine ganze Flotte: aus Tiaren und Kronen hat er sich Feuerfunken verschafft und daraus einen Heiligenschein gewunden. Seine Adoptivheimat bewundert an ihm *vor allem* die Achtung, die er dem Kaiser einflößt: in dem heiligen, zwar noch schrecklichen, aber doch völlig ungefährlichen Licht, das diesen Scheitel umspielt, glaubt sie ihren eigenen Ruhm wiederzuerkennen. Der Maler der Könige kann gar nichts anderes sein als der König der Maler: die Königin der Meere hält ihn für ihren Sohn und erlangt durch ihn wieder ein wenig Majestät; einst hat sie ihm Arbeit und Ruhm verschafft, aber wenn er arbeitet, sickert das Gottesgnadentum durch seine Atelierwand und strahlt bis nach San Marco, und sie weiß, daß er, was sie ihm gegeben hat, hundertfältig wieder zurückzahlt: er ist ein Gut der Nation. Dazu besitzt dieser Mensch die Langlebigkeit der Bäume, er überdauert ein Jahrhundert und wird unvermerkt zu einer Institution. Die Gegenwart dieser aus einem einzigen Mitglied bestehenden Akademie, die vor den Jüngeren entstanden und fest entschlossen ist, sie zu überleben, raubt diesen ihr Selbstvertrauen, verbittert und entmutigt ihren Ehrgeiz: sie bilden sich ein, ihre Stadt habe die Macht, bei lebendigem Leibe unsterblich zu machen, gewähre jedoch diese Gunst allein Tizian. Tintoretto, ein Opfer dieses Mißverständnisses, fordert von ihr – unter dem trügerischen Vorwand: «Ich bin genausoviel wert wie er» – seine Gleichstellung mit dem ruhmreichen Vorgänger. Aber hier geht es nicht um den Wert: von einer Republik verlangt man nicht, was rechtmäßig einer Erbmonarchie zusteht. Jacopo täuscht sich, wenn er der Dogenstadt vorwirft, all ihre Scheinwerfer auf den Baobab des Rialto gerichtet zu haben; genau das Gegenteil ist der Fall: ein Lichtbündel, dessen Ausgangspunkt in Rom oder Madrid, auf jeden Fall außerhalb der Mauern Venedigs liegt, trifft den alten Baumstamm, fällt auf Venedig selbst zurück und entreißt es dem Halbdunkel; eine indirekte Beleuchtung, wenn man so will. Auch ich habe mich täuschen lassen, der ich dieses Kapitel ursprünglich «Im Schatten Tizians» überschreiben wollte. *Denn Tizian wirft keinen Schatten.* Man bedenke eines: als Jacopo zur Welt kommt, ist der Alte einundvierzig Jahre alt; er ist zweiundsiebzig, als der Jüngere zum erstenmal versucht, sich durchzusetzen. Das wäre der Augenblick gewesen, das Feld zu räumen, es hätte Tizian wohl angestanden zu sterben. Weit gefehlt! Dieser unverwüstliche Monarch regiert noch siebenundzwanzig Jahre lang; als er, ein Hundertjähriger, endlich verschwindet, wird ihm das höchste Glück zuteil: er hinterläßt eine unvollendete Pietà, wie es die früh dahingerafften jungen Hoffnungen zu tun pflegen. Während mehr als eines halben Jahrhunderts rennt der Maulwurf Tintoretto in einem Labyrinth voller ruhmbespritzter Wände umher: bis zum Alter von achtundfünfzig Jahren hetzen Scheinwerfer dieses Nachttier, blendet ihn die unerbittliche Berühmtheit eines *Andern.* Als dieser Glanz erlischt, ist Jacopo Robusti selbst schon alt genug zum Sterben. Er setzt es sich in den Kopf, den Tyrannen zu überleben; aber er hat nichts davon: die Geschicklichkeit Tizians bestand darin, zwei gegensätzliche Funktionen miteinander zu vereinbaren und sich zum Hofbeamten machen zu lassen, ohne die Unabhängigkeit eines selbständigen Meisters aufzugeben; diese Verbindung findet sich in der Geschichte nur selten. Auf jeden Fall sind wir bei Tintoretto, der alles auf eine Karte setzt, weit davon entfernt. Schauen wir aber die Grabmäler der beiden an: da können wir sehen, wie einer noch heute dafür büßen muß, daß er seine Vaterstadt auf alles vorbereitet hat. Den radioaktiven Leichnam des Alten hat man in Santa Maria dei Frari, der Ruhestätte so vieler Dogen, unter einem ganzen Berg von Schmalz begraben; der Leib Tintorettos ruht unter einer Steinplatte im verschwommenen Halbdunkel einer Pfarrkirche. Meiner Meinung nach ein sehr gerechtes Ende: Schmalz, Zucker und Nougat für Tizian: das ist seine poetische Strafe, und ich würde es ihm sogar gönnen, in Rom unter dem Viktor-Emanuel-Denkmal, dem häßlichsten Bauwerk ganz Italiens nach dem Mailänder Hauptbahnhof, begraben zu sein; die Ehre des nackten Steins für Jacopo: sein Name genügt. Weil das jedoch meine ganz persönliche Ansicht ist, könnte ich mir gut vorstellen, wie ein aufgebrachter Reisender Venedig zur Rechenschaft zieht: «Du undankbare Stadt, ist das alles, was du für den besten deiner Söhne zuwege gebracht hast? Warum hast du, knickeriges Gemeinwesen, jene tizianische Oper, die *Himmelfahrt Mariä,* mit einer ganzen Reihe von Bühnenlampen umrahmt und sparst bei den Bildern Robustis so schäbig an der Elektrizität?» Ich weiß auch, was Venedig zur Antwort geben würde: schon 1549 steht es in der Korrespondenz Aretinos: «Wenn Robusti nach Ehre strebt, warum malt er dann nicht wie Vecellio?» Das ist das ewige Lied, das Jacopo sein ganzes Leben zu hören bekam, das man bei jedem seiner Gemälde vor und nach seinem Tode sang und noch heute anstimmt: «Wohin verirrt er sich? Warum weicht er von der königlichen Straße ab, die das Glück ihm doch gebahnt hat? Unser großer Vecellio hat die Malerei zu einer solchen Vollendung geführt, daß man nicht mehr daran rühren darf: entweder treten die Nachkommen in die Fußstapfen des Meisters, oder die Kunst verfällt wieder der Barbarei.» Launenhafte Venezianer! Inkonsequente Bürger! Tintoretto ist *ihr* Maler; er zeigt ihnen, was sie sehen, was sie fühlen: sie können ihn nicht leiden; Tizian macht sich über sie lustig: sie beten ihn an. Tizian verbringt die meiste Zeit damit, die Fürsten zu beruhigen, ihnen durch seine Gemälde zu bescheinigen, daß in der besten aller möglichen Welten alles zum besten steht. Zwietracht ist nichts als Schein, die schlimmsten Feinde söhnen sich insgeheim durch die Farbe ihrer Mäntel aus. Gewalt? Ein von unechten Draufgängern mit weichen Flachsbärten ohne allzu große Überzeugung getanztes Ballett: damit sind die Kriege gerechtfertigt. Die Kunst des Malers nähert sich der Apologetik, wird Theodizee: das Leiden, die Ungerechtigkeit, das Böse existieren überhaupt nicht, genausowenig wie die Todsünde: Adam und Eva haben nur gesündigt, um bei dieser Gelegenheit zu erkennen und uns erkennen zu lassen, daß sie nackt waren. In einer großen, vierfach verzweigten Geste reichen sich vornehm und lässig Gott, nach vorn geneigt, und der Mensch, rücklings hingestreckt, die Hand. Ordnung herrscht: die Perspektive, bezähmt und zur Sklavin gemacht, nimmt Rücksicht auf die Hierarchie; diskrete Abkommen sichern Königen und Heiligen die besten Plätze zu. Verirrt sich jemand in die Ferne, in den Nebel unbestimmten Geländes, unter die blakigen Öllämpchen eines üblen Orts, dann geschieht das nie zufällig: dieses Halbdunkel entspricht der Unansehnlichkeit seiner Stellung; außerdem ist es nötig zur Betonung des hellen Vordergrunds. Der Pinsel gibt vor, ein Ereignis zu erzählen, und vergegenwärtigt eine Zeremonie; indem er die Bewegung der Ordnung und das Relief der Einheit opfert, umschmeichelt er die Körper eher, als daß er sie modelliert; keiner der Bärtigen, die der gen Himmel auffahrenden Maria zujubeln, existiert aus sich selber; zuerst erscheint nur eine Gruppe mit erhobenen Armen, mit Beinen: ein brennender Dornbusch; dann erst nimmt die Substanz ein wenig Verschiedenheit an und bringt jene vorüberhuschenden Gesichter hervor, die sich kaum von dem gemeinsamen Grund abheben und jeden Augenblick wieder von ihr verschluckt werden können: das ist die Situation der kleinen Leute; die Individualität behält Tizian den Großen vor. Dennoch rundet er auch bei ihnen sorgfältig die Ecken ab: scharfe Konturen isolieren, entfernen, bedeuten Pessimismus; der Höfling, von Standes wegen Optimist, deutet lediglich an, hüllt in Nebel und stellt alle Farben in den Dienst der Lobpreisung Gottes. Danach beginnt er, seinem Gemälde den letzten Schliff zu geben: er kratzt und poliert, firnißt und lackiert und läßt nichts ungetan, um seine Arbeit zu verbergen; schließlich stiehlt er sich weg: der Beschauer tritt in ein verlassenes Bild, wandelt zwischen Blumen, unter einer gerechten Sonne, der Eigentümer ist tot; so allein ist der Spaziergänger, daß er sich vergißt und auch verschwindet und nur noch der größte Verrat übrigbleibt, die Schönheit.

Diesmal kann sich der Verräter wenigstens damit entschuldigen, daß er an das glaubt, was er tut: er ist ja kein Städter, sondern ein Bauer, der sich hochgearbeitet hat; als er in Venedig seinen Einzug hält, kommt er vom Land, von seiner Kindheit, aus dem tiefsten Mittelalter. Seit langem hegt dieser Kuhbauer wie viele im Volk eine ehrerbietige Liebe zur Herrenschicht; er geht durch die Bürgerwelt, ohne sie überhaupt gewahr zu werden, und trifft im Himmel mit seinen wahren Meistern zusammen, ihrer Gunst um so sicherer, als er ihnen aufrichtigen Respekt entgegenbringt. Man hört immer wieder sagen, er habe sich insgeheim für ihnen ebenbürtig gehalten: ich glaube es nicht. Woher hätte er dann sein Licht bezogen? Nein, er ist ein Vasall: durch den Ruhm geadelt, den allein Könige vergeben können, verdankt er ihnen alles, sogar seinen Stolz: wie könnte er ihn sonst gegen sie einsetzen? Sein unverschämtes Glück, die Hierarchie der Gewalten und die Schönheit der Welt sind in seinen Augen nur wechselseitige Spiegelungen; mit dem besten Gewissen der Welt stellt er die bürgerlichen Methoden der Renaissance in den Dienst der Lehnspflicht: das Werkzeug hat er gestohlen.

Dennoch bewundern ihn Bürger und Patrizier: den Technokraten Venedigs verschafft er ein Alibi; genau zu dem Zeitpunkt, als sie die löblichsten Anstrengungen machen, sich ihren Niedergang zu verbergen, spricht er von Glück, Ruhm, vorbestimmter Harmonie. Alle Kaufleute – adlig oder bürgerlich – sind von seinen friedlich-frommen Bildern hingerissen, die ihnen die Seelenruhe der Könige widerspiegeln. Wenn alles zum besten steht, wenn das Übel nur ein schöner Schein ist, wenn jeder für alle

Zeiten seinen angestammten Platz in der Hierarchie Gottes und der Gesellschaft beibehält, dann kann sich seit hundert Jahren nichts gewandelt haben: die Türken haben Konstantinopel nicht erobert, Kolumbus nicht Amerika entdeckt, die Portugiesen haben nie auch nur im Traum an ein Dumping auf dem Gewürzmarkt gedacht, noch die Festlandsmächte, sich gegen die Serenissima zu verbünden. Man hatte geglaubt, die Berber machten sich auf den Meeren breit, die afrikanische Edelmetallquelle sei versiegt, der Handelsverkehr habe wegen Geldmangels in der ersten Jahrhunderthälfte stagniert, und plötzlich habe dann das peruanische Gold, das wie ein Sturzbach aus dem spanischen Wasserturm herniederschoß, die Entwicklung umgekehrt, die Preise in die Höhe getrieben und den Markt überschwemmt: das alles war nur ein Traum, Venedig herrscht noch immer über das Mittelmeer, steht auf dem Gipfel seiner Macht, seines Reichtums, seiner Größe. Anders ausgedrückt, sie wollen Schönheit, all diese Besorgten, denn Schönheit beruhigt. Ich kann's ihnen nachfühlen: zweihundert Mal bin ich mit dem Flugzeug gereist und kann mich noch immer nicht daran gewöhnen, ich bin zu sehr ein alter Erdenwaller, um das Fliegen als normal zu empfinden; von Zeit zu Zeit erwacht dann wieder die Angst – vor allem, wenn meine Reisegenossen ebenso häßlich sind wie ich; ist jedoch eine hübsche junge Frau dabei oder ein schöner junger Mann oder ein reizendes, zärtliches Ehepaar, dann verschwindet die Furcht; die Häßlichkeit ist wie eine Unglücksprophezeiung: es liegt in ihr eine Art Extremismus, der die Verneinung bis zum Schrecken zu steigern versucht. Das Schöne erscheint unzerstörbar: sein geheiligtes Abbild beschützt uns; solange es unter uns ist, sind wir gegen alles Unheil gefeit. Genauso Venedig: die Stadt beginnt zu fürchten, im Schlamm der Lagune zu versinken; sie glaubt, die Schönheit, diese äußerste Leichtigkeit, könne sie retten; aus ihren Palästen und Gemälden wähnt sie sich Bojen und Schwimmer machen zu können. Diejenigen, die Tizian zum Erfolg verhelfen, sind die gleichen, die auf dem Meer den Rückzug antreten, die sich vor der Ernüchterung in Orgien flüchten, die die Sicherheit von Grundstücksverpachtungen dem Handelsgewinn vorziehen.

Tintoretto kommt in einer zerrütteten Stadt zur Welt; er hat die Besorgnis Venedigs eingeatmet, sie frißt jetzt in ihm, er kann nichts anderes malen als sie. Selbst seine strengsten Kritiker, wären sie an seiner Stelle, würden nicht anders handeln. Aber sie sind eben nicht an seiner Stelle: sie können nicht umhin, diese

Besorgnis zu teilen, aber sie wollen sie nicht auch noch gezeigt bekommen; sie verdammen die Bilder, die sie *darstellen*. Das Unglück hat Jacopo dazu auserlesen, unbewußt Zeuge einer Epoche zu werden, die sich der Selbsterkenntnis verschließt. Nun offenbart sich uns mit einem Schlag der Sinn dieses Schicksals und das Geheimnis des venezianischen Grolls. Tintoretto miß- fällt jedermann: den Patriziern, weil er ihnen den Puritanismus und die grübelnde Unruhe des Bürgertums zum Bewußtsein bringt; den Handwerkern, weil er die Gesetze der Innungen zerstört und hinter dem, was wie berufliche Solidarität aussah, ein Gewimmel von Haß- und Konkurrenzgefühlen bloßlegt; den Patrioten, weil sein Pinsel ihnen in der Verwirrung der Kunst und dem Fehlen Gottes eine absurde, dem Zufall ausgelieferte Welt enthüllt, in der alles möglich ist, *sogar* der Tod Venedigs. Aber man würde vermuten, daß dieser zum Bürger gewordene Maler wenigstens seinem Adoptivstand gefällt. Nicht einmal das! Die Bürgerschaft akzeptiert ihn nur mit Vorbehalt; er weiß sie immer zu faszinieren, aber oft erschreckt er sie auch. Denn sie ist sich ihrer selbst nicht bewußt. Messire de Zigninoni träumt zwar sicher von Verrat; er sucht dunkel nach einem Weg, wie er in den Patrizierstand gelangen, kurz, die bürgerliche Realität fliehen könnte, zu deren Formung er ungewollt beiträgt. Was ihn jedoch an den Gemälden Robustis am meisten abstößt, ist ihr Radikalismus, ihre ernüchternde Kraft. Kurz, es gilt, dieses Zeugnis um jeden Preis zurückzuweisen, den Versuch Tintoret- tos als Fehlschlag darzustellen, die Originalität seines Strebens zu leugnen, *ihn loszuwerden*.

Schauen wir uns einmal an, was man ihm vorwirft: *in erster Linie,* daß er zu schnell arbeite und überall seine Hand erkennen lasse; man will Poliertes, Fertiges, vor allem *Unpersönliches*: wenn der Maler sich blicken läßt, zieht er sich selber in Zweifel; wenn er sich in Zweifel zieht, stellt er auch sein Publikum in Frage; Venedig zwingt seinen Künstlern den Grundsatz der Pu- ritaner auf: *no personal remarks,* und verwechselt mit voller Ab- sicht den Lyrismus Jacopos mit der Hast eines mit Aufträgen überhäuften Lieferanten, der sein Werk hinpfuscht. Dann ist da das Gerede Ridolfis, Tintoretto habe an die Wände seines Ate- liers geschrieben: «Das Kolorit Tizians und die Zeichnung Mi- chelangelos.» Törichtes Geschwätz: diese Formel taucht zum erstenmal viel später unter der Feder eines venezianischen Kunsthistorikers ohne jeden Bezug zu Robusti auf. Tintoretto kann ja zudem die Werke Michelangelos nur durch Kopien von Daniele da Volterra gekannt haben, also *frühestens* 1557. Und wofür hält man ihn eigentlich? Glaubt man, er lasse sich *im Ernst* zu einer solch absurden Mixtur herbei? Es ist in Wirklichkeit nichts anderes als ein Hirngespinst der Zeit: angesichts der spanischen Gefahr denken die nord- und mittelitalienischen Städte daran, sich zu verbünden: zu spät. Dieses für kurze Zeit erwachte und bald wieder eingeschlafene Nationalbewußtsein übt nun vorübergehend seinen Einfluß auf die schönen Künste aus. «Michelangelo und Tizian», das heißt Florenz und Venedig – das Wunschbild einer vereinten Malerei.

Nichts Schlimmes, wie man sieht: ein Traum, der unschädlich bleibt, solange ihn alle träumen. Diejenigen aber, die vorgeben, in ihm *allein* die Zwangsvorstellung Robustis zu sehen, hegen notwendigerweise den Wunsch, den Künstler mit Hilfe eines mitten in seine Kunst gelegten Albtraums zu zersprengen. Kolorit und Zeichnung sind wie Goldmarie und Pechmarie: hier die Einheit, dort die beständige Gefahr der Unordnung. Auf der einen Seite Sphärenharmonie, auf der andern Verlassenheit. Da stürzen nun die beiden Titanen des Jahrhunderts aufeinander los, umschlingen sich, wollen sich erwürgen, und der Schauplatz dieses Kampfes ist Jacopo. Bald gewinnt Tizian ganz knapp eine Runde, bald erringt Michelangelo einen mühevollen Sieg. Auf jeden Fall bewahrt der Unterlegene soviel Kraft, dem Sieger den Triumph zu vergällen – das Ergebnis eines solchen Pyrrhussieges ist ein mißlungenes Bild. Mißlungen, weil übertrieben: Tintoretto erscheint seinen Zeitgenossen wie ein toll gewordener Tizian, von der düsteren Leidenschaft Buonarrotis verzehrt und vom Veitstanz geschüttelt. Ein Fall von Besessenheit, eine seltsame Bewußtseinsspaltung. Auf der einen Seite existiert Jacopo gar nicht, er ist nur ein Schlachtfeld; auf der andern ist er ein Monstrum, eine Fehlkonstruktion. Von hier aus fällt eigenartiges Licht auf Vasaris Darstellung, der Adam Robusti habe von den Früchten am Baum der Erkenntnis kosten wollen, worauf ihn der Erzengel Tiziano mit ausgestrecktem Zeigefinger und bebenden Flügeln aus dem Paradies gejagt habe. In Italien gilt noch heute ein Pechvogel als einer, der Unglück bringt. Ist jemand vor kurzem in Geldschwierigkeiten geraten, hat er einen Autounfall gehabt, sich ein Bein gebrochen, ist ihm seine Frau davongelaufen, braucht er nicht zu hoffen, irgendwo zum Essen eingeladen zu werden: keine Hausfrau wird ihre übrigen Gäste mit frohem Herzen der Gefahr aussetzen, vorzeitig kahl zu werden, sich einen Katarrh zuzuziehen oder – in ganz schlimmen Fällen – sich auf den Stufen ihrer Treppe den Hals zu brechen. Ich kenne einen Mailänder, der den bösen Blick hat; letztes Jahr hat sich's herausgestellt: er hat keinen einzigen Freund mehr und kocht sich sein Essen selbst. Genauso Jacopo: ein Unglücksbringer, weil ihm selber Unglück widerfahren ist. Vielleicht schon seiner Mutter, als sie ihn trug. In der Tat, die *jettatura* stammt aus Venedig, ruhelos, verflucht, hat sie einen Ruhelosen hervorgebracht und verflucht in ihm ihre eigene Ruhelosigkeit. Der Unglückliche liebt bis zur Verzweiflung eine verzweifelnde Stadt, die ihren Zustand nicht wahrhaben will: diese Liebe flößt dem geliebten Gegenstand Schrecken ein. Man weicht Tintoretto aus: er riecht nach Tod. Und das stimmt auch vollkommen. Aber riechen sie etwa anders, die Patrizierfeste, die bürgerliche Nächstenliebe, der Gehorsam des Volkes? Die rosaroten Häuser mit den überschwemmten Kellern und den von darüberhuschenden Ratten waagrecht gestreiften Mauern? Die fauligen Kanäle mit ihrer Pißbudenkresse und den grauen Miesmuscheln im widerlich-schleimigen Kitt unter den Kais? Am Lehmgrund eines Rio klebt eine Blase, das Kielwasser der Gondeln reißt sie los, durch das brackige Wasser taucht sie empor, steigt an die Oberfläche, dreht sich, schillert, zerplatzt mit übelriechendem Laut – und mit ihr zerplatzt alles, die Sehnsucht des Bürgertums, die Größe der Republik, Gott und die italienische Malerei.

Tintoretto hat den Leichenzug Venedigs und einer ganzen Welt angeführt; aber als er starb, führte niemand seinen Leichenzug an, es wurde still um ihn, und heuchlerisch-fromme Hände wanden Flor um seine Gemälde. Reißen wir die schwarzen Schleier hinweg, und wir finden ein hundertmal neu begonnenes Porträt. Das Jacopos? Oder das der Königin der Meere? Wie man will: die Stadt und ihr Maler haben ein und dasselbe Gesicht.

Les Temps Modernes, Nr. 141, Nov. 1957.
Fragment eines bisher unvollendeten Werkes

Die Gemälde Giacomettis[1]

«Mehrere nackte Frauen im Sphinx, und im Hintergrund des Saales ich auf einem Stuhl. Der Abstand, der uns trennte (das glänzende Parkett, das trotz meines Verlangens, es zu überqueren, unüberbrückbar schien), beeindruckte mich ebenso wie die Frauen.»[2] Ergebnis: vier unnahbare Figuren, auf einer Grundwelle schwebend, die nichts anderes ist als ein vertikaler Parkettboden. Er hat sie dargestellt, wie er sie gesehen hat: *entfernt*. Nun steigen jedoch vier lange Mädchen vor einer erdrückenden *Gegenwart* aus dem Boden, bereit, im nächsten Augenblick alle zusammen auf ihn niederzufallen wie der Deckel einer Schachtel: «Ich habe sie oft gesehen, vor allem eines Abends in einem Zimmer in der Rue de l'Échaudé, ganz nahe und drohend.» Diese Entfernung ist in seinen Augen nicht etwas Zufälliges, sondern sie entspringt dem innersten Wesen des Gegenstands. Er hat diese Dirnen, die da zwanzig Meter – zwanzig unüberbrückbare Meter – vor ihm sitzen, für immer im Licht seines hoffnungslosen Verlangens festgehalten. Sein Atelier ist ein Inselmeer, ein Durcheinander verschiedener Entschwindungen. Die Muttergottheit dort an der Wand besitzt die bedrängende Nähe einer Zwangsvorstellung; weiche ich zurück, so rückt sie vor, sie ist mir am nächsten, wenn ich am fernsten bin; die Statuette hier zu meinen Füßen ist ein im Rückspiegel eines Autos erhaschter Passant: im Entschwinden begriffen; ich kann mich ihm noch so sehr nähern, er bleibt entfernt. All diese Einsamkeiten drängen den Besucher über die ganze unüberbrückbare Weite eines Saales, eines Rasens,

---

1 Anläßlich einer Ausstellung von Gemälden Giacomettis in der Galerie Maeght. Anm. d. Red.
2 Brief an Matisse vom November 1950.

einer Lichtung zurück, die zu überschreiten nicht gewagt worden ist; sie bezeugen die seltsame Lähmung, die Giacometti beim Anblick von seinesgleichen befällt. Nicht als sei er ein Menschenfeind: diese Betäubung ist das Ergebnis eines mit Furcht, oft mit Bewunderung, zuweilen mit Hochachtung gemischten Erstaunens. Er hält zwar Abstand: aber schließlich hat der Mensch selber diesen Abstand geschaffen, und erst in einem menschlichen Raum erhält er seinen Sinn; er trennt Hero von Leander und Marathon von Athen, aber nicht einen Stein von einem andern. Was das heißt, habe ich an einem Aprilabend des Jahres 1941 begriffen: ich hatte zwei Monate in einem Gefangenenlager zugebracht, in dem wir wie Heringe zusammengepfercht gewesen waren, und hatte die absolute Nähe kennengelernt; die Grenze meines Lebensraums war meine Haut gewesen; Tag und Nacht hatte ich die Wärme einer Schulter oder einer Hüfte gegen mich gespürt. Und doch hatte ich das nicht als störend empfunden: die andern, das war noch einmal ich. Am ersten Abend nach meiner Freilassung nun, als ich fremd – ich hatte meine Freunde von früher noch nicht wieder getroffen – durch meine Heimatstadt irrte, betrat ich ein Café. In diesem Augenblick überfiel mich Angst, oder doch etwas dergleichen; ich konnte nicht verstehen, wie diese behäbigen, dickbäuchigen Häuser solche Wüsten in sich bergen konnten; ich fühlte mich verloren: die paar Kunden erschienen mir weiter entfernt als die Sterne; jeder hatte Anrecht auf ein großes Stück Bank, einen ganzen Marmortisch, und ich hätte, um sie zu berühren, das «glänzende Parkett» überqueren müssen, das zwischen mir und ihnen lag. Sie erschienen mir unnahbar, diese funkelnden, in ihrer Hülle aus verdünnter Luft sich wohl fühlenden Menschen, denn ich hatte nicht mehr das Recht, ihnen mit der Hand auf die Schultern oder Schenkel zu klopfen und sie «alter Junge» zu nennen: ich war wieder in der bürgerlichen Gesellschaft, mußte wieder lernen, «auf respektvolle Entfernung» zu leben, und meine plötzliche Platzangst verriet die unbestimmte Sehnsucht nach dem einträchtigen Leben, von dem ich soeben für immer ausgeschlossen worden war. Ebenso Giacometti: bei ihm ist der Abstand kein freiwilliges Sich-Isolieren, nicht einmal ein Zurückweichen: er ist Forderung, Zeremonie, Gefühl für die Schwierigkeiten. Er ist, wie Giacometti es selbst ausgedrückt hat, ein Produkt aus anziehenden und abstoßenden Kräften.[1]

1 Brief an Matisse vom November 1950.

Wenn er die paar Meter glänzenden Parketts, die ihn von den nackten Frauen trennen, nicht zu überschreiten vermag, dann deshalb, weil Schüchternheit oder Armut ihn auf seinen Stuhl fesseln; wenn er jedoch dermaßen die Unüberbrückbarkeit dieses Abstands fühlt, dann deshalb, weil ihn danach verlangt, diese prächtigen Leiber zu berühren. Er lehnt oberflächliche Verbindungen, gutnachbarliche Beziehungen ab, aber nur deshalb, weil er Freundschaft, weil er Liebe sucht. Er wagt nicht zu nehmen, weil er Angst hat, genommen zu werden. Seine Gestalten sind einsam: rückt man sie jedoch – gleichgültig wie – zusammen, so verbinden sie sich auf Grund ihrer Einsamkeit und bilden plötzlich eine kleine, magische Gesellschaft: «Als ich die Figuren betrachtete, die ich, um den Tisch freizumachen, kunterbunt auf den Boden gestellt hatte, bemerkte ich, daß sie zwei Gruppen bildeten, die genau dem zu entsprechen schienen, was ich suchte. Ohne die geringste Veränderung stellte ich die beiden Gruppen auf Sockel...» Eine Ausstellung Giacomettis ist ein ganzes Volk. Er hat Menschen gebildet, die einen Platz überqueren, ohne sich zu sehen; sie gehen – unwiederbringlich allein – aneinander vorbei, und dennoch *gehören sie zusammen*: sie werden sich für immer aus den Augen verlieren, aber sie verlören sich nicht, wenn sie sich gesucht hätten. Giacometti selber hat seine Welt besser charakterisiert, als ich es kann, als er von einer seiner Gruppen schrieb, sie erinnere ihn «an ein Waldstück, das ich viele Jahre hindurch gesehen habe und dessen Bäume mit ihren nackten, schlanken Stämmen ... mir immer wie in ihrem Gang stehengebliebene und miteinander sprechende Menschen erschienen sind». Was ist nun aber dieser kreisförmige Abstand – den allein das gesprochene Wort überbrücken kann – anderes als der negative Begriff der *Leere*? Ironisch, mißtrauisch, zeremoniös und zärtlich, sieht Giacometti überall nichts als Leere. Nicht überall, höre ich meine Leser sagen. Es gibt Dinge, die sich berühren. Aber für Giacometti steht eben nichts fest, nicht einmal dieses eine; wochenlang war er von den Beinen eines Stuhles fasziniert; sie *berührten* den Boden nicht. Zwischen den Dingen, zwischen den Menschen gibt es nur zerbrochene Brücken; überall schleicht sich die Leere ein, jedes Geschöpf sondert seine eigene Leere ab. Giacometti wurde zum Bildhauer, weil er von der Leere besessen ist. Zu einer Statuette schreibt er: «Ich selbst, im Regen auf einer Straße dahineilend.» Nur wenige Bildhauer schaffen ihre eigene Büste; wenn sie sich an ein «Selbstbildnis» wagen, dann betrachten sie sich von außen, in einem Spiegel: sie sind Propheten der Objektivität. Stellen wir uns jedoch einen lyrischen Bildhauer vor: was er wiedergeben will, ist sein inneres Gefühl, ist diese unabsehbare Leere, die ihn umschließt und von einem Obdach trennt, ist seine Hilfosigkeit im Sturm. Giacometti ist Bildhauer, weil er seine Leere mit sich trägt wie die Schnecke ihr Haus, weil er von allen Seiten und in allen Dimensionen Rechenschaft über sie ablegen will. Manchmal verträgt er sich mit dem Miniaturexil, das er überall mit sich trägt – und manchmal packt ihn Entsetzen. Ein Freund hat sich bei ihm einquartiert; zuerst ist Giacometti froh, aber bald steigen Sorgen in ihm auf: «Morgens öffnete ich die Augen: seine Hose und sein Kittel hingen *über meiner Leere*.» Manchmal indes schleicht er auch an den Wänden entlang, scheuert sich an den Mauern: die Leere um ihn herum ist Vorbote von Höllenstürzen, von Geröll und Lawinen. Auf jeden Fall will sie bezeugt sein.

Genügt dazu die Skulptur? Die Figur, die unter seiner Hand entsteht, ist «zehn Schritte», «zwanzig Schritte» entfernt, und was immer der Beschauer unternimmt, sie bleibt, wo sie ist. Die Statue selbst bestimmt die Entfernung, aus der sie betrachtet sein will, wie die Hofetikette bestimmt, aus welcher Entfernung man den König anreden darf. Das Reale schafft sich sein eigenes Niemandsland um sich herum. Eine Gestalt Giacomettis ist Giacometti selbst, umgeben von seinem kleinen Einzel-Nichts. All diese unbedeutenden Nichts jedoch, die zu uns gehören wie unsere Namen, unsere Schatten, genügen noch nicht, eine ganze Welt zu erschaffen. Über sie hinaus gibt es *die Leere*, den umfassenden Abstand zwischen allem und allem. Die Straße liegt leer in der Sonne: und *in dieser Leere* taucht plötzlich eine Person auf. Die Skulptur schafft die Leere *aus dem vollen Raum*: vermag sie auch deutlich zu machen, wie mitten aus einer vorherigen Leere der volle Raum entsteht? Giacometti hat diese Frage hundertmal zu beantworten versucht. Seine Komposition *Der Käfig* entspricht «dem Wunsch, den Sockel aufzugeben und einen *begrenzten* Raum zu haben, um einen Kopf und eine Gestalt zu schaffen». Denn hier liegt der springende Punkt: wenn man die Leere vorher mit Mauern umschließt, ist sie älter als die Geschöpfe, die sie bevölkern, ja, sie ist uralt. Dieser «Käfig» ist «ein Zimmer, das ich gesehen habe, ich habe sogar Vorhänge hinter der Frau gesehen ...». Ein anderes Mal formt er «eine kleine Gestalt in einer Schachtel zwischen zwei Schachteln, die

Häuser darstellen». Kurz, er umrahmt seine Personen: sie bewahren uns gegenüber eine imaginäre Distanz, aber sie leben in einem umschlossenen Raum, der ihnen seine eigenen Distanzen auferlegt, in einer vorgefertigten Leere, die sie nicht auszufüllen vermögen und die sie erleiden, anstatt sie zu erschaffen. Was ist jedoch diese umrahmte und von Menschen bevölkerte Leere anderes als ein Bild? Lyrisch als Bildhauer, wird Giacometti objektiv, sobald er malt: er versucht, die Züge Annettes oder Diegos festzuhalten, wie sie ihm in einem leeren Zimmer, in seinem öden Atelier erscheinen. Ich habe anderswo aufzuzeigen versucht, wie er als Maler zur Bildhauerei kam, weil er eine Gipsfigur behandelte, als sei sie eine Gestalt aus einem Gemälde[1]: er verleiht seinen Statuetten eine imaginäre, feststehende Entfernung. Umgekehrt kann man aber auch sagen, daß er als Bildhauer zur Malerei kommt, denn er möchte, daß wir den imaginären Raum, den der Rahmen umschließt, als eine wirkliche Leere fühlen. Er will uns die sitzende Frau, die er soeben gemalt hat, durch viele Schichten von Leere hindurch zeigen; er will die Leinwand gleichsam zu einem stehenden Gewässer machen und uns seine Personen im Bild sehen lassen, wie Rimbaud einen Salon in einem See sah: durchsichtig. Wenn er nun Skulpturen schafft, wie andere malen, und malt, wie andere Skulpturen schaffen – ist er dann Maler? ist er Bildhauer? Keines von beiden und beides zugleich. Maler und Bildhauer, weil sein Zeitalter es ihm verbietet, Bildhauer und Architekt zu sein: Bildhauer, der jedem seine kreisförmige Einsamkeit zuweist, und Maler, der Menschen und Dinge wieder in die Welt, das heißt, in die große, umfassende Leere stellt, wobei es ihm passiert, zu modellieren, was er ursprünglich malen wollte.[2] Oft jedoch weiß er auch, daß allein die Skulptur (oder in anderen Fällen die Malerei) ihm die Möglichkeit gibt, «seine Eindrücke zu verwirklichen». Auf jeden Fall sind die beiden Tätigkeiten unzertrennlich und ergänzen sich gegenseitig: sie erlauben es ihm, das Problem des Bezugs zwischen sich und den anderen von allen Seiten her anzugehen, je nachdem, ob der Abstand ihnen, ihm selbst oder der Welt entstammt.

1 «Er kam als erster auf den Gedanken, den Menschen in der Skulptur so darzustellen, wie man ihn *sieht*, das heißt aus der Entfernung. Er verleiht seinen Gipsfiguren eine *absolute Entfernung*, wie der Maler den Bewohnern seiner Leinwand.»
2 Zum Beispiel die *Neun Gestalten* (1950): «Letzten Frühling hätte ich sie sehr gern gemalt.»

Wie läßt sich Leere malen? Offenbar hat sich niemand vor Giacometti darin versucht. Seit fünfhundert Jahren sind die Bilder zum Bersten voll: das ganze Universum zwängt man in sie hinein. Giacometti beginnt damit, daß er die Welt aus seinen Gemälden verbannt: sein Bruder Diego, ganz allein, in einem Schuppen verloren: das genügt. Nun muß noch die Person von dem, was sie umgibt, abgehoben werden. Normalerweise geschieht das durch eine Betonung ihrer Umrisse. Eine Linie entsteht aber aus der Überschneidung zweier Flächen: und die Leere kann nicht als Fläche gelten. Noch weniger als Volumen. Mittels einer Linie wird der Behälter vom Inhalt getrennt: aber die Leere ist kein Behälter. Man könnte nun sagen, daß Diego sich von der Wand hinter ihm «abhebe». Aber nein, der Bezug «Gestalt – Hintergrund» besteht ja nur für relativ ebene Flächen; diese ferne Wand kann jedoch unmöglich Diego «als Hintergrund dienen», außer er würde sich an sie anlehnen; kurz, er hat überhaupt nichts mit ihr zu tun. Das heißt, doch: denn weil Mensch und Gegenstand im gleichen Bild vereint sind, müssen sie auch in gewissen traditionellen Beziehungen (Farben, Valeurs, Proportionen) zueinander stehen, die dem Gemälde seine Einheit verleihen. Aber diese Bezüge werden gleichzeitig wieder entwertet durch das Nichts, das sich zwischen sie schiebt. Nein: Diego hebt sich nicht vom grauen Hintergrund einer Mauer ab; er ist ganz einfach da, und die Mauer ist auch da. Nichts zwängt ihn ein, nichts stützt ihn, nichts enthält ihn: er *erscheint* ganz allein im unendlichen Rahmen der Leere. In jedem seiner Bilder läßt uns Giacometti den Augenblick der Schöpfung *ex nihilo* miterleben; jedes wirft erneut die alte metaphysische Frage auf: Warum existiert überhaupt etwas und nicht vielmehr nichts? Dennoch existiert etwas: eben diese störrische, ungerechtfertigte und überflüssige Erscheinung. Diese gemalte Person wirkt wie eine Halluzination, denn sie steht vor uns als *fragende Erscheinung*.

Wie geht es jedoch an, sie auf die Leinwand zu bannen, ohne sie mit Linien zu umreißen? Läuft sie nicht Gefahr, in der Leere zu zerplatzen wie ein an die Meeresoberfläche heraufgeholter Tiefseefisch? Eben nicht: die Linie bedeutet eine aufgehaltene Flucht, stellt ein Gleichgewicht zwischen Außen und Innen dar, schlingt sich um die Form, die der Gegenstand unter dem Druck der Außenkräfte annimmt: sie ist ein Symbol der Trägheit, der Passivität. Aber für Giacometti ist die Endlichkeit keine erlittene Begrenzung: der Zusammenhalt des Realen, seine Fülle und Bestimmtheit sind nur ein und dieselbe Wirkung der in ihm ruhenden Ausdruckskraft. Im Hervortreten erzeugen und umgrenzen die «Erscheinungen» sich selbst. Der Gegenstand ist – ähnlich jenen seltsamen, zugleich umschließenden und umschlossenen Kurven, die die Mathematiker untersuchen – seine eigene Umschließung. Eines Tages, als Giacometti gerade ein Porträt von mir angefangen hatte, meinte er erstaunt: «Was für eine Dichte! Was für Kraftlinien!» Ich war noch überraschter als er, denn ich habe mein Gesicht von jeher für ein ziemlich formloses Allerweltsgesicht gehalten. In seinen Augen jedoch wurde jeder Zug zu einer Zentripetalkraft. Das Gesicht kehrt zu seinem eigenen Ausgangspunkt zurück, schließt den Kreis mit sich selbst. Umschreiten wir es: nirgends entdecken wir Konturen: nichts als voller Raum. Die Linie ist eine begonnene Verneinung, der Übergang des Seins zum Nicht-Sein. Für Giacometti jedoch ist das Reale reine Positivität: *es gibt* ein Sein, und plötzlich gibt es keines mehr: aber zwischen dem Sein und dem Nichts ist keinerlei Übergang denkbar. Man beachte, wie die vielfältigen Linien, die er zieht, *innerhalb* der Form liegen, die er umschreibt; man vergleiche, wie sie geheime Beziehungen des Seins zu sich selbst darstellen, die Falte einer Jacke, eines Gesichts, das Hervortreten eines Muskels, eine Bewegungsrichtung. Alle diese Linien sind zentripetal: sie zielen auf Verdichtung ab, zwingen das Auge, ihnen zu folgen, und führen es immer wieder zum Mittelpunkt des Gesichts zurück; man könnte meinen, eine adstringierende Substanz ziehe es zusammen; in wenigen Minuten wird es nur noch so groß wie eine Faust, wie ein Jivarokopf sein. Dabei ist nirgends die Grenze des Körpers bezeichnet: bald läuft die plumpe Fleischmasse dunkel und geheimnisvoll in einem zerfließenden braunen Heiligenschein irgendwo unter dem Netzwerk der Kraftlinien aus – bald endet sie buchstäblich überhaupt nicht: die Umrisse des Armes oder der Hüfte verlieren sich in einem Lichtgeflimmer, das sie aufschluckt. Ganz unvorbereitet wohnen wir einer plötzlichen Entmaterialisierung bei: da schlägt ein Mann ein Bein übers andere; solange ich mein Augenmerk nur auf sein Gesicht und seinen Oberkörper richtete, war ich davon überzeugt, daß er Füße habe, ja, ich glaubte sogar, sie zu sehen. Schaue ich sie jedoch an, so fransen sie aus, verschwinden in einem lichten Dunst, und ich weiß nicht mehr, wo die Leere anfängt und der Körper aufhört. Dabei handelt es sich hier nicht etwa um eine jener Desintegrationen, die Masson versucht hat, indem er, um den Gegenständen eine Art Allgegenwart zu verleihen, sie über die ganze Leinwand zerstreute. Wenn Giacometti den Schuh nicht umgrenzt, dann nicht etwa deshalb, weil er ihn für grenzenlos hält, sondern weil er damit rechnet, daß *wir* ihn begrenzen. Und tatsächlich, diese Schuhe stehen vor uns in ihrer ganzen Schwere und Dichte. Ich brauche sie nur nicht fest anzuschauen, und schon sehe ich sie. Um diesen Vorgang zu verstehen, studiere man die Skizzen, die Giacometti manchmal zu seinen Figuren macht. Vier Frauen auf einem Sockel: gut. Schauen wir jetzt die Zeichnung an: hier, in kräftigen Strichen, Kopf und Hals, dann nichts, dann nochmals nichts, dann ein offener Kreisbogen, der um einen Punkt schwingt: Bauch und Nabel; hier noch ein Schenkelstumpf, dann nichts, dann zwei vertikale Striche und weiter unten nochmals zwei. Das ist alles. Eine ganze Frau. Was haben wir gemacht? Wir haben mit Hilfe unserer Erfahrung die Kontinuität wiederhergestellt, mit unseren Augen die *disjecta membra* wieder zusammengefügt: wir haben auf dem weißen Papier Schultern und Arme *gesehen*; gesehen, weil wir Kopf und Bauch *erkannten*. Und obwohl nicht durch Linien gegeben, waren diese Glieder doch wirklich vorhanden. Ähnlich steigen auch zuweilen völlig klare, abgerundete Gedanken in uns auf, ohne schon in Worte gekleidet zu sein. Der Körper ist ein zwischen den beiden Endpunkten pulsierender Strom. Wir stehen vor der reinen Wirklichkeit, einer unsichtbaren Spannung auf dem weißen Papier. Aber die Leere? Verkörpert das Weiß des Blattes nicht auch sie? Eben: für Giacometti existiert genausowenig die Trägheit der Materie wie die des reinen Nichts; die Leere ist entspannter voller Raum; der volle Raum ist ausgerichtete Leere. Eine blitzgeladene Wirklichkeit.

Hat der Leser schon die Überfülle weißer Linien beobachtet, die die Körper und Gesichter überziehen? Dieser Diego ist gar nicht richtig zusammengenäht: er ist, um einen Schneiderausdruck zu benützen, nur geheftet. Oder will Giacometti etwa «mit Leuchtschrift auf schwarzem Grund» schreiben? Beinahe. Es handelt sich nicht mehr darum, den vollen Raum von der Leere zu trennen, sondern die Fülle selbst zu malen. Diese jedoch ist zugleich eins und vielfältig: wie also sie differenzieren, ohne sie zu zerteilen? Schwarze Linien sind gefährlich: sie könnten dem Sein Kratzer und Risse zufügen. Benützt man sie, um ein Auge zu umsäumen, einen Mund zu umrahmen, so sind wir geneigt, mitten in der Wirklichkeit Fisteln der Leere anzunehmen. Diese weißen Striche dienen dazu, aufzuzeigen, ohne aufzufallen: sie geleiten das Auge, schreiben ihm seine Bewegungen vor und zerrinnen unter dem Blick. Die eigentliche Gefahr liegt jedoch anderswo. Wir alle wissen, welchen Erfolg Arcimboldo mit seinen Gemüsestapeln und aufgehäuften Fischen gehabt hat. Was schmeichelt uns denn so an diesen Schwindeleien? Ist es nicht eben dies, daß uns das Verfahren seit langem vertraut ist? Und wenn nun unsere Maler auf ihre Art alle Arcimboldos wären? Freilich würden sie es sich nicht einfallen lassen, aus einem Kürbis, Tomaten und Rettichen einen menschlichen Kopf zusammenzusetzen. Setzen sie jedoch nicht täglich Gesichter aus einem Augenpaar, einer Nase, zwei Ohren und zweiunddreißig Zähnen zusammen? Worin liegt der Unterschied? Wenn jemand eine rosarote Fleischkugel nimmt, zwei Löcher in sie bohrt, in jedes eine emaillierte Kugel setzt, einen Nasenansatz modelliert und ihn wie eine künstliche Nase unter die Augäpfel steckt, ein drittes Loch anbringt und es mit weißen Kieselsteinen versieht – ist damit nicht die unauflösliche Einheit eines Gesichts durch ein Sammelsurium bizarrer Gegenstände ersetzt? Überall schleicht sich Leere ein: zwischen Augen und Wimpern, zwischen die Lippen, in die Nasenlöcher. Der Kopf wird seinerseits zum Inselmeer. Man mag einwerfen, diese seltsame Konstruktion entspreche genau der Wirklichkeit, der Augenarzt könne ja auch das Auge aus seiner Höhle nehmen und der Zahnarzt die Zähne ausreißen. Vielleicht. Aber was soll nun gemalt werden? Das, was ist? Das, was wir sehen? Und was sehen wir? Der Kastanienbaum unter meinem Fenster wurde auf manchen Bildern zu einer großen, einheitlichen, zitternden Kugel; andere Künstler haben die Blätter einzeln mitsamt den Adern gemalt. Sehe ich nun eine belaubte Masse oder eine Vielheit? Blätter oder Blattwerk? Ich glaube, beides; nicht ganz das eine und nicht ganz das andere; ich werde ständig vom einen zum andern verwiesen. Nein, ich sehe diese Blätter nicht zu Ende; wenn ich glaube, sie zu erfassen, verliere ich mich darin; das Blattwerk löst sich auf, sobald ich es in den Griff bekomme. Kurz, ich sehe einen wimmelnden Zusammenhalt, ein zusammengeballtes Auseinanderstreben. Und das soll man malen! Dennoch will Giacometti malen, was er sieht, und zwar genauso, *wie* er es sieht; seine

Gestalten sollen mitten in ihrer angeborenen Leere auf der unbeweglichen Leinwand endlos zwischen Kontinuität und Diskontinuität hin und her schwanken. Er möchte den Kopf isoliert darstellen, weil er souverän ist, und gleichzeitig soll er wieder vom Körper angezogen werden und nur noch ein Periskop des Bauches sein, wie man von Europa sagt, es sei eine Halbinsel Asiens. Aus Augen, Nase und Mund möchte er Blätter eines Blattwerks machen, die getrennt und zugleich miteinander verschmolzen sind. Es gelingt ihm: darin liegt sein größter Erfolg. Wie? Indem er darauf verzichtet, genauer als die Wahrnehmung zu sein. Nicht, als handle es sich um eine *verschwommene* Malerei; ganz im Gegenteil, in der Ungenauigkeit des Erkennens läßt er eine vollkommene Genauigkeit des Seins ahnen. Für sich selbst oder für solche, die besser sehen können als wir, für Engel zum Beispiel, folgen diese Gesichter haargenau dem Prinzip der Individuation; sie sind bis ins kleinste bestimmt. Das fällt uns schon beim ersten Blick auf: außerdem erkennen wir Diego oder Annette sofort. Das allein würde nötigenfalls genügen, Giacometti vom Vorwurf der Subjektivität reinzuwaschen. Zugleich jedoch beschleicht uns beim Anblick dieser Bilder auch ein Unbehagen: wir sind unwillkürlich versucht, uns eine elektrische Taschenlampe oder wenigstens eine Kerze herbeizuwünschen. Ist es ein Nebel, der hereinbrechende Abend oder ein Nachlassen unserer Sehkraft? Senkt Diego die Lider oder hebt er sie? Dämmert er vor sich hin? Träumt er? Lauert er? Ähnliche Fragen stellt man sich freilich auch zuweilen auf einem Jahrmarkt der Klecksereien vor irgendeinem erbärmlichen Porträt, dessen Verschwommenheit die verschiedensten Antworten zuläßt, ohne daß eine einzige zwingend wäre. Aber diese Unbestimmtheit aus Unvermögen hat mit der gewollten Unbestimmtheit Giacomettis nichts zu tun: sollte man bei diesem nicht übrigens besser von Überbestimmtheit sprechen? Ich drehe mich nach Diego um und sehe ihn jeden Augenblick etwas anderes tun, bald schläft er, bald wacht er, bald schaut er zum Himmel empor, bald starrt er mich an. Alles ist richtig, alles offenkundig, aber ich brauche nur den Kopf ein wenig zu neigen, meine Blickrichtung zu verändern, und schon löst sich diese Offenkundigkeit auf und wird durch eine andere ersetzt. Gebe ich es auf und will mich auf eine einzige Meinung festlegen, so bleibt mir nichts anderes übrig, als so schnell wie möglich wegzugehen. Aber auch diese Meinung ist noch anfällig und unsicher – ähnlich wie wenn ich im Feuer, in einem Tintenklecks, einem Schnörkel der Tapete ein Gesicht zu erkennen glaube, dessen unvermittelt erschienene Form sich verdichtet und sich mir aufdrängt und bei dem ich, obwohl ich sie nicht anders als *so* sehen kann, doch weiß, daß andere sie anders sehen würden. Aber das Gesicht in der Flamme besitzt keine Wahrheit: was uns an den Bildern Giacomettis zugleich aufreizt und gefangennimmt, ist, daß darin eine Wahrheit *ist* und daß wir das spüren. Sie ist da, in Griffweite, ich brauche sie nur zu suchen. Aber mein Blick stumpft ab, meine Augen werden müde: ich gebe es auf. Zumal mir zum Bewußtsein kommt: Giacometti schlägt uns deshalb in seinen Bann, weil er das Problem von Grund auf umgekehrt hat. Nehmen wir ein Bild von Ingres: wenn ich die Nasenspitze der Odaliske betrachte, so verschwimmt das übrige Gesicht und wird zu rosiger Butter mit einem zartroten Lippenfleck darin; wende ich nun mein Augenmerk den Lippen zu, so steigen sie, feucht und leicht geöffnet, aus dem Dunkel, und die Nase, aufgeschluckt von der Undifferenziertheit des Hintergrunds, verschwindet nun ihrerseits: was tut's, ich habe die beruhigende Gewißheit, sie nach Belieben wieder hervorrufen zu können. Bei Giacometti verhält es sich gerade umgekehrt: wenn mir eine Einzelheit scharf und beruhigend erscheinen soll, brauche ich, ja darf ich sie nicht zum ausdrücklichen Gegenstand meiner Aufmerksamkeit machen; nur was ich gerade noch im Augenwinkel erhasche, erweckt mein Vertrauen. Je länger ich Diegos Augen beobachte, desto weniger deutlich sehe ich sie; dagegen erahne ich die ein wenig schlaffen Backen und das seltsame Lächeln um die Mundwinkel. Sobald aber mein Blick, von meiner unglücklichen Vorliebe für Klarheit getrieben, sich bis zu diesem Mund senkt, entgleitet mir wieder alles. Wie ist er? Hart? bitter? ironisch? offen? zusammengekniffen? Von den Augen dagegen, die fast ganz meinem Blickfeld entglitten sind, *weiß* ich jetzt, daß sie halb geschlossen sind. Und nichts hindert mich, meine Wanderung im Bannkreis dieses schemenhaften Gesichts fortzusetzen, das sich unablässig hinter mir bildet, auflöst und wieder neu formt. Das Wunderbare ist, daß man daran glaubt. Wie an Halluzinationen: anfänglich streifen sie einen nur leicht, man dreht sich um: nichts mehr. Auf der anderen Seite freilich ...

Sind nun diese seltsamen Gestalten, die so völlig unkörperlich erscheinen, daß sie oft geradezu durchsichtig werden, und zugleich so gänzlich, so vollkommen real sind, daß sie wie ein Faustschlag ins Bewußtsein treten und sich ihm unvergeßlich einprägen – sind sie Erscheinungen oder Entschwindungen? Beides zugleich. Manchmal kommen sie einem so durchscheinend vor, daß man ganz vergißt, sich über ihre Köpfe Gedanken zu machen: man zwickt sich in den Arm, um sich zu vergewissern, ob sie tatsächlich existieren. Beobachtet man sie hartnäckig, so beginnt das ganze Bild zu leben: ein dunkles Meer schäumt über sie hinweg und verschlingt sie; nichts bleibt übrig als eine rußige Oberfläche; dann zieht sich die Welle zurück, und weiß und nackt und in den Fluten glänzend tauchen sie wieder auf. Sobald sie jedoch von neuem sichtbar werden, stehen sie voll Heftigkeit im Raum, wie erstickte Schreie, die zum Gipfel eines Berges empordringen und bei denen man schon vom Klang her weiß, daß sie irgendwo in großer Not oder Qual ausgestoßen wurden. Dieses Wechselspiel von Auftauchen und Verschwinden, von Flucht und Herausforderung verleiht ihnen eine Art Koketterie. Sie erinnern mich an jene Galatea, die vor ihrem Liebhaber ins Weidengebüsch floh und doch zugleich wünschte, von ihm erblickt zu werden. Mit dieser Koketterie, dazu mit ihrer Grazie – denn sie sind ganz Vollzug – und ihrer aus der Leere, die sie umgibt, resultierenden Unheimlichkeit erlangen diese Nichts-Geschöpfe die ganze Fülle der Existenz, weil sie sich dem Zugriff entziehen und uns zum Narren halten. Ein Zauberkünstler hat jeden Abend dreihundert Helfershelfer: seine Zuschauer und ihre zweite Natur. Er schnallt sich einen Holzarm in einem schönen roten Ärmel an die Schulter. Für das Publikum steht fest, daß jedermann zwei Arme in Ärmeln von gleichem Stoff besitzt; es sieht zwei Arme, zwei Ärmel und ist zufrieden. Unterdessen zaubert ein wirklicher, mit schwarzem Stoff umhüllter, unsichtbarer Arm ein Kaninchen, eine Spielkarte, eine explodierende Zigarette herbei. Die Kunst Giacomettis ist der des Taschenspielers verwandt; wir sind die, die er narrt, und die, die ihm helfen. Ohne unsere Begierde und kopflose Hast, ohne die traditionellen Irrtümer unserer Sinne und die Widersprüche unserer Wahrnehmung gelänge es ihm nicht, seine Porträts zum Leben zu erwecken. Er arbeitet gefühlsmäßig, nach dem, was er sieht, vor allem jedoch nach dem, was wir seiner Meinung nach sehen werden. Sein Ziel ist nicht, uns vor ein Bild zu stellen, sondern Trugbilder zu schaffen, die, obwohl sie sich immer nur für das ausgeben, was sie sind, doch in uns die Gefühle und Einstellungen hervorrufen, die sich normalerweise aus der Begegnung mit wirklichen Menschen ergeben. Wenn jemand im Musée Grévin eine Wachsfigur für einen Aufseher hält, ärgert er sich hinterher oder ist erschrocken. Nichts leichter, als mit solchen Dingen die köstlichsten Streiche zu inszenieren. Aber Giacometti schätzt Streiche nicht besonders. Außer einem. Einem einzigen, und dem hat er sein Leben verschrieben. Er hat längst erkannt, daß die Künstler im Imaginären arbeiten und daß wir immer nur Trugbilder erschaffen; er weiß, daß die «von der Kunst nachgeahmten Monstren» bei den Zuschauern nie etwas anderes als künstliche Schrecken hervorrufen werden. Dennoch gibt er die Hoffnung nicht auf: eines Tages wird er uns ein Porträt von Diego vorsetzen, das äußerlich genau wie alle andern ist. Wir kennen uns schon aus, wir wissen, daß es sich nur um eine Luftspiegelung, eine leere, in ihrem Rahmen gefangene Täuschung handelt. Und dennoch werden wir an jenem Tag vor der stummen Leinwand einen Schock, einen ganz kleinen Schock verspüren. Den gleichen, wie wenn wir spät abends nach Hause gehen und ein Unbekannter uns im Dunkel entgegentritt; dann wird Giacometti wissen, daß er mit seinen Gemälden ein echtes Gefühl in uns wachgerufen hat, daß seine Trugbilder, ohne ihren Illusionscharakter zu verlieren, ein paar Augenblicke lang *wirkliche* Kräfte besaßen. Möge ihm dieser denkwürdige Streich bald gelingen. Glückt er ihm nicht, dann bedeutet das, daß er niemandem glücken kann. Auf jeden Fall kommt niemand über ihn hinaus.

Les Temps Modernes, Nr. 103, Juni 1954

Der Maler ohne Vorrechte

Seit Goya haben die Mörder nicht aufgehört zu morden noch die Gutwilligen zu protestieren. Alle fünf oder zehn Jahre findet sich ein Maler, der die *Schrecken des Krieges* dem neuesten Geschmack anpaßt, indem er Uniformen und Waffen modernisiert. Vergebliche Mühe: die Entrüstung seines Herzens steht außer Zweifel, aber sie dringt nicht bis in seinen Pinsel hinein.

Lapoujades Unternehmen ist von ganz anderer Art. Bei ihm geht es nicht darum, die Kunst in den Dienst humaner Gesinnung zu stellen und damit erstarren zu lassen, sondern die Malerei von *innen* heraus über ihre Bewegung und ihre Reichweite zu befragen. Nachdem das künstlerische Schaffen seit nahezu einem Jahrhundert kritisch geworden ist, wagt sie und beurteilt aus der Rückschau diesen Wagemut. Von den Entwicklungsformen hingerissen, die die Malerei unter seinem eigenen Pinsel durchlebt, kommt Lapoujade dazu, uns mit Gegenwärtigkeiten zu konfrontieren, die jeder Komposition innewohnen und zugleich jenseits aller Kompositionen liegen. Diese Gegenwärtigkeiten darzustellen war die «Figur» nicht geeignet gewesen: vor allem die menschliche Figur verdeckte die Qual des Menschen; nun verschwindet sie, und aus ihrem Tod steigt mitten im Gewebe der Kunst etwas ans Licht; nämlich: gequälte Opfer, ausgelöschte Städte, dahingemordete Massen; selbst die Folterknechte sind überall dabei. Opfer, Henker: der Maler malt unser Porträt. Grob gesagt, das Porträt unseres Jahrhunderts. Zugleich ist das Objekt seiner Kunst nicht mehr das Individuum. Noch das Typische. Es ist die Einzigartigkeit einer Epoche und ihre Realität. Wie hat Lapoujade ausgerechnet mit Hilfe der strengen Forderungen des «Abstrakten» das erreicht, wozu das Figürliche nie imstande gewesen war?

Seit die Gemälde die Freiheit errungen haben, allein den Gesetzen der Malerei unterworfen zu sein, konnte der Künstler wieder die fundamentale, unlösbare Verkettung von Werk und Schönheit betonen. Woher immer ein Gemälde stammt, entweder ist es schön, oder es existiert überhaupt nicht; ist es hingeschmiert, so kann ganz einfach von Malerei keine Rede sein; und was das Auge wahrnimmt, ist lediglich eine Farbkruste. Das Schöne ist nicht einmal das Ziel der Kunst, es ist ihr Fleisch und Blut, ihr Sein. So weit, so gut: jedermann hat das von jeher gesagt, und jedermann gibt vor, es zu wissen. Nun steht jedoch zweifellos fest, daß dieses reine, fundamentale Bestreben, nachdem es zu Anfang des Jahrhunderts noch von einem Alchimistentraum, nämlich dem Wunsch, ein reales Absolutes zu schaffen, überschattet war, in der abstrakten Kunst seine ursprüngliche Reinheit wiederentdeckt. Damit erwacht freilich auch der alte Irrtum des «L'art pour l'art» wieder, der nichts anderes als eine Riesendummheit darstellt. Denn niemand ist «künstlerisch tätig», um Kunst zu erschaffen oder damit Kunst sei: er ist es ganz einfach. Lapoujade malt seine Bilder nicht in der Hoffnung, die Oberfläche der Schönheit um ein paar Quadratzentimeter zu vergrößern; sondern er entnimmt seine Motive, seine Themen, seine Albträume und Absichten allein der Bewegung seiner Kunst: hat die plastische Welt erst einmal die Gestalt aufgelöst, die sie wie mit einem Korsett umschloß – was zwingt sie dann noch zur Fortsetzung ihrer Existenz? Bei allen Werken, die wir hier vor uns sehen, müssen wir uns bewußt sein, daß sie keiner anderen Quelle entspringen. *Hiroschima* entsprach einer Forderung der *Kunst*.

Das klingt schockierend. Seit langem sind die Politiker gewohnt, den Künstler um ein paar bescheidene Dienste anzugehen. Ordengeschmückte Abtrünnige haben seit langer Zeit den Beweis geliefert, daß die Malerei in dem Augenblick zugrunde geht, in dem man sie fremden Zwecken dienstbar machen will. In der Tat, sooft man bisher versuchte, das Böse darzustellen, das Menschen anderen Menschen antun, fand man sich plötzlich vor die unbequeme Wahl gestellt: die Malerei zu verraten, ohne dadurch der Moral viel zu nützen, oder, wenn das Werk trotz allem schön erschien, um der Schönheit willen den Zorn oder die Qual der Menschen zu verraten. Auf jeden Fall Verrat.

Edle Gesinnung neigt zum Akademismus: will man im Publikum eine gerechte Entrüstung entfachen, so muß dieses vor allem die Botschaft entziffern können; man wird also die Unruhe der Kunst ihrer falschen Sicherheit unterordnen. Lebendige Schönheit ist immer ein Werdendes: um nicht durch Experimentieren irrezuführen, wird man sie als etwas Totes darstellen; man wird die am leichtesten lesbare Ausdrucksweise verwenden, und die ist notwendigerweise ein alter, zur Konvention gewordener Stil. Was die Darstellung von Folterszenen betrifft, von Leichen mit zerfetztem Fleisch, von lebenden, aber aufs Rad geflochtenen, mit Zangen gemarterten, brennenden Körpern, so glaube ich, daß die, die es versucht haben, kein zweites Mal darangegangen sind. Was sie fertigbrachten, war, daß sie unsere Sehgewohnheiten ansprachen, uns die beängstigende Nachahmung der Wirklichkeit zeigten und uns veranlaßten, zu reagieren, wie wir im Ernstfall reagieren würden: mit Schrecken, Zorn und vor allem jener dumpfen Sympathie, auf Grund deren jeder Mensch die Wunden der andern wie ebenso viele Löcher in seinem eigenen Körper fühlt. Ein unerträgliches Schauspiel, das den Zuschauer in die Flucht jagt. Dabei mag das Bild sogar genial komponiert, sorgfältig ausgewogen und voller Entsprechungen sein: was nützt uns das, wenn wir die Flucht ergriffen haben und nicht mehr zurückkommen? Und kehrten wir auch um, so würde alles zerfallen und sich vereinzeln, durchbohrtes Auge, verkrustete Wunde, und nie mehr erstünde die Schönheit in ihrer ursprünglichen Form. Fehlschlag.

Sie werden es sicher noch zu hören bekommen: man wird ihnen Mangel an Takt vorwerfen. Wenn sie wieder so ein heikles Thema vornehmen, sollen sie gefälligst Zartheit mit Vorsicht verbinden. Takt war, um einen großen Namen zu nennen, die Haupteigenschaft Tizians. Fürsten konnten ihm den Auftrag erteilen, ein von ihnen angeordnetes Massaker zu malen, und sich dann ruhig aufs Ohr legen: Tizian machte daraus eine Prozession oder ein Ballett. Und selbstverständlich ein schönes! Wenn man Qualen so malt, wie er es tat, löst man sie von der Leinwand los wie die von jedem Strauß losgelöste «Rose». Da sieht man Henker, mit teuersten Stoffen bekleidet, dazu stramme Haudegen, die die Operation überwachen, und vielleicht zur Not den nackten, unversehrten, hinreißend schönen Fuß eines Opfers, dessen Beine, Rumpf und Kopf verdeckt sind. Aus diesem Grund halte ich Vecellio für einen Verräter: er hat seinen Pinsel gezwungen, ruhige Schrecken, schmerzlose Schmerzen, todlosen Tod darzustellen: er ist schuld daran, daß die Schönheit die

Menschen verrät und sich auf die Seite der Könige stellt. Wenn ein Eigensinniger, in einem Zimmer, dessen Fenster auf ein Durchgangslager hinausgehen, Obstschalen malt, ist das nicht so schlimm: eine Unterlassungssünde. Ein wirkliches Verbrechen jedoch ist es, das Durchgangslager so zu malen, als sei es eine Obstschale.

Zwei Ausnahmen muß ich zugestehen. Die erste ist jedoch nur scheinbar: Goya, der von Auflehnung und Gewissensqualen zerrissene, schwankende, gefolterte Visionär, malte nicht den Krieg, sondern seine Visionen. Keinerlei Verlangen nach Belehrung der Massen bei diesem Mann, der selber so schlecht belehrt war, daß die Schrecken der Schlachten und Exekutionen allmählich in seinem Herzen zum nackten Schrecken wurden, Goya zu sein.

Anders *Guernica*: der glücklichste Künstler hat den unerhörtesten Zufall ausgenützt. Tatsache ist, daß dieses Bild unvereinbare Eigenschaften vereint. Mühelos. Das Bild ist eine unvergeßliche Auflehnung, das Mahnmal eines Massakers, und scheint doch gleichzeitig nichts als die Schönheit gesucht zu haben; und es *hat* sie gefunden. Die bittere Anklage wird bleiben, aber sie stört nicht die ruhige Schönheit der Formen. Umgekehrt *verrät* diese nicht: sie *hilft*. Der Grund liegt darin, daß der Spanische Bürgerkrieg, der entscheidende Augenblick vor dem Zweiten Weltkrieg, ausbricht, als auch *dieses* Künstlerleben und *diese* Malerei ihren entscheidenden Augenblick erreichen. Die negative Gewalt eines Pinsels rieb das «Figürliche» auf und bahnte seiner systematischen Zerstörung den Weg. Man hielt damals noch an der Figur fest, denn das Ziel des Experimentierens war eben die Bewegung, die sie auflöste. Diese Gewalt brauchte sich nicht zu verbergen oder umzuformen, sie entpuppte sich, so wie sie war, als mit der Auflösung der Menschen durch ihre eigenen Bomben identisch: eine Untersuchungsmethode wurde zum einmaligen Sinn einer Revolte und zur Anklage gegen ein Massaker. Dieselben sozialen Kräfte hatten einen Maler zur Negation *ihrer* Ordnung gemacht und zugleich aus der Ferne das faschistische Zerstörungswerk und *Guernica* vorbereitet. Dieser Glücksfall erlaubte es dem Künstler, der Schönheit nicht schmeicheln zu müssen. Wenn das «plastisch» gewordene Verbrechen hassenswert bleibt, dann deshalb, weil es explodiert, weil die Schönheit Picassos, um ein Wort Bretons zu gebrauchen, eine «starr-explosive» ist. Kein zweites Mal glückte der wunderbare Wurf: als der Maler nach dem Zweiten Weltkrieg wieder ansetzen wollte, hatte sich seine Kunst gewandelt und ebenso die Welt, sie trafen sich nicht mehr. Praktisch bleibt also der Schnitt: für uns ist, wenn es sich um die Menschen und ihre Schmerzen handelt, weder die figürliche Darstellung des Schreckens noch sein Verschwinden unter einer glänzenden Hülle annehmbar.

Bei Lapoujade nun ist diese Alternative schon überholt; für ihn gibt es kein Problem mehr. Die soeben angeführten Beispiele entstammen ja alle dem Bereich des Figürlichen. Paradoxerweise erhebt sich jedoch, wenn die menschliche Figur nachgeahmt wird, die Forderung nach Richtigkeit von außen; liegt dagegen keine Nachahmung vor, so entspringt sie der Kunst selbst.

Wir stehen an der bisher letzten Etappe eines langen Wegs. Seit Jahren werden wir in Lapoujades Bildern mit Akten, Paaren, Massen konfrontiert, die sich seinem Pinsel aufdrängen. Man schaue nur seine Mädchengestalten an: nichts fehlt. Und doch haben diese Fleischtöne ihre Schlacken verloren: die nachgeahmten Umrisse eines Körpers. Dabei haben sie trotzdem nicht die Gelegenheit wahrgenommen, sich in alle vier Ecken der Leinwand zu zerstreuen. Umrisse, Volumen, Massen, perspektivische Wirkungen: war das demnach alles nicht erforderlich, um uns die *Gegenwart* eines nackten Körpers darzustellen? Offenbar nicht. Besser gesagt, es verhält sich genau umgekehrt: in dem Augenblick, in dem das Bild von fremden Formen befreit wird, fordert es *von sich aus,* daß wir die Zartheit eines Fleischtons nachempfinden.

Am Anfang steht die Ruhelosigkeit der Kunst; der Maler befreit sich von einer akademischen Tradition: er möchte seinen Garten, jene ihm übertragene glatte Oberfläche, gründlich bestellen können, möchte von der üblichen Bewirtschaftung, die überall Brachland liegenläßt, zur Intensivkultur übergehen; dann möchte er die Zölle und Tribute, die Schranken, Umleitungen und Straßensperren aufheben, die die Nachahmung mit sich bringt: das heißt, er ist bestrebt, die Vielfalt der plastischen Bestimmungen zu vermehren und damit zugleich ihre Einheit zu bekräftigen. Der tiefste Beweggrund dieses Suchens ist der: die Schönheit feinkörniger zu machen, ihr eine festere, detailliertere Konsistenz zu geben. Die einzige Sorge des Künstlers muß die Kunst sein. Und wenn man das Werk Lapoujades betrachtet, hat man nicht den Eindruck, daß er nach einer neuen Malweise sucht, sondern der Malerei selbst ein neues Wesen verleiht. Das Übrige ergibt sich natürlich daraus. Aber alle bedeutenden Änderungen sind in jeder Kunst in erster Linie materieller Natur, die Form kommt an letzter Stelle: sie ist die Quintessenz der Materie. Lapoujade gehört einer Generation von Erfindern an. Nach der – wie er selbst es nennt – «Desintegration des Figürlichen» durch Picasso, Braque und eine ganze Generation von Analytikern blieb den Neuankömmlingen nur ein Gewimmel von Farben und Rhythmen, Wrackteile. Sie hatten keine Wahl: diese verfeinerten und geschmeidiger gewordenen Materialien erlaubten und erforderten ihre Integration in neue Ganzheiten. Bis hierher bilden diese jungen Leute eine Einheit: dieselbe Aufgabe erwartet sie. Dann ist jeder allein: allein mit seinen Fragen an die neue Kunst über ihre Zwecke und Möglichkeiten. Lapoujade entscheidet sich für die Wiederherstellung der Welt. Diesem Entschluß kommt meiner Meinung nach höchste Bedeutung zu. Wir dürfen jedoch sicher sein, daß von der Welt keine Aufforderung erging: wenn sie blutig und neu wiederkehrt, dann deshalb, weil die Malerei es verlangt.

Schönheit ist nichts Monoton-Ungegliedertes. Sie braucht zwei Einheiten, eine sichtbare und eine verborgene. Angenommen, wir kämen – vielleicht nach langen Bemühungen – einmal dazu, ein Werk in einem einzigen Blick zu erfassen, so schmölze der Gegenstand zu seiner trägen Sichtbarkeit zusammen, die Schönheit schwände dahin, und zurück bliebe nur ein vages Vergnügen. Anders ausgedrückt, die zuerst vom Pinsel, dann von unserem Auge endlos fortgesetzte Zusammenfassung muß sich selbst die beständige Wiederherstellung einer bestimmten Gegenwart als Ziel setzen. Diese wiederum kann uns ihre unzerlegbare Einheit nicht anders vermitteln als durch das Medium der Kunst, mittels der Bemühungen des Malers oder unserer eigenen, die Schönheit eines Ganzen erstehen oder wiedererstehen zu lassen. Der Akt ist rein ästhetisch, aber je weniger man sich dessen versieht, desto vollkommener schleicht sich die *Gesamtheit* ordnend und bestätigend in die Synthesen des Blicks. Denn wenn auch der Maler unserem Auge die Wege vorgezeichnet hat, müssen wir sie trotzdem erst finden und uns die Mühe machen, sie zu beschreiten: uns bleibt es überlassen, diese plötzlichen Farbausdehnungen, diese Materieverdichtungen zusammenzufügen, Echos und Rhythmen zu wecken. An diesem Punkt kommt uns die Gegenwart, die zurückgewiesene Intuition, zu Hilfe: sie bestimmt zwar nicht selber den Weg, aber sie zeichnet ihn vor; um lediglich *zusammenzusetzen*, genügt es, sichtbare Bezüge herzustellen; um aber für dieses Zusammengesetzte zu garantieren, es vor vollkommener Absurdität zu bewahren, bedarf es der transzendenten Einheit. Sie stellt sicher, daß die Bewegung des Blicks nie stillhält; und dieses Drehkreuz der Augen erst macht, daß die unsichtbare Einheit andauert; deshalb drehen wir; hielten wir inne, so zerspränge alles.

Fragt nun jemand, was diese Gegenwart sei, so kann ich ihn sofort beruhigen: Lapoujade ist ebensowenig Platoniker wie ich. Ich glaube nicht, daß er in seinen Werken eine Idee verfolgt. Nein: in jedem Bild tritt das regulative Prinzip zutage und ist nicht von ihm zu trennen, weder das eine noch das andere könnte anderswo existieren. Dieser abstrakte Maler will in jedem Gemälde eine konkrete Gegenwart. Und sollte man sie alle auf einen Nenner bringen, nun, so könnte man sagen, daß jedes seiner Werke einen Sinn gesucht und ihn auch immer gefunden hat. Vor allem müssen wir uns vor einer Verwechslung hüten: ein Sinn ist kein Zeichen, kein Symbol – nicht einmal ein Bild. Wenn Canaletto Venedig malt, herrscht vollkommene Ähnlichkeit: halb Zeichen, halb Bild, vermeidet die Königin der Meere sorgfältig jede Verwechslung: ein Irrtum ist ausgeschlossen. Folglich besitzt das Gemälde keinen Sinn. Nicht mehr als ein Personalausweis. Wenn Guardi im ätzendsten Licht Lumpen und zerbröckelnde Backsteine malt, sind die Gassen und Kanäle, die er wählt, nicht einmal – wie man so sagt – besonders bezeichnend. Da sieht man ein Stück Kaimauer, wie es viele gibt, oder eine absichtliche Verschiebung des Lichts. Canaletto stellt seinen Pinsel in den Dienst seiner Vaterstadt; Guardi beschäftigt sich nur mit plastischen Problemen, mit Licht und Materie, Farben und Licht, Einheit des Vielfältigen mit Hilfe konsequenter Ungenauigkeit. Ergebnis: in jedem seiner Gemälde ist Venedig gegenwärtig, wie es ihm erschien, wie es uns erscheint, wie jedermann es *empfindet* und kein Mensch es je gesehen hat. Eines Tages besuchte ich einen Schriftsteller in der schönen Mansarde eines Backsteinpalastes an einem Rio. Keine der Formen, die Guardi zu malen liebte, war gegenwärtig. Und doch, sobald ich den Ort sah und einen Blick auf die Umgebung meines Gastgebers warf, kam mir dieser Maler in den Sinn: ich fand Venedig wieder, mein Venedig, unser aller Venedig, obwohl die Empfindung durch ganz andere Menschen, andere Gegenstände und Orte in mir geweckt worden war. War es das gleiche? Nicht ganz: der Sinn hängt von der Materie ab, in der er zutage tritt; Guardis Aus-

sage wird immer reicher und anders sein als unsere augenblickliche Empfindung. Es bleibt zu erwähnen, daß die «figürliche»
Malerei sich als erste dem Gesetz der doppelten Einheit unterworfen hat. Paradoxerweise ist bei ihr jedoch die Verkörperung
der unsichtbaren Gegenwart mehr oder weniger durch eine rohe,
mechanische Verbindung verdeckt, die von außen her das Porträt dem Modell unterwirft. Wenn jemand Weintrauben malt, so
glaubt man, die Traube verkörpere sich in seinem Werk. Als ob
der Künstler seit Apelles keinen anderen Ehrgeiz hätte, als Vögel zu täuschen. Dennoch gab van Gogh, wenn er ein Feld malte,
nicht vor, es auf die Leinwand zu setzen: er versuchte mit Hilfe
einer täuschenden Figürlichkeit, ohne etwas anderes als die Kunst
im Auge zu haben, im Farbüberzug einer vertikalen Fläche eine
unermeßliche, volle Welt darzustellen, in der es Felder und Menschen und unter ihnen van Gogh selber gab. Unsere Welt.

Halten wir eines fest: van Gogh hat nie versucht, ein Feld
mit Raben, noch weniger Obstbäume darzustellen; aus dem einfachen Grund, daß diese Dinge überhaupt nicht figürlich darstellbar sind. Sie liefern lediglich eine ästhetische Materie für die
Verkörperung jener Gegenwart, die dem Pinsel trotzt: der Welt,
wie sie sich mit Feldern überzieht, oder der sprießenden Welt
einer Rute mit Saft und Blüten. Dazu ist noch ein weiter Abstand zwischen Abbild und Modell erforderlich, andernfalls verfängt sich die Welt nicht darin. Van Gogh mußte notwendigerweise zuerst einmal alles verfälschen, wenn er uns durch seine
Kunst begreiflich machen wollte, daß selbst die zarteste, un-
schuldigste Anmut in der Natur unzertrennlich mit dem Schrekken verbunden ist. Das «Figürliche» besteht somit aus drei Teilen: einer Leit-Wirklichkeit, der das Gemälde entgegenzutreten
vorgibt, der Darstellung, die der Maler davon gibt, und der
Gegenwart, die schließlich in das Werk tritt. Diese Dreiheit nun
wurde verständlicherweise als störend empfunden: sie ist es.
Die – ihrem Wesen nach zwielichtige – Leit-Wirklichkeit leitet
überhaupt nichts: sie treibt hilflos dahin, man kann für sie oder
mit ihr nichts tun, als sie völlig real wiedergeben, daß heißt,
sie zu einem imaginären Objekt machen. Kein Feld vermittelt
je den Reiz oder den Schrecken der Welt, wenn es nicht von
Grund auf umgestaltet wird; oder besser, es vermittelt beides:
zusammen, einzeln; es spiegelt alles wider, aber ohne Zusammenhang: nichts Festes, sondern nur Ungefähres, Ungereimtes,
wirres Zeug; dieses eintönige Durcheinander gibt die komplexe

Struktur der *empfundenen* Welt nur dann wieder, wenn man es dazu zwingt: was der Maler auf der Leinwand hinzufügt, sind all die Tage seines Lebens, ist die dahinfließende und die stillstehende Zeit. Diese mächtigen Reagenzien bewirken eine völlige Umgestaltung des dargestellten Gegenstands: die träge Besonderheit des Modells bleibt außerhalb des Bildes; aber die gezeichnete Figur nimmt auch nicht die Allgemeinheit eines Typs oder eines Zeichens an: die Wirkung der Welt auf einen Menschen, die lange Leidenschaft eines Menschen für die Welt, beides zusammengefaßt im trügerischen Blitzschein einer Momentaufnahme, verleihen diesen paar Morgen Lehm eine biographische Einmaligkeit. Sie rufen das Abenteuer des Lebens, des Miterlebens eines Wahnsinnsausbruchs, des Sich-Aufbäumens gegen den Tod wach. Gleichzeitig erfährt diese – in Ermangelung von etwas Besserem in eine Komposition gepreßte – Zufallsform durch die Kunst eine hobelnde, schleifende, reduzierende Bearbeitung. Van Gogh sagt zwar, er «mache» ein Feld, aber in Wirklichkeit weiß er es besser: er schafft Ordnung auf einer Leinwand, ohne je das weiche Gewoge des Korns im Wind ganz genau wiedergeben zu wollen oder jene riesige, intime Gegenwart völlig zu beschwören: den von der Welt, dem Herzen des Menschen, umschlungenen Menschen, das Herz der Welt. Was ist nun, wenn er schließlich seine Palette beiseite legt und die Gegenwart im Werk Gestalt gewonnen hat, aus der Darstellung des Gegenstands geworden? Eine Durchsichtigkeit, eine Erinnerung, kaum mehr als eine herrliche Anspielung auf den dargestellten Gegenstand. Schließlich würde das Feld, das einfache Feld, dessen bildliche Darstellung das vorgegebene Ziel gewesen war, sogar von der Leinwand verschwinden, wenn nicht die Welt ihm zu Hilfe käme und sich inmitten der ihrer Form beraubten Dünung und Ernte noch in der dicksten Kruste einer Sonne ohne Schale oder dem Rad aus Sonnen dicht über dem Erdboden verkörperte, die die einzigen wirklichen Bewohner des Bildes, die einzigen wahren Spuren des schöpferischen Aktes sind.

In der figürlichen Malerei spielen Konventionen kaum eine Rolle: es genügt, uns davon zu überzeugen, daß innerhalb *dieses* Bezugssystems die vorgeschlagene Form die beste Darstellung des Gegenstands ist. Die beste, das heißt die stärkste, dichteste, bezeichnendste. Eine Sache des Glücks oder der Geschicklichkeit. Seit dem letzten Jahrhundert jedoch entfernt sich die Figur bei jeder neuen Wahl weiter vom dargestellten Gegenstand. Je größer die Entfernung, die sie trennt, desto stärker die innere Spannung des Werks. Als man dazu übergeht, die Ähnlichkeit über Bord zu werfen und zu verkünden, jede Gleichheit zwischen Abbild und Wirklichkeit sei nur zufällig, offenbart sich der durch den Zusammenbruch der *Darstellung* befreite Sinn in seinem negativen Aspekt; er ist die Chiffre dieses Scheiterns und schimmert durch das Ungleiche, Lückenhafte, Ungefähre, gewollt Unbestimmte hindurch. Obwohl unsichtbar, blendet er doch, denn er löst die Figuren in seiner nicht figürlich ausdrückbaren Gegenwart auf. Genauso verhält es sich auch mit den unserer Welt innewohnenden Formen von Sinn: sie löschen das Detail aus und beziehen daraus ihre Nahrung. Jede Backsteinmauer verbirgt mir, als einzelnes genommen, Venedig; ich erlebe diese Stadt erst, wenn ihre Paläste versinken und ihre Gefieder sich zu einem einzigen, mir unsichtbaren, zusammenfalten. Auf der Leinwand legt uns der Künstler gerade noch die figürlichen Elemente einer Intuition vor, um sie jedoch sofort wieder auszulöschen. Auf Grund dieser Ablehnung nimmt nun die *Gegenwart* – das Ding selbst, ohne Einzelheiten, in einem Raum ohne Teile – Gestalt an. Zuweilen stellt uns jedoch der Künstler eine Falle: er führt andere, dem bezeichneten Objekt wesensmäßig fremde Figuren, eine andere Materie – Papier, Sand, Kieselsteine – und andere Anspielungen ein; er möchte ein neues Wesen schaffen: eine Gegenwart, die um so strenger ist, als sie noch aus einer Abwesenheit ihre Nahrung bezieht, eine Gegenwart aber auch, die insgeheim bereits durch Substitutionen verfälscht ist. Wie viele Maler haben, Chemiker und Alchimisten zugleich, zwischen den beiden Weltkriegen davon geträumt, das Gold in eine körperliche Gestalt zu zwingen und ihm die Eigenschaften des Bleis zu verleihen. Einer von ihnen wollte eine doppelte Umwandlung erreichen, indem er einen Schrank malte, der, ohne sein Schrank-Sein aufzugeben, gleichzeitig ein Frosch sein sollte: durch ein sorgfältig ausgewähltes Zeichensystem hoffte er jedes der beiden Objekte wechselweise als plastische Materie und als Verkörperung darstellen zu können. Eine verdächtige Absicht: nicht die zerstreuten Formen von Sinn in der Welt sollten aufgespürt und zu empfinden gegeben, sondern neue geschaffen werden, die nie existiert hatten. Spielereien ohne Nachhall, Taschenspielertricks ohne zündenden Impuls. Am Ende dieser langen Krise, in der das künstlerische Schaffen dem Illusionismus verfiel, weil es nicht begriffen hatte, daß das einzige Absolute das Imaginäre ist, war die Figur einsichtig genug, zu zerplatzen. Und der Sinn? Verschwand er zugleich mit ihr? Im Gegenteil: zwischen dem einen und dem andern bestand, wie wir soeben gesehen haben, keinerlei echte Verbindung. Die Gestalt gewordene Gegenwart enthüllt sich, nun endlich befreit, als die strengste Forderung der abstrakten Kunst.

Diese zerbrechenden, in Stücke zerspringenden Bilder stellen nicht eine von den neuen Malern in aller Gelassenheit getroffene Wahl, sondern ein Ereignis dar, das jetzt noch andauert und dessen Folgen noch nicht in ihrer Gesamtheit bekannt sind. Das beständige Zerbersten pflanzt sich wie eine Kettenreaktion von einem Gemälde zum andern fort: jeder Maler faßt es zugleich als sein Problem und sein Material auf. Die Kunst vertraut ihm die Herrschaft über eine Explosion an. Das geht nur auf explosive Art. Die Vorgänger haben Wind gesät, und die, die heute den Sturm bändigen wollen, müssen zu Zyklonen inmitten des Zyklons werden und seine kleinsten Bestandteile mit unerbittlicher Strenge organisieren. Sie müssen mit Hilfe neu erfundener Gesetze, mit Hilfe visueller Logik diese zerstobene Masse erhalten und wieder zusammenfügen, müssen die vielfältige Einheit der Vielfalt suchen, dem Bild einen neuen Sinn erarbeiten, in ihm all jene Ausdehnungen und Verdichtungen, jene feurig wirbelnden Felder, jene schwarzen Kommas, Flecken, Pfützen und blutigen Streifen in der Sonne auszubreiten und einzuschließen wissen und all diese Verflüssigungen und Verdichtungen in die plastische Ganzheitszeremonie und eine räumlich höchst beschränkte Gartenbestellung integrieren. Jetzt gibt es kein Verbergen, kein Schwindeln, kein nebensächliches Detail mehr, sondern nur noch eine Überfülle gleichwertiger Teile. Wenn sich der Künstler jedoch darauf beschränkt, die Farben zu steigern, die Furchen zu verstärken, Möglichkeiten zu entdecken und zu nutzen, den Wirbelsturm zu strukturieren und die örtlichen Unruhen durch konsequenten Ausgleich gegeneinander aufzuwiegen, erstarrt das schreckliche Ereignis: schlimmstenfalls entsteht eine Rosette; bestenfalls ein anmutiges Karussell. Wenn der explosive Raum seinen Rhythmus bewahren, wenn die Vibration der Farben andauern, wenn die seltsame, erschreckende Auflösung des Seins und ihre Wirbelbewegung bis auf den Grund ausgeschöpft werden soll, muß der Pinsel dem Ganzen unbedingt einen Sinn geben und ihn uns geben. Keine Beweglichkeit ohne Weg, kein Weg ohne Richtung – wer soll über diese vektoriellen Bestim-

mungen entscheiden, wenn nicht der Künstler das Sehen dekon-
ditioniert? Das Auge verlangt jedoch nach durchschlagenden
Gründen, wenn es, ohne nach Figur oder Ähnlichkeit zu
fragen, an die Zusammenfügung dieser gewaltigen Zerstreu-
ung herangehen soll. Es gibt einen einzigen: die geheime
Einheit des Werks. Sie ruht, wenn man so will, im Bild selbst:
es gibt, nach dem Wort Éluards, eine andere Welt mitten in
der gegenwärtigen. Aber man findet sie nicht, wenn man das
Bild nicht selbst zusammenfügt; jedesmal, wenn wir zu neuen
Synthesen gelangen oder das Auge Nachbarschaftseinheiten her-
stellt, enthüllt sich die Gegenwart ein wenig mehr. Ganz
werden wir sie freilich nie besitzen, denn sie ist nichts als
das – als ein Organismus betrachtete – Werk selbst. Von
der Kunst dazu veranlaßt, verwirft Lapoujade die falsche
Einheit des Figürlichen; kaum hat er das getan, erkennt er den
ihm vorgezeichneten Weg: der Zufall muß ausgeschaltet und
dieser endlos teilbaren Fläche die unteilbare Einheit eines Ganzen verliehen werden.

Ein paar haben es wie er gefühlt. Sie wählten die lyrische Einheit. Der Maler stürzt sich mit all seinen Impulsen in sein Bild;
er tritt daraus hervor und stürzt sich auf uns; seine Malerei
wirkt wie ein Schlag; die darin Gestalt gewordene Gegenwart
ist seine eigene. Er verleiht seinem Werk die flinke Einheit eines
Angriffs. Lapoujade hält die lyrische Malerei zwar nicht für ganz
unmöglich. Sie ist zu verwirklichen, ja, sie *ist* schon verwirklicht.
Er für sein Teil hätte Angst, diese Projektion seines Ich in den
reinen Bereich der Kunst könnte nicht lesbar sein. Nun ist natürlich die Kunst trotz allem, was man nur zu oft über sie hört,
keine Sprache. Auf der andern Seite ist es aber auch falsch zu
sagen, wir verständigten uns nur durch Zeichen. Wir *empfinden*
durch andere, was andere wie wir *empfinden*; wir sind eine Probe für unsere Mitmenschen. Und nun wollen diese Maler eben
dem Bild die Einheit ihrer Gefühle, eines Schwungs oder einer
Entspannung verleihen, kurz, sie wählen das Ausstellungspubli-
kum, um es ihr singuläres Abenteuer nachempfinden zu lassen.
Ist das möglich ohne eine vorgegebene innere Übereinstimmung?
Die Singularität wird nicht sichtbar, wenn sie nicht gleichsam
eine Differenzierung der Gemeinsamkeit ist. Ginge es nur darum, zu malen, so könnte jeder sein Glück versuchen: die Kunst
bliebe heil, selbst wenn sie sich in Unverständlichkeit hüllte;
aber auch die lyrische Malerei erhebt für sich den Anspruch, ein

Akt zu sein, der der Vielfalt sein unentbehrliches Siegel aufdrückt. Die Kunst verlangt jedoch, daß ich diesen Akt nachvollziehe; erst durch meinen Nachvollzug gewinnt die Schönheit Gestalt.

Weil die Mitteilung das unmittelbare Motiv des Auges ist, weil sie die unaufhörlich neubegonnene Vollendung und zugleich die beständige Beseelung des abstrakten Werks darstellt, muß es dem Maler in erster Linie und ständig um sie zu tun sein; weil der Sinn sich durch die Zusammenfügung enthüllt und sich in der Enthüllung zusammenfügt, muß er von Natur aus mitteilbar sein. Wer Bedingungen stellt, ohne gleichzeitig Mittel an die Hand zu geben, sie zu erfüllen, läuft Gefahr, schließlich zu scheitern und sein Werk in Unbestimmtheit versinken zu sehen.

Ich glaube, die tiefste Überzeugung Lapoujades lautet so: die Malerei ist eine Hauptverkehrsader; an allen Kreuzungen findet sie die Gegenwärtigkeiten, denen sie Gestalt verleiht. Sie braucht sie nicht einmal zu suchen. Will der Künstler Formen von Sinn pflücken, so kann er sie dutzendweise auflesen; das Auge wird sie vielleicht entziffern, aber stockend und ohne von ihrer Evidenz oder ihrer Notwendigkeit fasziniert zu sein. Sind sie nicht gleichzeitig durch die Schauer einer Gestalt annehmenden Materie und durch Notwendigkeiten gefordert, die den Maler des Bildes und seinen Betrachtern gemeinsam sind, wie wollte man sie uns dann nahebringen? Kreuzen sich diese Evidenzen, haben wir es mit einem Künstler zu tun, der Kontakt ist da. Wenn er, selbst ohne hinzuhören, das Stimmengewirr der Landstraßen und Nebenwege vernimmt, dann deshalb, weil er selber, wie jeder andere, eine Kreuzung ist. Dazu gibt es hier und da einsame oder nicht mehr benutzte Wege. Lapoujade, diese tausendfache Kreuzung von Mensch und Welt, ist eine Verkehrsstockung, ein plötzlich von Schreien oder Schweigen unterbrochenes Getrappel, das nach geheimnisvollen, asphaltfarbenen Pausen hartnäckig wieder anhebt. Seiner Meinung nach steht der Malerei Einsamkeit schlecht an, und seine Bilder haben mich davon überzeugt.

Eines Tages, sagt Marx, wird es keine Maler mehr geben, sondern nur noch malende Menschen. Davon sind wir noch weit entfernt. Aber dennoch verkörpert Lapoujade diesen seltsamen Widerspruch: zusammen mit ein paar Altersgenossen hat er die Malerei zur großartigen Strenge ihres Wesens zurückgeführt; dennoch ist er inmitten der menschlichen Gegenwärtigkeiten, die in seiner Malerei Gestalt gewinnen, der erste, der keine Vorrechte für sich beansprucht; als Maler entreißt er durch seine Malerei dem Künstler die Maske; nichts bleibt übrig als Menschen und ein Künstler ohne Sonderrechte, einer wie wir; durch die Pracht seines Werks negiert der Maler sich selbst. Man sehe selbst: Lapoujade hat Massen gemalt. Er ist nicht der erste: je mehr Narren man auf die Leinwand brachte, desto größer war seit je das Gelächter. Aber die alten Meister gingen keine Risiken ein: sie arbeiteten zur Rechten des Fürsten und auf einem Podium, allenfalls dem Volk zugewandt und auf gleicher Ebene mit ihm, aber von Soldaten geschützt. Das Werk drückte dann auch deutlich aus, was es ausdrücken sollte: «Ich bin Maler; ich gehöre euch, ihr Großen der Erde, ich zeige euch den Pöbel von außen, den ihr beherrscht und aus dem eure Gunst mich für immer emporgehoben hat.» Schuld daran trug die Zeit, aber auch die «Figur». Wie sollte man die Menge malen, wie sie sich selbst sieht, wie sie fühlt und entsteht, hier und überall; welche Krümmung sollte man dem Raum verleihen, um in ihm jenen unendlichen Kreis schlagen zu können, dessen Mittelpunkt überall und in jedem Punkt eins mit der Kreislinie ist? Wie sollte man in jedem den Führer und den Geführten zeigen? Und welche Formen, welche Farben konnten ausdrücken, daß jedes einzelne dieser Menschenmoleküle sich vom andern unterscheidet und doch zugleich alle auswechselbar sind? Welches Bezugssystem sollte man wählen, um den Kunstliebhabern deutlich machen zu können, daß die Masse einen Maler nur in sich aufnimmt, indem sie ihn dekonstituiert, daß er sich sogar das winzige Abrücken, die verschwindend kleine Autonomie des Auges versagt sieht, die es erst ermöglichen, ein gültiges Zeugnis abzulegen, daß die abwehrbereite Masse sich weigert, sich dem Zeugen zu öffnen, und daß man ganz nackt, ohne Ordensschleife, wie ein Mensch, sich in sie begeben, an allem teilnehmen, fliehen und angreifen, zum geführten Führer werden, leiden und schaffen muß. Daß man das Gewicht von zwanzig, von hunderttausend anderen «ich» zu tragen hat, um bestenfalls mit einer zwar heftigen, aber ungestalten Erinnerung zur Leinwand zurückzukehren? Die inneren Reaktionen eines Auflaufs sind nicht mit dem Auge zu erfassen: sie umringen einen, man empfindet sie, und schließlich merkt man, daß man sie mitgestaltet. Wie wäre das alles figürlich darstellbar gewesen?

Hier nun steht der neue Maler der Massen: er kann ihrer

Gegenwart nur Gestalt verleihen, indem er auf eine figürliche Wiedergabe verzichtet. Allerdings legt er, wenn er die Figur aus seinem Atelier verstößt, gleichzeitig jenes Gelübde der Not ab, das die Schönheit zu fordern nie aufgehört hat und nie aufhören wird. Aber er tut noch viel mehr: er verzichtet auf das Podium; indem er Mensch wird, weigert er sich, auf Grund seiner Sonderstellung ausgeschlossen zu werden und seine Artgenossen nur von außen zu betrachten. Die Figur ist ein doppeltes Exil, die Ablehnung des Malers durch sein Modell und umgekehrt. Anarchistische und bürgerliche Künstler haben ihre Einsamkeit verfälscht und uns dann mit sanfter Ironie von ihr berichtet: seht ihr, Kontakt ist nicht möglich!

Kontakt ist im Gegenteil das erste, wenn man Lapoujade heißt. Man ist selber wirkliche, stürmende, wogende Masse; man macht die *Erfahrung,* und nachdem das Detail allmählich versinkt, bleibt übrig der *Sinn* der Demonstrationen auf der Place de la République, der Polizeiaktionen vom 27. Oktober. Der Sinn: ein Erlebnis Tausender von Unbekannten, von denen jeder sicher ist, daß es für alle dasselbe war. Nun bedarf es jedoch einer Materie, damit sich dieses Erlebnis verkörpert: die Sprache allein genügt nicht dazu; sie zergliedert nur eine Vielheit von Evidenzen, deren jede ihren Sinn von den andern erhielt. Mit dem Vorbehalt, als Maler einzig und allein sein tausendfaches und vielfältiges Abenteuer als auswechselbarer Mensch festhalten zu wollen, gibt Lapoujade der Menge eine bewegliche, aber bei aller Zersplitterung straff geeinte Materie. Aus der Zusammenfügung der zerstreuten Bestandteile entsteht ein Jenseits: die explosive Einheit der Masse. Daraus folgt, daß die Menge in jedem einzelnen aufgerufen ist, zur detaillierten Totalität ihres Lebens zu finden. Der Maler dient uns als Führer: es gibt, sagt er, unmittelbare Ausdrucksdaten: die düster-dichte Anhäufung von Farben unten auf der Leinwand, ein Hochquellen von Materie, das erblühende Emporströmen von Helligkeiten auf den oberen Bildrand zu, und so hundert und tausend andere: sie bilden die Hauptbestandteile der Anlage. Aber sie regen die Herzen nur an. Das Entscheidende liegt in der Einmaligkeit der Wege, die der Pinsel vorzeichnet. Die bald kompakte, bald auseinandergezogene, bald dicke, bald flüssige Materie erhebt nicht den Anspruch, das Unsichtbare, nämlich jene Umwandlung um uns und durch uns von einer Lichtung zu einem Gestrüpp, einer Steppe, einem Urwald, sichtbar zu ma-

chen. Sie *deutet* mit ihrem Gefüge, ihrem Wegsystem nur *an.*
Strenge plastische Bestimmung, relative Unbestimmtheit der Erfahrung: dieser Gegensatz dient dem Maler; die dichtgedrängten
Flecken scheinen voneinander abzurücken; ein neuer, plötzlich
sich öffnender Weg zwingt die Farben zu verblassen, indem er
neue Beziehungen zwischen ihnen aufstellt: und schließlich erleben wir durch all diese Umwandlungen hindurch die unvermin-
derte Gegenwart der sich mit all ihren Dichtigkeiten zugleich ver-
körpernden Demonstration. Dann plötzlich ein Asphaltstrom:
die Leere. Er fließt über, läuft unten an der Leinwand herab.
Aber gibt es überhaupt noch ein Oben? Ein Unten? Der Raum
ist selbst *ein Sinn*, er wird von der Masse gebildet und bestimmt
sich nach Maßgabe der Akte. Er ist alles zusammen, dieser
Strom, ein dichtes Fallen, eine Flucht am Horizont, oder was
immer es sei; er ist das plötzliche Sich-Öffnen der Leere: Polizei
rückt vor; sollen wir fliehen? Widerstand leisten? Was wir auch
tun, der Raum existiert, und all seine Dimensionen sind in eine
zusammengedrängt: die Entfernung — die sich einerseits ver-
ringert und andererseits endlos erscheint. Wozu jedoch Worte,
der Fleck genügt: der Sinn ist wiedererweckt. Nicht wie zur
Zeit der Taschenspieler eine erschwindelte Gegenwart, ein Fisch-
Schrank, ein Tisch-Wolf: die wirkliche, dabei jedoch unzerlegbare Allgemein- und Einzelgegenwart, bereichert für jeden mit
allem, was er hat hineinlegen können, allem, was der malende
Mensch hineingelegt hat.

Der Mensch inmitten der Menschen, die Menschen inmitten
der Welt, die Welt inmitten der Menschen: das ist die einmalige
Gegenwart, die diese unbezwingbare Explosion verlangt; die
einmalige Einzel- und Allgemeinprobe, der sich Lapoujade mit
uns, durch uns und für uns unterzieht; der einzige Kontakt,
dessen Grund schon von Anfang an gelegt ist und der das Bild
erhellt, noch ehe er von ihm erhellt wird. Dieser Verzicht auf
Vorrechte jedoch, der identisch ist mit der Ablehnung des Figürlichen, bedeutet ein Engagement des Malers wie des Menschen:
von Bild zu Bild führt er Lapoujade weiter bis zu den äußersten
Konsequenzen seines Unternehmens. Vor allem ist, wenn der
Maler nicht mehr kontemplativ lebt, wenn er sich mitten unter
seinesgleichen, die Menschen, zurückgeworfen sieht, das feste
Band, das ihn mit allen und jedem vereint oder in Widerspruch
dazu stellt, das *praktische Tun*. Er handelt, erleidet, befreit sich
und beherrscht oder wird beherrscht: die Kontemplation war

rein passiv; der Pinsel muß Handlung wiedergeben: nicht von außen, sondern als Erfahrung des Andern, das der Mensch, der es malt, erlebt hat: der *Sinn* ist dann die Gestaltwerdung des durch die ihm auferlegte Modifikation in Erscheinung tretenden Andern und des Malers selbst, der sich durch die Modifikation enthüllt, die er erleidet oder auferlegt. Mag ein Fleischton noch so gut gemalt sein, normalerweise bedrückt die Trägheit einer Aktstudie: die Frau ist allein, der Maler am andern Ende des Raumes; niemand – und vor allem nicht der Maler selbst – hat je im wirklichen Leben ein so gefügiges nacktes Wesen aus einer solchen Entfernung betrachtet. Lapoujade nun malt das Paar. Manchmal hat auch er die Zärtlichkeit junger Körper erstehen lassen; aber in dem erotischen Zyklus, den er *Le Vif du sujet* nennt, wollte er die Frau darstellen, wie der Mann ihr gegenübertritt, wie sie im Liebesakt erscheint. Eine nackte Gestalt ist schließlich eine Angelegenheit für zwei. Selbst wenn die Frau die einzige Gegenwart ist, ist der Mann allein schon aus der Farbenbewegung zu spüren: das verleiht der Bewohnerin der Bilder *diese* Gegenwart. Indem das Handeln, der vielfältige Bezug zwischen den Menschen, zur summierenden Einheit der Farb- und Materieausbrüche wird, verhilft es dem Projekt des Malers zur letzten Klarheit: das Nicht-Figürliche bietet der Gestaltwerdung des nicht figürlich Darstellbaren seine sichtbare Pracht an. Trotz seines anfänglich begrenzenden Charakters eröffnet das Abstrakte der Malerei ein neues Gebiet und neue Funktionen.

Die zweite Folge dieser Wahl ist nun natürlich der Entschluß des Malers ohne Vorrechte, seine Solidarität mit den andern Menschen kundzutun. Solidarisch, das versteht sich von selbst: er besitzt nur, was auch sie besitzen, er will nicht mehr, ist nicht mehr. Daraus ergibt sich gewissermaßen ein permanenter Akt: die Frau erscheint auf seinen Bildern aus der Sicht der Liebe, die Männer aus der Sicht des gemeinsamen Kampfes. Die erstaunlichste und doch einfachste Wahrheit ist die, daß, indem Lapoujade zur Abstraktheit griff, der Mensch zwangsläufig, im Namen der Kunst selbst, wieder auf seinen Bildern erschien. Nicht, wie es lange Zeit hindurch üblich gewesen war, als Fürst oder Prälat: bescheiden, anonym, in geduldig-zähem Kampf um das tägliche Brot und gegen die Unterdrückung. Überall in seinen Bildern ist dieser Mensch gegenwärtig: Lapoujade hat in der Tat nie aufgehört, ihn zu malen und sein Bild zu vertiefen. Er ist inzwischen zu der Erkenntnis gelangt, daß der Mensch, mit den Augen eines Unbevorrechtigten gesehen, heute zunächst weder groß noch klein, weder schön noch häßlich ist: die Kunst treibt ihn, die Menschenwelt in ihrer ganzen Wahrheit auf seinen Bildern darzustellen, und die Wahrheit dieser Welt ist heute, daß die Spezies Mensch genauso Folterer und ihre Helfershelfer wie Märtyrer umfaßt. Zwar nur wenige Folterer, dafür um so mehr Helfershelfer; die große Masse besteht aus Gefolterten oder für die Folter Bestimmten. Lapoujade hat eines verstanden: niemand kann 1961 noch vom Menschen sprechen, ohne zuerst die Henker zu nennen; niemand kann mehr mit Franzosen über Franzosen sprechen, ohne von den gefolterten Algeriern zu sprechen: das ist unser Gesicht; sehen wir es, wie es ist; dann können wir entscheiden, ob wir es beibehalten oder uns einer Operation unterziehen wollen.

Lapoujade wählt die Darstellung der Qual, weil in ihr unsere Tiefe – leider eine schändliche Tiefe – beschlossen ist. Und in dem Augenblick, in dem er versucht, sie zu malen, wird er gewahr, daß seine Kunst mit ihrem Streben nach der Einheit dieser Formen von «Sinn» die einzige war, die ein solches Bild ermöglichte. Das Triptychon ist rückhaltlos schön und kann es ohne Gewissensbisse sein. Denn im Nicht-Figürlichen verbirgt die Schönheit nicht. Sie zeigt. Das Bild *stellt* nichts *dar*. Es läßt den Schrecken in sich eindringen, aber nur, *wenn es schön ist*; das heißt, wenn es möglichst vielfältig, möglichst reichhaltig geformt ist. Die Genauigkeit der heraufbeschworenen Szenen hängt von der Genauigkeit des Pinsels ab; die Zusammenschau und Zusammenfassung dieses Zusammenklangs aus Streifen, dieser so schönen und doch zugleich düsteren Farben ist der einzige Weg, den Sinn dessen *nachempfinden* zu lassen, was für Alleg und Djamila ihr Martyrium bedeutete. Wenn indes der Sinn auch, wie gesagt, die plastische Schau bereichert, so trägt er doch keine neuen, dem erschauten Ganzen fremden Elemente bei. Er nimmt Gestalt an: wir erkennen in diesem Farbentumult gequälte Körper, unerträgliche Schmerzen. Aber diese Schmerzen sind die Schmerzen der Opfer: und niemand kann behaupten, sie seien – unter dieser zwingenden und zurückhaltenden Form – unerträglich anzuschauen. Nichts wird sichtbar als, hinter einer strahlenden Schönheit und dank ihrer, ein unerbittliches Schicksal, das Menschen – wir – dem Menschen bereitet haben. Der Erfolg ist überwältigend; denn er entspringt der Malerei und

ihren neuen Gesetzen: sie unterwirft sich der Logik des Abstrakten. Ich sehe es als ein bedeutendes Ereignis an, daß ein Maler
es so gut verstanden hat, unseren Augen zu gefallen und doch
ungeschminkt die erschütternde Trauer unseres Gewissens darzustellen.

Médiations, Nr. 2, 2. Trimester 1961.
Anläßlich einer Ausstellung von Lapoujade:
«Foules» [Massen]

Masson

Der Künstler ist ein Verdächtiger; jedermann kann ihn ausfragen, festnehmen und vor den Kadi schleppen; all seine Worte,
all seine Werke können gegen ihn selbst gerichtet werden. Er
genießt große Vorteile, aber dafür ist auch jeder Bürger befugt,
ihn zur Rechenschaft zu ziehen. Würde Masson seine Kinder malen, so würde man ihn fragen, ob er sie liebe. Warum gerade
seine Kinder und nicht etwa einen Walker, einen Töpfer oder
einen an der Seite des Vercingetorix verwundeten gallischen
Krieger! Er zieht es vor, Titanen zu zeichnen, und so stellt man
ihm als erstes die Frage: Glauben Sie an Ihre Mythologie?
Nähme er sie nicht ernst, so hätte er damit schon jede Chance
verspielt, uns zu beeindrucken. Freilich erwarten wir von einem
heutigen französischen Maler nicht den Glauben Hippolytes, des
Wodu-Priesters, der die Göttin Erzulie und den Baron Samedi
malte, wie er sie jeden Tag sah. Aber es gibt viele Arten des
Glaubens. Wenn diese Ungeheuer ganz von selbst, ohne Mithilfe
seines Willens, unter seiner Feder Gestalt gewonnen hätten,
wenn er nichts als der Zeuge dieses automatischen Graphismus
geblieben wäre und darin ein Sich-Kundgeben seiner verborgenen Begierden, seiner unbewußten Angstgefühle gesehen hätte,
würde ich sagen, er glaube daran. Das ist nun aber eben nicht
der Fall: wenn er auch zugesteht, daß «gewisse Gegenstände
ganz unerwartet auftauchen», so fügt er doch gleich hinzu, sie
seien ein «Ergebnis des Zufalls» und hätten nur «den ursprünglichen Fluß anschwellen lassen». Außerdem ist er gar nicht Zeuge
seines Werks; er braucht seinen Sinn nicht zu erfahren, denn er
weiß ihn in dem Maß, wie die Arbeit fortschreitet: «Unter diesen Zeichnungen ist keine einzige, deren Symbolgehalt ich nicht
zu deuten wüßte. Es wäre mir sogar ein leichtes, bei den meisten

einen Ursprung anzugeben ... Kurz, (sie sind) die Ergebnisse einer Bildung und eines Umgangs ... Auf der anderen Seite Erinnerungen an Gesehenes.» Nichts, was sich nach Art einer Zwangsvorstellung aufdrängt: Natur und Umwelt haben ihm Vorwände geliefert. Vielleicht jedoch müssen wir darin eine konventionelle Sprache sehen, die er absichtlich gewählt hat und die er allein für geeignet hält, die Welt der Erotik zu symbolisieren: also doch ein Glauben, nur anderer Art? Nein: was symbolisieren sie denn, diese Adler, die sich blutend von der Erde losreißen? Den schmerzlichen Bruch mit Vergangenheit und Gewohnheiten, mit Instinkten und tierischer Natur, mit Tradition und Konformismus? Die abstrakte und qualvolle Einsamkeit des Stolzes? Die Transzendenz? Das Trauma der Geburt? Den «Schauder vor dem Grund, der das Gefieder hält»? Alles und nichts, wie man will. Nein, diese Riesinnen drängen sich ihm ganz im Gegenteil bei einer freundschaftlichen Unterhaltung über Bachofen auf. Weil Masson das weiß, gehört er nicht mehr zum Symbolismus; er verleiht einem Wissen Gestalt. Er tut, was ihm gefällt: der Bleistift zeichnet drauflos, beschreibt die so oft wiederkehrenden Bogenlinien, die Form dämmert herauf, unvollendet, unbestimmt. Mit ein und derselben Bewegung zeichnet und entziffert Masson sie; er entnimmt die Interpretation der Gestalt und unterstellt die Gestalt der Interpretation. In gewissem Sinn glaubt er so wenig an das, was er macht, daß dieses Feuerwerk ein Abschied ist. Für Masson bedeuten diese Zeichnungen eine Absage an jede Mythologie.

Dürfen wir ihn deshalb verdammen? In dieser Bilderwelt nur ein literarisches Unterfangen sehen? Ganz im Gegenteil. Erst wenn er seine Bilder ernst nähme, wären seine Werke Literatur. Warum soll man die Realität, die sich auch ohne Zuhilfenahme von Metaphern erfassen läßt, denn unter Flitterwerk verbergen? Es ist nicht Sache des Malers, Symbole für die Libido oder den Ödipuskomplex zu erfinden. Das tun die Narren, mit besserem Erfolg. Massons Bestiarium entspringt einem tieferen und technischeren Bestreben, es ist eine vorläufige Antwort auf die Frage, die einem Maler seine Malerei stellt. Also eine Mythologie als Lösung für ein technisches Problem? Ja, wenn die Technik und ihre Probleme selbst einem Mythos entstammen. Masson ist seinem Wesen nach mythologisch – genau wie Bosch oder Hippolyte. Aber seine Mythen liegen weit diesseits der Sexualität, auf einer Ebene, auf der, wie die Soziologen sagen, «Natur» und

«Kultur» ununterscheidbar sind und der Plan, zu malen, sich völlig mit dem Plan deckt, Mensch zu sein.

Dichter und Künstler schöpfen, je nach Veranlagung, aus zwei Hauptarten der Inspiration, von denen die eine expansiv, die andere retraktil ist. In letzterer liegt viel Geiz und Angst: da wird eingekreist, zusammengepreßt, verengt, eingeschnürt, in Umrisse gezwängt und alles mögliche getan, um sich selbst und andere zu überzeugen, daß die Dinge Absoluta sind, daß der Raum ein Schatten, etwas rein Begriffliches, und die Vielheit nur ein Schein ist, mit dem sich die Einheit umgibt. Coppée hatte einmal Mallarmé an einem Herbsttag auf seinem täglichen Spaziergang begleitet. Im folgenden Jahr schrieb ihm dieser: «Mein Spaziergang erinnert mich durch seine Herbststimmung ...» Ein beachtlicher Geiz: alle Spaziergänge in einem einzigen zusammengedrängt. Mallarmés Spaziergang – dazu gehörten seine Frau, seine Tochter, sein Spazierstock, seine Promenade – erscheint mir wie eine kreisende Kugel: Jahreszeiten, Tage und Stunden sind Lichter, die sie zart tönen. Dieser Platonismus ist ein Mythos. Und ein entsprechender Mythos in der Malerei ist der Umriß: «in der Natur» finden sich nämlich nie jene Bleieinfassungen von Glasfenstern, die die Gesichter Rouaults umschließen; sie drücken nichts Sichtbares, sondern vielmehr einen heiligen Schrecken, den Abscheu vor dem Wechsel und der Vielheit, eine tiefe Ordnungsliebe aus, die den Dingen jenseits ihrer Zerrissenheit in Zeit und Raum wieder eine ruhige Dauer zu verleihen sich bemüht. Rouault malt die Welt, wie Gott sie erschaffen hat, nicht wie wir sie sehen, Cézanne die Natur, «wie Gott sie vor unseren Augen ausbreitet», und Gris «jene ursprüngliche Idee, jenen Begriff vom Gegenstand, der für alle derselbe und in unserem Beispiel ‹Tisch› der Hausfrau, dem Schreiner und dem Dichter gemeinsam ist». Wenn der Begriff allen gemeinsam ist, gehört er genau genommen niemand: der Tisch Gris' ist der, der einem abstrakten und universalen Blick erscheint.

Im Gegensatz dazu Rimbaud: «Die Morgenröte wie ein Flug Tauben» oder «seine scharlachroten und schwarzen Wunden bersten auf in dem herrlichen Fleisch. Die Eigenfarben des Lebens dunkeln dahin, tanzen und lösen sich los um das werdende Bild.» Ich möchte das die Einheit des Zerberstens nennen. Die Vielheit der Substanzen, weit davon entfernt, verdeckt zu werden, wird betont, ja, man ahnt Verschiedenheit dort, wo sie gar nicht sichtbar ist, aber das geschieht nur, um diese Verschiedenheit zu zwingen, die Einheit einer explosiven Macht anschaulich zu machen. Wer das Morgengrauen als Taubenvolk sieht, läßt den Morgen wie ein Pulverfaß in die Luft gehen und sagt: diese Explosion ist der Morgen. Für die so Gesinnten wird die Schönheit etwas «Explosiv-Starres»[1]. Aus der Undurchdringlichkeit, jener Leichenstarre des Raumes, macht die geschickte Hand des Künstlers eine erobernde Macht, aus der unendlichen Teilbarkeit ein herrliches Aufknospen. Jeder Gegenstand erstreckt sich über alles, durch alles hindurch, sein heißt, in unendlicher Zerteilung pulsieren und, an sich selbst geklammert, an der wilden Festlandflut teilnehmen, die jeden Augenblick dem Nichts neue Seinsbereiche abgewinnt. Dieser dionysische Mythos gibt uns ein lustvolles Gefühl der Ausdehnung, erfüllt uns mit dem Bewußtsein unserer Macht; beim Dichter entspringt er einem höllischen Stolz, der sogar zum Untergang bereit ist, um alles zu sein, einem selbstsicheren Edelmut, der sich hingibt und zugrunde geht. Ein Schöpfermythos: man denkt an den Jesus Patibilis der Manichäer, der an der Materie gekreuzigt wird und die ganze Welt zum «Kreuz des Lichtes» macht. Für den jedoch, der das Leben verwandeln und wieder zur Liebe zurückfinden will, ist Jesus nur ein Hindernis. Besser gesagt, dieser Heiland, der in allem sein «pathetisches Gesicht» zeigt, ist der Mensch selbst; ihr Ziel ist, die Exteriorität der Natur zu zwingen, dem Menschen die menschliche Transzendenz widerzuspiegeln.

Mythen also, Mythen auch die Zerstückelung des Impressionismus, das Zersprengen der Form und die Verleugnung der Konturen; ein Mythos auch der Dynamismus Massons. Die Malerei Cézannes, Rouaults, Gris' enthüllt ihren – eingestandenen oder heimlichen – Glauben an die göttliche Allmacht; die Massons kennzeichnet sich durch das, was Kahnweiler den «Einbruch des existentiellen Elements» nennt.

Darin dürfen wir nun aber nicht eine Angst sehen – wenigstens nicht in erster Linie. Nein: aber während die Maler der Form die Natur ohne Menschen zu malen versuchen und glauben, der Experimentator könne sich vom Experiment zurückziehen, um es von außen zu betrachten, weiß Masson, daß der Experimentator ein integrierender Teil des Experimentalsystems, ein realer Faktor des physischen Geschehens ist und modifiziert,

1 André Breton: *L'Amour fou.*

was er sieht – nicht im Geist, wie die Idealisten meinen, sondern hier, in der Welt –, allein schon durch die Tatsache, daß er es sieht; dieser Künstler will den Maler in das Gemalte hineinversetzen und uns die Welt zeigen mitsamt dem Menschen darin. Man ist versucht, ihn einen Maler der Bewegung zu nennen, aber das stimmt nicht ganz. Er versucht nicht so sehr, eine wirkliche Bewegung auf einer unbeweglichen Leinwand darzustellen, als vielmehr die virtuelle Bewegung der Unbeweglichkeit aufzuzeigen. Er denkt lange nicht an eine Auflösung der Konturen, so mächtig ist der Einfluß Cézannes und des Kubismus noch auf seine Generation; aber von Anfang an kämpft er darum, ihre Bedeutung umzuwandeln. Und während er versucht, jenes beständige Übereinanderstürzen, jene protoplasmatischen Kettenexplosionen festzuhalten, die seiner Anschauung nach das innerste Gewebe der Dinge – ihre Substanz – ausmachen, will er die Linie, die sie umgibt, in einen Weg verwandeln, ihn zu dem Pfeil umbilden, der auf der Landkarte die Bewegungen eines Heeres, einer Expedition oder der Winde anzeigt. Aber wessen Weg? Wessen Bewegungen? Hier stoßen wir auf den ureigensten Mythos Massons, seinen Mythos vom Menschen und vom Maler.

Stellen wir uns eine Linie auf einer Tafel vor: alle ihre Punkte existieren zugleich, was unter anderem bedeutet, daß ich ihre Reihenfolge in beliebiger Richtung durchlaufen kann. Zwar muß ich diese Linie «ziehen», und meine Augen müssen sie vom einen Ende der Tafel zum andern «verfolgen»; aber während sie sich von rechts nach links oder von unten nach oben bewegen, behalte ich im Geist und sogar bis in die Augenmuskeln hinein das Gefühl gegenwärtig, daß ich sie genausogut von oben nach unten oder von links nach rechts wandern lassen könnte; somit erscheint mir die Bewegung, die sie vollbringen, als reine Auswirkung meiner Laune und hat nicht das geringste mit der betrachteten Figur zu tun: die Linie ist träge. Nun kann jedoch in gewissen Fällen und aus gewissen Gründen mein Blick gezwungen werden, die Linie in einer bestimmten Richtung zu durchlaufen: damit wird sie zum Vektor. In diesem Fall gleitet mein Blick von einem Punkt zum andern wie eine Kugel auf einer schiefen Ebene, und seine Bewegung wird von dem Bewußtsein begleitet, daß keine andere Bewegung möglich ist. Weil ich jedoch auf dieser Linie genausowenig zurück kann wie in der Zeit, verleiht diese Unmöglichkeit dem Raum auf einem begrenzten Gebiet die Unumkehrbarkeit, die nur der Zeit eignet: während ich die Bewegung meiner Augen ausführe, projiziere ich sie zugleich in die Linie hinein, mir scheint, als entspringe sie ihr selbst, und aus dem leuchtenden Kielwasser mache ich eine ihrer Eigenschaften; sie existiert bereits und zwingt mich doch zugleich, sie zu ziehen. So verkörpert sich zeitliche Abfolge im Nebeneinander, der Raum absorbiert Zeit, saugt sich damit voll und spiegelt sie mir zurück, und da die Kausalität nichts anderes als die Einheit der Momente einer irreversiblen Reihe ist, hört die Linie auf, träge zu sein, und zeigt eine Art innerer Kausalität: jeder ihrer Punkte erscheint mir als Auswirkung der Punkte, die ich durchlaufen habe, um bis zu ihm zu gelangen, und zugleich als Ursache für die Punkte, die ich anschließend noch durchlaufen werde; von dem Teilabschnitt ausgestoßen, der ihm vorangeht, scheint er den Teilabschnitt, der ihm folgt, aus sich herauszuschleudern, während er in Wirklichkeit nur meinen Blick nach vorn wirft. Der Geist fügt diese Punkte zu einer synthetischen Wahrnehmungseinheit zusammen, während gleichzeitig die Kausalität in jedem von ihnen die Rolle einer desintegrierenden Macht spielt; so stellt sich der Vektor zugleich als Substanz und als Ereignis dar; er scheint Ursache seiner selbst zu sein, weil er gleichzeitig schon ist und sich mit Hilfe unseres Blicks erschafft. Kehren wir jedoch zur Malerei zurück: wenn der Umriß der gemalten Gegenstände nichts als eine Linie ist, versinkt alles in Ewigkeit, in zeitloser Trägheit; gelänge es dem Maler jedoch, die Umrisse zu Vektoren zu machen, dann würde das Auge des Betrachters ihnen die lebendige Einheit einer Folge von Tönen verleihen. Das ist der Traum Massons: seine Malerei drängender, zwingender zu gestalten als die der Kubisten oder der Fauves, ihr eine zusätzliche Forderung zu verleihen; sein Ideal ist, daß unter dem Blick des Betrachters, wenn er in der richtigen Richtung liest, alles sich organisiert und sich erschafft, dagegen zu einem Chaos zerfällt, sobald er gegen den Strich schaut. Sein Hauptproblem lautet deshalb: wie kann der Betrachter gezwungen werden, die Linien seiner Bilder und besonders die Umrisse der Gegenstände als Vektoren aufzufassen? Anders ausgedrückt: Welches sind die psychologischen Faktoren, die uns zwingen können, ein Gebirge oder eine Straße in einer bestimmten Richtung zu sehen?

Die Antwort ist klar: eine Linie wird nur dann zu einem Vektor, wenn sie mir mein eigenes Vermögen widerspiegelt, sie mit dem Blick zu durchlaufen; sie scheint in jedem Punkt ihre Vergangenheit zu enthalten, in jedem Punkt sich auf ihre Zukunft hin zu verlängern, aber in Wirklichkeit verlängere ich mich selbst über mich hinaus, und die Richtung des Vektors ist nur die provisorische Definition meiner eigenen unmittelbaren Zukunft. Weil jedoch die Linie an sich nur ein einfaches Nebeneinander von Punkten ist, entspringt ihre zwingende Richtung nicht ihrer physischen Struktur, sondern ihrer menschlichen Bedeutung. Ich kann aus der Straße, die unter meinem Fenster vorbeiführt, genausogut ein Band wie einen Strom machen. Im ersteren Fall betrachte ich sie unter ihrem materiellen Aspekt; im letzteren sehe ich sie unter der Gesamtheit ihres Sinnes, als ein von der dahinströmenden Menge zurückgelassenes Kielwasser oder als ein erstarrtes Beförderungsmittel, das mich gleich nachher an meine Arbeitsstätte bringen wird; ich lege in diese weißliche Spur die zielstrebige Arbeit der Straßenbauer, die sie angelegt haben oder unterhalten, das kraftvolle Leben der Lastwagen, die sie befahren, den Gedanken an die großen Fabriken im Osten, die sie «versorgt». Ihre vektorielle Natur ist, wenn man so will, «erkaltete menschliche Arbeit». Aber, so wird man sagen, ein Gebirge ist doch nichts von Menschen Erbautes, und dennoch kann ich es beliebig als ein Aufsteigen oder als Geröll ansehen. Ja, aber je nachdem, ob ein bestimmter Beweggrund mich zwingt, es vom Fuß zum Gipfel zu «lesen», um dabei die Bewegung eines tollkühnen Aufstiegs zu erleben, oder vom Gipfel zum Fuß, damit es mir zum Abbild der sozialen Kräfte, die mich erdrücken, oder meines geheimen Zusammenbruchs wird. Mit einem Wort, Linie oder Fläche machen sich nur dann als Vektoren geltend, wenn es ihnen auf irgendeine Weise gelingt, mir die menschliche Transzendenz widerzuspiegeln. Jeder Vektor ist schon ein Mythos, weil er insgeheim an den Anthropomorphismus rührt: er ist ein geweihter Raum.

Um seine Malerei mit Leben zu erfüllen, muß der Maler also die Transzendenz des Menschen in die Dinge hineinprojizieren, sie stärker als nur durch Farbharmonien und Formbezüge vereinen, indem er sie alle zusammen an einer einzigen menschlichen Bewegung teilhaben läßt; er muß sie die Geste des Nehmens, des Abweisens, des Fliehens andeuten lassen, kurz, den Menschen – sichtbar oder verhüllt – zum magnetischen Pol machen, der das ganze Gemälde anzieht. So lautet auch Massons Vorsatz; aber Ziel und Mittel vermischen sich bei ihm: wenn in seinen Gemälden und Graphiken Menschliches auftaucht, dann deshalb, weil er die Natur durch den Menschen sieht; die Blitze, die seine Gemälde durchzucken, sind Ausdruck dafür, daß dieser dionysische Künstler sich selbst zum Hauptgegenstand gemacht hat, daß er sich nicht vom Universum losreißen will, um es von der Höhe eines Himmels aus zu betrachten, sondern bis ins Herz des Seins hinabtauchen und die Wellen malen möchte, die dieses Eintauchen in die Welt hinterläßt. Der Mensch ist die strahlenbrechende Mitte, durch die Masson die Dinge sieht und uns zeigen will, der Zerrspiegel, der ihm die Gesichter widerspiegelt. Denn auch der Mensch selbst wird bei Masson durch den Menschen gesehen. Wenn ein Maler des letzten Jahrhunderts eine schreckliche Gestalt darstellen wollte, gab er ihr die Formen und Farben, die er für geeignet hielt, uns Schrecken einzujagen: Masson möchte uns seine Ungeheuer nicht mit all den Verformungen darbieten, die unser entsetzter Blick in ihnen hervorruft, sondern sie selbst mit dem Schrecken tränken, den sie einjagen. Die Frau, die Tizian oder Rubens begehrenswert malten, möchte er *begehrt* malen; die Begierde des Mannes strömt in dieses weibliche Fleisch über, arbeitet in ihm wie ein Ferment, läßt seinen Teig aufgehen, dehnt es, modelliert es; die Umrisse eines Busens sind von einer Hand gezogen, die ihn liebkost, der ganze Körper wird zu einem Blitz, zum Aufleuchten einer Vergewaltigung, er trägt sein eigenes Geplündertwerden an sich. Keine Kreise mehr: Umkreisungen. Keine Vertikalen mehr: Aufstiege, Stürze, Regenfälle. Kein Licht mehr: Energiekörner. «Kosmogonien, keimende Welten, Insektentänze im Gräserdschungel, aufbrechende Eier oder Augen im Schoß der Erde als Mutter, in den Falten der Erde als Frau»[1]: die Konturen müssen tanzen; dieser ungeheure Hexensabbat hat nur ein einziges Ziel: auf jede Art zu versuchen, das dichte Korn des Seins aufzulockern und seine inneren Energien zu befreien, den Körpern Reihenfolge zu verleihen; Masson will die Zeit malen.

Wie geht er ans Werk? Wie wird er uns zwingen, diese neutralen, trägen Flächen, die wir nach Belieben unbeweglich oder in Bewegung sehen können, wenn er sie nun auf die Leinwand bannt, nie mehr in Ruhe zu sehen? Wie wird er uns dazu bringen, sie für immer, selbst gegen unseren Willen, zu jenen Anschwellungen, sich aufrichtenden Gebilden, Geröllmassen, Strö-

1 Limbour in *André Masson et son univers*, p. 103.

men und trichterförmigen Wirbeln zu machen, die den Teig des Seins aushöhlen? Wie wird er diesen Berg, in dem ich nur einen großen, dumpfen Haufen sah, für mich zu jenem plötzlichen Aufstieg umwandeln, der unvermittelt abbricht und schräg nach Osten flieht? Unaufhörlich sucht er Methoden, Lösungen. Wenn er die Linie aufgäbe? Nein: er wartet, bis sie ganz zerschlissen ist, ehe er sich ihrer entledigt. Als Gefangener der Kontur, die Halt und Endlichkeit bedeutet, möchte er, daß sein Bild ein einziges Zerplatzen, ein einziges Sich-Ausdehnen sei; und dieser fruchtbare Widerspruch ist die Grundlage all seiner Erfolge.

Von hier aus gesehen sind seine Mythologien im Grunde genommen nur eine der vielen Lösungen, die er versucht hat; vielleicht die naivste. Eines Tages hat er die Sonne in die Falle[1] gelockt. Die Mausefalle, die das Gestirn zwischen ihren Eisenzähnen gefangenhält, hat keine andere Aufgabe, als die «Intensibilität» der Sonne und ihren «Widrigkeitskoeffizienten» spüren zu lassen: der eingefangene Planet verwandelt sich in eine Maus, die weiche, runde Masse rollt zerzaust an einer Eisenstange entlang. Sie wird zur Beute; das riesige Werkzeug bezeugt, daß der Mensch bis in den kosmischen Raum gegenwärtig ist; ein Beweis für die Existenz des Menschen, genau wie die geordneten Bewegungen am Himmelsgewölbe lange Zeit ein Beweis für das Vorhandensein Gottes waren. Ein etwas literarischer Beweis. Masson gibt diese Methode bald auf und geht zu Rätselzeichnungen über: weil allein der Mensch die Natur beseelt, trägt er in alles die menschliche Form hinein und läßt sie einen Augenblick auf dem Kamm der Dinge glänzen, ehe sie sich in vegetativen Garben, in mineralischen Spritzern auflöst. Dieser Baum ist eine Hand[2]: aber es wäre nutzlos, zu fragen, was Masson damit sagen will; man geriete nur in die Literatur hinein. Masson produziert keine Literatur; er will nur sagen, was er sagt: die Zweige sind Finger, weil allein Finger sich im Nehmen oder Drücken spreizen, öffnen oder krümmen können; er verlangt von den Fingern nur, Laubwerk in eine Geste zu verwandeln. Wenn diese Schiefermassen[3] an ein Skelett erinnern, dann deshalb, weil die aufrechte Haltung nur den Menschen – und einigen Affen – eignet: sie stellen ein aufrechtstehendes Gebirge

1 *Sonnenfalle*, 1938.
2 *André Masson et son univers*, p. 38. Vgl. auch *Zwei Bäume*, 1943.
3 *Auf dem Gipfel des Seins*. In: *Mythologie de l'Être*, 1939.

dar. Oder man betrachte das Bild *Landschaft auf Martinique*[1]:
die Hügel sind Schenkel, Waden, Geschlechtsteile; die Wurzeln
Hände und gleichzeitig noch Wurzeln; je nach Belieben kann
man darin ein Gliedergewirr oder ein Panorama erkennen. Aber
es wäre müßig und gefährlich, in diesem Bild die Anzeichen eines
Pansexualismus zu erblicken: wieder gerieten wir auf das Gebiet
der Metapher. Beine und Waden übernehmen die Funktion der
Pfeile auf einer Schlachtskizze: sie verwandeln die Kammlinien,
die Umrisse der Brustwarzen in Vektoren; das Beste wäre, wenn
diese halbverborgenen Muskeln, die dumpf das Ganze bewegen, auf uns einwirken würden, ohne daß unser Auge sie ge-
wahrte. Was das auf so vielen Bildern wiederkehrende weibliche Geschlechtsorgan betrifft, so erinnert es Masson weder an
Fruchtbarkeit noch an Brunst – wenigstens nicht in erster Linie.
Es stellt die Zwietracht, das Klaffende, die explosive Ausren-
kung eines Körpers dar. Schon 1922 hatte Masson in seinen
Croquis de femme die gespreizten Beine seiner Modelle dazu
benutzt, die Wirkung zweier Kräfte zum Ausdruck zu bringen,
die am gleichen Punkt ansetzen und in entgegengesetztem Sinn
an ihm zerren; das Geschlechtsorgan war das Zerbersten des
unter der Wirkung dieser Spannung zerreißenden Fleisches; deshalb verwandelt Massons Stift es so oft in eine Wunde. Auf jeden Fall finden wir es in den meisten seiner Landschaften wieder.
Angedeutet oder betont, ist dieses gequälte Geschlechtsorgan
zwischen sich öffnenden Beinen weder Zeichen noch Symbol:
eher ein motorisches Schema. Denn, wie Limbour zu Recht her-
ausstellt, das Hauptmerkmal der Bilder Massons ist die Zwietracht. Nicht, als sei Masson besonders aggressiv: aber dieses aus-
gewogene Unausgewogene allein vermittelt jene menschliche
Transzendenz, die er über die Dinge malen will und die ständig
sich selbst voraus und hinter sich zurück ist, die zugleich als Atom
und als Wellenströmung erscheint, noch dort hinten in der Falle
des Seins steckt und schon in der fernen Zukunft weilt, wo sie
soeben die Plätze einschließt, die später das Gros der Truppe
besetzen wird. Diese Zwietracht entfaltet sich zur Mythologie:
denn sie drängt Masson seine Formen und Gegenstände auf.
Weil wir die Konturen beibehalten und ihnen das Gegenteil dessen auferlegen, was sie normalerweise ausdrücken – nicht Endlichkeit, sondern Explosion, nicht aufgehäufte Trägheit des Seins,

1 1941.

das ist, was es ist, und nichts anderes, sondern eine bestimmte Art, alles zu sein, was man nicht ist, und nie ganz das zu sein, was man ist –, sind wir gezwungen, aus der Linie selbst eine vieldeutige Wirklichkeit zu machen, ähnlich jenen Doppellinien, die an den Punkten, in denen ein Kreis einen andern schneidet, gleichzeitig der Kreislinie des einen und der des andern angehören und somit zugleich sie selbst und andere als sie, sie selbst und ihr eigenes Sich-Losreißen von sich sind. Schon Limbour wies darauf hin, daß «der Hauptdarsteller des Bildes eine Bewegung, geläuterte Linien» seien, die «mit lebhaftem und sogar heftigem Schwung in ihrem Geringel und an ihren Enden ein paar Einzelmerkmale festhalten, an denen wir die Tiere erkennen: Köpfe und Schnauzen, Federbüsche, Gefieder, Haarbüschel, Krallen usw.». Aber das alles genügt Masson noch nicht: nicht allein soll die Linie ein Pfeil sein, der von einem Punkt zum andern fliegt, sie muß dazu noch in jedem ihrer Punkte ein Werden, ein Zwischenglied zwischen einem Zustand und einem andern sein; soll alle Trägheit aus ihr vertrieben werden, so muß die Kontur eine sich soeben vollziehende Metamorphose in sich tragen, und man darf nie im voraus wissen, ob sie einen Menschen oder einen Stein umschließt, denn innerhalb seiner Grenzen wird der Stein Mensch. So sind die Dinge in Massons Werken in doppeltem Sinn menschlich: sie verwandeln sich zu Menschen, damit die Linien, aus denen sie bestehen, zugleich als Bewegungen und als qualitative Veränderungen erscheinen. Dadurch gelangt Masson dazu, eine ganze Mythologie der Metamorphosen aufzubauen: er läßt das Mineral-, das Pflanzen- und das Tierreich in das Menschenreich übergehen. In derselben Absicht, nämlich diese ambivalenten Formen durch geheime Bezüge zu vereinen, die gleichzeitig Abstoßungen und Dissonanzen sein sollen, kommt er darauf, sie in der unauflöslichen Einheit des Hasses, der Erotik und des Konflikts einander gegenüberzustellen. Wenn er 1943 *Zwei Bäume* zeichnet, genügt es nicht, daß diese Bäume halb Mann und Frau sind: sie müssen sich dazu noch umarmen; und in der *Vergewaltigung* von 1939 verschmelzen die beiden Personen in der schmerzhaft-gähnenden Einheit ein und derselben Wunde, ein und desselben Geschlechtsorgans miteinander. So entstehen die Themen: Vergewaltigungen, Morde, Zweikämpfe, aufgeschlitzte Bäuche, Menschenjagd. Und doch ist diese Welt voller Ungeheuer nichts anderes als die erschöpfende Darstellung unserer eigenen: all diese Gewalttätigkeit symbolisiert nicht die

Wildheit unserer Begierden und Instinkte, sie ist erforderlich, um unsere zartesten, menschlichsten Regungen auf die Leinwand zu bannen; selbst für die Darstellung des unschuldigsten unserer Wünsche ist diese ganze rasende Erotik nicht zu stark. Sadismus, Masochismus, alles dient nur der Bewegung; in dieser gequälten, phantastischen Fauna sollen uns nichts als ganz gewöhnliche Tiere, Pflanzen und Menschen gezeigt werden. An diese Albträume glaubt Masson: aber das sind die Auswirkungen seines atheistischen Realismus. So sehen Felsen, Pflanzen und der Mensch aus, wenn Gott nicht existiert.

Die Zeichnungen, die er uns diesmal vorlegt, stellen seine letzte Mythologie dar. Eine ihrer selbst bewußte Kunst zielt darauf ab, alle Phasen der Bewegung in sich auszudrücken; nur die graphische Darstellung der Bewegung und des Werdens darf man in ihr suchen. Nichts anderes: das ist vollauf genug. Schauen wir Bild 15 an: *Geflügelte, in Eisfelsen eingeschlossene Menschen, die sich aus dem Polyeder-Himalaja nur unter Zurücklassung ihrer Haut befreien können.* Zunächst einmal: was sehen wir? Ein Emporströmen: eine Garbe von Pfeilen, eine aufsteigende, auseinanderstrebende Bewegung.

Warum haben diese Menschen Flügel, warum sind diese Geflügelten Menschen? Weil diese Menschen ohne Flügel aussähen, als reckten sie sich nur in die Höhe, nicht als stiegen sie empor; ihr einziger Stützpunkt wäre der Boden, sie würden schließlich der Schwerkraft gehorchen, und man könnte sie mit etwas bösem Willen sogar in sich zusammensacken und auf ihren eigenen Füßen lasten sehen. Aber der Flügel krönt die Bewegung, vollendet sie: nicht als sei er schon von sich aus dynamisch, er wirkt durch seine Bedeutung; schauen wir uns diese Flügel genauer an: sie hindern, hängen nach unten, stülpen sich um wie Regenschirme im Wind; allein der menschliche Körper kann die Anstrengung, das Sich-Losreißen zum Ausdruck bringen. Und warum sind diese Menschen ohne Kopf? Weil der Kopf die Bewegung stoppt oder zu seinem Nutzen kanalisiert und ablenkt; selbst nur angedeutet, wird er zu wichtig: die Kraft ist um so größer, je blinder sie ist; diese Wesen sind zum Gesehenwerden, nicht zum Sehen erschaffen; ein einziger Blick, und alles würde erstarren. Warum weiterhin das Blut? Warum die Kristallpolyeder? Blut, Schmerz, verzerrte Muskeln versinnbildlichen den Widerstand, verleihen der reinen Materie klammernde Gewalt; selbst das Leblose ist noch Energie und Druck. Umgekehrt jedoch muß dieser

Druck wiederum leblos sein; der Kontrast zwischen Muskel und Mineral soll bis zum Extrem gesteigert werden. Und welches Symbol für die dumpfe, reine Sturheit des Minerals wäre besser geeignet als diese Eispolyeder? Flügel, Blut, Kristalle: die Bildersprache tritt in den Dienst der Bewegung; der menschliche Körper hingegen liefert die direkte Darstellung des Emporfliegens.

Überall explodiert das Auge unter den aufeinanderprallenden Widersprüchen: jener Jüngling dort steht gekrümmt, weil er wie Atlas die Welt trägt, er bückt sich, weil er eine Blume pflückt. Bückt er sich? Krümmt er sich? Je nach Belieben kann man das eine wie das andere und die Widerlegung des einen durch das andere sehen: es ist bereits eine Metamorphose. Da ist ein winziges Männchen in den Händen einer Riesin. Schauen wir es an: ganz aufrecht lehnt es sich an einen Felsblock, die ganze Titanin wird zu Fels; ihr Rücken, ihre riesigen Schulterblätter versteinern. Erheben wir nun den Blick und schauen die Gigantin selber an, so schwindet die scheinbare Versteinerung dahin, alles gerät in Bewegung, von der Titanin keine Spur mehr: eine Frau reckt sich gen Himmel. Ebenso verkörpern jene Riesenhände mit den winzigen Frauen darin trefflich die Vieldeutigkeit des menschlichen Daseins; betrachten wir sie: die Frau wird zu einer Statuette, einem Amulett, einem leblosen Spielzeug; betrachten wir die Frau: die Hände erstarren, werden zu Marmorhänden, sind nur noch materielle Stützen. Und diese Transsubstantiation spielt sich einzig in unserem Auge ab, ihm allein ist es zuzuschreiben, daß im Fleisch noch die Erinnerung an den Marmor, im Marmor noch ein Hauch animalischer Wärme zu spüren ist. Überall durchkreuzte, widerlegte Vermutungen, eine bewußte Transmutation der Empfindungen: hier explodiert ein Geschlechtsteil, dort zerspringt ein Kopf zu Blumen, woanders franst ein Frauenkörper zu Nebel aus, und der Nebel blutet. Nirgends hat Masson besser mit der Linie gespielt, die Umrisse leichter, beweglicher, das Gleiten und Wirbeln seiner Flächen spürbarer gemacht. Er ist unumschränkter Meister seiner mythologischen Technik.

Eben deshalb jedoch will er sie aufgeben. Zwar ist er sich, wenn er an seinen Zeichnungen arbeitet, noch nicht klar bewußt, daß sie einen Abschied darstellen, aber er ahnt es. Er fühlt, daß seine Aufgabe, eine Lösung für sein Problem zu finden, erfüllt ist; er muß neue Probleme suchen, kann sich nicht mit einem glücklichen Wurf zufriedengeben, der, einmal in Form gebracht, in Routine zu degenerieren droht. Weil er ein Maler der Bewegung ist, muß seine Kunst selber Bewegung sein. Jetzt, wo sein Blick auf sich selbst nicht mehr durch die Schwierigkeiten der Ausführung verdeckt ist, steht er mit klarem Auge über seinem Werk und entdeckt, daß seine Mythologie einen Schwindel birgt: die Zeichnung ist nicht alles, sie verbindet sich mit Bedeutungen, die außerhalb der Graphik liegen; Masson wird sich der Tatsache inne, daß er, um seine Zeichnungen und Gemälde zu beleben, zu Symbolen gegriffen hat. Um seinen weiblichen Figuren ihre beunruhigende Weichheit zu verleihen, um uns das Gefühl des Darin-Versinkens zu vermitteln, zog er den Dunst, das heißt alle Ideen- und Gefühlsassoziationen heran, die der Nebel im Betrachter wachruft. Von jener dunstumhüllten Frau dort zum Beispiel hat er die Konturen nur zum Teil gezogen: es ist eine offene Figur. Aber wenn er hier die Linie fahrenließ, sich des Strichs entledigte, dann nur deshalb, weil die nebelhafte Substanz, die zu malen er sich vorgenommen hatte, ihm erlaubt, sie aufzugeben. Was aber, wenn er sich völlig von den Geländern, Netzen und Sprungbrettern, kurz, all den Schutzmaßnahmen lossagte, die seine Kunst noch einschnüren? Wenn er kurz entschlossen die Kontur über Bord würfe?

Tatsächlich hat er schon seit langem geduldig versucht, sie zu vernichten. Zwischen 1940 und 1947 bemüht er sich, obwohl er sie noch beibehält, ihr Wert und Funktion zu rauben: sie mag, wenn sie will, auf dem Bild, dem Papier bleiben, aber sie soll aufhören, Endlichkeit darzustellen. «Jede Bestimmung ist Verneinung», sagt Spinoza. Diese Verneinung versucht Masson zu leugnen. Bald durchackert er das Innere der Körper mit dicken Strichen und schleift gleichzeitig die äußere Linie, die ihre Form umreißt, bis aufs äußerste ab: dadurch fällt der Akzent auf die Substanz; die Furchen, die Streifen, die Spalten wirken wie innere Bewegungen des Fleisches, während die Kontur, die es begrenzt, tot, träge, abgeschabt ist und es nur vorläufig daran hindern zu können scheint, zu zerfließen[1]; bald quirlt die Kreatur in einer Art spiralenförmiger Windung aus dem Boden; die Kontur, in sich verknotet, von dieser lebendigen Spirale erfaßt, bleibt an ihr kleben, dreht sich mit ihr und scheint, anstatt als Schranke gegen die inneren Kräfte zu wirken, vielmehr vom

1 *Porträt Georges Limbour*, 1946; *Im Begriff zu sprechen*, 1946.

«inneren Raum»[1] angezogen zu sein; bald wieder bedeckt er seine Zeichnung mit einem Gewirr von Bogenlinien, Schraffierungen, Kommas, und die eigentliche Kontur, die inmitten dieses Waldes verirrt und von den Gräsern verschlungen ist, verliert zugleich mit ihrer Autonomie auch ihre unterscheidende Funktion. Ist sie einer jener unzähligen Striche, die das «Innere»[2] des Gesichts ausmachen? Oder einer von jenen, die den Hintergrund darstellen? Ohne die graphische Form aufzugeben, löscht er sie durch das Übermaß aus; gleichzeitig dringt durch diese dünne, machtlose Membran osmoseartig der Hintergrund in die Form ein, die Form zerfließt in den Hintergrund. In noch kühnerem Anlauf verdoppelt er die Kontur und malt ein Gesicht, als sei es vor sich selbst hingeworfen; diesmal ist es die Form, die zu zerplatzen und sich von sich selbst loszureißen beginnt. Ein einziger Schritt blieb noch zu tun: er hat ihn getan. Seit 1948 weicht der Umriß, die lebendige Substanz zerbricht ihre Schalen und verteilt sich über das ganze Bild; nichts hindert Masson mehr, seinen dionysischen Mythos in seiner ganzen Reinheit zu entfalten. «Wenn ein Bein ins Meer fällt, wird das ganze Meer zu Bein», hieß ein seltsamer Satz der Stoiker. In Massons letzten Gemälden fallen Beine, Schenkel, Brüste in den Himmel, ins Wasser, und das ganze Wasser, der ganze Himmel, die Wände, die Decke werden zu Brüsten und Schenkeln. Die Mythologie hat ausgedient: nichts zwingt mehr, ein Gebirge wie ein muskulöses, verzerrtes Bein zu zeichnen, denn alles ist in allem, das Bein im Gebirge und das Gebirge im Bein. «Vor einem Wasserfall sich wallendes Haar vorstellen ...» schrieb Masson 1947. Aber wenn er den Wasserfall zu wallendem Haar umbilden wollte, dann mit dem Ziel, daß er noch mehr Wasserfall sei, daß das sinnliche Gewicht ungebändigter Haarflechten uns noch besser die sanft-bewegte Wollust des fallenden Wassers fühlen ließe. Jetzt bedarf es keiner solchen Vergleiche mehr: gewiß, wir erleben immer noch Metamorphosen. Aber jetzt verwandeln sich nicht mehr Vögel in Menschen: jetzt verwandelt sich ein Ding in einen Vogel. Conrad schrieb einmal: «Ich hörte Erschütterungen, dumpfe Schläge ... es war der Regen.» Das ist es, was Masson jetzt malen möchte: weder das Aufflattern noch den Fasan noch das Aufflattern des Fasans, sondern ein Aufflattern, das zu

1 *Au travail*, 1946.
2 *André Masson, par lui-même*, 1945.

einem Fasan wird; er streicht durchs Feld, in den Büschen explodiert eine Rakete, Fasanen-Explodierendes: das ist sein Bild.
Alles hat er aus seinen früheren Versuchen beibehalten, aber
alles zu einer neuen Synthese zusammengefügt. Jetzt erst sind
wir so weit, daß wir wieder auf seine Zeichnungen von 1947 zurückkommen können; jetzt erst sind wir imstande, sie zu verstehen.

1947 waren sie nur eine vollkommene Leistung, die in sich
selbst abgeschlossen schien: Massons Stil selbst war begrenzt und
von Konturen umschlossen. Heute explodieren die Graphiken
und ergreifen uns, denn sie sind die dunkle Ankündigung eines
neuen Stils.

> Einführung zu *22 Dessins sur le thème du Désir*
> [22 Zeichnungen zum Thema Begierde]

Finger und Nicht-Finger

Ich lernte Wols 1945 kennen, kahlköpfig, mit einer Flasche und einem Bettelsack. In dem Bettelsack trug er die Welt, seine Sorge; in der Flasche seinen Tod. Er war schön gewesen, er war es nicht mehr: ohne die jugendliche Trauer in seinem Blick hätte man den Dreiunddreißigjährigen für fünfzig gehalten. Niemand – er selber am wenigsten – rechnete damit, daß er es noch lange machen würde. Er hat mir das auch mehrmals gesagt, ganz ohne Selbstmitleid, nur um seine Grenzen anzudeuten. Er hatte kaum Pläne: er war ein Mensch, der unaufhörlich von vorn anfing, ewig im Augenblick. Er sagte immer alles, auf ein Mal, und dann von neuem alles – anders. Wie

> *die kleinen Wellen des Hafens,*
> *die immer wiederkehren, ohne sich je zu wiederholen.*[1]

Sein Leben war eine Kette bossierter Perlen, deren jede die Welt verkörperte; der Faden konnte unbeschadet irgendwo mittendrin abgeschnitten werden: so sagte er wenigstens; ja, es scheint mir heute, als habe er sich nur in ein einziges kurzfristiges Unternehmen eingelassen: sich zu vernichten, in der Überzeugung, daß man nichts auszudrücken vermöge, ohne sich selbst

---

1 Gedicht von Wols. – Die Wiedergabe der Wols- und Klee-Zitate folgt der Übersetzung von *Finger und Nicht-Finger* durch Herma Buse in Zusammenarbeit mit Dr. Werner Haftmann in: WOLS AUF-ZEICHNUNGEN. Aquarelle. Aphorismen. Zeichnungen. Herausgegeben und eingeleitet von Werner Haftmann mit Beiträgen von Jean-Paul Sartre und Henri Pierre Roché. M. DuMont Schauberg, Köln o. J. Anm. d. Übers.

zu zerstören; die Flasche erscheint sehr früh in seinen Zeichnungen. Er rühmte sich dessen nicht. Stoizismus und Voluntarismus lagen ihm, dem Kranken, Armen, völlig fern; er verachtete sein Elend nicht einmal: er sprach darüber – selten, aber rückhaltlos – mit viel Distanz und einer Art Komplizität. Besser gesagt, er fand es normal und im Grunde unbedeutend. Sein wahrer Schmerz lag anderswo, tiefer.

Er konnte es kaum fassen, daß er unserer Spezies angehörte: «Ich bin der Sohn des Mannes und der Frau, sagte man mir. Das wundert mich.»[1] Seine Artgenossen behandelte er mit argwöhnischer Höflichkeit und zog ihnen seinen Hund vor. Vielleicht waren wir ganz am Anfang nicht so ohne alles Interesse für ihn gewesen, aber irgend etwas war unterwegs verlorengegangen. Wir hatten unseren eigentlichen Daseinszweck verfehlt und uns in eine rasende Betriebsamkeit gestürzt, die er mit seiner gewohnten Höflichkeit unser «aufgeregtes Treiben» nannte. Selbst seine Nächsten blieben ihm so fremd, daß er mitten unter ihnen und trotz ihres Gezeters arbeiten konnte. Als Koralle unter Korallen legte er sich auf sein Bett, schloß die Augen, und das Bild «verdichtete sich unter dem rechten Augenlid». Er hat Menschenmassen gezeichnet, die nichts anderes als Tierkolonien sind: diese Wesen berühren sich, vielleicht spüren sie sich auch; sicher ist jedoch, daß sie sich weder sehen noch miteinander sprechen, sondern jedes hängt nur seiner einsamen Verzerrungsgymnastik nach. Er hatte allen Grund, uns böse zu sein: die Nazis hatten ihn vertrieben, die Falangisten eingesperrt und ausgewiesen, die französische Republik hatte ihn interniert. Und doch verlor er kein Wort darüber, ja, ich glaube sogar, er dachte nicht einmal daran: das war nur unser «aufgeregtes Treiben», das ihn nichts anging. Großherzig ohne Wärme, aufmerksam aus Gleichgültigkeit, ging dieser Bettelprinz Tag und Nacht nur seinem fruchtbringenden Selbstmord nach. Gegen Schluß mußte er von seinen Freunden jeden Abend in die Rhumerie Martiniquaise gebracht und mitten in der Nacht wieder zurückgetragen werden, jeden Tag ein wenig mehr tot, ein wenig mehr Visionär. Warum auch nicht? Das heißt leben.

1 Ein Satz Lautréamonts, den er sich zu eigen gemacht hatte. – Zitiert nach: *Das Gesamtwerk.* Aus dem Französischen mit einem Nachwort und einer Bibliographie von Ré Soupault. Rowohlt Verlag, Reinbek bei Hamburg 1963.

Öffnete er seinen Bettelsack, so kamen Worte daraus hervor, die er teils selbst ersonnen, meistens jedoch aus Büchern abgeschrieben hatte. Zwischen den einen und den anderen bestand für ihn kein Unterschied, obwohl er unter jedes Zitat stets gewissenhaft den Namen des Autors setzte: auf jeden Fall hatten eine Begegnung und eine Auswahl stattgefunden. Der Gedanken durch den Menschen? Nein: seiner Meinung nach war es genau umgekehrt. Ponge hat mir einmal um die gleiche Zeit gesagt: «Man denkt nicht, man wird gedacht.» Wols hätte dem zugestimmt: die Gedanken von Poe oder Laotse gehörten ihm in einem Maß, wie sie ihren Autoren selbst nie gehört hatten, wie seine eigenen ihm nicht gehörten. Wovon handelten sie, diese vierundzwanzig Maximen, die er da ständig mit sich trug? Von nichts anderem als allem, wie seine Aquarelle auch. Aus einem Buch, einem persönlichen Gespräch herausgerissen und ihres Zusammenhangs beraubt, erschienen sie unbegrenzt oder, besser gesagt, unbestimmt, es sei denn, man kam darauf, in ihnen Wols *in Person* zu entdecken. Er hielt große Stücke auf sie. Mehr noch freilich auf die Werke seines Pinsels: den Worten, diesen «Chamäleons», mißtraute er erst einmal. Zu Recht; aber entweder vertraut man sich ihnen an, oder man schreibt überhaupt nichts: seine Gedichte zeugen nicht von allzuviel Inspiration. Vor allem habe ich den Eindruck, daß er die Sprache nur benutzte, um aus ihr *Beruhigung* zu schöpfen: fast keiner seiner ausgewählten Sätze entbehrt eines sanften, geheimnisvollen Schimmers; die goldenen Verse eines lichten Pantheismus bilden den Begleittext zum düstersten Werk. Im Sprechen entrann er dem Entsetzen. Ich glaube, er wußte das: er hat mehr als hundertfünfzig Bilder, Tausende von Aquarellen und zwei Dutzend immer gleicher Sprüche hinterlassen, die er sich wohl in glücklicheren Tagen – wenn es solche je für ihn gab – angeeignet hatte. Vor seiner Entziehungskur (acht Monate später war er tot) begann er beim Reden den Faden zu verlieren; er setzte sich morgens neben mich, sprach wirres Zeug, wurde ärgerlich, knurrte, zog plötzlich sein Büchlein heraus, öffnete es wortlos, legte zwischen uns die Weisheit Laotses oder der Bhagawadgita und war mit einem Schlag wieder ruhig: tot und leblos trieben zwar die Sätze vor meinen Augen dahin, aber für dieses schlummernde, tragische Genie waren sie die einzigen Rettungsringe. Mehr als jeder andere sich selber treu, hat er mir doch deutlicher als sonst jemand die Wahrheit jenes «Ich, das ist ein anderer» zum Bewußtsein gebracht. Er litt; seine Gedanken, seine Bilder wurden ihm gestohlen und durch grausame andere ersetzt, die sein Gehirn erfüllten oder sich in seinen Augen verdichteten. Woher kam das? Von welcher Kindheit? Ich weiß es nicht. Nur eins ist sicher, daß er nämlich das Gefühl hatte, von einer dunklen Macht beherrscht zu sein. Nie habe ich das Aquarell von 1939, *Die Pagode*, ein Selbstbildnis des Künstlers, anschauen können, ohne an das Experiment Sherringtons, jenen abgeschnittenen, aber noch künstlich mit Blut versorgten Hundekopf denken zu müssen, der kümmerlich auf einer Platte dahinvegetiert. Wols' Kopf ist zwar nicht abgetrennt, aber darum nicht weniger schmerzlich: die Augen sind geschlossen; zweifellos bedient man sich seiner gerade für ein Experiment: Fäden, Membranen, Röhrenbündel sind unter die Haut getrieben und verbinden den Schläfer mit einer ganzen Kleinwelt – Schmetterling, Pferd, Schaben, Geige usw. –, die er, ohne sie zu sehen, *von innen her* erleidet und die ihn zu einem Somnambulen macht. *Der Hampelmann* – ein anderes Selbstporträt –, jener Krüppel mit den diesmal geöffneten Augen, scheint von einer seltsamen, altmodisch-komplizierten Apparatur angetrieben zu sein, die *von hinten her* seine Bewegungen und seinen Blick bestimmt: von einem Pfahl herab überwacht eine herkulische Gestalt die Prozedur. Von Kellerasseln und Kakerlaken gequält, gepeinigt, gehetzt, sah Wols keinen anderen Ausweg, als sich bedingungslos diesen primitiven Halluzinationen hinzugeben und sie auf der Stelle in Bilder umzusetzen. Über das Resultat war er sich nicht sicher. Daß er dabei seine Haut würde lassen müssen, daran zweifelte er nicht. Aber würde es auch schön sein? Die folgenden, eigenhändig von ihm abgeschriebenen Worte Maeterlincks bezeugen, daß er noch zu hoffen versuchte:

«Wenn es darum geht, eine Röhre herzustellen, einen Gang abzustützen, Zellen oder Kammern zu bauen, Gemächer für die Königin zu errichten ... eine Ritze zu verstopfen, durch die sich – schrecklich zu denken – ein frischer Lufthauch, ein Sonnenstrahl stehlen könnte, so nehmen die Termiten auch hier die Reste ihrer Verdauung zu Hilfe. Es scheint, als seien sie in erster Linie transzendentale Chemiker, die durch ihre Wissenschaft über jedes Vorurteil, jeden Ekel erhaben und zu der heiter-gelassenen Überzeugung gelangt sind, daß nichts in der Natur abstoßend ist und sich alles auf ein paar einfache, chemisch indifferente und reine Bestandteile zurückführen läßt.»

Teilte er wirklich diese «heiter-gelassene Überzeugung»? Ja, an manchen Tagen wünschte er, sie zu teilen. Der Pantheismus in all seinen Formen ist die beständige Versuchung der Besessenen: etwas haust in ihnen, die Kakerlaken steigen nachts von der Küche zum Dachboden, der Feind hält die Keller fest besetzt: sie entrinnen ihm nur, wenn sie das Gebäude in die Luft sprengen, im großen All versinken. Als auf jeden Fall Andere – das ist ihr Los – ersetzen sie das Anders-Sein des endlichen Modus durch das der Substanz. Wols, diese prächtige Termite, errichtete, von einem inneren Zwang getrieben, mit seinem Kot Paläste. Das Tier träumte davon, sich mitsamt seinem Produkt aufzulösen, so daß von beiden nichts übrigbliebe als die ursprüngliche Reinheit ihrer Elemente. Seine Aquarelle zeugen davon: sie erschrecken, sie sind schön. Aber es ist unmöglich zu entscheiden, ob die Schönheit eine Verheißung oder der schrecklichste Traum des Termitenhügels ist.

Klee ist ein Engel, Wols ein armer Teufel. Der eine erschafft die Wunder dieser Welt oder vollzieht sie nach, der andere erfährt ihren wunderbaren Schrecken. Das einzige Unglück des ersteren entspringt seiner glücklichen Natur: das Glück bildet seine Grenze; das einzige Glück des letzteren wird ihm aus der Fülle seines Mißgeschicks zuteil: das Unglück ist grenzenlos. Dennoch erkennt sich Wols um das neunzehnte Lebensjahr in Klee wieder. Oder besser gesagt, er begegnet einer großen Helle und richtet sie auf seine Nacht: sie fällt auf ein wirres Gewimmel, das ihn schon damals beunruhigt, und überzieht den an sich außermenschlichen Sinn seiner ursprünglichen Absichten mit einem Blendwerk menschlicher Bedeutungen. Von Klee müssen wir deshalb ausgehen, wenn wir den Weg verstehen wollen, den Wols gegangen ist.

«Der Künstler», sagt Klee, «ist mehr als eine verfeinerte Kamera . . . Er ist Geschöpf auf der Erde und Geschöpf innerhalb des Ganzen, das heißt Geschöpf auf einem Stern unter Sternen. Dies kommt nun schrittweise so zum Ausdruck, daß in der Auffassung des natürlichen Gegenstandes eine Totalisierung eintritt . . . Der Gegenstand erweitert sich über seine Erscheinung hinaus durch Wissen um sein Inneres . . . Über diese Arten der verinnerlichenden Anschauung des Gegenstandes hinaus gehen die folgenden, zu einer Vermenschlichung des Gegenstandes führenden Wege, die das Ich zum Gegenstand in ein über die optischen Grundlagen hinausgehendes Resonanzverhältnis bringen. Erstens der nicht-optische Weg gemeinsamer irdischer Verwurzelung, der im Ich von unten ins Auge steigt, und zweitens der nicht-optische Weg kosmischer Gemeinsamkeit, der von oben einfällt. Metaphysische Wege in ihrer Vereinigung.»

Der Künstler lehnt es ab, zu *zergliedern*: so streng die Analyse auch sein mag, sie drückt doch nur die unvermeidbare «natürliche» Illusion eines Individuums aus, das sich als unabhängiges und uneingeschränktes Absolutes sieht. Klee ist zu sehr Realist, um anzunehmen, das reine Nichts werde zum Zuschauer und die Gegenstände zögen wie Mannequins vor einer unsichtbaren Lorgnette vorbei. Welche Gegenstände der Maler auch wählt, er kann sie nicht zum Ausdruck ihres Wesens bringen, ohne daß er zugleich erfährt, was er selbst ist. Wenn man das Meer in sechstausend Meter Höhe mit tausend Stundenkilometern überfliegt und dieses dadurch zu einer starrgefrorenen, zusammengeschrumpften Masse wird, verrät es eben durch seine geheime Festigkeit auch das Flugzeug, dessen Geschwindigkeit es zusammenschrumpfen läßt. Das ganze Meer wird Flugzeug, das Flugzeug wird das ganze Meer. Wenn man nun diese wechselseitige Spiegelung auf eine Leinwand preßt, so verfangen sich Himmel und Erde darin und reißen die Menschen, jene einsamen, um einen kreisenden Planeten kreisenden Wanderer, mit hinein. Damit sind wir an der Stelle angelangt, wo eine organische oder, wie Klee sagt, «physiologische» Malerei entsteht. Der Maler und sein Gegenstand gehören beide gleichermaßen der Ganzheit an, die einerseits ihre realen Beziehungen bestimmt und andererseits vollständig in jedem von beiden verkörpert ist. Der Gegenstand enthüllt sich in seiner funktionalen Beziehung zur Welt und enthüllt zugleich den Künstler in seiner physiologischen Beziehung zum unteilbaren Ganzen. Der Seher wird zum Gesehenen, die Sehergabe schlägt Wurzel in der Sichtbarkeit. Umgekehrt gibt der Künstler, was er nicht hat, sein Sein; dieses Filigranwerk aus Dunkelheiten wird ihm, kaum aus ihm herausprojiziert, durch das Nervengewebe des bildnerischen Gegenstandes wieder zugeleitet. Durch seine Doppeldeutigkeit wird der bildnerische Gegenstand zum Abbild der gemeinsamen Verwurzelung im Irdischen und der gemeinsamen Zugehörigkeit zum Kosmos, er verbindet das «Du mit dem Ich», indem er in jedem durch das andere die Gegenwart jenes riesigen Eindringlings, des Alls, enthüllt.

Daß diese hochgespannten Ideen Wols zur Selbsterkenntnis brachten, beweisen allein schon seine Aquarelle von 1932: als Geschöpf auf einem Stern schafft er in ihnen andere Sternengeschöpfe; er hat begriffen, daß der Experimentator notgedrungen ein Teil des Experiments, der Maler ein Teil des Bildes ist. Wenig später gibt er seinem *Zirkus* den bezeichnenden Untertitel: «Aufnahme und Projektion in Gleichzeitigkeit», dem folgende Zeilen Klees als Erläuterung dienen könnten:

«Sämtliche Wege treffen sich im Auge und führen, von ihrem Treffpunkt aus in Form umgesetzt, zur Synthese von äußerem Sehen und innerem Schauen. Von diesem Treffpunkt aus formen sich manuelle Gebilde, die vom optischen Bild eines Gegenstandes total abweichen und doch, vom Totalitätsstandpunkt aus, ihm nicht widersprechen.»

Diesen Text scheint Wols seinerseits in seinem *Janus bifrons, der ein Aquarium trägt* illustrieren zu wollen, jenem Gaukler mit den zwei Stirnen und dem doppelten Augenpaar, das gleichzeitig die hinter- und die vordergründige Welt sieht; die Zusammenschau dieser beiden Sichten vollzieht sich irgendwo außerhalb durch die Hand des Ungeheuers, das sich bemüht, aus dem tragbaren Aquarium ein Tier zu angeln. Dennoch ist diese spinnenartige, von verdächtigen transparenten Stellen durchlöcherte Welt nicht die Klees: sie erweckt Grauen. Außerdem: *sieht* der Künstler überhaupt? Janus hat leere Augen; er scheint von außen gelenkt zu sein: eine Schabe zupft ihn am Ärmel; zweifellos zwingt ihn das Scheusal, wieder eine Schabe zu wählen.

Noch deutlicher zeigen sich Verwandtschaft und Verschiedenheit in den Jugendaquarellen, in denen Wols die «kosmische Gemeinsamkeit»[1] darzustellen versucht. Kein Zweifel, daß Wols in ihnen – wie in jedem seiner Werke – die Welt und sich selbst durch untergeschobene Geschöpfe verkörpern will. Diesmal jedoch geht er den Wegen des Himmels nach. Genau das hatte ja auch sein engelgleicher Meister oft getan: «Der obere Weg führt durch das dynamische Gebiet ... zu den oberen Wegen führt die Sehnsucht, von der irdischen Gebundenheit sich zu lösen, über Schwimmen und Fliegen zum freien Schwung, zur freien Beweglichkeit.» Daraus schöpft nun Wols seine Inspiration. Dennoch sind seine Schwebeteufelchen, genau betrachtet, weit

1 Vgl. *Schwebeteufelchen*, 1932; *Alles fliegt*, 1937.

davon entfernt, sich frei zu bewegen. Klees Figürchen erfreuen sich einer angeborenen Schwerelosigkeit; manchmal «streckt ein kleiner Genius sein Händchen aus», um den Künstler in himmlische Regionen zu entführen, wo «die Dinge nach oben fallen». Nichts dergleichen bei Wols: keine ausgestreckte Hand, keine Umkehrung der Schwerkraft; bei diesem «Luftgeist kalter Höhen» gibt es zwar ein Sich-Erheben, aber keine Flucht vor der Erdanziehung: leicht, aber träge, unfähig zum Schwimmen und Fliegen, steigen und fallen seine Männchen, der Willkür der Strömungen ausgeliefert; gegen 1939 verschwinden sie ganz: dafür tritt immer stärker die gemeinsame Verwurzelung hervor, ja, in ihr löst sich schließlich das Streben nach oben auf; es wird zum vertikalen Drang seiner angeketteten Menschenmassen, dieser einsamen und vergebens zum Zenit sich emporreckenden Eibische. Über den Köpfen wimmeln als letzte Reste der «freien Beweglichkeit» Fliegen, geflügelte Flöhe und Wanzen, dahintreibende Pusteln, Springbohnen, Spinngewebe; dieser scheußliche Schwarm macht die Bemühungen der Menschenpflanzen zunichte, sich loszureißen. Angekettetsein, Ohnmacht, Entsetzen und vergebliches Verlangen: diese langsam sich anhäufende Finsternis in einem kristallenen Paradies, das sie nach und nach zersprengt, das ist Wols, wie er sich «in Person» im Werk Klees entdeckt.

Ein Blick genügt, um zu sehen, was die beiden Künstler verbindet: beide sind ganzheitlich und kosmisch, beiden dient die bildende Kunst als Vermittlerin ontologischer Erkenntnis: unter ihren Werken ist keines, das nicht gleichzeitig das Wesen seines Schöpfers und das der Welt festhalten möchte. Auch steht es außer Zweifel, daß bei beiden eine religiöse Erfahrung den Anstoß gab. Eben diese Erfahrung jedoch trennt sie: sie haben sie weder in der gleichen Weise erlebt, noch stimmen ihre Vorstellungen von der «Vorgeschichte des Sichtbaren» miteinander überein.

Klee rechtfertigt seinen ganzheitlichen Realismus, indem er ausdrücklich auf die Schöpfung verweist: «Die Wesenheit der lebendigen Grunddinge ist exakte Funktion, sozusagen bei Gott (wie man immer noch sagen darf).» Und an anderer Stelle sagt er vom Künstler: «Sein Wachstum in der Naturanschauung und Betrachtung befähigt ihn, je mehr er zur Weltanschauung empordringt, zur freien Gestaltung abstrakter Gebilde ... Er schafft dann ein Werk, oder er beteiligt sich am Erschaffen von

Werken, die ein Gleichnis zum Werke Gottes sind ... Die Kunst ist Projektion aus dem überdimensionalen Urgrund, Gleichnis zur Zeugung, Ahnung, Geheimnis.» Dieser gemeinsame Grund verbindet Maler und Gegenstand; beide werden hervorgebracht, getragen und der Gesamtheit des Seins eingefügt durch die synthetische Einheit eines Aktes, der sie selber sind, den sie bewirken und der sie selber wieder bewirkt: das All ist das vielfältige Zeichen des einen «Es werde», das der Künstler als Urquell seines Daseins in sich vorfindet und dem er durch sein Werk Dauer verleiht. Das Grundlegende bleibt die *Praxis*, und das Sein definiert sich als der funktionale Bezug der einzelnen Teile zu der fortdauernden Schöpfung, die sie zum Ganzen zusammenschließt. Damit erweist sich der Mystizismus Klees als das genaue Gegenteil des Quietismus, und Jean-Louis Ferrier nennt ihn zu Recht einen «tätigen Realismus»: denn wenn alles gegenwärtig, aktiv ist und immer wieder aktiviert wird, dann «ist zu exakter Forschung Raum gegeben ... Mathematik und Physik liefern dazu die Handhabe in Form von Regeln für die Innehaltung und für die Abweichung ... Heilsam ist hier der Zwang, sich zunächst mit den Funktionen zu befassen und zunächst nicht mit der fertigen Form ... Man lernt erkennen, was darunter strömt, lernt die Vorgeschichte des Sichtbaren.»

Es klingt wie eine Antwort auf die oben zitierten Worte Klees: «Gott, wie man immer noch sagen darf», wenn Wols schreibt: «Es ist überflüssig, Gott zu benennen oder etwas auswendig zu lernen.» Hier liegt nun aber auch der ganze Unterschied: obwohl sich Klee von allen christlichen Lehrmeinungen freigemacht hat, bewahrt er trotzdem ein christliches, faustisches Bild vom Universum: *Im Anfang war die Tat*.[1] Anders Wols: der erste Schritt dieses Rutengängers des Seins ist, daß er die Tat verwirft: «In jedem Augenblick, in jedem Ding liegt die Ewigkeit.» Auch den Logos verwirft er: «Das Tao, das man benennen kann, ist nicht das wahre Tao.» Damit zerfällt zugleich mit ihrer Garantie, der göttlichen Schöpfung, auch die Kunst zu Staub. Der Realismus Wols' wird also kein «tätiger» sein, denn jede Tätigkeit stößt ihn ab: nach seinen ersten Versuchen verzichtet er für lange Zeit – zwölf Jahre – auf die Ölmalerei, weil «darin schon zuviel von Ehrgeiz und Gymnastik steckt, und das will ich nicht». Was er bei jedem Unternehmen

1 Deutsch im Original. Anm. d. Übers.

verurteilt, ist nicht nur Planung und Ausführung, sondern auch – und vor allem – Aufbau, Stil und jede Form der Interpretation und Transposition: «Wenn man sieht, so sollte man sich nicht auf das versteifen, was man mit dem Gesehenen machen könnte, sondern sehen, was ist.» Der bildnerische Gegenstand ist in dem Maße unerschaffen, wie das Ewige sich in ihm offenbart. Man verzichte also auf Komposition: das Erschaute verhilft sich selbst zur Sichtbarkeit, denn Sehen und Sichtbarmachen sind eins. Der erste Schritt dieses ungezähmten Invaliden ist, sich selbst die praktische Vernunft wegzuamputieren: «Nicht tun, sondern sein und glauben.» Es gibt nur die eine Wahl: sich in Umtrieben verzetteln oder sich in unbeweglichem Warten sammeln. Gerät nun Wols, indem er dem Sein jene Virulenz abspricht, die es unter dem Pinsel Klees der reinen Tat nähert, nicht in einen kontemplativen Quietismus? Nein, aber in jene introvertierte *Praxis*, die ich passive Aktivität nennen will. Seine Infinitive sind verkappte Imperative: wir sind, und dennoch *müssen* wir sein. Gern zitierte er jenen Spruch aus der Bhagawadgita: «Alles Seiende gehorcht seiner Natur.» Theoretische Forderung und Faktum, Natur und Norm fließen hier ineinander. An Stelle der «philosophischen Schau» Klees tritt die *metaphysische Haltung*. Eine Haltung *nimmt* man jedoch *ein* und *behält* sie *bei*: durch diese Spannung beschwört Wols das unerbittliche Gesetz herauf, das ihn beherrscht und ihm doch gleichzeitig fremd bleibt. Ein widersprüchliches Bemühen: er bäumt sich auf – daher die unzähligen phallischen Anspielungen in seinen Aquarellen – und zwingt sich gleichzeitig zum Gehorsam, um selbst in den Hintergrund zu treten und mit sich die Heteronomie seines Willens auszulöschen. Das geht freilich nicht ohne Schwierigkeiten ab: das Ewige zerreißt die Immanenz, sprengt unsere Kategorien, das Du und das Ich, das Subjekt und das Objekt. Sein heißt «sehen, was ist», sein Wesen im Sein des Andern zu entdecken; sehen heißt sein: das Sein des Andern offenbart sich nur dem Anders-Sein in unserem Innern.

Zugleich heißt es auch *träumen*: «die Erfahrung, daß nichts erklärbar ist, führt zum Traum». Nicht die Erfahrung, nein, sondern die hochmütige Weigerung zu erklären, das Sein in endlose Kausalketten zu zerlegen; gesammelt, ganzheitlich nimmt Wols das Unerklärliche, Zufällige entgegen; jedesmal liegt darin die ganze, vollständige Welt. So heißt Träumen auch Sehen. «Die wachend Träumenden kennen tausend Dinge, die den schlafend

Träumenden verborgen sind.»[1] Sie sehen das Sein, diese Vieldeutigkeit der Dinge, und kümmern sich wenig darum, ob es ihnen von außen als Wurzel, Scherbe, Kiesel, Pflasterstein erscheint oder aus den innersten Tiefen emporsteigt und sich «unter dem rechten Augenlid verdichtet». Wichtig ist allein, sich zu öffnen, zu warten, das Ungreifbare zu ergreifen, oder vielmehr, sich von ihm ergreifen zu lassen. Endlich, wenn nötig, es festzuhalten, möglichst ohne sich zu rühren: «Man muß den Raum noch enger fassen.» In unmerklichem Hin- und Hergleiten der Finger veräußerlicht sich dann die innere Schau auf einem «winzigen Papier». Es ist etwas Imaginäres, das da auf der Papierfläche Gestalt gewinnt: nämlich die *Seinsweise* einer Kryptogame, einer Leidenschaft, einer Kellerassel, Wolsens, der Welt, unentwirrbar ineinandergemengt.

Das Sein des Teils beruht auf seinem Bezug zum Ganzen. Auch Klee sagt so, aber für ihn als Teilhaber an der Schöpfung ist dieser Bezug ein tätiger: der Teil «funktioniert» in einer sich vollziehenden Totalisierung, und der Künstler-Philosoph nimmt hellwach an der beständigen Vereinigung der Wirklichkeit teil. Wols dagegen weiß nichts von Vereinigung: er «hat einen Weg zur Einheit im Auge». *Zur Einheit:* sie *ist* also schon, seit je; von Totalisierung keine Rede: ganz allein, vollkommen, nie begonnen, steht das All da. Wols weigert sich, im synthetischen Bezug zwischen Teil und Gesamtheit eine aktive, bewegende Teilnahme am allumfassenden Schöpfungswerk zu sehen; für ihn gibt es nur ein festes System von Wechselbezügen: der Teil löscht sich aus zugunsten des Ganzen, in jedem Teil verkörpert sich das Ganze und schließt sich darin ein. In diesem doppelten Bezug enthüllt sich das Sein: weder bewegt noch unbewegt, eine von Anfang an errichtete Ewigkeit, eine Kraft, die sich verausgabt, um Trägheit zu erschaffen und zu erhalten, eine Trägheit, durch die der Albtraum des Handelns spukt. Für Klee muß die Welt unermüdlich neu geschaffen werden; für Wols ist sie fertig mit Wols darin. Der erstere, aktiv, ein «Computer des Seins»[2], kommt aus weitester Ferne zu sich selbst, ist er selbst bis ins Andere hinein. Wols erleidet sich: er ist ein bis ins Innerste anderer als er selbst, sein Wesen ist sein Anders-Sein; die Dinge der

1 Ein von Wols zitiertes Wort Edgar A. Poes.
2 Merleau-Ponty: *Das Auge und der Geist.* In: *Das Auge und der Geist.* S. Anm. zu Seite 156.

Außenwelt strahlen ihm dieses Wesen genau in dem Maße zurück, wie das Ding im Innern, dieses Unnennbare, es auf sie projiziert hat. Einmal zitierte er meinen Satz: «Die Dinge . . . rühren mich an, es ist unerträglich, ich habe Angst, mit ihnen in Berührung zu kommen.» Was diese Worte für mich bedeuten, ist hier gleichgültig; er jedenfalls wollte damit sagen, daß die Dinge ihn anrühren, weil er Angst hat, durch sie sich selbst zu berühren. Sie sind er selbst außerhalb seines Ich: sie sehen bedeutet, sich selbst zu träumen, sie hypnotisieren ihn: Tang und Tausendfüßler spiegeln ihm sein Wesen wider, in den Wülsten einer Rinde, den Rissen einer Mauer erkennt er sich selbst; Wurzeln und Wurzelfasern, Virengewimmel unterm Mikroskop, die behaarten Furchen der Frau und die schwellende Schlaffheit der männlichen Pilze bringen ihn in Verlegenheit; er entdeckt sich in ihnen als Riß, Wurzel, Tausendfüßler und Tang. Umgekehrt, wenn er die Augen schließt und sich in seine Nacht zurückzieht, stürzt das ganze Entsetzen des In-der-Welt-Seins auf ihn ein; eine widerwärtig im Stein aufbrechende Warze, eine abstoßende, larvenartige Fauna und Flora, hervorgerufen von der unmöglichen Weigerung zu existieren, all das verdichtet sich in seiner schattenumdüsterten Netzhaut. Zwei Wege, die nur einer sind: Faszination und Automatismus. Wols läßt sich von den äußeren Gegenständen faszinieren, wenn diese ihm als Produkte seines automatischen Schreibens erscheinen; sein Automatismus ist nichts als die faszinierte Aufmerksamkeit, die er seinen eigenen Produkten entgegenbringt, wenn diese ihm als äußere Objekte entgegentreten.

Für die «schrecklichen Arbeiter», deren «Ich ein Anderer» ist, ist das Wesen des Seins die Alterität: es liegt in der Natur der Dinge, nicht zu sein, was sie sind. Bis gegen 1940 entlehnt Wols der sinnlichen Welt vertraute Gebilde – Männer und Frauen, Pflanzen, Tiere, Türen, Häuser und Städte – und wendet auf sie das Prinzip der Nicht-Identität an. Dabei geht es ihm nicht etwa darum, diese Bilderwelt zu beseelen, sondern Unordnung in sie zu bringen. Ein einziges, tausendmal behandeltes Thema: die starre Widerspiegelung des Unfaßbaren, wie es sich offenbart und zugleich verbirgt im unbestimmten Bezug zwischen Teil und Ganzem, Ganzem und Teil, im doppelten Unvollendetsein des Einen und der Vielheit. In diesen kleinen, unerbittlichen, komplizierten Systemen drängen sich Formen, deren sorgfältige Einzelcharakterisierung die grundsätzliche Unterschiedslosigkeit nur noch betont: sie treten ins Blickfeld, um desto schneller wieder zu entgleiten, alles berührt sich, entweder direkt oder über einen der zahlreichen Treibriemen, die das Aquarell überziehen, wobei es unmöglich ist, den Berührungspunkt genau zu bestimmen: kaum daß sich mehr oder weniger ausgedehnte Zonen ermitteln lassen, wo er etwa liegen muß. Einzeln genommen verwandelt sich jedes Ding unabänderlich in sein Gegenteil, jedes bestätigt und verneint sich gleichzeitig, ein plötzlich stockender, aussetzender Zusammenschluß, eine unterbrochene Auflösung. Irgendwo fällt eine gedrängte Dichte auf, fasert zu wirrem Spinngewebe aus, «läuft voll Licht», wie ein Nachen voll Wasser läuft, und zieht sich dann schattenhaft wieder in ihre Undurchdringlichkeit zurück; dabei hat sich nichts gerührt, außer unserem Blick. Auf einem Pfahl steckt ein aufgespießter Athlet, es ist das zugespitzte Ende eines Pfeilers, der schwer auf der Erde lastet; am unteren Augenrand jedoch sehen wir ihn in halber Höhe zerfließen, die Schwerkraft verfliegt, der Pfahl löst sich in Bambusrohre auf, die von Schnüren zusammengehalten werden. Die drei Personen in *Der General und seine Familie* schwimmen, fallen und schreiten zugleich in einer Raumwelt voller Überraschungen, deren Kontinuität sie vereint und deren innere Brüche sie für immer trennen. Der Sohn hat ein volles, gedunsenes Gesicht mit Haarnase und Rüsselmaul; die Wichtigkeit bläht ihm die Backen auf und trübt sein kleines Elefantenauge, und plötzlich ist *nichts* mehr da, ein Kranz windet sich um die Leere, während innen, vielleicht unvollendet oder von jener allgegenwärtigen Lücke, dem Himmel, aufgeschluckt, das Auge erlischt.

Trotz der Schönheit seiner Aquarelle ist Wols aber erst ein virtuoser Taschenspieler; solange er hauptsächlich mit solchen Zauberdingen wie Menschengesichtern, Menschenkörpern und den Abwandlungen operiert, die er ihnen aufzwingt, hintergeht er uns nach Herzenslust: er braucht nur mit unseren Gewohnheiten zu rechnen, unsere alltäglichsten Erwartungen, unsere nächtlichen Ängste, unsere Begierden zu wecken, unsere Aufmerksamkeit durch List abzulenken, und schon zwingen uns diese trügerischen Analogien zu unmöglichen Synthesen, die wir aufrechtzuerhalten geneigt sind, selbst wenn wir ihre Unmöglichkeit erkannt haben: das heißt Kümmelblättchen spielen, seine Karte überreizen. Nicht als handle es sich dabei um eine bewußte Absicht; niemand verfolgt, wie schon gesagt, weniger einen bestimmten Zweck als der Urheber dieser Augentäuschungen: er zeigt nur, was er sieht. Dennoch wird er gegen 1940 eben dieser Sehensweise überdrüssig. Um den «überdimensionalen und nichtsichtbaren Urgrund» der Dinge aufzuzeigen und in Bildern festzuhalten, muß der Seher danach streben, tiefer zu sehen – und damit tiefer zu sein. Wols' *Haltung* wird radikaler. Dennoch verzichtet er auch in der Folgezeit nie ganz darauf, Städte, Menschen, Tiere und Pflanzen zu zeichnen: was sich ändert, ist die Funktion, die er ihnen zuweist. Vorher dienten ihm die Dinge des Alltags dazu, seine Fallstricke zu legen, das Unfaßbare anzudeuten, als stünden sie jenseits ihrer Widersprüche; nach 1940 erscheint, auf andere Weise hervorgerufen, als erstes das Sein und deutet jene nur noch von ferne an. Alles kehrt sich um: vorher ließ sich das Sein nur erahnen, es war das Gegenbild des Menschen; jetzt ist der Mensch das Gegenbild des Seins.

Holen wir noch ein weiteres Zitat aus dem Bettelsack hervor: «Finger zu nehmen, um zu beweisen, daß die Finger keine Finger sind, ist weniger wirkungsvoll, als Nicht-Finger zu nehmen, um zu beweisen, daß die Finger keine Finger sind. Ein weißes Pferd zu nehmen, um zu beweisen, daß Pferde keine Pferde sind, ist weniger wirkungsvoll, als Nicht-Pferde zu nehmen, um zu beweisen, daß Pferde keine Pferde sind. Die Welt ist ein Finger, jedes Ding ist ein Pferd.»

Wer diese Worte von ihrem Autor, Tschuangtse, her verstehen will, dem mögen sie ziemlich dunkel bleiben; auf das Werk Wols' bezogen werden sie verständlich und werfen auf jenes ein neues Licht.

Es gibt zwei Arten, die Alterität des Seins aufzuzeigen. Erstens: indem man an einem Finger die krebsartige Gegenwart des Alls nachweist; darin ist zum Beispiel Dubuffet Meister: seine Frauen sind rosige Eiterungen, Entfaltungen von Drüsen und Eingeweiden, brave, bedürftige Tiere mit einer Öffnung, zwei Brüsten und dem schmalen Spalt des Geschlechts; es sind Nicht-Frauen, das rein Organische, alles Mythischen beraubt, nackte Zuckungen an der Oberfläche des Anorganischen. Auch Wols schlug anfänglich diese Richtung ein; allein, ihm fehlt der kräftig-herbe Materialismus Dubuffets. Zwar fesseln ihn, wie wir wissen, die mikroskopischen Strukturformen der Materie, aber nur wegen des Seins, von dem sie zeugen. Deshalb fällt es ihm um 1941 nicht schwer, Gegendampf zu geben und zur zweiten Art überzugehen, die darin besteht, das Anders-Sein des Fingers darzustellen, indem man bewußt Nicht-Finger malt. Nicht-Finger, deren Anders-Sein eben der nie gesehene, nie genannte und doch immer gegenwärtige Finger ist. Wird er sich wieder einmal Klee anschließen und zu jener philosophischen Weltschau gelangen, die «befähigt zur freien Gestaltung abstrakter Gebilde»? Ja und nein. Auf jeden Fall ist auch hier die Welt im Spiel, und die Erfahrung ermöglicht ihm, indem sie ihm das Wesen der Dinge enthüllt, die Welt in Dingen zu verkörpern, die in ihr nicht vorkommen. Aber mehr denn je seinem Automatismus treu, weist er nach 1941 genau wie in der Zeit vorher die Bezeichnungen «Schöpfer» und «Künstler» von sich: nur «Weiser von Schatten», «Weiser des Seins» will er sein. Diese neuen Gebilde sind zweifellos Werke der Imagination. Aber die Imagination ist nicht schöpferisch: in der metaphysischen Haltung wird das Sein ihr Gesetz, und sie ist lediglich dessen bildnerische Objektivierung. Immerhin *sind* seine Erzeugnisse: sie zeigen eine Marsfauna, so wie sie den Wesen unserer Sphäre erscheinen könnte, oder die menschliche Spezies, so wie sie den Marsbewohnern erscheinen würde. Als Mensch und Marsbewohner zugleich bemüht sich Wols, die Erde mit außermenschlichen Augen zu sehen: das ist seiner Meinung nach das einzige Mittel, unsere Erfahrung universell gültig zu machen. Die unbekannten, allzu bekannten Dinge, die jetzt in seinen Bildern auftauchen, würde er bestimmt nicht «abstrakte Gebilde» nennen, denn für ihn sind sie ebenso konkret wie die seiner ersten Darstellungsweise, und das ist nicht verwunderlich: es sind dieselben, nur umgekehrt. Zum Beispiel hat er das Sich-Emporrecken seiner einsamen Menschenmassen beibehalten; nur recken sich jetzt keine Menschen mehr empor, sondern unnennbare, streng individuierte Substanzen, die nichts und niemanden symbolisieren und allen drei Reichen der Natur zugleich oder vielleicht sogar einem vierten, bisher unbekannten, anzugehören scheinen. Dennoch gehen sie uns an: als grundsätzlich *andere* enthüllen sie uns – nicht unser Leben, nicht einmal unsere Materialität, sondern – unser nacktes Sein, das von außen (von wo nur?) rücksichtslos, wie etwas Fremdes, Abstoßendes, aber dennoch als das unsere gesehen wird; unmöglich, es anzuschauen, ohne Schwindel zu empfinden, dieses Sein, das wir sind, und das in ihnen eingefangen ist wie ihr eigenes Sein.

Wenn das Anders-Sein das Gesetz des Seins ist, dürfte es nicht schwerfallen zu zeigen, daß ein Finger kein richtiger Finger ist, daß er überall sein Wesen verrät: dieses Wesen ist uns bekannt; wie aber sollen wir erkennen, daß die Nicht-Finger, diese unbekannten Objekte, von denen wir absolut nichts wissen, andere als sie selber sind? Wie bringt Wols es fertig, uns das spüren zu lassen? Diese Frage zielt auf die Schrift als solche ab, und die Schrift wird uns auch die Antwort geben. Schauen wir uns ein Aquarell[1] an, das ich nie ohne geheime Unruhe betrachten kann, und untersuchen wir es.

Der Raum gibt sich hier ganz vernünftig: dieser stetige, dreidimensionale, ziemlich bieder-euklidische Bereich hat sich von den Spalten, Verliesen, Einstürzen und vielfältigen Krümmungen freigemacht, die ihn in der vorhergehenden Periode zerklüfteten. Damals war das nötig gewesen: solange die Menschen menschliche Gestalt besaßen, hatte er dazu gedient, sie zu verrenken; jetzt dagegen muß das Behältnis um so vertrauter erscheinen, je ungewöhnlicher der Inhalt ist: mitten aus dem realistischen Raum, in dem wir zu leben glauben, kommt das Ding, jenes Unnennbare, auf uns zu; damit bestätigt es, daß es zu unserer Welt gehört: wenn die Falle zugeschnappt ist, werden wir – zu spät – gewahr, daß die Virulenz des Seins den Rahmen zerfrißt, den man ihm gegeben hat; solange *nichts* ist, ist die Leere sie selbst, so weit das Auge reicht, sobald man sie füllt, verwandelt sie sich.

Hier nun ist das Ding rot. Auf den ersten Blick scheint es aus gemaltem Holz zu sein. Mennige. Blutpastillen. Eine Bretterwand, löchrig, vielleicht zerfetzt: von einer Bombe, vom Zahn der Zeit. An Pfosten genagelte Flanken, grob behauene Stämme. Unter der notdürftigen Barriere liegen andere, nicht benutzte Balken. Aber schon zerfließt dieser erste Eindruck: die Schatten, ein fortschreitendes Sich-Verändern der Farben, die unserem Auge aufgezwungenen Bewegungen verwandeln das dürre Holz zu Stein. Jenes horizontale Gebilde dort in halber Bildhöhe ist zweifellos hölzerner Natur: aber nun bricht es rechtwinklig ab und bildet einen Winkelhaken: ein Holzbein ragt heraus. Nein, kein Holzbein, denn das grünlichgraue Gesprenkel verrät, daß der riesige Fuß, der es, nach rechts abbiegend, abschließt, dem Mineralreich angehört. Wo vollzog sich der Wechsel? Überall

1 *Die große Schranke brennt,* 1943/44. Der Titel dieses Blattes stammt nicht von Wols.

und nirgends. Unten ist es Balken, oben Granit, aber die unleugbare Einheit der Form zwingt uns, die Einheit der Substanz, obwohl von innen heraus geschickt verleugnet, dennoch zu *sehen*: vor unseren Augen entsteht und vergeht ein einziges, zugleich felsiges und hölzernes Gebilde; kein Widerstreit, sondern nur ein regloses, überall verdächtiges Schwanken der Materie. Nun nimmt auch noch ein schlangenförmiges – kräftig durch ein rotes, phallisches Aufbäumen betontes – Gebilde auf der anderen Seite der Mittelachse seinerseits geschmeidig die steife, erstarrte Bewegung des steinernen Stiefels auf und stößt mit rosigem Bauch und grünlichgrauem Rücken, eine Kletterpflanze oder ein Kriechtier – nein, das wäre schon zuviel gesagt, lieber reden wir nur von einem vorbiologischen Zustand –, auf den rechten Bildrand zu. Diesmal sind die Formen deutlich, aber die Einheitlichkeit von Tonwerten, Kolorit und Richtung zwingt dem felsigen Holz Leben auf, verwandelt seine träge Dichte in Spannung, läßt uns – durch zwei weiße Lücken, durch Haare, die plötzlich ins Auge fallen – erkennen, daß der Stein in einer grob umrissenen Schnauze endigt. Umgekehrt stimmt es genauso: das Mineralische links der Mittelachse wird totes Gewicht, seine Passivität hält das Gebilde rechts – Seeaal oder Schlange – in den Ketten des Anorganischen. Jeder dürre Stamm wird Steilküste, jede Steilküste wird Bein, jedes Bein wird Reptil, jedes Leben erstarrt und wird zu einem plötzlichen Versteinerungsprozeß; das Anders-Sein fällt sofort durch die Staubschicht seiner Alterität auf. Hüten wir uns, als Methode anzusehen, was nichts anderes als eine beständige Transsubstantiation ist: sie ist das Gesetz dieser Improvisation.

Und hier das zweite Gesetz: alles ist bestimmt, umrissen, mit eindeutigen Konturen versehen, und doch ist nichts lokalisiert oder lokalisierbar. Innere Eigenschaft der Substanz: dort, wo die Farbe zum Zeichen einer gesteigerten Dichte, einer Wesensverfestigung dunkler wird, löst sich die undurchsichtige Materie in Durchsichtigkeit auf; durch sie hindurch werden die Umrisse der Gegenstände sichtbar, die sie verhüllen müßte, die sie *verhüllt*. Dieses raffinierte Spiel von Durchsichtigkeiten verleiht nicht nur dem Sichtbaren eine poröse Undurchdringlichkeit, sondern verwirrt schließlich sogar die Bildebenen. Derselbe Gegenstand erscheint gleichzeitig vor und hinter den andern, wie jener Mönch mit der Kapuze, jener kapuzenlose Stab, der rechts der Hauptachse in der unteren Bildmitte langsam dahinzuschreiten scheint. Steht er vor, hinter oder zwischen den daliegenden Balken? Eine Frage ohne Antwort: indem ein Ding auftaucht, ruft es auch schon eine grundsätzliche Unbestimmtheit des Ortes hervor und schafft Fernen, nur um sie ganz im Vordergrund des Schauplatzes, in nächster Nähe auszubreiten. Die Identität der Gegenstände ist übrigens nicht genau bestimmt: sind es eigentlich zwei oder drei Stämme, die da am unteren Bildrand liegen? Bildet die Schlange, die sich zischend und mit bogenförmig vorschnellender Zunge ganz rechts vor dem senkrechten Pfosten aufreckt, mit diesem eine Einheit, oder löst sie sich von ihm los? Alles ist absichtlich so subtil arrangiert, daß man sich vergebens den Kopf zerbricht. Durch unmerkliche Umformungen der Gegenstände schnellt die Nähe zurück und wird Ferne: der unterste der daliegenden Stämme scheint auf zwei Drittel seiner Länge nur wenige Schritte von uns weg zu sein; auf der anderen Seite des Pfostens, rechts, wird der Strich kräftiger, säumt sich mit kreidigem Weiß, der Gegenstand endet plötzlich und wird zu einer mehr als zwanzig Meilen entfernten Steilküste. In der flammenden Mitte des Aquarells nimmt die Alterität noch zu, alle Ungewißheiten treffen sich hier: Überdeckungen, träges Emporschäumen, durchsichtige Undurchsichtigkeiten, Metamorphosen, dürres Holz, schwellende Geschlechtsteile, Schlangennester, alles zischt, alles reißt sich von einer Verwurzelung los, die nur in der vielfältigen Anstrengung existiert, sich von ihr zu befreien. In diesem Gebilde aus Ungewißheiten hat die Schwerkraft Flügel, und die Trägheit strafft sich: nichts steht fest, außer daß die vollkommene Genauigkeit zur äußersten Ungenauigkeit führt.

Was sehe ich jetzt? Andeutungen lassen mich glauben, die Welt befinde sich im Lot: diese Risse im Stein sind Augen, ein hölzerner Mund öffnet sich, ein Einbeiniger schwingt sich empor, nein, es ist eine Kreuzigung mit zwei oder drei Kreuzen, die daliegenden Baumstämme sind frische Leichen, ich werde Zeuge eines Gemetzels, überrasche drei Schmeißfliegen auf der starren Durchsichtigkeit eines Gegenstandes, der unzweifelhaft ein Schwanz ist, und dann wieder ist es eine Feuersbrunst. Um jedoch Bestand zu haben, dürfen diese Andeutungen nur am Rande auftauchen, oder der Blick muß schnell über das Aquarell hinweggleiten; befragt man sie, so verleugnen sie sich selbst oder werden verleugnet: der Einbeinige war eine optische Täuschung, was ich für einen Stumpf hielt, ist ein feuerfarbenes Band aus einer unbekannten Substanz, die Augen sind Löcher, ganz einfach Lükken, die sich auf Grund anderer, ihnen völlig gleicher – oder doch fast gleicher, nur leerer – Löcher verraten; ein entsetzliches Knäuel aus Ruten, Pilzen und Meerschlangen zerfließt, kaum daß ich es an die Stelle der Gekreuzigten gesetzt habe, seinerseits wieder. Aber doch nie ganz: die durch *Ansteckung* wachgerufene und wieder aufgegebene Andeutung schwingt sich nie bis zur Bedeutung auf, im Gegenteil, sie sinkt ein und wuchert unter der Oberfläche weiter als vieldeutiger Sinn, der sich mir entzieht. Damit jedoch allein dieser schlechtnachbarliche Bezug überall solche falschen Zeichen hervorbringen kann, die sich gegenseitig in beständigem Wechselstreit verzehren, muß die scheinbare Kontiguität der Formen in Wahrheit die bildnerische Einheit eines Ganzen aufweisen. Suche ich diese Einheit, so entgeht sie mir, aber jedes Detail weist mich immer wieder auf sie hin: durch seine erstarrte, unablässige Metamorphose enthüllt es sich als *integrierender Bestandteil* einer in ihrer Abwesenheit allgegenwärtigen Totalität, nämlich des dargestellten Dings selbst. Des Dings, der Materialisierung innerhalb *dieser* Welt, die, mich bloßstellend, in *meinem* Raum auf mich zukommt, und gleichzeitig dieser Welt selbst, in der das Ding sich entfaltet, unserer Welt, die zum Gegenstand irgendeines Blicks, *meines* Blicks geworden ist. Was ich, der Gefangene dieser Welt, sehe, ist nichts anderes als die von außen gesehene Welt, in der ich geblieben bin, bin ich selbst; ich bin das brennende, blutende Gegenbild dieses aufglühenden Dings. Das «vibrierende Verschwinden» der Anspielungen läßt mich allein vor dieser Ektoplasma-Masse, bestimmt aber auch gleichzeitig meinen Blick: nein, es ist kein Gemetzel, kein Martyrium, keine haßerfüllte Feuersbrunst, dieses widerliche Gerüst, aber weil es nichts anderes ist, erscheinen mir hinter den flüchtig dahinhuschenden, falschen Zeichen Haß, Unglück, Blut und Angst als sein *anderer Sinn*. Es ist, als enthüllten unser Menschentum und unsere Zugehörigkeit zum Kosmos – die wir gewöhnlich wie Schlafwandler erleben – nur kompromißlosen, naiven, fremden Augen ihren unerträglichen Schrecken, oder als sei die Wahrheit dieses Schreckens *mein* Anders-Sein, das sich vom Grund meines Ich erhebt und bis in meinen Blick emporsteigt, um ihn zu verändern. Ich fühle mich zugleich *dort* als Gefangener des Aquarells, der mitsamt seinen Höllengefährten von einem klaren, unverhüllten Blick gesehen wird, und *hier*, in meinem Blick, der sich mit dem Blick Wols' identifiziert, von seiner eigenen Faszination fasziniert, als habe sein automatisches Schreiben ein automatisches Lesen in mir zur Folge. Drinnen und draußen, Engel und Verrückter, Gegen-Objekt und Gegen-Subjekt: diese Doppeldeutigkeit bezieht sich auf mich und hört deshalb nicht auf, mich zu beunruhigen. Um so weniger, als es sich nicht um eine leblose Ambivalenz handelt, die ich gelassen feststellen könnte: zwar herrscht zwischen den beiden Gliedern des Widerspruchs mehr gegenseitige Durchdringung als Gegensätzlichkeit, aber weil sie trotz allem nicht zusammen bestehen können, enthüllt mir das Ding – jenseits von Aktivität und Passivität – sein unmittelbares Bevorstehen: *in einem Augenblick* wird einer dieser beiden Aspekte des Seins sich im andern auflösen; damit kommt es zur *geistigen* Entfremdung, zum Wahnsinn, es sei denn, ein eiskalter Engelsblick verriete meine Identifikation mit dem Gegenstand; *in einem Augenblick* werde ich ganz allein und ein anderer in dieser Welt sein, oder die Welt wird ihre tiefe Alterität eingestehen: Asyl oder Hölle. *In einem Augenblick:* aber in diesem Augenblick, diesem überreifen, ständig bersten wollenden Granatapfel, verkörpert sich die Ewigkeit als das Anders-Sein des zeitlichen Ablaufs; dieses aufgehaltene Drängen ist die im Flug ergriffene und festgehaltene Zeit, ist die noch gestaltlose Skizzierung eines Vorher und Nachher. Deshalb entzieht sich auch das auf dem Aquarell dargestellte Ding der Betrachtung: es sehen heißt es hervorbringen und darauf warten, zwischen vorgängiger Ablehnung und faszinierter Annahme hin und her schwanken; in ihm wird das Schicksal zum Anders-Sein der Ewigkeit.

Es ging um den Beweis, daß der Finger kein Finger ist. Wols hat ihn glänzend erbracht: durch den Nicht-Finger. Darin unterscheidet er sich von den Surrealisten, die ihn stark beeinflußt haben. Für sie sind Malerei und Dichtung dasselbe, sie sehen keinen Unterschied darin, ob sie «zerfließende Uhren» malen oder «löslicher Fisch» oder «Butterpferd» schreiben. Man weiß, welche Bedeutung sie den Bildunterschriften beimessen; in ihren besten Werken kollern Worte zwischen Leinwand und Farbe umher gleich den Wortspielen, die das Blendwerk unserer Träume bestimmen: das Wort ist König. Die Überlegenheit von Wols besteht darin, daß die Dinge in seinen Aquarellen unbenennbar sind; das heißt, sie fallen nicht in den Bereich der Sprache, die Malerei hat sich völlig von der Literatur losgelöst. Seine Bildtitel bezeichnen den Gegenstand nicht, sie begleiten ihn nur. Was soll zum Beispiel, um nur einen zu nennen, *Wurzeln von Pyraten* bedeuten? Natürlich liegt ein Wortspiel vor, aber nur am Rande des Bildes, hinterher: das Werk hat seinen Titel selbst geschaffen, er ist der verschwommene Widerschein einer Stimmung, eines unausdrückbaren, für immer dunklen Sinns. Kurz, nichts in den Händen und nichts in den Taschen, läßt sich der Maler durchsuchen und all seiner Worte berauben. Er verfügt, um zu überzeugen und zu erschrecken, einzig über die bildnerischen Mittel, die «fünf lebendigen Elemente, Punkt, Linie, Fläche, Hell-Dunkel, Farbe»[1]. Mit diesen Formelementen, an «diesem kleinen grauen Ort, wo der Sprung vom Chaos zur Ordnung gelingen kann»[2], läßt er sein für immer deformiertes Denken zum bildnerischen Denken der Deformation werden. Dieser still-wachsame Automatismus bricht nun aber nicht mit Donnergepolter los, sondern er ist ein gelenkter Reifeprozeß. Schließlich erscheint der Gegenstand; er ist Sein und Welt, Angst und Idee, aber in erster Linie ein durch sich selbst improvisiertes Aquarell, das nur auf sich selbst verweist. Wols kann zu Recht über Kunst und Künstler lachen; indem er die Literatur verstößt, verurteilt er sich dazu, mehr als je sich jener zeichenlosen Schrift zu bedienen, die man gemeinhin die Schönheit nennt. Schönheit, dieser schweigende Beweis, diese kosmische Einheit von Teil und Ganzem, das ist immer die Welt oder wenigstens eine mögliche Welt, die aus ihrer eigenen Dichte und Strenge ihre Existenz bezieht. Solange Wols noch *erzählt*, verläßt er sich darauf, uns mit der vertrauten Erscheinung der Dinge überzeugen zu können; später kennt er nur noch einen einzigen, aber ewigen Beweis: das Schöne. Unter seinen Aquarellen ist keines, das nicht schön wäre. Dabei dient ihm dieser absolute Zweck nur als Mittel; besser gesagt, wenn er insgeheim zugibt, daß die Schönheit ein Zweck ist, dann deshalb, weil er sie zuerst erniedrigt, sich ihrer bedient, weil er mit ihr den Schrecken wahrscheinlich gemacht hat. Werner Haftmann hat ganz recht, wenn er diese Aquarelle mit «den Lebewesen von abscheulicher Schönheit» vergleicht, «die man in den Aquarien von Neapel oder Monte Carlo sieht». Als Abscheulichkeit ist die Schönheit bei Wols, dieser Blume des Bösen, nie Verrat: sie flieht nicht, mildert nichts;

1 Paul Klee: *Das Bildnerische Denken.*
2 Ebd.

im Gegenteil, sie verstärkt die Angst, denn diese ist die eigentliche Substanz des Dings, sein Korn, der Zusammenhalt des Seins: die sorgfältige Integrierung der Formen und ihre wunderbar zarten Farben sollen einzig zeigen, daß wir Verdammte sind.

Vorwort zu einem Band mit
Aquarellen und Zeichnungen von Wols

Ein Kapuzinerbeet

Drei Uhr: das Gewitter überrascht mich auf der Nomentana, im Nordosten der Stadt; gleich einer zornigen Vogelschar stürzt sich's herab: Gefieder wirbelt, Gekreisch erhebt sich, schwarze Federn stieben bis zum Himmel. Als die Ruhe wieder eingekehrt ist, befühle ich meine Jacke: sie ist trocken; schon durchbricht eine strohgelbe Sonne den graublauen Kattun der Wolken. Westwärts klettert breit und leer eine Straße zwischen den Häusern hinan, direkt in den Himmel hinein. Nie kann ich es mir versagen, diese niedrigen Dünen zu ersteigen, um ihre andere Seite kennenzulernen. Die schönste in Europa ist die Rue Rochechouart, vom Boulevard Barbès aus gesehen; auf der anderen Seite des Passes glaubt man das Meer zu erahnen. Es fängt wieder an zu regnen; unter bedecktem Himmel klimme ich empor; vom Gipfel fließt ein Asphaltstrom herab und staut sich am kränklichen Weiß einer Mauer. Diese Mauer setzt dem römischen Betrug ein Ende: jenseits ein Viereck Kohl, eine grelle Fläche Licht, letzte Spur des Menschen; dann nur noch Wüste. Wüste im Regen. In der Ferne färbt die blauschwarze Tinte der Albanerberge den Himmel. Mitten auf dem Festland ist diese Stadt des Landes einsamer als eine Barke auf dem Meer.

Taxi zur herbstlich-bürgerlichen Via Vittorio Veneto. Die Straße der reichen Fremden. Aber die reichen Fremden verbergen sich in ihren Hotels. Die Platanen, vom Gewitter zerzaust, haben ihre Blätter in den Farben römischer Mauern auf den Bürgersteig und die Stufen von Santa Maria della Concezione gestreut: es sieht aus, als häuteten sich die Paläste. Ocker, leuchtendes Rot, Chromgelb in den Pfützen: eine Marinade aus toter Haut. Santa Maria della Concezione ist die Kirche der Kapuziner. Ich trete ein. Verlassenes Schiff. Schweigen, Leere. Lautlos zermalmt der Erzengel Michael das Teufelshaupt; um den Altar schlagen goldene Leuchter das Rad. Rechts im Hintergrund, nahe der Sakristei, legt ein mürrischer Kapuziner, meiner Frage zuvorkommend, den linken Zeigefinger an die Lippen und deutet auf eine Treppe, die unter die Erde führt. Einen Augenblick lang verharrt seine linke Hand in der Luft, dann rundet sie sich, höhlt sich und stößt gegen meinen Magen vor; ich gebe zwanzig Lire und gehe vorbei; ich steige ein paar Stufen hinab und befinde mich in einem Katakombengang; es ist der Keller. Nein; die Mauer zur Linken ist von vergitterten Fenstern durchbrochen; ich recke mich empor und gewahre hinter den Gittern ein Gärtchen: ich befinde mich im Korridor eines Spitals. Typisch italienische Doppeldeutigkeit: da stehe ich im Erdgeschoß in der kalten Helle des Herbstes und gleichzeitig in einem Keller im gelben Schein elektrischer Birnen. Rechts führt der Gang an vier kleinen Räumen unterschiedlicher Größe vorbei, den Totenkapellen, zellenartigen, durch niedrige Balustraden geschützten Vertiefungen, die mich zugleich an den Tisch des Herrn und an die Absperrungen erinnern, die in unseren staatlichen Schlössern den Zugang zu den Prunkgemächern versperren. Tatsächlich werden diese Kapellen, sobald ich mich ihnen nähere, zu Prunkgemächern. Vier kleine Rokoko-Boudoirs, deren schmutzigweiße Wände im unteren Teil von düsteren Bettnischen oder Liegestätten flankiert und im oberen Teil mit simpel-gefälligen Arabesken, ziemlich grob ausgeführten Rosetten, Ellipsen und Sternen geschmückt sind. Das einzige Originelle an diesen Verzierungen und Möbeln ist das Material, aus dem sie bestehen: Knochen. Welch ein Reichtum an Erfindung: ein Schädel, zwei Schulterblätter, und schon schwebt da ein Engelchen, die Schulterblätter als Flügel; aus geschickt übereinander angeordneten Schädeln und Oberschenkelknochen entstehen Muschelgrotten; selbst die alten Leuchter, von denen ein im Tageslicht bleiches Licht ausgeht, sind Bündel von Schienbeinen, die an Ketten von der Decke hängen. Jeder *salotto* hat seine eigenen Bewohner: vor seinem Bett stehend begrüßt mich ein Skelett in grobem, braunem Wollkleid; eine Mumie richtet sich auf ihrem Lager auf; all diese Toten sehen aus, als ob sie zum Verkauf stünden: sie tragen Etiketten an ihren Umhängen; aber nicht Preise stehen darauf: nur Name und Rang. Über meinem Kopf schwebt, mit Sense und Stundenglas, der Tod: ich weiß nicht, ob er schwimmt oder fliegt, aber rings um ihn her gerinnt die Luft zu einer unheimlichen, gallertartigen Masse. Zwischen den drei Wänden jedes *salotto* ruhen unter schwärzlichem, schimmernd feinkörnigem Humus – Anthrazitstaub oder Kaviar? – begünstigtere Mönche. Diese Erde stammt aus dem Heiligen Land: das verkündet eine Inschrift am Querbalken eines Kreuzes, das mitten in dem heiligen Beet steckt gleich den Täfelchen im botanischen Garten, auf denen die Namen der Pflanzen stehen. *Terra Sancta:* eine Art Tuff, in unserer Gegend unbekannt; Vorkommen: vorwiegend Palästina; Abarten in Lhasa, Mekka usw. Ich betrachte die barocken Einlegearbeiten an den Wänden und frage mich, warum jene Kapuziner wohl den Kreislauf des Stickstoffs unterbrochen und diese Bestandteile der organischen Welt der Auflösung entzogen haben. Wollten sie damit bekunden, daß alles in das Loblied Gottes einstimmt, selbst jene merkwürdigen Flöten, aus denen wir gemacht sind? Ich möchte es annehmen. Warum dann aber diese Ausnahmen? Warum setzen sie auf jenen Haufen beinerner Knüppel, die einst Menschen waren, dieses Skelett? Warum bereiten sie jenem sorgsam wieder zusammengesetzten Beter diese knöcherne Bettstatt? Toten, die nur noch Staub und Grimasse sind, haben Lebende andere Tote dienstbar gemacht. Ich muß an eine Postkarte denken, die ich einmal als Kind im Schaufenster eines Papierladens auf dem Boulevard Saint-Michel sah: aus der Ferne gesehen stellte sie den Kopf Napoleons dar. Trat man näher, verwandelte sich der Kopf in ein Gewimmel von Maden; stand man schließlich dicht davor, so waren die Maden nackte Frauen. Welch ein Vergnügen an der Erniedrigung großer Männer: das Auge des Siegers von Austerlitz nichts anderes als ein Hintern; welch ein Vergnügen an der Erniedrigung der Frau: das schönste Mädchen der Welt, mit vielen anderen zusammengepfercht, nur wert, dem Mann als Bindegewebe zu dienen! Nicht Gott findet man in diesen Kapellen, sondern das Abbild eines Teufelskreises: die Ausbeutung der Toten durch die Toten. Knochen dienen als Umrahmung für andere, ganz ähnliche Knochen, die jene andere Rosette darstellen: ein Skelett. Ich fahre zusammen: ganz in meiner Nähe hat jemand gesprochen: aber klar, aus Oberschenkelknochen, Schienbeinen und Schädeln kann man auch Menschen machen. Ein dicker Italiener mit rollendem Blick läßt sich auf ein Knie fallen, bekreuzigt sich, steht hastig wieder auf und eilt davon. Zwei Französinnen, zwischen Bewunderung und Schrecken schwankend, kommen heran.

«Meine Schwägerin war ganz überwältigt davon, aber ich finde es gar nicht so eindrucksvoll, und du?»

«Ich auch nicht.»

«Nicht wahr? Es ist so . . .»

«So schön hergerichtet. So auf Wirkung aus.»

Ja, auf Wirkung aus. Und vor allem besteht es praktisch aus nichts. Picasso wäre sicher begeistert davon. «Eine Streichholz-schachtel!» sagte er einmal. «Eine Streichholzschachtel, die *gleich-zeitig* Streichholzschachtel und Frosch wäre.» Er hätte bestimmt seinen Spaß an diesen Ellbogenknochen, die zugleich Ellbogen-knochen und Radspeichen sind. Genau genommen beruht der Wert dieses Meisterwerks freilich mehr auf seiner Materie als auf der Form. Eine ärmliche Materie, die Schrecken einjagt. Sie ist nicht eigentlich spröde oder brüchig, und dennoch erscheint sie unendlich zerbrechlich: in ihr ist das erloschene Leben von Barthaaren, die nach dem Tode weiterwachsen. Würde ich ver-suchen, sie zu zerbrechen, sie zerspränge mir in der Handfläche, und übrig bliebe nur ein Bündel biegsam-zäher Splitter. Ange-sichts dieses verdächtigen, zugleich toten und lebendigen, zu-gleich rauhen und glatten Tafelwerks ziehe ich mich zurück und stecke die Hände in die Hosentaschen: nur nichts anrühren, nur an nichts streifen! Den Mund presse ich ganz fest zusammen, aber da bleiben immer noch diese verflixten Nasenlöcher: über-all, wo etwas verdächtig ist, müssen sie sich weiten, und schon stürzt sich die ganze Außenwelt in Form eines Geruches hinein. Ja, ich wittere Knochengeruch, ein seltsames Gemisch: ein Viertel al-ter Gips, drei Viertel Wanze. Ich mag mir noch so sehr einreden, dieser Geruch bestehe nur in meiner Einbildung: nichts zu machen, ich habe viertausend Kapuziner in der Nase. Denn viertausend waren es, die einer nach dem andern ausgegraben werden muß-ten. Es mag um 1810 gewesen sein, als ein Anflug von Verwirrung den Anstoß zu diesem lyrischen Sadismus gab und ehrbare Mön-che zwang, die heilige Erde auf allen vieren zu beschnuppern und diese beachtlichen Trüffeln zu entdecken. Wie es heißt, wären noch andere Exemplare zu finden. In Palermo, wurde mir gesagt. Der Kapuzinerorden hat offenbar gegen Ende der französischen Besatzung einen verspäteten Anfall von Vorromantik gehabt.

«Das hätten sie nicht tun dürfen!»

Verstört und aufgebracht bleibt eine bildschöne Frau auf der letzten Stufe stehen und wendet sich zu ihrem sehr viel älteren Mann um, der hinter ihr die Treppe herabkommt.

«Das hätten sie nicht tun dürfen!»

Sie hat zu laut gesprochen; die Französinnen blicken sie vorwurfsvoll an. Der alte Herr lächelt verlegen-entschuldigend.

«Es sind doch schließlich Mönche . . .»

Ihre schönen Augen schweifen voll Groll zu den Engelchen empor.

«Das ist verboten!» sagt sie mit Nachdruck.

Ich lächle ihr zu; sie hat recht: das ist verboten. Fragt sich nur, von wem. Vielleicht von der Christenheit; nicht aber von der Kirche, die aus diesem Kapuzinerstreich Nutzen zieht. Trotzdem ist es sicher nicht christlich, einen Knochenhaufen in ein Puzzlespiel zu verwandeln; Grabschändung, Sadismus, Nekrophilie: auf jeden Fall ein offenkundiger Frevel. Meine Landsmänninnen bekreuzigen sich; sie sind Opfer eines Mißverständnisses: sie sind gekommen, um den Tod an einem Ort zu verehren, wo man ihn verunglimpft; ich verzeihe ihnen: vielleicht sind die Strümpfe unter ihren Röcken bis zu den Knien von den Stufen der Scala Santa abgewetzt; vielleicht haben sie erst heute morgen die Zettel gesehen, die sich in Santa Maria in Aracoeli um eine in Goldgewirk gehüllte Puppe häufen; es bedarf eines scharfen Verstandes in Rom, um Religion von Hexenwahn zu unterscheiden. Hätten sich diese biederen Hausfrauen nicht unbewußt in Hexen verwandelt, würden sie den Schauder, der sie jetzt kitzelt, nicht mit dem frommen Abscheu verwechseln, den der Prediger beschwört, wenn er vom Zerfall des Fleisches redet. Die stolze Verdammung des Körpers, wie sie auf manchen spanischen Gemälden erscheint, das ist echter Katholizismus. Je wurmzerfressener die Herrscher dargestellt werden, desto besser: Maden überziehen ihren zerfetzten Purpur mit einem seidig-schauerlichen Chorhemd, aus den Augenhöhlen quellen Makkaronibündel, und dennoch, ja eben deshalb bleiben diese Körper die schrecklichen Abbilder unserer selbst: es sind verfaulende Menschen, der Tod ist menschliches Los. Kurz, über den Kadaver mag man spotten, soviel man will, aber bei den Knochen hört es auf. Das verwesende Fleisch fällt ab, und nichts bleibt übrig als die Bohnen, die dieser Dreikönigskuchen barg[1]; dann, wenn die Seele zum Himmel und das Mineral wieder zur Erde gefunden hat,

---

[1] Anspielung auf einen französischen Gebrauch: am Dreikönigstag wird eine kleine Figur (früher eine Bohne) in einen Kuchen gebacken; wer sie findet, ist «König». Anm. d. Übers.

ist die Ruhe erreicht; man sehe doch nur, von welch friedlichem Tod, welch kokettem Hinscheiden die weiblichen Gebeine auf dem protestantischen Friedhof zeugen: all diese alten Fräulein sind reines Mineral. Hier jedoch vergreift sich brandiges Kapuzinertum am Gebein. Welch eine Ketzerei! Sich auf diese verfaulten Überbleibsel zu stürzen setzt die Ansicht voraus, daß in ihnen noch eine Seele wohnt. Und welch ein Haß! Diese Kapuziner sind die Großonkel jenes Mailänder Pöbels, der den toten und an den Füßen aufgehängten Mussolini ohrfeigte. Der Tod bedeutet für den Haß einen Skandal: seiner Beute beraubt, steht er stumpfsinnig vor dem verhaßten Leichnam, wie ein Mensch, dem man soeben den Schluckauf ausgetrieben hat. Diese Mönche bewahren die sterblichen Überreste nur auf, um ihr Vergnügen länger auskosten zu können; sie hindern den Menschen daran, wieder Ding zu werden, um ihn als Ding behandeln zu können, sie entreißen die Gebeine ihrem mineralischen Schicksal, um sie zur Verhöhnung der Menschheit verwenden zu können; feierlich gräbt man sie wieder aus und benutzt sie als Baumaterial. Die Mönche verurteilten die Schönheit als teuflisch, wenn sie von der Welt kam; sie werden zu Ästheten, wenn es gilt, alles, selbst das Schöne, ihrem Nächsten überzuordnen; sie schmücken ihre Kapellen mit Mensch, wie die Wächter in Buchenwald Lampenschirme aus Menschenhaut herstellten. Ich besehe mir ein Schild aus der Nähe und lese: «Bekritzeln der Schädel verboten.» So? Und warum eigentlich? Wenn diese Gebeine schon Sessel, Bettstellen, Muschelwerk, Leuchter, Ruhealtäre sind, warum dann nicht auch Papier, Briefbeschwerer, Löschblatt? Der Gipfel der Entwürdigung wäre erst, wenn auf einem der Kahlköpfe zu lesen stünde: «Hier haben sich Pierre und Maryse geliebt.» Doch nein: der beste Streich der Kapuziner ist der, daß sie die Lebenden dazu brachten, ihre Opfer zu verehren. Die beiden Französinnen sind verschwunden, die schöne Italienerin wendet sich, ein Taschentuch gegen die Nase gepreßt, dem Gang zu: ich gehe, ich verlasse diese im Hexenbann eines Hasses gefangenen Reste, der stärker ist als der Tod. Noch immer steht der Kapuziner mürrisch und bärtig vor der Sakristei; ohne ihn anzuschauen, gehe ich vorbei, ein wenig verlegen wie der Kunde eines Bordells vor der Empfangsdame: er weiß, was ich soeben gesehen habe; mein Skelett geht an seinem vorüber. Ich trete ins Freie. Es regnet. Im Regen gleichen sich alle Großstädte. Paris ist nicht mehr Paris und London nicht mehr London; aber Rom bleibt in Rom. Ein schwarzer Himmel hat sich über die Häuser gebreitet, die Luft ist zu Wasser geworden, die Formen verschwimmen. Aber dreißig Jahrhunderte haben die Mauern mit einer Art Phosphor getränkt: mitten im Regen begleitet mich milde Sonnenhelligkeit. Lachend rennen die Römer zwischen diesen ertrunkenen Sonnen dahin, altertümliche Geräte schwenkend, deren Gebrauch sie nicht so recht zu kennen scheinen, Regenschirme. Zwischen versunkenen Gerippen erreiche ich einen Platz unter Wasser. Der Regen hört auf, die Erde taucht wieder hervor: die Gerippe sind Ruinen: Tempel, Obelisk, kurz, Skelette. Ich gehe um das geplünderte Pantheon herum; ein grämlich dreinschauender Elefant trägt den kugelgeschmückten Obelisken: ein afrikanisches Werk zum Ruhm des Christentums. Und da ist Rom: es taucht aus dem Wasser auf, ist schon wieder trocken, ein einziger verdammter Knochenhaufen. Die Kirche hat sich über die alten Baudenkmäler hergemacht wie die Kapuziner über ihre Kollegen: als die Päpste das Pantheon seiner Bronze beraubten, zum Zeichen des endgültigen Triumphes Christi über die Heiden, da begingen sie genau die gleiche Grabschändung. Die Antike *lebt* in Rom, ein gehässiges, zwielichtiges Leben, denn man hat sie daran gehindert, vollends zu sterben, um sie in Knechtschaft halten zu können; dabei hat sie eine heimtückische Ewigkeit erlangt und knechtet uns nun ihrerseits: wenn wir versucht sind, uns diesen Steinen zu opfern, dann deshalb, weil sie verhext sind; diese Ruinenwelt fasziniert uns, weil sie zugleich menschlich und unmenschlich ist: menschlich, weil sie von Menschen errichtet wurde, unmenschlich, weil sie, im Spiritus des christlichen Hasses konserviert, ganz allein dasteht und sich selbst genügt, düster und sinnlos wie das Kapuzinerbeet, von dem ich soeben komme.

France-Observateur, Nr. 115, 24. Juli 1952

Venedig von meinem Fenster aus

Das Wasser ist so seltsam brav: man hört es gar nicht. Von einem Verdacht ergriffen, beuge ich mich hinaus: der Himmel ist hineingefallen. Es wagt sich kaum zu rühren, und seine Millionen Fältchen wiegen ganz verwirrt die mürrisch ab und zu aufblitzende Reliquie. Dort drüben, ostwärts, bricht der Kanal ab, dort beginnt die große, milchige Lache, die sich bis nach Chioggia hinzieht: aber das Wasser auf dieser Seite ist momentan weg: mein Blick rutscht an Fensterwerk ab, gleitet aus und verliert sich dem Lido zu in stumpfem Glast. Es ist kalt; ein wesenloser Tag kündet seine Kreidetöne an; wieder einmal hält sich Venedig für Amsterdam; die grau-bleichen Schatten dort in der Ferne sind Paläste. So ist das hier: Luft, Wasser, Feuer und Stein sind unaufhörlich dabei, sich zu vermischen oder ineinander überzufließen, ihre Eigenschaften und Standorte zu vertauschen, «Bäumchen wechsel dich» oder «Katze auf der Mauer» zu spielen; altmodische Spiele, denen die Unschuld mangelt; es ist, als schaue man einem Zauberkünstler beim Üben zu. Dem unerfahrenen Touristen behält diese unstete Verbindung manche Überraschung vor: während er die Nase nach oben streckt, um nach dem Wetter zu schauen, strömt vielleicht das ganze Himmelsgewölbe mit all seinen Meteoren und Wolken zu seinen Füßen in einem silbernen Schlänglein zusammen. Nichts garantiert zum Beispiel heute, daß die Lagune sich nicht in morgendlicher Himmelfahrt aufgelöst und an die Stelle des Himmels gesetzt hat. Ich hebe den Kopf: nein, dort oben ist nichts als ein schwindelndes Loch, weder dunkel noch licht, einzig von farblosen Bündeln kosmischer Strahlen zerrissen. An der Oberfläche dieses emporgestülpten Abgrunds flockt ganz unnötigerweise Schaum, um zu verbergen, was sowieso unzweifelhaft ist, daß nämlich die

Sonne fehlt. Wenn immer möglich, macht sich dieses Gestirn davon: es weiß sehr gut, daß es unerwünscht ist und daß Venedig in ihm hartnäckig das verhaßte Bild persönlicher Macht sieht. In Wirklichkeit freilich verbraucht die Stadt mehr Licht als Palermo oder Tunis, vor allem, wenn man in Rechnung zieht, was ihre tiefen, dunklen Gäßchen verschlucken; aber sie will nicht, daß man sage, sie verdanke das Licht, das sie erhellt, der Freigebigkeit eines einzelnen. Ein Blick auf die Sage lehrt uns, weshalb: im Anfang herrschte über der Lagune strahlende, ewige Nacht; mit Behagen betrachteten die Patrizier die Sternbilder, deren Gleichgewicht, auf gegenseitigem Mißtrauen beruhend, sie an die schöne Zeit aristokratischer Regierungsform erinnerte. Alles stand zum besten: die Dogen waren scharf überwacht und fanden sich damit ab, nur noch Strohmänner des Handelskapitalismus zu sein. Einer von ihnen, Falieri, hatte, zum Hahnrei gemacht und öffentlich verhöhnt, eine Verschwörung angezettelt, war aber stehenden Fußes hinter spanische Gardinen befördert worden; seine Richter hatten ihn mühelos von seinem Verbrechen überzeugt: er war des Todes schuldig, weil er versucht hatte, das Rad der Geschichte aufzuhalten, aber wenn er sich schuldig bekannte, würde die Nachwelt seinem unglücklichen Mut Gerechtigkeit widerfahren lassen. So war er denn, das Volk um Verzeihung bittend und die Gerechtigkeit preisend, die an ihm vollzogen wurde, in den Tod gegangen. Niemand hatte seither mehr die öffentliche Ordnung gestört; geruhsam lebte Venedig unter seinen Plejaden dahin.

Nun begab es sich einmal, daß der Große Rat beschloß, zur Ausschmückung des Sitzungssaales die Bildnisse der verstorbenen Dogen auf den hoch oben umlaufenden Fries malen zu lassen, und als man an Falieri kam, befahlen die rachsüchtigen Kaufleute, sein Bild mit einem Schleier zu überdecken, der die beleidigenden Worte tragen sollte: *Hic est locus Marini Falleri decapitati pro criminibus.* Diesmal wurde es dem armen Lamm denn doch zu dumm: war es *das*, was man ihm versprochen hatte? Nicht nur, daß ihn die Nachwelt nicht rehabilitierte, sondern nun lieferte auch sie noch sein Angedenken dem Fluch zukünftiger Geschlechter aus. Da erhob sich plötzlich sein abgeschlagener Kopf über den Horizont und begann über der Stadt zu kreisen; Himmel und Lagune färbten sich purpurn, und auf dem Markusplatz hielten die stolzen Patrizier sich mit entsetzten Fingern die Augen zu und schrien: *Ecco Marino.* Seither kehrt er alle zwölf Stunden wieder und sucht die Stadt heim, und weil nach altem Brauch der neugewählte Doge auf dem Balkon erscheinen und Juwelen und Gulden unter die Menge werfen muß, übergießt der ermordete Herrscher jedesmal die Plätze mit Strömen von blutbeflecktem Gold.

Es ist heute erwiesen, daß diese Geschichte jedes Grundes entbehrt: unter der Vorhalle der Kapelle der Madonna della Pace in Santi Giovanni e Paolo hat man in einem Sarkophag ein menschliches Skelett entdeckt, das den Kopf auf den Knien hielt; alles hat sich also in Wohlgefallen aufgelöst, außer daß die Venezianer, hartnäckig an ihrer Verbitterung festhaltend, den Sarkophag sofort in ein Spülbecken verwandelten. Trotzdem: aus dieser Geschichte, die man sich von den Gondolieri erzählen lassen kann, spricht die Voreingenommenheit und Abneigung der Gemüter gegen das Tagesgestirn. Zwar gefällt sich die Stadt darin, am goldüberzogenen Himmel das wiederzusehen, was sie sich auf dem Meer erworben hat, aber nur unter der Bedingung, daß es als gewirktes Gespinst über der Stadt hängt zum weitgebreiteten Zeichen ihrer Größe oder daß der Sommer es in symbolträchtigen Blitzen auf die schweren grünen Wandbehänge stickt, die er bis in den Canal Grande hängen läßt. In Rom, der großen Landstadt, erlebe ich jedesmal mit Freude die strahlende Heraufkunft eines Bauernkönigs; wenn ich jedoch lange am Grund der venezianischen Kanäle umhergefahren bin und die kupfernen Rauchsäulen vom Rio habe aufsteigen oder flüchtige Lichter über meinen Kopf habe dahinhuschen sehen, kann ich nicht umhin, diesem System indirekter Beleuchtung Bewunderung zu zollen, und nicht ohne Scheu steige ich dann wieder an der Riva degli Schiavoni aus und sehe, wie über die zarte Spiegelung der Stadt der große, ungeschlachte Kopf Marino Falieris irrt.

Also keine Sonne heute morgen; sie spielt Ludwig XVI. in Paris oder Karl I. in London. Mit dem Verschwinden dieser Kugel ist auch das ganze Gleichgewicht zerstört; nichts ist mehr da als Helligkeit, ohne Oben noch Unten, die Landschaft dreht sich, und ich drehe mich mit ihr; bald hänge ich kopfunter über einer gähnenden Leere und unter den Fresken des Kanals, bald stehe ich auf einem Vorgebirge über einem verglühenden Himmel. In vollkommener Unbeweglichkeit drehen wir uns, Decke, Fußboden und ich, der Ixion dieses Rades; schließlich wird mir ganz schwindlig, so unerträglich ist diese Leere. Nur: in Venedig ist nichts einfach. Und zwar deshalb, weil es keine Stadt ist, sondern ein Archipel. Wie könnte man das je vergessen! Von seinem Inselchen aus schaut man sehnsuchtsvoll zur gegenüberliegenden Insel: dort drüben ist – ja, was denn? Eine Einsamkeit, eine Reinheit, eine Stelle, die es, so möchte man schwören, auf dieser Seite nicht gibt. Wo immer man ist, das wahre Venedig ist stets anderswo. Wenigstens mir geht es so. Gewöhnlich begnüge ich mich zwar mit dem, was ich habe; aber in Venedig werde ich zum Opfer eines hab- und eifersüchtigen Wahns; hielte ich mich nicht zurück, so wäre ich den ganzen Tag unterwegs auf den Brücken oder in den Gondeln und suchte verzweifelt das geheime Venedig vom andern Ufer. Freilich, sobald ich dort ankomme, schwindet alles wieder dahin; ich drehe mich um: da steht das stille Geheimnis wieder auf der andern Seite. Schon lange habe ich mich darein ergeben: Venedig ist dort, wo ich nicht bin. Jene fürstlichen Gebäude mir gegenüber *steigen* doch aus dem Wasser, oder nicht? Unmöglich, zu glauben, sie trieben dahin: ein Haus kann nicht schwimmen. Oder zu glauben, sie lasteten auf der Lagune: diese würde ja unter ihrem Druck einsinken. Oder sie besäßen kein Gewicht: man sieht doch, daß sie aus Ziegeln, Steinen und Holz bestehen. Nun denn? Es bleibt gar nichts anderes übrig, als sie auftauchen zu *fühlen*; der Blick gleitet an den Palästen des Canal Grande hoch, und schon entdeckt man in ihnen eine Art erstarrten Schwung, der, wenn man so will, ihre umgedrehte Dichte, die Gegenfunktion ihrer Masse ist. Versteinert emporstrudelndes Wasser: es ist, als seien sie eben erst erschienen und als habe es vor diesen kleinen, eigensinnig aufragenden Wesen nichts gegeben. Kurz, sie haben immer etwas von einer *Erscheinung* an sich. Es läßt sich leicht erraten, was ich damit meine; eine Erscheinung spielt sich in einem einzigen Augenblick ab, der Ausdruck macht das Paradoxe an diesen Palästen deutlicher: noch herrscht das reine Nichts vor, und trotzdem ist schon das Sein da. Wenn ich den Palazzo Dario betrachte, wie er, seitwärts geneigt, quer hervorzuschießen scheint, habe ich immer das Gefühl, daß er zwar leibhaftig vor mir steht, daß jedoch gleichzeitig *nichts* da ist. Ebenso passiert es manchmal, daß die ganze Stadt verschwindet. Eines Abends, als ich von Murano zurückkehrte, befand sich plötzlich mein Boot allein, so weit das Auge reichte: kein Venedig mehr; an der Stelle des Unglücks stäubte das Wasser unter dem Gold des Himmels. Im Augenblick freilich ist alles klar und scharf. All die schönen, schweigenden

Diamantsträuße sind vollzählig beisammen; aber sie *sättigen* nicht wie ein Grobian von einer Gebirgslandschaft, der unbekümmert vor den Fenstern in die Tiefe tollt. Ist es Erwartung oder Trotz? Diese Hübschen da drüben tragen eine geradezu herausfordernde Zurückhaltung zur Schau. Und was ist das überhaupt mir gegenüber? Ist es der *andere* Bürgersteig einer «Wohn»-Straße oder das *andere* Ufer eines Flusses? Auf jeden Fall das *Andere*. Im Grunde genommen sind die rechte und linke Seite des Kanals gar nicht so sehr verschieden. Freilich, der Fondaco dei Turchi liegt auf der einen, die Cà d'Oro auf der andern Seite. Im ganzen jedoch sind es immer wieder die gleichen Schmuckkästchen, die gleichen Intarsienarbeiten, nur hier und da vom Brausen großer Rathäuser aus weißem, von schmutzigen Tränen zerfressenem Marmor unterbrochen. Schon manchmal, wenn meine Gondel zwischen diesen beiden bunten Festen dahinglitt, fragte ich mich, welcher nun die Spiegelung des andern sei. Kurz, nicht ihre Verschiedenheiten trennen sie: im Gegenteil. Stellen wir uns vor, wir treten vor einen Spiegel: ein Bild formt sich darin, wir erblicken unsere Nase, unsere Augen, unseren Mund, unsere Kleider. Das sind wir, *müßten* wir sein. Und doch haftet diesem Spiegelbild etwas an, etwas, das weder das Grün der Augen noch die Linie der Lippen noch der Schnitt der Kleider ist, etwas, das uns plötzlich ausrufen läßt: «Da hat man ja jemand *andern* an Stelle meines Bildes in den Spiegel gestellt.» So ungefähr ist auch der Eindruck, den die beiden «Venedig gegenüber» immer wieder auf mich machen. Nichts würde mich heute davon abhalten, mir vorzustellen, daß unser Jahrmarkt der echte und der andere nur sein vom Wind der Adria ein wenig nach Osten verschobenes Abbild ist. Eben, als ich mein Fenster öffnete, ging gleichzeitig auch ein ähnliches Fenster im dritten Stock des Palazzo Loredan auf, der das Gegenstück zu diesem hier darstellt. Streng logisch gesehen müßte ich nun auch mir selbst erscheinen: aber anstatt meiner streckt eine Frau den Kopf heraus, beugt sich zum Wasser hinunter, entrollt eine Moquette wie ein Pergament und beginnt, sie nachdenklich zu klopfen. Übrigens verstummt dieses morgendliche Geklopfe, die einzige sichtbare Bewegung, schon bald wieder; das Dunkel des Zimmers verschluckt es, und das Fenster geht wieder zu. Verlassen treiben die Miniaturen in gleitender Unbeweglichkeit dahin. Aber nicht das stört mich: wir treiben zusammen. Etwas anderes ist da, eine grundsätzliche, hauchzarte Fremdheit, die verschwindet, wenn ich ihr nachspüre, und wieder erwacht, sobald ich an etwas anderes denke. Wenn ich in Paris von meinem Fenster aus das Treiben der kleinen, im Licht funkelnden Gestalten beobachte, die da auf der Terrasse des Deux Magots herumgestikulieren, kommt mir ihr Getue oft unbegreiflich vor, und ich bin nie dahintergekommen, warum sie eines Sonntags plötzlich von ihren Stühlen aufsprangen, sich auf einen Cadillac stürzten, der am Bürgersteig parkte, und ihn lachend hin und her schaukelten. Dennoch: was sie tun, tue ich auch, von meinem Beobachtungsposten aus schaukelte auch ich den Cadillac; denn sie sind meine naturgegebene Umwelt; ich brauche – längstens – eine Minute, um bei ihnen zu sein, und wenn ich mich hinausbeuge und ihnen zuschaue, bin ich schon mitten unter ihnen und richte, den Kopf voll von ihren Dummheiten, den Blick zu meinem Fenster hinauf. Eigentlich stimmt es nicht einmal ganz, wenn ich sage, ich *schaue* ihnen *zu*. Denn im Grunde habe ich sie noch nie gesehen. Ich *berühre* sie. Warum? Weil sich zwischen uns ein irdischer Weg, die beruhigende Kruste unseres Gestirns spannt; die *Andern* sind jenseits der Meere.

Das *andere* Venedig liegt jenseits des Meeres. Zwei schwarzgekleidete Damen steigen die Stufen von Santa Maria della Salute herab, trippeln, von ihren bleichen Schatten gefolgt, über den Vorplatz und betreten die Brücke, die zu San Gregorio führt. Sie haben etwas zugleich Verdächtiges und Wunderartiges an sich. Sie sind Frauen, ja. Aber sie sind ebenso fern wie jene Araber, die ich von Spanien aus auf dem Boden Afrikas sich niederwerfen sah. Sie sind *ungewöhnlich*: es sind die Bewohnerinnen jener unberührbaren Häuser, die Heiligen Frauen von jenseits des Meeres. Und jetzt steht da noch ein anderer Unberührbarer, ein Mann, der sich vor der Kirche aufgestellt hat, aus der sie soeben gekommen sind, und der den Bau betrachtet, wie es zweifellos auf dieser unbekannten Insel üblich ist. Er ist, o Schreck, meinesgleichen, mein Bruder, er hält einen Baedeker in der linken Hand und hat eine Rolleiflex umgehängt. Wer wäre weniger geheimnisvoll als ein Tourist? Und doch ist dieser in verdächtiger Unbeweglichkeit Erstarrte ebenso unheimlich wie jene Wilden in den Gruselfilmen, die aus Schilfsümpfen auftauchen, die Heldin mit glasigen Augen verfolgen und wieder verschwinden. Er ist ein Tourist des *anderen* Venedig, und nie werde ich sehen, was er sieht. Die Ziegel- und Marmormauern mir gegenüber bewahren die flüchtige Fremdheit einsamer Bergdörfer, die man vom Zug aus erblickt.

An all dem ist der Kanal schuld. Wäre er ein ehrlicher Meeresarm, der offen zugibt, daß er dazu dient, die Menschen zu trennen, oder ein brausender, gezähmter Fluß, der widerwillig Boote trägt, dann gäbe es keine Schwierigkeiten, und man würde ganz einfach sagen, dort drüben liege eine bestimmte, von der unseren verschiedene und eben deshalb ganz ähnliche Stadt. Eine Stadt wie jede andere. Aber dieser Kanal tut so, als *verbinde* er: er gibt sich als eine speziell für Spaziergänge zu Fuß geschaffene Wasserstraße aus. Die Steinstufen, die wie die weißen Freitreppen der rosaroten Villen in Baltimore bis zur Fahrbahn hinuntersteigen, die Einfahrtstore, deren Gitter sich jeden Augenblick zu öffnen scheinen, um Pferdegespannen den Weg freizugeben, die kleinen Ziegelmauern, die einen Garten vor der Neugier der Vorübergehenden schützen, und die langen Geißblattflechten, die sich über die Mauern ziehen und bis auf den Boden hinunterhängen, all das ruft mir zu, eilends die Straße zu überqueren und mich zu vergewissern, daß der Tourist dort drüben auch wirklich von der gleichen Art wie ich ist und nichts sieht, was nicht auch ich sehen könnte. Aber die Versuchung löst sich wieder auf, noch ehe sie sich ganz gebildet hat; ihre einzige Wirkung ist, meine Phantasie anzustacheln: schon fühle ich, wie der Grund sich auftut, der Kanal ist nur noch ein alter, unter seinen Moospolstern, unter den schwarzen, dürren Krusten, mit denen er sich überzogen hat, verfaulender Ast, der krachend unter dem Fuß zersplittert; ich breche ein, werfe die Arme hoch und versinke, und mein letzter Blick wird das unergründliche Gesicht des Unbekannten vom andern Ufer sein, das jetzt mir zugewandt ist und mit Beklemmung seine Ohnmacht ermißt oder sich freut, daß ich in die Falle gegangen bin. Kurz, dieser heimtückische Bindestrich gibt nur vor, zu verbinden, um desto sicherer zerreißen zu können; er überlistet mich mühelos und läßt mich glauben, der Kontakt mit meinesgleichen sei unmöglich; selbst die Nähe dieses Touristen ist eine Augentäuschung gleich jenen gestreiften Tieren, die die Jungvermählten vom Eiffelturm[1] für Bienen hielten, während sie in Wirklichkeit Tiger aus

---

[1] Anspielung auf Jean Cocteaus Bühnenstück *Les Mariés de la Tour Eiffel.* Anm. d. Übers.

der Wildnis waren. Das Wasser Venedigs verleiht der ganzen Stadt etwas leicht Albtraumhaftes: denn nur in Albträumen lassen uns die Werkzeuge so im Stich, der Revolver, mit dem wir auf den verrückten Mörder zielen, versagt, wir fliehen vor einem Todfeind, der uns dicht auf den Fersen ist, und die Straße, die wir überqueren wollen, formt sich plötzlich zu einer weichen Masse um.

Der Tourist nimmt sein Geheimnis mit sich fort; er betritt die kleine Brücke, verschwindet, und ich bleibe allein über dem unbeweglichen Kanal. Heute erscheint das andere Ufer noch unnahbarer. Der Himmel hat das Wasser zerrissen, in Fetzen treibt es dahin, und nie würde man glauben, der Kanal habe einen Grund. In den großen, grauen Lagunen, die ihn durchlöchern, sehe ich unter der Oberfläche den Himmel glänzen. Zwischen den beiden Kaimauern ist *nichts*: ein durchsichtiger, hastig über die Leere geworfener Schal. Die Landhäuschen dort drüben sind von den unseren durch einen Riß getrennt, der die ganze Erde umzieht. Die zwei Hälften Europas sind dabei, auseinanderzubrechen; die Entfernung zwischen ihnen nimmt zuerst unmerklich, dann immer schneller zu, und wie in *Hector Servadac* ist es Zeit, mit den Taschentüchern zu winken. Aber der andere Kai liegt verlassen, alle Fenster sind geschlossen. Schon gibt es *zwei* Menschengeschlechter, schon trennen sich ihre Geschicke für immer, und noch weiß es niemand; in einer Stunde tritt vielleicht ein Dienstmädchen auf einen Balkon, um Teppiche auszuschütteln, und erblickt entsetzt unter sich die Leere, während zehntausend Meilen entfernt eine große, gelbgraue Kugel taumelnd davontreibt. Venedig ist ständig dabei, aus den Fugen zu brechen; ob ich von der Riva degli Schiavoni aus San Giorgio betrachte oder von den Fondamenta Nuove nach Murano hinüberschaue, immer taucht mir gegenüber aus verworrener Unfruchtbarkeit, aus leerem Weltraumtreiben das Ende der Erde auf. Heute morgen erscheinen mir die gekünstelten Architekturformen dort drüben, die ich bisher nie ganz ernst genommen habe, von gefährlicher Herbheit erfüllt: es sind die glatten Mauern einer entschwindenden menschlichen Welt. Kleine, beschränkte Welt, die sich da erhebt, in sich selbst geschlossen, endgültig wie ein Gedanke in der Wüste. *Ich bin nicht darin.* Diese schwimmende Insel ist die ganze Erde, rund und mit Menschen überladen; sie treibt davon, und ich bleibe am Ufer zurück. In Venedig und noch an ein paar anderen Orten hat man Zeit, das Schicksal der Menschen von außen mit Engels- oder Affenaugen zu betrachten. Man hat die Arche Noah verpaßt. Freilich, vergangenen Sommer vor dem Nordkap war dieser Eindruck noch viel stärker gewesen, es war eine Evidenz, oder doch fast. Wir tanzten ein wenig; im Süden zerkratzten die letzten Krallen Europas das Meer, nordwärts gab es nichts mehr als Millionen grauer Wellen, die Einsamkeit des erloschenen Gestirns. Ich hatte schließlich das Gefühl gehabt, als taumelnder Satellit einer unnahbaren Welt im All zu schweben. In Venedig ist dieser Eindruck nicht so beklemmend, aber trotzdem entgleitet einem die Menschheit auf einem stillen See. Das Menschengeschlecht – oder, wer weiß, die geschichtliche Entwicklung – schrumpft zusammen und wird zu einem kleinen, begrenzten Wimmeln in Raum und Zeit. Von irgendwo außerhalb der Zeit und des Raumes schweift mein Blick darüber hin, und ganz sachte, ganz heimtückisch beschleicht mich das Gefühl meiner Verlassenheit.

Gegenwart ist, was ich berühre, ist das Werkzeug, das ich handhaben kann, ist das, was auf mich einwirkt oder was ich zu ändern vermag. Jene niedlichen Trugbilder jedoch sind nicht meine Gegenwart. Zwischen ihnen und mir besteht keine Gleichzeitigkeit. Ein Sonnenstrahl genügt, und sie werden zu Versprechungen, vielleicht dämmern sie mir aus fernster Zukunft entgegen; an manchen Frühlingsmorgen habe ich sie, schwimmenden Gärten gleich, auf mich zukommen sehen, als noch *andere*, aber wie Vorahnungen, wie der, der ich morgen sein werde. Allein, die mürrische Helle von heute früh hat ihre Farben ausgelöscht, hat sie in ihrer Unwandelbarkeit erstarren lassen. Sie sind platt, träge, die Strömung treibt sie von mir weg. Sicher gehören sie nicht meiner Erfahrung an, sondern tauchen nur in weiter Ferne am Grund eines Gedächtnisses auf, das sie schon halb vergessen hat, eines seltsamen, anonymen Gedächtnisses, des Gedächtnisses von Himmel und Wasser. In Venedig genügt ein Nichts, und das Licht wird Blick. Sobald ein Sonnenstrahl um die unmerkliche Inseldistanz, die ständige Verschiebung spielt, erscheint dieser Strahl als Gedanke; er läßt die auf den schwimmenden Häuserbuketts zerstreuten Sinne aufleuchten oder löscht sie wieder aus; heute morgen lese ich Venedig in den Augen eines andern, ein glasiger Blick starrt die unechte Baumgruppe an, läßt die Rosen zu Kandiszucker verwelken und die Lilien zu milchgetränkter Brotkrume, alles liegt wie unter einer Glasglocke, vor mir dämmert eine unwirsche Erinnerung empor. Am Grunde eines alten Blicks versucht mein Blick, versunkene Paläste zu heben, aber er fördert nur Allgemeinheiten zutage. Nehme ich überhaupt wahr oder erinnere ich mich nur? Ich sehe, was ich weiß. Oder besser gesagt, was schon ein anderer weiß. Ein *anderes* Gedächtnis geistert in meinem, die Erinnerungen eines *Andern* tauchen mir gegenüber empor gleich einem erstarrten Aufflattern toter Wellensittiche; über allem liegt die Müdigkeit des schon Vergangenen, des schon einmal Gesehenen; der Garten des Klosters San Gregorio ist nur noch ein grüner Fleck, die vereinfachten Rosenbeete sind Aufrisse; die Fassaden zeichnen sich am Grund eines Gletschersees wie traurig-strenge Tuschzeichnungen in vollkommener, fast zu vollkommener, kristalliner Deutlichkeit ab, aber jede Einzelheit entgleitet mir. Häuschen und Miniaturpaläste, schöne Torheiten, kapriziöse Einfälle von Bankiers und Reedern, Capriccio Loredano, Torheit Barbaro, da steht ihr schon fast verdaut, schon halb in Allgemeinheiten aufgelöst. Die Idee des Gotischen und die Idee des Maurischen, die Idee des Marmors und die Idee der Rose, alles fließt ineinander, die granatfarbenen Markisen und die verfaulenden Holzläden sind nur noch Pinselstriche eines Aquarellmalers, ein bißchen Grün, ein Tupfen von verbranntem Topas. Was bleibt schließlich in diesem Gedächtnis, das immer mehr vergißt? Eine lange, weißrosa Mauer, und dann nichts mehr. Die in Vergessenheit sinkenden Paläste liegen schon außerhalb meiner Erwartung, stehen nicht mehr auf der andern Seite des Wassers, sondern in einer ganz nahen Vergangenheit, vielleicht in einem Gestern oder einem Soeben, reglos entschwinden sie, haben schon jenes Naiv-Brutale der Gegenwart, jene dummdreiste Selbstgenügsamkeit des Dings verloren, das da ist und sich *nicht verleugnen* läßt; alles, was man lieben kann, wenn man liebt, die Zufälle, die Wunden, die Narben, die giftige Süße des Mooses, des Wassers, des Alters, alles wird von diesem oberflächlichen, hastigen Licht zusammengepreßt und ausgelöscht, es gibt keinen Raum mehr darin, sondern nur noch eine teillose Ausdehnung, sie sind Wissensinhalte, die Materie ist bis zur Durchsichtigkeit verbraucht, und die fröhliche Handfestigkeit des Seins schwindet dahin bis zur völligen Abwesenheit. Sie sind nicht da. Nicht völlig da. Ich sehe die Risse und Entwürfe ihrer Architekten. Der stumpfe, erloschene Blick des Todes hat sie, die einst so lieblichen

Sirenen, gelähmt, hat sie in einer letzten Verrenkung erstarren lassen; wohin ich heute auch gehe, ich weiß im voraus, daß ich fünf Minuten zu spät komme und nur noch die unpersönliche Erinnerung an das Unglück, nur noch Himmel und Wasser ineinander zerflossen antreffe, die sich noch einen Augenblick lang an eine versunkene Stadt erinnern, ehe auch sie sich auflösen und als reine Garbe des Raumes zerstieben. Wie werde ich mir überflüssig vorkommen, ich, der einzige Gegenwärtige inmitten des allgemeinen Verfalls, der ich selber in höchster Gefahr schwebe, zu zerplatzen wie ein Tiefseefisch, den man an die Oberfläche holt, denn wir sind gewohnt, unter einem unendlichen Druck zu leben, und jedes Nachlassen bekommt uns schlecht. Ja, solche Tage gibt es hier: Venedig begnügt sich mit der Erinnerung an sich selbst, und der Tourist irrt ratlos inmitten dieses Wunderkabinetts umher, dessen Hauptattraktion das Wasser ist.

Eine Hoffnung: ein flüchtiger, irgendwo aus einer Leere geborener Sonnenstrahl, eine bloße Spiegelung des Nichts, entzündet die kupferne Fortuna auf der Weltkugel der Dogana, schlägt das seifige Weiß von Santa Maria zu Schaum, malt hinter dem Gitter des Klosters wieder kindliches, eng aneinandergeschmiegtes Blattwerk, verwandelt die Idee des Grüns wieder zu Holzläden und die Idee des Topas wieder zu alten, von Himmel und Salz zerfressenen Markisen; mattfingrig streift er über die ausgedörrten Fassaden und läßt alle Rosen erblühen. Die ganze kleine, in der Schwebe gehaltene Welt wacht wieder auf. Im gleichen Augenblick erscheint von Westen her ein schwerer, schwarzer Schiffsrumpf, ein Lastkahn; das Wasser wird ganz aufgeregt, erwacht zu neuem Leben unter seiner Himmelslast, schüttelt sein weißes Gefieder und überschlägt sich; der Himmel gerät durcheinander, zerspringt und tüpfelt im Zerstäuben die Wellen mit glitzernden Maden. Der Lastkahn macht eine Schwenkung und verschwindet im Schatten eines Rio, es war ein blinder Alarm, widerwillig beruhigt sich das Wasser, holt seine Unordnung zu schweren, zitternden Massen zusammen, schon bilden sich wieder große, azurblaue Lachen... Plötzlich ein Taubengeflatter: der Himmel, ganz verrückt geworden vor Angst, fliegt davon; der Ponton unter meinem Fenster knarrt und versucht, an der Mauer hochzuklettern: vom Tuten eines Meerhorns angekündigt, stampft der *vaporetto* vorbei. Diese lange, sandfarbene Zigarre ist eine Erinnerung an Jules Verne und die Ausstellung von 1875. Die Brücke steht leer, aber auf den breiten Holzbänken spuken noch die bärtigen Herren mit dem *Cronstadt*[1] auf dem Kopf, die ihn einst einweihten. Auf einem kleinen, sandfarben gestrichenen Zinkdach über dem Hinterdeck liegen, zu drei und drei aufgestapelt, Totenkränze; vielleicht wird man sie ins Wasser werfen als schwimmende Denkmäler Ertrunkener. Am Bug steht, windumweht und in einen Pelzmantel gehüllt, eine Siegesgöttin; um das blonde Haar hat sie einen flatternden Musselinschal gebunden, der ihr den Nacken peitscht, eine traumversunkene Reisende von 1900. Niemand ist zu sehen außer dieser Toten, die noch Wagner und Verdi gekannt hat. Ein Miniatur-Geisterschiff trägt zwischen zwei verrauschten Festen eine italienische Gräfin vorbei, die beim Untergang der *Titanic* den Tod fand. Nein, nichts Überraschendes: jeden Morgen überzieht sich der Canal Grande mit Anachronismen. Er ist ein schwimmendes Museum: vor den Logen der großen Hotels, des Gritti, des Luna, des Bauer-Grünwald, läßt die Direktion Ausstellungsstücke vorübertragen. Das Wasser lacht vor Wohlbehagen, spielt unter dem Vordersteven «Rette sich wer kann», Hühner flattern gackernd durcheinander, ihre Panik bricht sich zu meinen Füßen; um die ungeschlachten, vergoldeten Pfosten, die mit ihrer Bemalung an amerikanische Friseurstäbe erinnern, hüpfen Gondeln und Barken. Der *vaporetto* ist schon fern, aber noch immer findet vor mir eine wahre nautische Kavalkade statt, Gischt quirlt, Najaden winden sich, Meerpferde bäumen sich auf. Am Kai ist der Sonnenstrahl erloschen, die Gebäude versinken wieder in Allgemeinheit. Stolz steigt in roten Backsteinen über all dem ohnmächtigen Geplätscher aufs neue das Schweigen empor. Eine ferne Hupe ertönt und verklingt. Vor mir steht ein Bild für Touristen: die Ewigkeit, vom Werden umschlossen, oder, über der Materie schwebend, die geistige Welt. Noch schnattert es ein wenig unter meinen Fenstern, aber was tut's? Die Stille hat schon wieder mit eisiger Sense jedes Geräusch abgemäht. In Venedig kann man die Stille sehen, sie ist die schweigende Herausforderung des *anderen Ufers*. Plötzlich ertrinkt die ganze feuchte Prozession, das Wasser gleicht den Träumen, es ist bar jeder Konsequenz: flach duckt es sich nieder, und ich beuge mich über ein großes Büschel Erstarrung: fast möchte es scheinen, als beneide es die Leichenstarre der Paläste, die es säumen. Der argwöhnische

1 Eine Art Zylinder. Anm. d. Übers.

Himmel ist noch nicht wieder vom Schnürboden herabgestiegen; zwischen den Kaimauern färbt sich die Scheintote grün, schon sehe ich rechts das bleiche Spiegelbild des Palazzo Dario empordämmern. Ich blicke nach oben: alles ist wieder grau in grau. Ich habe ein Bedürfnis nach Massivem, Handgreiflichem, ich fühle mich ganz leer angesichts dieser zart gefiederten Glasmalerei. Ich gehe aus.

Übersetzernachweis

Bildnis eines Unbekanten *(Portrait d'un inconnu)*: Elmar Tophoven

Der Künstler und sein Gewissen *(L'Artiste et sa conscience)*: Abelle Christaller

Von Ratten und Menschen *(Des rats et des hommes)*: Gilbert Strasmann

Lebendiger Gide *(Gide vivant)*: Abelle Christaller

Antwort an Albert Camus *(Réponse à Albert Camus)*: Abelle Christaller

Albert Camus *(Albert Camus)*: Abelle Christaller

Paul Nizan *(Paul Nizan)*: Gilbert Strasmann

Merleau-Ponty *(Merleau-Ponty)*: Hans-Heinz Holz

Der Eingeschlossene von Venedig *(Le séquestré de Venise)*: Abelle Christaller

Die Gemälde Giacomettis *(Les peintures de Giacometti)*: Abelle Christaller

Der Maler ohne Vorrechte *(Le peintre sans privilèges)*: Abelle Christaller

Masson *(Masson)*: Abelle Christaller

Finger und Nicht-Finger *(Doigts et non-doigts)*: Abelle Christaller

Ein Kapuzinerbeet *(Un parterre de capucines)*: Abelle Christaller

Venedig von meinem Fenster aus *(Venise, de ma fenêtre)*: Abelle Christaller

Inhalt

I

Bildnis eines Unbekannten 9
Der Künstler und sein Gewissen 15
Von Ratten und Menschen 32

II

Lebendiger Gide 69
Antwort an Albert Camus 73
Albert Camus 102
Paul Nizan 105
Merleau-Ponty 152

III

Der Eingeschlossene von Venedig 122
Die Gemälde Giacomettis 277
Der Maler ohne Vorrechte 290
Masson 309
Finger und Nicht-Finger 325
Ein Kapuzinerbeet 347
Venedig von meinem Fenster aus 354

JEAN-PAUL SARTRE

Als Buchausgaben liegen zur Zeit vor:

DIE WÖRTER
[Les Mots] 208 S. Geb.

GESAMMELTE ERZÄHLUNGEN
Sonderausgabe. 288 S. Geb.

KRITIK DER DIALEKTISCHEN VERNUNFT
Theorie der gesellschaftlichen Praxis. 880 S. Geb.

DAS SEIN UND DAS NICHTS
Versuch einer phänomenologischen Ontologie. Erste vollständige deutsche Ausgabe. 788 S. Geb.

DAS IMAGINÄRE
Phänomenologische Psychologie der Einbildungskraft. Mit einem Beitrag «Sartre über Sartre». ca. 320 S. Geb.

BAUDELAIRE
Essay. Vorwort: Michel Leiris. 160 S. Br.

GESAMMELTE DRAMEN
Sonderausgabe. 768 S. Geb.

Als Rowohlt Paperback erschienen:

KOLONIALISMUS UND NEOKOLONIALISMUS
Sieben Essays. RP Band 68. 128 S.

DIE TRANSZENDENZ DES EGO
Die Transzendenz des Ego · Über die Einbildungskraft · Entwurf einer Theorie der Emotionen. Drei Essays. RP Band 40. 204 S.

SITUATIONEN
Essays. Erweiterte Neuausgabe. RP Band 46. 300 S.

Als Taschenbuchausgaben erschienen:

DIE WÖRTER
Nachbemerkung: Hans Mayer. rororo Band 1000

ZEIT DER REIFE
Roman. rororo Band 454/55

DER AUFSCHUB
Roman. rororo Band 503/04

DER PFAHL IM FLEISCHE
Roman. rororo Band 526/27

DAS SPIEL IST AUS
[Les Jeux sont faits] rororo Band 59

DIE FLIEGEN / DIE SCHMUTZIGEN HÄNDE
Zwei Dramen. rororo Band 418

BEI GESCHLOSSENEN TÜREN / TOTE OHNE BEGRÄBNIS / DIE EHRBARE DIRNE
Drei Dramen. rororo Band 788

DIE EINGESCHLOSSENEN
[Les Séquestrés d'Altona] Schauspiel. rororo Band 551

DER EKEL
Roman. rororo Band 581

PORTRÄTS UND PERSPEKTIVEN
Essays. rororo Band 1443

WAS IST LITERATUR?
Essay. rde Band 65

MARXISMUS UND EXISTENTIALISMUS
Versuch einer Methodik. rde Band 196

JEAN-PAUL SARTRE
dargestellt in Selbstzeugnissen und 70 Bilddokumenten von Walter Biemel. rm Band 87

Gesamtauflage der Werke Jean-Paul Sartres in den Taschenbuch-Ausgaben: 1,8 Millionen Exemplare

ROWOHLT

126/21